"十二五"职业教育国家规划教材
经全国职业教育教材审定委员会审定

酒店前厅与客房部
运行与管理

主编◎刘　伟

中国旅游出版社

作者简介

刘伟（e–mail：weiliuw@163.com），1963 年出生，广州市优秀专家（享受政府特殊津贴），广东金融学院教学名师、国际旅游研究所所长，西北大学、华南理工大学、华南师范大学客座教授和兼职教授。先后毕业和就读于浙江大学旅游系、西北大学旅游系以及南开大学、中山大学。

先后在瑞士洛桑酒店管理学院、加拿大多伦多大学做访问学者，并在法国、德国、荷兰等欧洲国家考察其旅游与酒店业。先后担任首届“中外酒店高峰论坛”大会主持及评论员、世界遗产解说国际委员会委员、“中国翻译工作者协会”会员、国家银领专家咨询委员会委员、广东地区酒店总经理联谊会常务理事兼国内多家高星级酒店、度假村管理顾问，担任国际权威学术期刊美国康乃尔大学《康乃尔酒店管理季刊》（*Cornell Hospitality Quarterly*）（SSCI）特邀审稿专家、英国《旅游管理》（*Tourism Management*）（SSCI）特邀审稿专家

还曾先后担任广州东方酒店管理培训中心副主任，《中外酒店》（香港）杂志客座编

委，《酒店资源》杂志常务副总编，以及广州才俊培训公司总经理、康城建国酒店副总经理（五星）、北京长实国际酒店管理公司（中美合资）副总经理。

学术成就：在商务印书馆、高等教育出版社、中国旅游出版社等国内著名出版社出版专著、译著、教材等 40 部（其中，自己主编、专著、译著 30 部）。与田玉堂先生编著的《HCM 国际酒店管理模式》《21 世纪瑞海姆国际旅游度假村经营模式》等以先进的管理模式和超前的管理理念，在国内业界引起极大反响和广泛好评，被国内众多高星级酒店和度假村老总们收藏为案头必备经营宝典。所著《旅游学》（广东旅游出版社）等被国内众多大学选定为“考研指定参考书”。此外，还在《旅游管理》（*Tourism Management*）等国内、外刊物上发表论文 100 余篇。

附：近年来主要科研成果

- 《酒店前厅与客房部运行与管理》，中国旅游出版社，2016（十二五国家级规划教材）
- 《旅游概论》（第三版），高等教育出版社，2015（十二五国家级规划教材）
- 《酒店管理》，中国人民大学出版社，2014
- 《旅游学》，高等教育出版社，2014
- 《旅游概论》（第二版），高等教育出版社，2008（十一五国家级规划教材）
- 《前厅与客房管理》，高等教育出版社，2007（十一五国家级规划教材、面向 21 世纪教材）
- 《旅游概论》，高等教育出版社，2003（十五国家级规划教材）
- 《前台与客房管理》，高等教育出版社，2002（十五国家级规划教材、面向 21 世纪课程教材）
- 《度假村、酒店与旅游经济管理》，陕西人民出版社，2001
- 《现代饭店管理全书》（上、中、下册），广东旅游出版社，2000
- 《21 世纪瑞海姆国际旅游度假村经营模式》，中国旅游出版社，2000
- 《旅游学》，广东旅游出版社，1999
- 《HCM 国际酒店管理模式》，改革出版社，1997
- 《发展中国家宏观经济学》（译著），商务印书馆，1991

第二版前言

本书由中国旅游出版社于2009年6月初版（原书名为《现代饭店房务运营与管理》），其以理论与实践的有机融合和行业背景而具有鲜明特色，经过几年的使用，为广大高职院校认可，获得学生和行业人士的好评。

随着酒店行业的快速发展，本书内容有必要做与时俱进的调整，以及时反映前厅与客房运营管理中的新需要、新技术、新方法、新理念；同时，体现新的教育方式方法、增加新的教学手段、适应学校教学改革的需要。本次修订，进一步完善了原有的教材内容，运用知识讲述、模拟管理实训或实习等方式，学生能够更直观地感受酒店前厅、客房管理岗位的要求，更加切合教育教学的实际需要。

一、修订内容

本次修订，主要围绕以下几方面进行：

第一，修订的指导思想。（1）按照《国家中长期教育改革和发展规划纲要（2010—2020年）》，根据《教育部关于"十二五"职业教育教材建设的若干意见》要求，根据高职教育的培养目标，按照应用导向设计教材内容和结构，将"做中学""用中学""产学结合"等现代性、实用性观念融入教材，探索易于为高职学生接受的编写模式和内容体系，编写体现高职教育自身特色的精品教材。（2）进一步体现高等职业教育的特点。更新教材内容和结构，使教材内容进一步与职业标准对接，使高等职业教育的特色更加鲜明、配套资料更加丰富，从而更好地适应经济社会发展对技能型人才培养的要求。（3）反映国内外酒店业最新发展动态和前厅、客房管理的新理念、新方法、新趋势。使教材能够与时俱进，内容更加先进，结构更为严谨，论述更加科学，形式更加新颖，更能满足新时期旅游院校的教学需要。（4）符合职业教育规律和技能型人才成长规律。运用现代信息技术，创新教材呈现形式，进一步加强数字化、立体化教学资源建设，使教材更加生活化、动态化、形象化。（5）教学重点、课程内容、能力结构以及评价标准实现有机衔接和贯通。

第二，创新教材体例。在每一教学模块下，设置学习目标、经理困惑、课堂讨论、课堂训练、案例聚焦、业务拓展、酒店经理人对经理困惑的答复等栏目和板块。

第三，聘请国际酒店高级管理人员参与教材的编写。

第四，对教材的结构进行调整，修订、完善和补充新的教学内容。本次修订对教材的部分章节做了调整，使其在体系、逻辑上更趋科学合理。同时，紧跟酒店业最新发展动态，完善、补充新的教学内容。

第五，进一步加强案例教学。各章都增加了新的案例，章后设计实践项目或案例分析题，旨在提高学生分析问题、解决问题的能力。

第六，二维码导入。本书增加了二维码的内容，将视频等部分鲜活的教学资源做成二维码，使学生通过用手机扫描章节末尾的二维码就可观看酒店前厅与客房服务管理中的视频等教学内容。

二、本书参考资源

本书着力开发数字化教学资源库。为了提高教学效果，我们开发了在国内旅游院校和酒店行业已经产生很大影响的专业教学资源。欢迎使用本教材的院校师生使用。

（1）刘伟酒店网（www.Liuweihotel.com）

（2）微信公众号：旅游饭店内参（Tourism-hotel）

酒店前厅与客房部运行与管理是酒店管理专业的必修课。酒店行业迫切需要新型的酒店管理人才来适应行业发展的需要。作为高等教育的重要组成部分的高职教育，将培养行业应用型人才作为已任，可以使我们培养的学生更好地服务于酒店企业，同时在学生的职业规划和发展空间上，更具有竞争力、适应力和上升力。

刘　伟

广东金融学院国际旅游研究所所长

2016.8.20

于广州雅居乐花园

致　谢

本书在编写过程中得到了众多组织和业界精英人士的鼎立支持。

一、支持单位

国家旅游局
恒大酒店集团
洲际酒店管理集团
广州香格里拉酒店
广州碧水湾温泉度假村
广州南沙大酒店
西安古都文化大酒店
希尔顿国际酒店集团
广州锦派酒店咨询有限公司
中国旅游饭店业协会
国际酒店金领袖联合会
国际白金管家联盟
国际皇金管家服务联盟
世界金钥匙酒店联盟
世界酒店联盟
世界酒店领袖中国会
亚洲酒店论坛
《酒店职业经理人》杂志
《中国饭店》杂志社
《世界酒店》杂志社

二、顾问团队

为了写好本书，使其更好地贴近行业、贴近国际，我们还聘请了很多国际酒店集团、国内酒店管理公司和高星级酒店的总经理等担任顾问。

Paul D. Hugentobler：洲际酒店集团大中华区南中国区域总经理、深圳华侨城洲际大酒店总经理

Benoit Amado：法国雅高集团上海虹桥美爵大酒店总经理

彭建军：广州恒大酒店集团董事长、恒大集团副总裁

高天明：海航国际酒店管理有限公司总裁、中国酒店协会副会长

徐桂生：杭州金马酒店管理公司总经理（原重庆贝迪颐园温泉度假酒店总经理、南京金陵酒店国际酒店管理公司副总经理、九寨沟国际大酒店总经理）

张谦：广西南宁邕州酒店管理公司总经理

夏国跃：原五星级杭州皇冠大酒店总经理、龙禧大酒店总经理、中国远洲酒店管理公司 CEO，现任宝龙地产企业发展中心总经理（负责管理属下近 20 家五星级酒店）

陈浩：香港金麒麟国际酒店管理公司副总经理、康城国际酒店总经理（原桂林假日宾馆总经理、香格里拉沈阳商贸酒店中方总经理、海德华美达大酒店总经理）

余昌国：国家旅游局人事司副司长、国家级饭店星评员

张楠：中国旅游酒店业协会理事、广州瑞银数码港酒店有限公司总经理兼广州日航酒店（国际五星级）业主代表

冯健：广州东方宾馆副总经理

雷州：广州大厦总经理

李穗深：洲际酒店集团佛山宾馆皇冠假日酒店常务副总经理

唐伟良：美国饭店协会教育学院高级顾问、全国旅游星级饭店评定委员会国家级星评员、国际酒店金领袖联合会常务理事、东莞塘厦三正半山酒店总经理。

三、旅游院校老师支持

为了写好本书，本人还以信函和电子邮件的方式，专门向国内旅游院校的酒店管理任课教师，征求教材编写意见，很多老师从使用者的视角，给出了具有建设性的意见和建议。此外，我们还聘请旅游院校教授及骨干教师组成庞大的专业团队，负责提供酒店管理案例、进行网上互动答疑等。他们是：

魏卫：华南理工大学旅游系主任、教授

郭淑梅：湖州师范学院旅游系主任

李晓莉：广州大学中法旅游学院酒店会展系系主任

张瑛：中央民族大学管理学院副教授

皮平凡：广东财经大学环境与旅游学院副院长、副教授

傅晶：东北林业大学旅游系副教授

颜丽：济南大学旅游学院副教授

周晓梅：济南大学旅游学院副教授

冯郑凭：广东外语外贸大学南国商学院旅游系副教授

黄慧玲、冯艳芳：南阳师范学院旅游与环境规划学院讲师

周秋巧：浙江省台州学院副教授

在此要特别感谢以下酒店的总经理和他们的管理团队，他们专门组织为本教材拍摄了配套二维码视频，从而使本教材更加丰富和立体化。他们是：

曾莉：广州从化碧水湾温泉度假村董事长、总经理

吴纯劳：西安古都文化大酒店董事长、总经理

杨结：广州南沙大酒店总经理

除此而外，以下人士也参与了本书的编写工作，他们是：刘方际远、许雁醒、刘江、刘浩、梁峻峰、段晓、刘蓉娜、胡伟国、卢合洪、曾晓峰、苏英、吴南、陈木丰、陈慧敏、章寇球、周成、宋健、彭星、黄向、林红梅、张振林、陈卫卫、戴国立、张艳兵、谭洛明、任丽华。对于上述职业经理人、酒店管理专家以及院校老师，在此表示诚挚的谢意，感谢他们的无私奉献和对中国旅游教育事业作出的贡献。

最后，还要感谢我的学生魏佳林，她为本书制作了教学课件。

刘　伟

目录

CONTENTS

前厅篇

客房篇

前厅篇

第一章 前厅部概述

富丽堂皇的前厅，是酒店的门面，是留给客人第一印象和最后印象的地方

（本图片由杭州金马饭店提供）

前厅部是酒店对客服务的“前台”，既是酒店的接待部门，又是销售部门（销售以客房为主的酒店产品），它与客房部一起构成酒店的房务部门（Rooms Division）。

学习目标

知识目标

1. 了解前厅部的地位、作用及主要任务。
2. 了解和掌握前厅部的组织机构及其设置的原则。
3. 了解前厅部各班组的基本职能。

能力目标

1. 能够根据市场竞争的需要，建立科学、高效的前厅部组织架构。

关键词： 前厅部　组织机构　作用　任务　大堂　总台

经理的困惑

前台接待处、问讯处、收银处是分开还是合并?

陈娜是一家即将开业的酒店的前厅经理，她面临的首要任务是建立前厅部的组织架构。在她以前工作的酒店，总台接待部分分为问讯处、接待处、收银处等，然而，她了解到现在有很多酒店都将些岗位合二为一或合三为一，面对新的酒店，到底是该合并，还是该分开，她陷入两难……

第一节　前厅部的地位作用及主要任务

一、前厅部的地位和作用

前厅部（Front Office）是招徕并接待客人，推销客房及餐饮等酒店产品，同时为客人提供各种综合服务的部门。前厅部的工作对酒店市场形象、服务质量乃至管理水平和经济效益有至关重要的影响。

第一，前厅部是酒店的营业橱窗，反映酒店的整体服务质量。一家酒店服务质量和档次的高低，从前厅部就可以反映出来。有一位顾客曾经说道："每当我们走进一家旅游酒店，不用看它的星级铜牌，也不用问它的业主是谁，凭我们'四海为家'的经验，就可以轻而易举地'嗅'出这家酒店是否为合资酒店，是否外方管理以及大致星级水平……"正是从这个意义上讲，有人把前厅誉为酒店的"脸面"，这张脸是否"漂亮"，不仅取决于大堂的设计、布置、装饰、灯光等硬件设施的豪华程度，更取决于前厅部员工的精神面貌、办事效率、服务态度、服务技巧、礼貌礼节以及组织纪律性。

第二，前厅部是给客人留下第一印象和最后印象的地方。前厅部是客人抵店后首先接触的部门，因此，它是给客人留下第一印象的地方。从心理学上讲，第一印象非常重要，客人总是带着这种第一印象来评价一个酒店的服务质量。如果第一印象好，那么即使在住宿期间遇到不如意的情况，客人也会认为这是偶尔发生的，可以原谅；反之，如果第一印象不好，客人认为这家酒店出现这类服务质量差的事是必然的，酒店在客人心目中的不良形象就很难改变，而且客人还会对酒店服务横挑鼻子竖挑眼。此外，客人离开酒店时也是从前厅部离开的，因此，这里也是给客人留下最后印象的地方，而最后印象在客人脑海里停留的时间最长。如果前厅部员工服务态度不好，工作效率不高，就会给客人留下不良的最后印象，使其在客人住店期间为客人所提供的良好服务"前功尽弃"。

第三，前厅部具有一定的经济作用。它不仅可以通过商务中心以及车队服务等方式直接取得经济收入，其工作质量及销售工作的好坏还直接影响到酒店接待客人的数量。

第四，前厅部的协调作用。前厅部犹如酒店的大脑，在很大程度上控制和协调着整个酒店的经营活动。由这里发出的每一项指令，每一条信息，都将直接影响酒店其他部门对客人的服务质量。

第五，前厅部的工作有利于提高酒店决策的科学性。前厅部是酒店的信息中心，它所收集、加工和传递的信息是酒店管理者进行科学决策的依据，比如很多酒店就是根据前厅部所提供的客人的预订信息来决定未来一个时期内房价的高低。

第六，前厅部是建立良好的宾客关系的重要环节。建立良好的宾客关系有利于提高客人的满足度，争取更多的回头客，从而提高酒店的经济效益，世界各国的酒店都非常重视改善宾客关系。而前厅部是客人接触最多的部门，因此前厅部是建立良好宾客关系的重要环节。

二、前厅部的主要任务

第一，客房预订。接受客人预订是前厅部的主要任务之一。

第二，入住登记。总台不仅要接待住店客人，为他们办理住店手续、分配房间等，还要接待其他消费客人以及来访客人等。

第三，礼宾服务。包括在机场或车站等地接送客人、门口迎宾、为客人提供行李搬运、出租车服务、商务服务和问讯服务等。

第四，房态控制。酒店客房的使用状况是由总台控制的。准确、有效的房态控制有利于提高客房利用率及对客人的服务质量。

第五，账务管理。包括建立客人账户、登账和结账等项工作。

第六，信息管理。前厅部要负责收集、加工、处理和传递有关经营信息，包括酒店经营的外部市场信息和内部管理信息（如开房率、营业收入及客人的投诉、表扬、住店、离店、预订以及在有关部门的消费情况等）。前厅部不仅要收集这类信息，而且要对其加工、整理并将其传递到客房、餐饮等酒店经营部门和管理部门，作为服务、经营管理的依据。

第七，推销客房。除了酒店营销部以外，前厅部的预订处和总台接待也要负责推销客房的工作。受理客人预订，并随时向没有预订的零散客人推销客房等酒店产品和服务。

三、前厅接待人员的注意事项

如前所述，前厅部是对客服务的集中地，是给客人留下第一印象的地方，直接影响酒店的形象，前厅接待人员在工作中应注意以下事项：

第一，礼貌待客。要求员工在酒店里与客人迎面相遇时要微笑问好、让客先行，必要时主动向客人提供帮助，对认识的客人要以姓氏或头衔称呼，对电话里的客人也同样对待。

第二，贯彻“首问制”。在客人眼里，每个员工都代表着酒店形象。因此，遇到客人寻求帮助时，如果不是自己职责范围的事，可以请客人稍候，帮助客人打电话联系相关的部门。

第三，规范行为举止。遵守员工手册的礼貌规范，并按礼仪标准培训员工的站立、手势、点头等动作。

第四，使用标准的服务用语。要求员工接电话时一律按先英文后中文问好并报部门，接待时规范使用服务用语，以简洁明了的表达方法与客人进行沟通。

第五，做好交接班。要建立特殊事情记录本，把本班无法完成的事情交代给下个班继续完成，确保对客服务的延续性。

第二节 前厅部的组织结构

某日下午，一重点旅行团抵达某星级酒店，员工们穿梭于总台区域，各司其职，异常忙碌。他们的服务态度、操作流程、工作效率都无可挑剔。这能否算一次成功的接待呢？领队排斥的目光和宾客烦躁的举止告诉我们：答案是否定的。通过调查，焦点集中于一个事实：宾客当日入住时间为 16:00 左右，正值酒店交接班当口，两个班次的员工加上督导人员多达 7 人，总台人声鼎沸、熙熙攘攘，经过旅途的颠簸，宾客早已鞍马劳顿，但并未在酒店得到应有的闲适与安逸。正是这个失误，使这次 VIP 接待流于平庸。

进一步的分析则表明，这种状况是由前厅部“两部四岗”（即接待处、问讯处归属于房务部，结算处、外币兑换处归属于财务部）的管理体制与组织架构造成的，使得交接班的地点、时间、方式等不能总体考虑，避开客流，酌情安排，人员、岗位之间不能相互协助、相互照应……

一、前厅部组织机构设置

（一）前厅部组织机构设置的原则

1. 从实际出发

前厅部机构设置应该从酒店的性质、规模、地理位置、经营特点及管理方式等酒店的实际出发，而不能生搬硬套。比如，规模小的酒店以及以内部接待为主的酒店就可以将前厅部并入客房部，而不必独立设置。

2. 机构精简

防止机构臃肿、人浮于事的现象，尤其要注意“因事设人”，而不能“因人设事”“因人设岗”。但另一方面也要注意“机构精简”并不意味着机构的过分简单化，乃至出现职能空缺的现象。

3. 分工明确

应明确岗位人员的职责和任务，明确上下级隶属关系及信息传达的渠道和途径。防止出现管理职能的空缺、重叠或相互打架现象。

（二）前厅部组织结构

酒店规模大小不同，前厅部组织机构可以有很大区别。这表现在以下三个方面。

第一，大酒店管理层次多，而小酒店层次少。如大酒店可能有前厅经理—主管—领班—服务员四个层次，而小酒店可能只有经理—领班—服务员三个层次。不过，21 世纪饭店管理的发展趋势是组织机构的扁平化，包括前厅部和客房部在内的饭店各部门将尽可能地减少管理层次，以提高沟通和管理效率，降低管理费用。

第二，大酒店组织机构内容多，而小酒店内容少。如很多大酒店前厅部设有商务中心、车队等，而小酒店则没有。

第三，大酒店前厅部很多职能分开，由不同的岗位负责，而小酒店则可能将其合二为一，合三为一，甚至合四为一。考虑到酒店前厅部与客房部的联系甚为密切，大多数饭店都将其前厅部和客房部合二为一，称为“客务部”或“房务部”（Rooms Division）。也有的饭店考虑到前厅部的销售功能，将前厅部划归酒店的公关销售部，而将客房部设置为独立的部门。

大、中、小型酒店前厅部的组织机构可分别参照图 1–1、图 1–2 和图 1–3 进行设置。

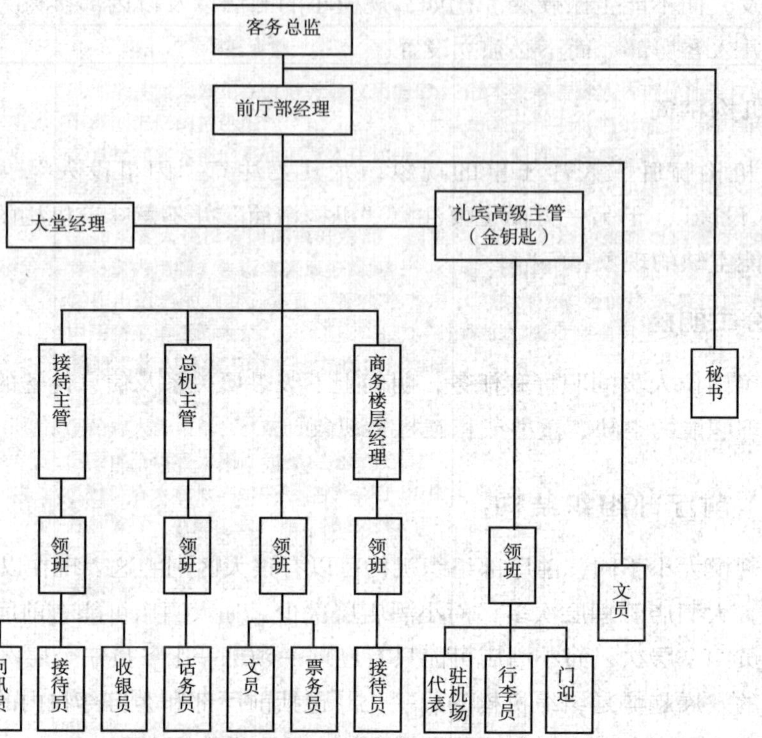

图 1-1 大型酒店前厅部的组织机构

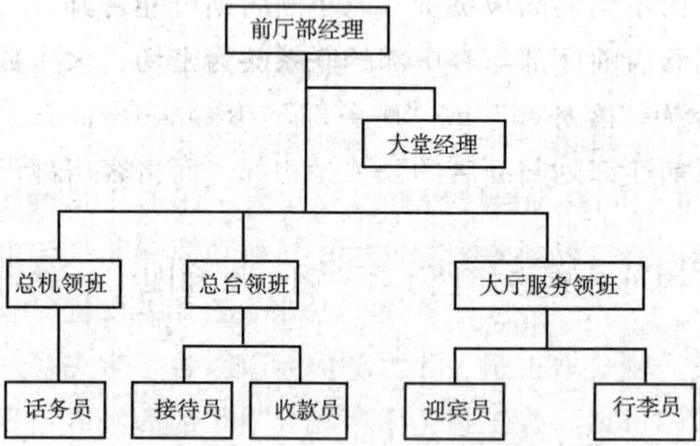

图 1-2 中型酒店前厅部的组织机构

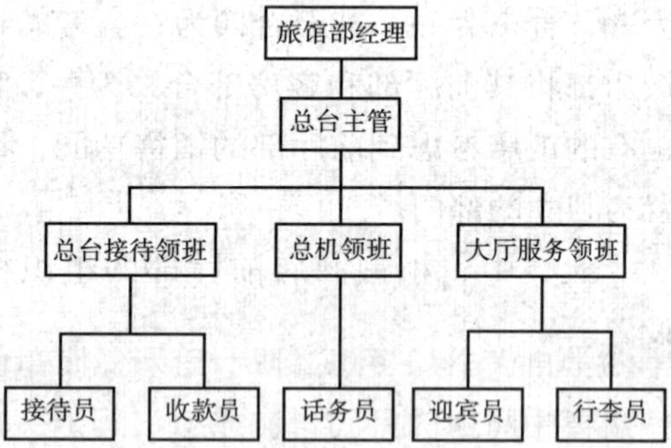

图 1-3 小型酒店前厅部的组织机构

二、前厅部各班组的职能

（一）接待处（Reception/ Check-in/ Registration）

通常配备有主管、领班和接待员。主要职责是销售客房，接待住店客人，为客人办理入住登记手续，分配房间；掌握住客动态及信息资料，控制房间状态；制定客房营业日报等表格；协调对客服务工作。

（二）问讯处（Information/ Inquiry）

主要职责是回答客人问讯（包括介绍店内服务及有关信息、市内观光、交通情况、社团活动等），接待来访客人，处理客人邮件、留言以及分发和保管客房钥匙。

（三）收银处（Cashier/ Check-out）

收银处一般由领班、收银员和外币兑换员组成。因其业务性质所定，收银处通常隶属于酒店财务部，由财务部管辖，但由于收银处位于总台，与总台接待处、问讯处等有着不可分割的联系，直接面对客人提供服务，是总台的重要组成部分，因此，前厅部也应参与和协助对前厅收银人员的管理和考核。收银处的主要职责是：办理离店客人的结账手续（收回客房钥匙、核实客人的信用卡、负责应收账款的转账等）；提供外币兑换服务；为住客提供贵重物品的寄存和保管服务；管理住店客人的账卡；与酒店各营业部门的收款员联系，催收、核实账单；夜间审核全酒店的营业收入及账务情况等。

（四）礼宾部（Concierge）

礼宾部主要为客人提供迎送服务、行李服务和各种委托代办服务，故在一些酒店又称为“委托代办处”“大厅服务处”“行李处”。礼宾部主要由礼宾部主管（“金钥匙”）、领班、迎宾员、行李员、委托代办员等组成。其主要职责是：在门厅或机场、车站迎送宾客；负责客人的行李运送、寄存及安全；雨伞的寄存和出租；公共部位找人；陪同散客进房和介绍服务、分送客用报纸、分送客人信件和留言；代客召唤出租车；协助管理和指挥门厅入口处的车辆停靠，确保畅通和安全；回答客人问讯，为客人指引方向；传递有关通知单；负责客人其他委托代办事项。

（五）电话总机（Switch Board）

主要职责是：接转电话；为客人提供请勿打扰电话服务；叫醒服务；回答电话问讯；

接受电话投诉；电话找人；接受电话留言；办理长途电话事项；传播或消除紧急通知或说明；播放背景音乐等。

（六）商务中心（Business Center）

为客人提供打字、翻译、复印、装订、印名片、长话、传真、订票、Internet 以及小型会议室出租等商务服务，此外，还可根据需要为客人提供秘书服务。

本章小结

前厅部被喻为酒店的大脑，是酒店的中枢神经和对客服务的指挥中心，是酒店的营业橱窗，是给客人留下第一印象和最后印象的地方，因此，对于提高酒店服务质量和建立良好的宾客关系，具有重要意义。

前厅部的主要任务是：销售客房，接待客人，为客人办理住店和离店手续，并为客人提供问讯服务、预订服务等各种综合服务。

前厅部的工作目标是：为客人提供热情、高效的服务；控制好房态，提高客房利用率；建立良好的宾客关系。

前厅部的组织机构因规模、性质的不同而不同，但组织机构的设置要从实际出发，遵循机构精简、分工明确的原则。为了提高工作效率，减少部门之间的摩擦和矛盾，很多酒店将前厅部与客房部合二为一，通称为“房务部”，设房务总监。还有不少酒店考虑到前厅部所具有的销售性质，将前厅部与销售部合二为一，统一划归销售部管理，这样可以统一客房分配、统一销售政策，减少部门摩擦，防止部门利益冲突和损害酒店利益以及客人利益的情况发生。

前厅部组织建设还有一个发展趋势，就是合并岗位，一专多能。传统的酒店都分设接待处、收银处、问讯处等岗位，但近年来，国内外很多酒店为了节省人力，压缩编制、精减员工，纷纷将上述岗位合二为一，甚至合三为一，由一个服务员负责接待、问讯、收银工作。

课堂讨论

总台收银归属财务部还是前厅部？

课堂训练

请画一张前厅部的组织机构图。

案例聚焦

总台，酒店温馨的窗口

总台工作看上去都是些琐碎小事，但是，要做好也不容易。记得有位客人查询某次火车几点到平顶山，我马上从列车时刻表上查到并告诉了客人，可客人却说那是火车没提速前的时间。我向客人道了歉，马上又往火车站问讯处打电话，可问讯处一直无人接电话。我万分焦急，突然，看到玻璃板下面有张“雅兰订票处”的名片，心里暗暗高兴，便按照上面的号码打电话查询，并将准确的时间告诉了客人，使客人真切地感受到我们的真诚和耐心。

对客人的关心，还不仅仅限于总台工作的范围之内。某年大年初六晚上，1105 房的客人因酒喝多了，走路摇摇晃晃。总台的孙琳看到后，马上过来把客人送到房间，并沏上一杯热茶，将客人扶到床上睡下才离开，并通知房务中心，密切注意该房间的情况。由于总台加大了亲情服务的力度，缩短了服务员与客人的距离，吸引了大批的散客和回头客。

总台始终把细节当生命，因为只有用心做好每一件小事，才能给每位客人都留下美好的回忆。某年 11 月份，1307 房的李先生将一个玉坠遗忘在房间里，当客人发现后忙打电话到总台询问，话语中透露出对玉坠的珍爱。可是他已经坐上了开往广州的火车，他很无奈地说：“算了吧！如果下次去平顶山再拿吧！”总台的杨丽丽马上热情地说：“不用等下次了，请您把通信地址留下，我帮您把它寄回去。”于是，丽丽便自费将玉坠寄给了客人。当李先生收到玉坠后，激动地打来电话：“你们的服务是一流的，我会永远记住你们平顶山宾馆。”

俗话说：“没有做不到的，只有想不到的。”在我们的工作中，也常常会因为在某一环节上没有考虑周到，而使整个服务大打折扣，因此，延伸服务就成了满足客人个性化需求的又一重要手段。去年年底，市外事办安排一批韩国外宾来下榻，市领导要在南楼会议室会见外宾。细心的总台人员发现外宾在北楼住，可会议室却安排在南楼，这样太不方便了，而北楼也有一个可以容纳十多人的会议室，且设施豪华。因此，总台服务员马上与外事办的负责人取得联系，说明了情况。原来那位负责人对宾馆的设施不太了解，以为只有南楼的小会议室是最好的。最终负责人接受了总台的建议，不但方便了外宾，也提高了接待档次。事隔多时，那位负责人仍对总台细心、灵活的服务大加赞许。

正是凭着细心的观察和热情的服务，总台以“润物细无声”的方式，给客人营造了一个温馨的氛围，使客人在这个“窗口”前感受到了友情的珍贵、亲情的无价和家的温馨，留下了一段段美好的回忆。

任务拓展

前厅部如何进行组织机构设置？

很多酒店总台实行“两部四岗”：接待处、问讯处归属于房务部，结算处、外币兑换处归属于财务部。接待和收银是总台服务的两道主要工序，首尾呼应；其余两处应对宾客的不时之需，完善前者，职能划分无可厚非。但总台分属两部的最大局限性是：员工没有共同的直接上级，督导者越部管理又不现实，从而给沟通协调带来较大难度。具体而言，后果有：无法准确把握工作时机。在各岗位的联动过程中，遇有棘手问题，需各自层层汇报、部门间达成共识。这样，处理问题的最佳时机或许已被错过，影响管理的灵活性。不同的班组会议、工作方式、交接习惯等，似一道无形的壁垒，成为信息集散的较大阻力。因此，应该将总台整体划归房务部管理。这就要求服务技巧和专业技术，财务作为一门专业技术，其本质是接待工作必要而有益的补充。这是将收银处和外币兑换处并入房务部的依据。如此，不仅能有效解决前述难题，还有助于员工的轮岗培训，实现人岗动态结合、一人适应多岗的目标，培养一专多能的复合型员工。在实践中，问讯、外币兑换的工作一般可由1人兼顾，将富余人员列为机动，闲时休息，忙时入岗，宽打窄用。

酒店经理人对“经理的困惑”的答复

Re：前台接待处、问讯处、收银处是分还是合？

姜东皓　北京中旅大厦客务部经理（北京客务经理协会理事）

一定要合，有利于员工个人发展，有利于酒店节省人力资源成本，有利于客人方便，有利于提升服务层次，有利于部门扁平式管理，有利于服务程序合理化，有利于从劳动密集型产业向精细、智能型产业转型。前台即门面，就应该是精英聚集的地方，预订、入住、结算、外币兑换、问讯，甚至是代办服务和代客泊车都可以设计啊，待遇当然也要集中体现，客人满意员工乐意，这是趋势，也是一种境界。

许雁醒　浙江海德华美达酒店前厅部经理

把问讯处、接待处、收银处合三为一的目的是为了提高前厅部的工作效率，为客人迅速、优质地办理入住、退房，回答客人提出的问题等，从而降低了人力的成本、培养出许多优秀的业务人才，为酒店的运营带来好处。如果是新开业的酒店，酒店职能到底该合还是该分，首先应该

先看看员工的工作经验和业务操作水平。近几年，随着中国经济的迅速发展，有越来越多的企业家投资酒店，酒店业在短时间内遍地开花，对行业人员的需求量不断增加，使得许多应届的高校毕业生和转业人员加入到酒店进行实习，占据了酒店相当大的比例，没有工作经验成了最大障碍，酒店经过严格的培训后上岗的实习生，仍不能在短时间内独立操作，更不用谈同时完成前厅部所有的工作项目；倘若上岗人员有一年或一年以上的接待（收银）实际操作经验，并且能够达到相应星级酒店标准的，完全可以合三为一。

第二章 前厅部人力资源管理

前厅部的管理工作要靠高素质的管理人员去完成。要实现有效的管理，前厅部管理人员必须掌握现代化的管理理论、方法和技巧。本章主要介绍以前厅部经理为主的各级管理人员的岗位职责与素质要求，培训和激励，以及管理人员应该掌握的管理方法、管理艺术和管理技巧。

学习目标

知识目标

1. 了解前厅部各级管理人员的岗位职责与素质要求。
2. 对前厅部经理的日常工作有较为全面的认识。

能力目标

1. 能够对前厅部员工进行有效的培训。
2. 够对前厅部员工进行科学、艺术的管理。

关键词： 前厅部经理　前厅部主管　前厅部领班　岗位说明书　管理技巧　员工培训　员工激励

经理的困惑

酒店如何针对“90后”员工进行管理？

现在“90后”的大学生即将走入社会，因他们所处年代的不同，所以养成了年青一代的一些特性，在我所接触到的“90后”中不乏表现桀骜不驯、骄傲自负的。酒店即将开启聘用“90后”工作者的时期，作为“70后”或者“80后”的管理者，我们准备如何对“90后”进行沟通和管理？并且前厅部往往是接受宾客投诉、意见比较集中的地方，作为管理人如何引导“90后”能迎合客人、虚心聆听宾客的投诉意见、提供优质的服务就成为我们所面临的问题。

第一节　前厅部管理人员的岗位职责与素质要求

前厅部经理要将管理原理运用到工作中去，并通过前厅部员工的共同努力，使得来到酒店的每一位客人都能感受到热情、关爱、安全、高效的酒店服务。前厅部经理在工作中会遇到来自不同方面的各种挑战，如对前厅部员工进行有关电脑酒店管理系统的培训；在提供服务与追求利润之间保持一种微妙的平衡；在部门内部以及与其他部门之间保持良好的沟通等。

一、前厅部经理

（一）前厅部经理的职责

为了实施有效的管理，前厅部经理有权支配以下基本要素：员工、设备、客房、预算资金和各种销售机会。前厅部经理通过支配上述要素，实现酒店的各项利润指标。

为了符合酒店经营的指导思想和有关规章制度，前厅部员工应当得到适当的培训。经过培训，每一位员工都应当树立起服务意识，了解服务态度对于客人及整个酒店业的重要性。员工工作的环境和气氛应能够激发员工的士气，培养团队精神。

前厅部的电脑化管理，为前厅部经理实施管理控制提供了无穷的机会，他可以非常容易地为酒店的市场营销部门提供诸如住店客人的邮政编码、公司客户的访问率、某个会议的收入总额等信息和资料。其他各种前台设备也为总台人员为客人提供专业化的服务创造了良好的条件。

对于酒店而言，每一间未出租的客房就意味着一次永远失去的销售机会，这是对前厅部经理的直接挑战。前厅部必须与酒店市场营销部门密切合作，实施广告促销和现场销售战略。因此，对前厅部员工进行培训，使他们能够抓住每一次销售机会，销售酒店产品，确保酒店各项财务指标的实现。

由前厅部经理和酒店总经理共同完成的预算方案表明前厅部经理对酒店的经济效益和资金的运用，具有很强的控制能力。工资的确定、设施设备及用品的采购、每日销售机会的掌握以及对客人收费情况的精确记录，都使得前厅部经理能够有机会表现其管理技能。

（二）前厅部经理的岗位说明书

岗位说明书详细地列出了前厅部经理的主要任务和岗位职责（表 2-1）。

表 2-1 前厅部经理的岗位说明书

前厅部经理

直接上级：房务总监 / 总经理

直接下属：前厅部副经理、各主管、大堂副理、文员

岗位职责

（1）全面主持部门工作，提高部门工作效率和服务质量，力争最大限度地提高房间出租率。
（2）贯彻执行总经理下达的营业及管理指示。
（3）根据酒店计划，制定前厅部各项业务指标和规划。
（4）按照有关要求，制作未来一个星期、一个月或其他时间段的客房销售预测表。
（5）对各分部主管下达工作任务并指导、落实、检查、协调。
（6）组织主持每日主管工作例会，传达酒店例会工作要点，听取汇报，布置工作，解决难题。
（7）确保员工做好前厅部各项统计工作，掌握和预测房间出租情况、订房情况、客人到店和离店情况以及房间账目收入等。
（8）参与制定并最终提交前厅部员工的预算草案。
（9）负责前厅部员工的招聘和培训工作。
（10）在前厅部员工之间建立和发展良好的沟通体系。
（11）检查、指导前厅部所有员工及其工作表现（包括员工的仪容、仪表和制服的卫生情况），对前厅部的日常运作进行监管（包括预订、入住登记和结账离店等过程），保证酒店及部门规章制度和服务质量标准得到执行，确保前厅部各部门工作的正常运转。
（12）每月审阅各部门主管提供的员工出勤情况。
（13）对前厅部员工进行定期评估，并按照奖惩条例进行奖惩。
（14）与酒店其他部门经理之间建立良好有效的沟通与协调制度，以便为客人提供优质的服务。
1）与销售部的协调。每天与进、离店的团队协调配合，在团队到达前七天内及时了解该团队的具体要求，并通过销售部做好团队的善后工作。同时，参与对酒店客房及其他产品和服务的销售计划的制定。
2）与客房部及工程部的协作。确保大厅及公共区域的卫生状况良好，设施设备运转正常。
3）与电脑部经理紧密配合，熟悉电脑程序，确保电脑的安全使用。
4）就与顾客的账务纠纷与酒店财务总监及有关部门经理沟通。
（15）协助总经理处理发生在大堂的特殊事件。
（16）每日、每月批阅由大堂副理提交的客人投诉记录及汇总表，亲自处理贵宾的投诉和客人提出的疑难问题。
（17）密切保持与客人的联系，经常向客人征求意见，了解情况，及时反馈，并定期提出有关接待服务工作的改进意见，供总经理等参考决策。
（18）如总经理或其他管理部门要求，应履行其他义务。

（19）检查 VIP 接待工作，包括亲自查房、迎送。
（20）了解夜核情况。
（21）与社区或商务公司领导人保持良好的业务关系。

二、前厅部其他管理人员的岗位说明书

（一）前厅部副经理

前厅部副经理的岗位说明书

前厅部副经理

直接上级：前厅部经理
直接下属：前厅各组主管

岗位职责

（1）协助前厅部经理管理前台的各项日常工作，当前厅部经理不在时，代行其职，保证前厅部各环节的正常运转。
（2）检查前厅部各部门工作（包括仪表仪容、工作表现等），为前厅部经理写出报告。
（3）及时处理客人投诉并及时反馈。
（4）对 VIP 的接待工作予以关注。
　　1）根据报告，检查当天的到店情况，确认其特殊要求是否已准备好；
　　2）检查 VIP 房间及鲜花、水果、刀叉等是否准备好。如发现房间等有差错，应及时通知有关部门。
（5）处理超额预订问题。
（6）检查酒店的后台工作（夜班），大厅和客人活动区域，包括门外停车区。确保检查过的每个区域没有问题（如发现有意外情况，及时与有关部门联系并记人交班本中）。
（7）与保安部配合，对可疑客人加以控制。
（8）报告并记录酒店内的一切异常情况。
　　1）事故报告必须在同一天内呈送前厅部经理及有关部门经理和酒店领导；
　　2）如有财产物品丢失或人员伤亡，写出报告及时通知客人并索要费用。
（9）亲自培训员工。
（10）与电脑部经理协调配合，保证电脑系统的正常运作。
（11）执行前厅部经理或管理部门交给的其他任务。

素质要求

（1）头脑灵活，反应快。前厅部随时可能出现各种复杂的情况和事件，要求前厅部经理灵活妥善地加以处理，因此，作为前厅部经理必须具有灵敏的头脑，反应快。
（2）熟悉前厅部、客房部、销售部工作，略懂餐饮、工程、财务等知识。
（3）高级英语水平，能用英语处理日常事务。
（4）了解市场状况，掌握酒店经营及管理动态。
（5）善于处理各类投诉。
（6）善于交际，风度优雅，谈吐大方。

（二）前台主管

前台主管的岗位说明书

前台主管

直接上级：前厅部经理
直接下属：领班

岗位职责

（1）协助前厅部经理检查和控制前厅的工作程序，全面负责前厅的接待和问讯等日常工作，督导员工为客人提供高效优质的服务。
（2）主持前厅工作例会，上传下达，与相关部门做好沟通、合作与协调工作。
（3）随时处理客人的投诉和各种要求。
（4）每天检查员工外表及工作情况。
（5）对员工进行培训并进行定期评估。
（6）下班之前与预订部核对当日及次日的房态。
（7）检查有特殊要求客人的房间并保证这些特殊要求得到关照。
（8）及时申领物品，保证前台有足够办公用品。
（9）协助大堂副理检查大厅卫生，陈列酒店介绍等宣传品，并在用餐时间临时接替大堂副理的工作。
（10）按要求每月制作有关报表并送至公安部门。
（11）完成前厅部经理或其他管理部门所交给的任务。

素质要求

（1）思维敏捷，具有协作精神。
（2）熟悉本部门的各项工作程序和标准。
（3）具有一定的电脑软件知识，能熟练打字。
（4）五官端正，口齿清楚，气质高雅。
（5）英语口语良好。
（6）有三年以上国际酒店前台领班以上工作经验。
（7）能够适应超时工作。

（三）前台领班

前台领班的岗位说明书

前台领班

直接上级：前台主管
直接下属：接待员

岗位职责

（1）协助主管做好日常工作。
（2）检查、督导前台员工按照工作程序和标准为客人提供优质服务。
（3）对客人的要求及投诉要尽最大努力答复并重视，遇不能解决的问题及时报告主管。

（4）确保入住登记单详细、准确、清晰，符合有关部门的规定。
（5）通知有关部门关于到店房、换房、VIP 房和特殊安排房等情况。
（6）每天检查和准确控制房态。
1）每日定时（9:00、16:00 和 23:00）根据客房部提供的房态表核对房态。
2）每天定时（12:00、17:00 和 22:00）认真检查已结账的房间是否已从电脑中消号；
3）如有换房或调价，应记录存档。
（7）详细记录交班事项，如有重要事件或需下一班继续完成的事情都应详细记录，并在交班时签上自己的名字。
（8）确保所有的信件、邮包和留言的发送、存放、记录存档无误。
1）每天 10:00、12:00、16:00、21:00 时检查邮件、信件、留言；
2）若发现有未送出的，应及时通知或检查留言灯。
（9）遇特殊情况，如客人不按期到达、延长住房日期、提前离店、客人投诉以及其他紧急事件，处理不了的要及时上报主管或大堂副理。
（10）完成经理分派的其他工作。

素质要求
（1）五官端正，气质高雅，口齿清楚。
（2）了解旅游景点及娱乐等方面的知识和信息。
（3）能够进行熟练的打字和电脑操作。
（4）良好的英语口语水平。
（5）两年以上酒店前厅工作经验。
（6）有一定的管理能力。
（7）性格活泼，思维敏捷，理解能力和自控能力强，善于应变。

附：某前厅部经理一日的工作安排

7:00 与夜核一起讨论昨天晚上的活动情况，并注意发现未平衡的账目。

7:30 向预订员了解当日预订抵店情况。

8:00 迎接早班总台工作人员，并向他们传达来自夜核和预订部门的信息。帮助前台收银人员为客人办理结账手续。

8:30 分别与客房管家及工程部经理进行沟通，确定前厅部员工应该注意的一些潜在的问题。

9:00 与市场营销总监沟通，讨论有关促销计划问题；与宴会部经理一起商讨有关即将在酒店举行宴会的单位和组织的问题。

9:30 与行政总厨沟通，了解当日酒店餐饮部各餐厅的特色菜，这些信息将被打印并分发给总机话务员等前厅部有关岗位和人员。

9:45 召集前厅部员工会议，讨论当日有关经营信息问题。处理客人账务的有关争议。

11:00 与总经理讨论下一年度的财政预算问题。

12:30 了解、预测下一周的预订情况。

13:00 与公司商务客户共进午餐。

14:15 与预订部员工一起确定为团队预订需要保留的客房。

14:30 与财务总监确定下个月的预算目标。了解上个月的预算执行情况的反馈信息。

14:45 向工程部经理了解 18 楼水管维修工作的进展情况。

15:00 迎接中班员工上班，并向他们交代有关预订、客房分配以及待售客房等信息。

15:15 协助前台接待员接待刚刚抵达的某一旅游团队。

16:00 对两名应聘前台工作岗位者进行面试。

16:45 协助前台接待员为客人办理住宿登记手续。

17:15 协助预订员处理已经确认的预订，更新有关预订资料。

17:45 向夜核员打电话通报有关晚上夜核事宜的当前信息。

18:00 向保安部经理了解有关即将在舞厅举办的艺术展览的保安问题。

18:30 填写报修单，请工程部对前台有关机器进行预防性维修。

18:45 准备翌日“待完成工作”计划。

第二节　前厅部员工的培训

一、入职指导

新员工第一天来工作时应拿到一份入职指导计划。计划制订完善及有组织的入职指导会让新员工有一个良好的开头。通常，新员工第一天上班都充满着急切的心情，前厅部经理应负责安排好员工的入职指导。

经理们应计划好让新员工尽可能顺利地进入新的工作。

成功的入职培训指导常包含一份书面的日程，新员工可以用作参考。日程表应告诉员工，他将要去见谁，在哪里见，什么时间见，以及将讨论什么问题。至少，入职指导计划应包括以下信息：

第一，饭店。它的历史、服务声誉、主要管理人员姓名、发展计划、公司政策等。

第二，福利。工资、保险项目、员工折扣、假期和带薪假日。

第三，工作条件。培训计划安排、工作日程、休息、用餐时间、加班、安全、保安、员工告示板和记事本，以及社会活动。

第四，工作。工作岗位所承担的任务、工作怎样适应前厅部、前厅部怎样适应饭店、期望达到什么样的服务标准。

第五，前厅部团队。介绍同事，概述每位员工的主要职责，解释隶属关系。

第六，规章制度。关于如吸烟、出入、纪律处分、停车权利。

第七，建筑物。建筑物的布局、员工入口的位置、更衣室、员工餐厅、制服房、总台，以及其他重要部门。

员工上班的第一天应填写有关人事、工资和工作表格，根据工作应分发制服和更衣柜。新员工还应该参观全饭店，特别是不同种类的客房和会议室。参观地点应包括工作区、计时钟、工作日程张贴处、库房、急救箱、厕所和小憩区。参观相关的部门会有助于强化对工作流程的理解，以及对团体协作的需要。在参观中，前厅部经理应尽量多给新员工介绍一些同事。

管理层应保证让新员工看到所有营业点。参观中还应该指出一些重要部门的位置，如客房部、洗衣房、维修保养、财会等。参观中最重要的事情之一是要花时间把新员工介绍给重要的经理们。这种介绍能让新员工立刻感到是整个团体的一员，它还有助于建立管理层与员工之间的相互关系。

二、技能培训

保证员工受到适当的培训是前厅部经理的主要职责之一，这并不是说经理一定要做培训老师，实际培训工作可以交给培训老师、部门里的主管，甚至是聪敏的员工。然而，前厅部经理应负责部门内外培训计划的实施。

绝大多数经理和培训员都知道，培训的目标是帮助员工获得做好工作的技能。但是，许多经理和培训员都不知道培训的最佳方法，他们常需要一个培训框架。四步培训法提供了这种框架，即准备培训、实施培训、技能实习、跟踪检查。

（一）准备培训

对成功的培训来说，准备工作是十分重要的。没有充分的准备，培训会缺乏逻辑顺序，工作的重要细节也会被忽略。培训开始之前，前厅部经理必须进行工作分析，并估计员工对培训的需要。

1. 工作分析

工作分析（Job Analysis）确定员工必须掌握什么知识，他们要完成什么任务，以及执行任务时必须达到的标准。工作分析可分为三步：确定工作所需的知识、制定任务单、为前厅部各岗位的每项任务进行工作分解（Job Breakdown）。知识、任务单和工作分解构成了评价工作的有效体系。

（1）工作知识（Job Knowledge）。工作所需的知识明确员工在进行工作时需要知道些什么。工作知识可以分为三类：饭店全体员工的知识，前厅部员工的知识，各岗位如总台接待员的知识。表 2–2 列出了有关饭店全体员工、前厅部全体员工以及总台员工所需要的知识。

表 2-2　前厅部员工应掌握的工作知识

作为饭店员工应掌握的知识	作为前厅部员工应掌握的知识	总台员工应掌握的知识
（1）高质量的对客服务	（1）电话礼仪	（1）何谓总台员工
（2）血液携带的病原体	（2）保安	（2）与其他同事及其他部门团结协作
（3）个人仪表	（3）客房种类	（3）目标市场
（4）紧急情况	（4）保养需要	（4）客房设备和用品的使用方法
（5）失物招领	（5）饭店政策	（5）电话系统
（6）再循环程序	（5）社团信息	（6）各营业点的设备
（7）安全工作习惯	（6）回答问路	（7）总台电脑系统
（8）识别值班经理	（7）机场班车服务	（8）总台打印机
（9）饭店宣传册	（8）乘坐电梯的礼仪	（9）预订的种类
（10）员工政策	（9）餐厅菜单	（10）客房统计和出租率统计的术语
（11）有关法律法规		（11）房价术语
		（12）客房状况术语
		（13）常客计划
		（14）入住登记和结账离店指南
		（15）客房预测
		（16）信用卡授信程序
		（17）检查批准程序
		（18）信用检查报告
		（19）货币兑换
		（20）库存物资系统
		（21）重点宾客

（2）任务清单（Task List）。一份"任务清单"反映出一个岗位的全部工作职责。表 2-3 给出了总台接待员的任务清单样本。注意任务清单的每一行都以一个动词开头，这种形式强调了行动，并且清楚地告诉员工，他将负责做什么。只要有可能，任务清单都应按每日工作的逻辑顺序列出任务。

表 2-3　"任务清单"样本——总台接待员

总台接待员任务清单	总台接待员任务清单
（1）使用总台电脑系统	（11）开始客人入住登记
（2）使用总台打印机	（12）登记时确定付款方式
（3）使用总台电话系统	（13）获得信用卡授权
（4）使用传真机	（14）发放并控制客房钥匙 / 钥匙牌
（5）使用复印机	（15）完成客人入住登记
（6）整理总台，准备入住登记	（16）运用有效的销售技巧
（7）使用前厅部工作日志	（17）为抵店团队做预登记以及入住登记工作
（8）制作并使用抵店名单	（18）带领客人参观客房
（9）预留和撤消预留客房	（19）客房尚未准备好时使用的候补名单
（10）建立预登记	（20）在超卖情况下重新安置客人

续表

总台接待员任务清单	总台接待员任务清单
（21）使用人工客房状况显示系统	（38）处理保证类预订客人的未抵店情况
（22）处理房间更换	（39）更新客房状况
（23）为客人办理保险箱业务	（40）帮助客人办理将来的预订
（24）为销售点准备现金报告	（41）办理客人离店手续
（25）经管并跟办信用检查报告	（42）调整有争议的对客收费
（26）处理客人信件、包裹和传真	（43）转移获准同意的客人收费
（27）管理客人信息指南	（44）办理自助离店
（28）准备地图并提供指路服务	（45）处理客人延迟离店
（29）满足客人的特殊需要	（46）办理延迟收费
（30）回答有关部门服务和活动的问题	（47）保持总台干净整齐
（31）处理对客服务中的问题	（48）调整客房状态，与客房部下午报告一致
（32）为客人兑换支票	（49）准备最新客房状态报告
（33）领取、使用并上缴备用金	（50）执行大小检查
（34）邮寄客人账单和发票	（51）盘存并申领总台补给品
（35）遵守保护客人隐私和安全的措施	（52）填写并上缴当班检查表
（36）办理叫醒业务	（53）处理急救
（37）操作付费电影系统	（54）对警报做出正确反应

（3）工作分解（Job Breakdown）。工作分解如下表，列出了需要的设备和用品、步骤、怎样去做，以及解释怎样去完成一个单项任务的提示。为了适应各项工作的需要和要求，工作分解的形式可以有所变化。表 2–4 给出了表 2–3 中第 16 项任务“运用有效的销售技术”的工作分解。

表 2–4　“运用有效的销售技术”的工作分解

运用有效的销售技巧		
需要的资料：促销项目目录册，促销材料，宣传册，客房简图，餐厅和房内用餐菜单		
步　骤	**怎样去做**	**提　示**
（1）升级销售客房	①客人进店时推荐较高房价的客房 ②描述高价房的特色和好处 ③出示客房简图，帮助说明特点 ④如果客人有孩子，建议用大点的房间，以增加空间 ⑤建议商务旅客用条件更好的房间，或者更大的房间，可以开会	①升级销售是一种销售比客人原订房间更贵的客房的方法 ②向客人提供更好的房间不会伤害客人，你在表达的是希望客人住得愉快

续表

步　骤	怎样去做	提　示
	⑥如果一对夫妇正在度假，建议用能留下深刻记忆的特色房 ⑦直接问客人他们是否愿意入住你所说的房间	③不要等待客人告诉你他要订的是某一种房型。预期他们的需要，并且问你是否能为他们订那种房型的房 ④客人通常都欢迎积极的建议
（2）推荐餐厅	①如果客人说没有时间离开房间，则推荐订房内用膳，告诉客人服务时间 ②作出适当的判断。不要在深夜推荐房内用膳菜单上的大菜 ③如果客人要找一个好地方吃饭，则推荐饭店的餐厅 ④给客人看菜单，以帮助他们做出决定 ⑤要能告诉客人预订和着装方面的要求 ⑥倾听客人意见，如果他们特别询问饭店外的餐厅，就建议去有地方特色的餐厅 ⑦如果客人在找地方放松一下，建议他去茶座 ⑧掌握对菜单、营业时间和娱乐节目的变动信息，客人可指望你是本饭店的专家	①记住，当你推荐饭店餐厅的时候，是在进行团体协作 ②熟悉“作为前厅部员工应掌握的知识”中的“餐厅菜单”
（3）推荐饭店的促销项目	①问主管，店内有哪些促销项目 ②研究各促销项目的特色及益处 ③热情地描述可以满足客人需要的项目 ④给客人宣传册和其他促销材料	①客人喜欢感到他们得到了“免费的东西”或“特别优待”

资料来源：招待业培训丛书，《总台员工指南》（密歇根州东兰辛：美国饭店与住宿业协会教育学院）

2. 发现培训需求

（1）新员工的培训需求。任务清单是做员工培训计划的极好工具。事实上，不能指望新员工在第一天上班之前就学会所有的任务。在你开始培训之前，请研究任务清单。然后，再根据单独工作之前应该掌握的—在岗两个星期之内应该掌握的—在岗两个月内应掌握的各项任务来分步实施。

决定了各期培训内容之后，把工作分解作为培训的课程计划，也可以作为自学的学习指导。因为工作分解列出了员工必须执行的每一步骤，还准确告诉我们培训中要做些什么。工作分解可以指导讲课，也可以确保重点或步骤不会被忽略。

员工必须知道的知识一般写在一个单页上。每次安排 9 个或 10 个知识部分或工作分解让新员工学习。不要让员工一次阅读所有的知识部分和所有的工作分解，这会让员工感到茫然，他无法记住把工作做好的足够的信息。

（2）分析现有员工的培训需求。前厅部管理人员有时会感到一个员工或几个员工的工作有问题，但他们不能肯定到底是什么问题；有时也会感到员工有点不太对劲，但不知道从哪里着手改善。一份培训需求评估表能帮助我们找出一位员工的弱点，同样也能找出全体员工的弱点。根据这份表，对员工必须掌握的每一项知识和技能进行打分，员工得分较差的地方就是计划培训的目标所在。

（3）制订部门培训计划。一年制订4次培训计划，每3个月左右一次，而且最好在下一季度开始前一个月完成各项计划。

（二）实施培训

实施培训实际上就是按照“工作分解”表的内容进行培训，“工作分解”就是培训指南，培训要遵循工作分解中各步骤的顺序。在每一步骤，演示并告诉员工要做什么、怎样做，以及它的细节为什么重要。

给他们准备的机会。让新员工学习任务清单，从而对他们将要学着去做的所有任务有一个总体印象。可能的情况下，至少在每一期培训开始前一天把清单发给他们。每期培训开始前至少一天，让新老员工先看一下你计划本期培训涉及的工作分解。然后，在培训开始时，介绍本期的内容，要让他们知道培训要持续多久，什么时候休息。

培训者在解说步骤的时候还要做演示，要让员工真切看到你在做什么，鼓励他们需要更多信息时随时提出问题。要保证有足够的时间进行培训，进展要缓慢、细致，如果员工不能立刻理解时要耐心，所有步骤至少说两遍。当你第二次演示一个步骤时，要提出问题看他们是否理解了。根据需要反复做每一步骤。

（三）技能实习

当培训人和受训人都认为他们已熟悉工作，能够合格地完成以下步骤时，受训人应尝试独立执行任务。及时实习会养成好的工作习惯，让每位受训人演示你所教授的任务的各步骤，这会告诉你他们是否真的懂了。要抵制代替员工的冲动。

指导会帮助员工获得技能，自信是进行工作所必需的。员工做得正确应立即给予祝贺，当你发现问题时，要温和地给予纠正。在培训这一阶段形成的坏习惯以后会很难纠正。要确保每位受训人都理解了；并且不仅能解释怎样去执行每一步骤，还能说明每一步骤的目的。

（四）跟踪检查

1. 在工作中继续予以指导

培训能帮助员工学习新知识，掌握新技能和保持良好态度，而指导则着重于员工培训中学到的知识在工作岗位的实际应用。作为指导，你通过使用挑战、鼓励、纠正和积极强化等方法，巩固他们在培训阶段学到的知识、技能和态度。在岗指导的注意事项有：

（1）观察员工的工作，确保他们正确地执行任务，做得特别好时应让他们知道。

（2）轻松地提出建议，去纠正次要问题。

（3）当员工犯重大错误时，得体地纠正他们。最好的方式是在双方都不忙时，在一个安静的场所去纠正。

（4）如果一位员工在使用不安全的工作方法，应立即纠正。

2. 不断给予反馈

反馈是你告诉员工他们做得怎么样。有两种反馈是积极的反馈，一种是承认工作做得好，另一种是再指导性反馈，找出做得不对的地方，说明怎样才能改进。这两种反馈的一些注意事项如下：

（1）让员工知道他们什么地方做得对，什么地方做得不对。

（2）员工受训后做得好应告诉他们，这会帮他们记住所学的东西，还能鼓励他们在工作中运用这些行为和信息。

（3）如果员工没能达到标准，首先就做得对的方面向他们祝贺，然后再告诉他们怎样去纠正坏习惯，解释为什么这样做很重要。

（4）明确具体。准确陈述员工所说所为来对其行为加以说明。

（5）细心遣词造句。听上去你是在帮助，而不是命令、要求。

（6）确信你弄懂了员工所说的话。用诸如“我好像听见你说的是……”来询问。

（7）弄清员工听懂了你的话，说“我不能确定解释清了每件事，告诉我，我刚才说了些什么”。

（8）你的意见应严肃而真诚。员工们欢迎对特殊表现的真诚祝贺，没人喜欢因批评而难堪或受辱。

（9）告诉员工，你不在时去哪里寻求帮助。

3. 评价

评价员工的进步。用任务清单作对照表，确认所有任务都已掌握。为尚未掌握的任务提供进一步培训和实践的机会。

4. 取得员工的反馈

让员工评价他们接受的培训，这能帮助你改进对他们和其他员工的培训工作。保留每位受训人的培训记录，跟踪每位员工的培训史，并在员工的人事档案里保存一份培训记录。

第三节　前厅部管理人员的管理方法和技巧

前厅部管理人员应当有能力应付各种情况，处理各种问题。他以前作为行李员、前台接待员、收银员、预订员等的经历为他提供了良好的培训基础，使其能够更好地理解员工、使用前厅设备、掌握客房情况、理解预算的制约、发现现场销售机会等。这些基本的经验，加上他在校期间学到的理论知识，为其管理技能奠定了坚实的基础。

一、学会“时间管理”

管理人员每天都有很多事情要做，而时间是有限的。很多管理人员总是感觉时间不够用，有干不完的工作，处理不完的事情，从早忙到晚，还是觉得有很多该做的事没做，工作缺乏效率。这是不会管理时间的表现，缺乏时间管理的意识和艺术。

前厅部事务繁杂，管理人员要对每天要做的事情按照重要性和紧急程度进行梳理和排序，并对有限的时间进行适当的分配，这样才能争取工作的主动性，提高工作效率。

第一优先：先处理紧急而且重要的事情。第二优先：不急，但很重要的事情。第三优先：紧急，但不重要的事情。第四优先：不急，又不重要的事情。

二、掌握管理技巧

对员工进行管理的艺术，不仅在于你掌握了多少管理学知识，还在于你有多少管理经验。管理专家们研究了人力资源管理的复杂性。管理学教科书会详细解释管理学的基本概念和原理。本章，我们介绍几个会帮助你形成自己独特的管理风格的概念。

形成自己的管理风格的第一步是看一看自己在酒店管理团队中的位置。作为前厅部经理，你被赋予一定的管理职责，同时，也被授予相应的管理权限。这些就是你参与管理、个人发展和在管理队伍中受到限制的领域。尽管这是对管理队伍一个简单化的总的看法，但它确实会帮助你理清思路。此时，你还需要反思一下你在该酒店中的职业发展目标。比如，向酒店总经理的目标迈进。你会明白酒店的哪些部门和岗位会给你表现才华、获取经验的机会。一旦你明确了你的“竞技场”和发展目标，你就可以决定如何带领部下努力工作，使酒店取得经营成功。

作为一名新的管理人员，无论你是只有 20 岁的小伙，还是已经年过半百，第一个需要强调的概念就是员工激励。什么东西能使每一位员工表现最佳？这里强调的是“每一位”员工。不同的人需要用不同的因素去激励，较好的排班可能对上中班的前台接待员有激励作用，但对于一周两次来酒店上夜班的兼职夜核员可能没有什么作用；喜欢上中班的年轻人由于中班更符合其生活方式，因而不会被调班去上早班的可能性所激励；在外面进修、学习，可以报销学费的政策，可能会激励一个刚从旅游学校毕业准备报考大学的员工，但对于对接受高等教育没兴趣的员工便没有什么激励作用；对于前台接待员来说，能够调去做预订员的可能性对其可能会产生一定的激励作用，但对于一个新婚的话务员则可能没有多少激励作用，她可能更关心一个能够满足她的小家庭需要的合理的工作时间安排。有时，很难说清什么因素会激励某个人。发现如何激励你的每一个部下，是你作为管理者所面临的一个挑战。它能够使你和你的员工处于最理想的状态去做好一项工作。毫无疑问，理解每位员工的需求和目标是管理者的一项艰巨的任务，但却是值得去完成的。

前厅部管理人员要努力达到的另一个目标是实现团队中员工个性的和谐性。经常出现的情况是，新上任的管理人员没时间去发现每一位员工与组织中其他员工的关系。前厅部员工都在想办法让新上任的经理给自己安排好的职位，这是很正常的现象，也可以被视作工作的一部分。一旦新任经理经受了“考验”，处理了几件事以后，情况才会稳定下来。员工想知道你的能耐有多大，你在压力下有什么反应，他们还想知道你是否会在上级管理人员面前替他们说好话。管理者不应被这种挑战所吓倒，勇敢地面对它，你就会战胜挑战。

当你发现了员工中可能存在的个性冲突时，要客观地看待其优点和缺点。而且，你还要了解谁是员工中非正式组织的领导，你对员工所持的客观的看法可能与员工自己对他们的看法不尽一致。他们对同伴们的缺点了如指掌。他们也知道要在 3 小时之内为全酒店的客人办理完结账手续并接待一个大型会议得依靠谁。

有些管理者并不认同这种现象。他们认为在前厅部发生的所有事，都应该由经理说了算。当然，权力是重要的，但如果你要维护权威，并使你的目标能够在员工中得到贯彻，你就得重新思考你的策略。

给予员工足够的培训也会使前厅部管理人员的工作容易得多，如果能够做好培训的计划、执行和跟踪，员工在工作中出错的机会就会被降到最少。每一项岗位说明书都只列出了员工的主要岗位职责，但是，“灰色地带”——如处理客人投诉、向客人展示酒店热情好客的形象、推销酒店其他部门的产品等——则不可能在岗位说明书中反映出来。在此，岗位培训技术加上用录像带、VCD 碟等手段，是很好的培训方法，可以有效地解决工作中的灰色地带问题。管理者要把培训不仅当作展示工作技能的时间，还应作为向员工传达经济指标、讲解接待服务工作的目的和酒店业及其从业人员的特性的机会。

员工总会有一些特殊的有关排班方面的要求以及其他一些与工作相关的请求，你应当尽量地予以迁就和满足。由于与同班组的某个员工相处困难而要求调班的员工，可能只需要你向他提出怎样与那位员工相处的建议；一位老员工可能会问你怎样才能在酒店取得事业上的进步和个人的发展，你可能不会立即答复，但你可以向其表示你会考虑此事，员工也会明白，好事的出现也是需要时间的。倾听员工的需要，他们的请求可能会回答你的问题。

以上只是前厅部管理人员应该掌握的部分管理技能，要成为优秀的管理者，必须不断地探索，从管理实践中不断地总结经验和教训，从而提高管理水平。

经典案例

前厅部员工——一种别样激励法

为了增强前厅部员工的工作责任感，可让每位前厅员工都尝试走到店外做销售工作。

可每天选取两名前台人员，选好一个时段，比如每天的 10:00 ~ 12:00 或 16:00 ~ 18:00，到酒店周边散发宣传单；每周选取两天的下午时间（比如说每周的周二下午和周四下午），将所有不当班的前厅人员分为若干组，去酒店周边的商务楼或者工业区签订协议客户。

前厅部人员不是应该待在前台接待客人吗？为什么要培训前厅部的员工去做销售工作呢？一方面，销售工作可以锻炼员工与客人沟通的技巧以及口头表达能力；另一方面，经历了销售工作的前台服务员，体会了销售员的“辛苦”和“心苦”，就会明白争取到一名顾客是多么的不容易，也就会深刻懂得“认真地接待好每一名客人是自己的一份责任”。

三、深入一线管理

前厅的管理者必须改变以往经理决策、员工执行、管理者又监督员工执行的一贯作风，要亲力亲为深入到一线，进行现场管理，在工作现场就地收集数据信息，了解客人需求，对工作任务和服务的知识点进行整合。

现场的走动管理可以深入到服务的各个环节，及时发现和改进存在的问题。如观察前台服务员的有声服务是否到位，细微服务是否恰到好处，有没有客人对服务迅捷性的投诉，等等。通过自己的身教言传，就地培训，在现场定决策，纠正偏差，协调各方面关系，这样不仅缩短了工作里程和信息的传递反馈速度与质量，提高了工作效率，同时也展示了管理者高超的服务技能和优秀的管理素质，树立起勤奋尽职、体恤下属的良好形象，更可以及时和下属沟通思想、联络感情，实施现场激励并发现有用人才，为酒店人力资源的未来供给提供帮助。

经典案例

五杯茶水的故事……

某日上午，前厅经理例行走动管理（MBWA），巡查至酒店大堂时发现有2位外国客人和3位国内客人在大堂沙发上休息，此时负责大堂区域服务的Johnson正站在大门口，“守望着”大堂内外。

经理上前询问Johnson：“你能告诉我你身边沙发上的5位客人什么时候坐下休息的吗？”Johnson没有明白经理问话的真正用意，却自豪地说：“我可关注到他们了，我还向他们问了好，大概是5分钟前到的。”于是经理继续询问：“他们恐怕是在等另外的客人，会休息一会儿的，可否给每位客人送上一杯茶呢？”虽是征询的意见，但实际上这话已经是向Johnson下达服务指令了，可没有想到是，Johnson并没有立刻采取行动，而是辩解说：“我本想要送上茶水的，可发现有外国人，估计不喝或可能喝不惯，所以没去送茶。”经理说：“你觉得客人可能不喝，不过，我认为客人可能要喝，咱先问问客人好不好？”Johnson上前询问，3位国内客人表示要3杯红茶，2位外国客人喜欢喝绿茶。Johnson在2分钟之内就为客人送上5杯茶，客人十分高兴。5分钟后，经理巡查返回，发现客人茶杯内仅余1/3，于是让Johnson上前为客人续茶，10分钟后客人离开大堂，大部分茶杯内茶水已尽。事后，经理与Johnson坐下来回顾刚才的服务过程，并展开服务讨论。

双方最后取得一致的意见如下：

（1）经设计的服务是一项规范，不可随意省略。当客人在大堂坐下时，应该上前询问是否需要提供茶水服务，这是服务要求，体现酒店热情好客。

（2）要从客人需要角度出发思考问题。不要从自己的角度出发，我猜测、我以为等，而要主动询问客人。

（3）优质服务的询问原则（ASK）不可偏废，包括良好的态度（Attitude）、娴熟的技巧（Skill）、丰富的知识（Knowledge）。

经理当时并没有点破此次服务的根本问题是Johnson对服务的认识和态度问题，因为我们深知，态度问题是最为敏感的问题，并总是与自尊紧密地联系在一起，只有当事人自己想通了，态度才会有根本的转变。

令经理高兴的是，次日，Johnson在大堂碰见经理时就十分抱歉地说昨天的服务是他的错，没有端正服务态度。经理告诉Johnson说：“我高兴的是今天的你服务意识已与众不同，我对你很有信心。”

四、学会授权

合理授权（Empower）是管理者必须掌握的一项技能，前厅部员工处于对客服务的第一线，特别是前台员工每天都要接触各种各样的客人，遇到各种各样的事情，需要及时、妥善地处理；否则，势必影响服务质量和服务效率，引起客人投诉。

在工作中常常会看到这样的情形：酒店的结账时间是中午12点，某位客人询问前台接待员自己是否可以延迟到下午2点以前，前台接待员的回答往往是这样："根据我们酒店的规定，退房时间是中午12点以前，我要请示一下领导再给您答复。"又如客人说："我是老顾客，能否给个优惠的折扣？"回答是："对不起，我只能给您这个折扣权。"这些在一线服务中经常碰到的问题，前台的接待人员常常不能马上给客人满意的答复，必须事事层层汇报，再层层听取指示。这样推诿拖沓，使客人无法忍受，于是便产生了有关服务质量的投诉。因此，现代服务管理强调对基层服务员的授权，让他们在一定范围内有无须汇报、当场处理问题的权限（在美国的丽嘉酒店，一线服务员有2000美元的处置权），以确保顾客的满意度，特别是高档酒店更应如此。充分恰当的授权能唤起员工的工作责任感、创造性和对顾客真切关怀，员工这种自我负责，对客人尽心尽责的服务，可以成为酒店保持竞争优势的有效举措之一。

当然，对一线员工进行授权，还应把握好尺度，这样可以既确保前台员工在客人面前作出迅速、灵活和满意的反应，又能使他们在一定的管理制度和规范内操作和处理事项。

五、不当"狮子王"，也不做"小绵羊"

许多人心目中的管理者就像森林中的狮子王，狂野，骄傲，属于强硬、不具亲和力的一种有别于普通人的特殊人群，其实这是认识上的误区。即使有这样的管理者，也是不会成功的。有一家酒店的前厅部员工小陈，刚开始因其干练果敢的性格被总经理看中，遂将其提升为前厅部经理。但她苛刻寡恩，非但态度生硬，不关心下属，还动辄待人以威吓、批评的口吻。最后只落得威信扫地，怨声载道。她的错误在于，她没有认识到管理者所应具有的核心作用，如果不掌握好技巧，不能很好地团结、凝聚下属，那么谁肯为你卖命？要不想成为人人怕的狮子王，就要避免在情绪不稳定时处理公事，同时也不要吝啬于一句对员工简单的夸奖。

季燕是一家酒店前厅主管，待人温和有加，严厉不足。她信奉有事好商量，和气生财。但结果也不尽如人意。所有的下属都知道她脾气好，做错了事也没什么大不了，养成了懒散懈怠的工作作风不说，也并不领她这份情，还觉得她软弱可欺。其实只须杜绝一些错误的做法就不会被人当成小绵羊：不为合理的要求道歉；成为别人的工具；迁就他人的错误行为。

六、赢得尊重的技巧

无论是"狮子王"还是"小绵羊"，都不可能在当今环境复杂的职场中站稳脚跟，干好本职工作并不能成为你晋升为经理的资本，只有热情而无智勇，也不能显示你作为经理的气质与风度。以下这些技巧会帮助你赢得同事的尊重。

第一，正视问题。问题出现的时候正视它，回避问题只能使它变得难以对付。调查问题出现的原因、背景，让别人知道你正在为此付出努力。

第二，深思熟虑。发表意见、作出决定之前，要全面、理性地思考，使你的决定、发言、做法更加明智、合理、有效。

第三，保持自控。过于自负，容易遭到失败，自我控制常常会取得良好的效果。

第四，心平气和地争论。不能心平气和的时候，你所表现出的攻击性会让人有防御姿态，真正的问题永远得不到解决。即使别人挑衅，你也不能激动，这样别人不成熟，而你的平静、理智会非常有利。

第五，直接表达你的要求。有要求表明你对工作重视，直接地提出来，可显示你为人的光明磊落，而被动、畏惧，只会使问题得不到解决。

第六，适时沉默。运用无声的语言，支持的眼神，恰如其分的手势，可以帮助强调你的意思。

七、掌握委派工作的艺术

由于各种原因，管理人员在对下属员工委派工作时，常常会遇到员工的抵触，因此，应该讲究委派工作的艺术。

经典案例

我是如何委派工作的

行李部工作忙闲不均，临时交办的事情很多，如何富有技巧地委派工作任务呢？

9月初，我们接待了一个百人日本大团，该团有144件又大又重的行李。出行李那天，接待旅行社要求早上6:30开始收集，7:30一定要装车运走。由于客人住的楼层比较分散，未必都会准时将行李放在门外，而且，其他团队与散客也都在这段时间出行李，任务很艰巨。

我了解到这个团分住6个楼层。为了尽快完成任务，每个楼层需安排一名行李员，行李收集后集中在货梯口，逐层用货梯装走。货梯需1人，下楼层后协助装上行李车需1人，另外，保证行李部正常工作需1人，一共9人。由于第二天早班只有4名行李员，因此，当天中班人员第二天上午必须全部来加班。有的行李员第二天休息，或早有安排或想睡觉，他们肯不肯一大早都来加班呢？

我先放出风声说今天中班行李员明早6:20要到岗加班，侧面了解了一下行李员的反应。心里有数之后，我在交接班会上布置任务，并有针对性地谈了应以酒店工作为重。会上多数员工表示愿意加班，但也有个别员工面露难色，说已约好办事情不能来。由于人手有限，缺一人都不行，我让愿意加班的员工先走，请不愿加班的员工留下来单独谈。这样给他们面子，免得在会上难堪，也避免主管与员工在会上的直接冲突，大家都下不了台。

第二天安排工作时，我把表现好的员工分配在行李多的楼层，勉强来加班的员工在行李少的楼层，并明确告诉他们必须完成任务的时间，不得拖延。时间上我留有一定的余地，以便有意外变动，还来得及弥补。另外我随时督导，促其按时按量地完成任务。

原来需要一小时的工作，半小时就完成了，旅行社的一位经理惊喜地说："我们前一站的一家饭店，2小时出不来行李，想不到在你们这儿，这么快就出齐了。"

完成任务后，我对积极合作的员工进行公开表扬。对勉强来加班的员工私下表示感谢，感谢他们在主管工作困难的时候给予支持。这样缓解了可能产生的上下级的紧张关系，有利于今后工作的开展。

由此可见，这位行李员很注意委派工作的方式方法，讲究委派工作的艺术性：第一，他在正式布置工作前，先放出第二天要加班的风声，以便需要加班的员工有个心理准备。第二，当他了解到个别员工加班有困难时，强调"应以酒店工作为重"，暗示员工在这种情况下，个人利益应该服从集体利益。第三，让愿意加班的员工先走，请不愿加班的员工留下来单独谈。正如这位主管所言："这样给他们面子，免得在会上难堪，也避免主管与员工在会上的直接冲突，大家都下不了台。"第四，把表现好的员工分配在行李多的楼层，勉强来加班的员工在行李少的楼层。这样做一方面可以照顾那些勉强来加班的员工的情绪，同时又可保证工作任务能够按时顺利完成。第五，完成任务后，对积极合作的员工进行公开表扬；对勉强来加班的员工私下表示感谢。从而"缓解了可能产生的上下级的紧张关系，有利于今后工作的开展"。

八、学会与上司、下属的沟通技巧

（一）与上司有效沟通的原则

第一，确认你的信息是重要的，保证资料的完整性。

第二，确保资料的准确性。

第三，简洁。职位越高的人，责任越大，时间越少。

第四，报喜也报忧。

第五，向上司定期汇报工作，不要让上司信息闭塞。

第六，陈述问题的同时，要提出解决方案。

第七，选择最佳时机。与上司会面要选择他 / 她方便的时间。

第八，明确目的。与上司谈话究竟要达到什么目的，你希望上司采取什么样的行动?

（二）与下属沟通的技巧

第一，告诉他们，“我们”将做这件事，而不是“你们”将做这件事。

第二，让员工成为做决定时的一分子，让他们感觉到自己也有价值。

第三，学会和每一位个性不同的员工相处。

第四，做决定要公事化，而非个人化。

第五，切记，员工做了好事，一定要告诉他们自己知道。

第六，对待员工要真诚。

第七，务必要支持始终。

第八，告诉他们你要求他们照你的方法做的道理。

第四节　前厅部排班方法

一、前厅部排班技术

为员工安排工作班次是前厅部经理及其他管理人员面临的最具挑战性的任务之一。排班过程会是极为复杂的，特别是前厅部员工只接受了执行单项任务的培训时尤其如此。

员工排班会对工资成本、员工生产率，以及员工士气产生影响。前厅部内部交叉培训越多，工作所需要的员工人数就越少。交叉培训给前厅部员工提供更广泛的工作知识和技能。在受训后掌握了几项工作技能时，许多员工会发现工作更有趣了。当员工看到自己的技能提高了，工作知识扩大了的时候，他们会感到更为自信，而给前厅部带来的是更高昂的员工士气。好的士气能迅速扩散给全体员工。

前厅部经理必须对员工的排班需求保持敏感。例如，计时工会要求更改安排，以避免上班时间与上学发生矛盾。有的前厅部员工会要求上不同的班次，以学习各班次所具有的独特的挑战。有的前厅部经理以资历为基础进行员工排班，有的以其他标准或喜好为基础进行安排。两种都很公平，但前厅部经理必须前后一致地执行排班标准，并且注意各位员工的需要，才能做出行得通的安排。

前厅部经理会发现，以下提示在安排员工班次时很有帮助：

第一，排班必须涵盖整个工作周，一般确定为从星期天到下一周的星期六。安排时要运用饭店的业务预测，总台和大厅服务处的业务一般以预计每日进出店人数为基础安排员工。预订部通常以什么时候预计有预订往来为基础进行安排，这需要与销售部进行一些协调。例如，销售部可能会在报纸上的星期天旅游版刊登广告，读者有可能会立即进行预订，因而饭店应安排人力接听电话、回答询问。

第二，安排必须在下个工作周开始前 3 天公布，一些国家或地区甚至要求提前 5 天或更多天张贴。前厅部经理了解关于加班时间和薪水的法律也很重要。

第三，张贴的工作安排上应注明休息日、休假时间，以及请假的日子。员工应熟知递交休假申请需要提前的时间。

第四，应该根据预测的业务量和未预见到的员工人数变化，逐日复核排班表。必要时，应改变原先的安排。

第五，所有的安排变化应直接张贴在排班表上。

第六，张贴的排班表的副本可以用来监督员工的每日出勤情况，这份副本应作为部门永久记录的一部分保存。

二、前厅部其他排班方法

其他排班方法涉及工作日从标准的上午 9 点到下午 5 点间员工安排的变化。变化内容包括临时工的排班和可弹性工作时间的安排、压缩工作天数的排班，以及工作任务的分担。

（一）临时工安排

临时工常见的有学生、新的或年轻的父母、退休人员，以及其他不愿做正式工的人。聘用临时工能给前厅部的安排增加灵活性，另外，由于分摊到福利和加班上的费用一般会降低，它还能有助于减低劳动力成本。

（二）弹性工作时间安排

灵活时间规划允许员工更改其上班和下班的时间。每个班次都有一段时间要求所有当班的员工都在场，班次中其他时间的安排则是可变的。前厅部经理必须保证一天中的每个小时都有合理的安排。灵活时间能提高员工的士气、生产率，以及对工作的满意度。此外，实行弹性时间安排的前厅部有时还能吸引大量高质量的员工。多数前厅部经理以不同的形式使用弹性时间，以适应各个班次变换着的工作负担。例如，总台传统的班次是从上午 7 点到下午 3 点，下午 3 点到晚上 11 点。但是，由于大量的入店登记，安排一两名员工从中午到晚 8 点上班会更好些。而机场饭店会有上午 6 点到下午 2 点的班次，以安排清晨离店的客人。

（三）压缩工作天数

压缩工作天数给员工一个机会，能在比平常少的天数内完成等同于标准工作周的工作。一种流行的做法是把 40 小时的每周工作浓缩成 4 个 10 小时工作日。压缩工作天数或多或少有点缺乏弹性。前厅部的员工会喜欢 4 天一周的非弹性时间，而不喜欢 5 天一周的弹性时间。从员工观点出发产生的优点是提高了的员工士气和降低了的缺勤人数。

（四）工作任务分担

工作任务分担，即由两个或更多临时工共同努力完成一位正式工的职责。通常分担同一工作的员工在不同的小时里工作，还常常在班次的不同时段工作。要有一些重叠时间，让员工能够交流信息，解决问题，或者就是要保证工作流程通畅。工作分担能减少补缺人数和旷工，同样也能提高员工士气。前厅部也受益匪浅，因为即使分担工作的一方不干了，另一方也会留下来，还会帮助训练一位新来的合作者。

第五节 前厅部员工的激励

前厅部经理应努力创建一个能鼓励员工专业发展和成长的工作氛围。要做到这一点，管理人员必须提供培训、指导、指示、纪律约束、评估、管理和领导。前厅部缺乏这些基本要素时，员工对饭店的目标就会变得消极、不满、漠不关心。这种感觉会表现在旷工、低生产率和高员工流动率方面。前厅部经理可以用来激励员工的方法有：

一、提供培训

（一）日常培训

培训是激励员工的最有效方法之一。培训能告诉员工，管理人员非常注意提供必要的指导，以保证他们的成功。成功的培训不仅包括工作任务和职责的知识（一项工作“要做什么”），还包括企业文化（工作中“为什么要以特定的方法完成任务”）。这个“什么”和“为什么”必须紧密相连。如果一位员工不知道为什么一项工作要以某种方式去做，他就不会真正理解工作。这会导致工作表现差，导致员工之间的摩擦。员工理解了企业文化的时候，他们会成为它其中的一部分，并且支持它。培训大大减少了员工因不知道对他们的期望时所经历的挫折。

（二）交叉培训

交叉培训对前厅部管理层和员工双方都有许多优越性。对员工来说，交叉培训是掌握其他工作技能的机会；对经理来说，交叉培训能增加安排工作的灵活性。最后，交叉培训能消除许多与职业成长和发展相关的障碍，从而能成为宝贵的激励工具。

二、学会表扬

当客人对前厅部员工做出肯定的评价，或者把饭店作为将来再回来住的选择时，一般都反映了客人的满意度。前厅部经理应把肯定的反馈意见转告员工，作为对工作做得好的认可。描绘营收、成就、出租率和客人满意度的图表和曲线也能成为有效的激励因素。

客人、管理人员以及同事们的表扬都是强大的员工推动力。许多饭店用意见卡吸收客人的反馈。意见卡可以在总台发放，也可以放在客房、餐厅或其他地方。意见卡提供了杰出服务的员工。填好的宾客意见卡，特别是那些表扬员工的意见卡，可以张贴在员工通告牌上。

前厅部可以对受到客人表扬的员工给予奖励。例如，宾客意见卡，给经理的意见或给前厅部的信件中表扬的总台接待员可以在饭店餐厅用餐，也可以发给一张礼品券。

另一种流行的表扬形式是月度优秀员工计划。前厅部月度优秀员工可以由管理人员选出，也可以由前厅部员工选出。一般说来，能获此殊荣的员工要表现出对前厅部及其标准、目标的非凡忠诚。前厅部月度优秀员工会得到奖励证书或奖章。

三、重视沟通

让员工随时了解前厅部的工作情况等信息，能产生积极的效果。了解即将来临的活动的员工会感受到更大的归属感和价值感。

前厅部新闻简报或告示牌都是建立并保持正式沟通的良好方式。这种新闻简报中的文章可以与工作相关，也可以与个人相关，包括的主题有：工作岗位空缺公告；抵店、或住店、重要宾客和饭店里的特殊活动；晋升、调动、辞职，以及退休通告；新招聘通知；工作提示；特别表扬；生日、结婚、订婚和出生通告；将举行的活动。

前厅部区域的告示牌可以张贴工作安排、备忘录、通告、抵店或在店重要宾客、团队活动、正常培训通知，以及其他有关信息。当告示牌的位置在前厅部全体员工都能到达的地方，且员工经常浏览信息时，它就是最有效的。在许多饭店，员工告示牌是做好工作所需的每日信息的唯一来源。

四、实施奖励

员工应该得到对他们的工作的特别感谢。奖励计划是表彰工作中表现突出员工的最有效方法之一。奖励计划的规划和方法各有不同，常常是奖励杰出工作的一种极好方法。前厅部应该开发并建立奖励计划，这个计划应能产生一个对客人、员工和前厅部都有利的局面。好的奖励计划应该能挑战员工，并且能创建一种竞争精神。

（一）优秀奖励计划的标准

设计好的前厅部奖励计划应该：表扬并奖励突出的员工的表现；提高员工的生产率；表现出对客人满意度的重视；激励员工通过提建议参与提高营收和改善服务的工作。

（二）制定奖励计划的方针

在开发奖励计划时，前厅部经理应考虑以下基本方针：开发一项适用于并且专用于前厅部的奖励计划；列出计划的特殊目标和目的；确定前厅部员工受表扬、得奖必须达到的条件和要求；想出多样化奖励的方法，并获得相关费用的必要批准；确定计划开始的日期和时间。每位员工都应参加。前厅部经理应设计出有趣、可行，并具有创造性的计划。

（三）常见的奖励手段

前厅部经理考虑的奖励主要是：表扬信、表扬证书、公开照片展示（有员工、总经理和前厅部经理）、表扬晚宴或活动、礼品证书、周末活动安排、特别停车权、表扬徽章。

成功的奖励计划还向员工提供向目标进展情况的反馈。例如，张贴在前厅部告示牌上显示每个员工进步的曲线图就会对奖励计划有很大激励作用。目标应具有挑战性，但不能脱离现实，显得高不可及。不现实的目标会挫伤员工，也会毁掉奖励计划的激励作用。

前厅部的奖励计划通常以提高出租率、客房营收、平均房价和客人满意度为中心。一个时期执行一项奖励计划能让员工集中于特别的目标。例如，前厅部经理可以开发一项与增加日平均房价或出租率直接关联的奖励计划，员工就会努力去达到特定的出租率或特定的日平均房价。奖励应持续一段时间，这段时间过去以后，奖励计划即应结束。例如，在淡季，前厅部经理会集中于增加出租率；而在旺季，前厅部经理会实施一项奖励计划，通过在总台升级销售让日平均房价最大化。

五、做好评估

前厅部员工需要了解自己的工作表现，前厅部员工和经理之间的互动能对员工的自我形象和工作观念产生影响。工作评估是经理可以用来激励员工和提高士气的最有效方法之一。

第一，给每位前厅部员工一份正式书面反馈。

第二，指出工作中的强弱之处，提出改进的计划和措施。

第三，给每位员工和经理一个机会，可以制定专门的目标和进展日程。

第四，通过升职、提薪，以及外加责任表扬和奖励杰出的工作表现。

第五，帮助确定适合员工的特殊工作岗位。

前厅部经理会发现，有很多方法和技术可以评估员工的工作表现。虽然多数饭店都有工作评估程序，但前厅部经理应量体裁衣，制定本部门的评估程序，以利达到部门的目的和目标。有效的工作评估一般能够真实反映员工的工作表现。工作评估应该是公正的、客观的、资料丰富的，并且是积极向上的。在评估完成的时候，员工应清楚地了解他什么做得好，什么地方还需要改进。每位员工至少每年接受一次评估。

许多前厅部经理使用书面工作评估表和程序。当需要对员工进行劝告或终止聘用时，书面评估会很有说服力，很有益。经员工认可并签署的书面工作评估应存入员工的个人档案。表中还可以留出空间，让员工加上他自己的意见，还应指出他将来愿意考虑的其他岗位。随后可以由主管和员工共同制订下一个岗位的准备工作计划。书面评估表很重要的原因还在于，如果员工认为自己受到不公正的对待时，书面评估表可以在法律诉讼中保护员工。饭店能够拿出员工的工作史和违纪记录，并且能说明饭店为改变这种状况做了哪些工作的时候，发生法律纠纷的机会就小多了。在我国新的《劳动合同法》颁布实施以后，这项工作的意义尤其重要。

本章小结

本章主要介绍了前厅部经理等前厅部管理人员的岗位职责、素质要求以及管理艺术、管理方法和管理技能。对于前厅部管理人员的基本要求是五官端正，气质高雅，口齿清楚，了解附近旅游景点及娱乐等方面的知识和信息，能够进行熟练的打字和电脑操作，有良好的英语口语水平和一定的前厅管理工作经验，另外，思维敏捷，理解能力和自控能力强，善于应变。

“工作分解”（Job Breakdown）是对新员工进行培训的工具和依据。饭店编写工作分解不能靠前厅部经理一个人去完成，而要发动各岗位的业务骨干，组成一个编写小组集体完成。

作为前厅部管理人员，要学会时间管理，做好客情预测，掌握管理技巧，学会授权，学会与上司、下属的沟通技巧，掌握委派工作的艺术和赢得尊重的技巧，不当“狮子王”，也不做“小绵羊”。

对前厅部员工进行激励的方法包括：培训（Training）（交叉培训——Cross-Training）、认可（Recognition）、沟通（Communication）、奖励（Incentive Programs）等。

课堂讨论

这样的管理科学吗？

——一位酒店实习生眼中的前厅礼宾部管理

在 ×× 大酒店前厅实习时，我遇到最多的一件事，可以说是每天都看到老员工（其实也就工作了 2 个月以上的员工）在欺压刚来的新员工，当然包括实习生。他们主要的做法是把能拿到额外收益的工作全都包了，把一些琐碎、容易被人骂的、比较重或者累的工作全分配给了新员工。我发现，老员工是很“团结”的，他们一般都会说粤语，被排斥的新员工都是外省的，据说他们会把所有的小费都集中，然后根据情况再适当地分给每个人（很多新员工是拿不到一分钱的）。更为滑稽的是，他们的小费需要硬性地上缴一部分，无论当天有没有收到钱都要交，由每个员工分担，就像税收！

我每天都看到这一类的事情，我本人的习惯是喜欢从背景去理解问题。在广东这样一个浮躁的社会，一群说粤语的排斥外省的这也正常，只要有利益冲突，又加上酒店的文化未能深入人心时，都是向钱看的。因为开业不久，培训不力，这很客观。但有趣的是：管理层既然知道了问题在哪里，而设置的上缴制度，显然是在加剧问题。无论当天下面的有没有收到钱，管理层硬要下面的员工每天上缴多少钱，这种做法的结果是：

（1）逼员工想尽办法去做有利可图的事，而不做没利可图的事，比如国内客人到酒店时，员工会相对冷淡些，因为中国人没有给小费的习惯，这样对客人的歧视势必导致客人的不满。

（2）管理层对小团体主义视而不见，那些被欺压的员工不但对老员工有怨恨导致内部争斗，并且对管理层失望，最终把不满发泄在客人身上。

（3）把收到的小费进行集中分配时，每个人都不一样，但又没有一个可以说服人的标准，这样导致老员工之间也有矛盾。

实习期间，我一直都不明白，管理层有了问题，不解决，还设置不合理的制度加剧问题。这样的矛盾势必导致管理的混乱，部门内部人员的内耗，最后肯定转化成了客人的不便，导致客人的不满和投诉。我个人觉得，这才是礼宾部经理被革职的原因，一个管理者最重要的职责之一就是制定制度，制度不好势必引起管理的混乱！

讨论题

1. 你是否认同这位实习生的分析？
2. 针对礼宾部存在的小费问题，应该如何加强管理？

案例聚焦

广州南沙大酒店"实习生见习主管"选拔项目的尝试

2016年8月22日，走进南沙大酒店各个部门的考核现场，气氛紧张热烈，选手们人人气宇轩昂，可谓是用尽了洪荒之力施展着自己的才能。再看每一位考官和裁判们也都聚精会神、一丝不苟地记录分数，俨然奥运赛场。原来，2016年"实习生见习主管"竞选考核在本周启动啦！今年首轮参加考核的是山东旅游职业学院13名顶岗实习生，紧接着还有四川省旅游学校、广州市旅游商务职业学校、广东韩山师范学院的实习生们。

也许很多同行朋友对"实习生见习主管"这个职位会有些疑问，但对长期以来与南沙大酒店开展顶岗实习合作的院校对于这个选拔机制并不陌生。今年甚至有学校老师透露，部分学生就是奔着竞选"见习主管"这个目标来报名参加南沙大酒店的实习。

"实习生见习主管"选拔机制简介

选拔对象：一年实习期的顶岗实习生（目前基本为中职和高职院校）

选拔时间：实习满三个月后

考核内容：（1）理论知识（文字能力和逻辑思维能力）；（2）专业技能（实操能力和对客服务技巧）；（3）面试（语言组织能力和应变能力）。

培训内容：（1）开展酒店管理知识系列讲座；（2）各部业务知识交叉培训；（3）主管岗位任务以及相关知识和技能强化培训；（4）布置课题作业研究。

培训考核：（1）实习培训日志评估（态度）；（2）部门工作能力评估（能力）；（3）人力资源部转正测评（任职条件）。

1. 为什么要尝试？

南沙大酒店自开业之年起，就以推动旅游职业教育的发展为己任，为来自全国各地的酒店专业学生提供了很多顶岗实习的机会。十多年来，广东省旅游职业技术学校、广州旅游商务职业学校、广州番禺职业技术学院、广州铁路职业技术学院、山东旅游职业学院、四川省旅游学校、湖南商学院、广东韩山师范学院等数十所职业或者本科院校派出合计数千名学生来到广州南沙大酒店参与顶岗实习。

然而长期以来，根据有关调查数据表明，全国范围内，校企双方对顶岗实习的满意度并不高。大部分酒店认为，学生专业能力普遍不高，且在校掌握的知识与企业岗位要求仍存在较大差距，从而使酒店培训成本高，因此，学生半年至一年时间都安排在酒店最基层的某个岗位实习；而学校和学生则普遍提出，酒店只简单地把他们当成普通劳动力，缺乏系统的知识体系培训，学生的专业优势得不到发展和提升的机会。这样的结果使实习生流失率上升，优秀的学生毕业以后也甚少选择在留在酒店行业工作。

以上问题，暴露出目前酒店行业在校企合作上的一些问题，可以说，校企合作目前仍处于初级阶段。尽管职业院校每年为酒店派送大量实习生，但缺乏长期的、稳定的、有深度的合作关系，实习生的管理和发展缺乏可持续性，合作的质量不高。除此以外，酒店业在人力资源方面也存在几大问题，1. 人力成本上升，2. 人员流动率高，3. 基层管理人员缺乏等；这是一系列的难题，而作为酒店经营者，我们觉得有责任探索解决校企合作中出现的这一问题的方法。从顶岗实习的学生中选拔优秀者提拔为见习主管是一种破解困难的尝试。

2. 为什么敢尝试?

专业学生普遍基本素质好，肯学习，但缺乏经验。解决问题的思路是首先将酒店大量的经验进行总结，由原来隐性知识转变为显性知识，将经验上升为理性。为此，南沙大酒店用了数年时间，尝试将酒店按基层服务，中层管理，经营决策这三个层次的任务进行划分，搞清楚我们要“做什么”。这些年，总结出具体的任务点达数十万之巨。同时，将每个岗位所对应的工作任务需要具备的知识要点进行划分，转化为培训要点并对应具体任务进行匹配。据统计，平均每个岗位的培训要点近千点，同时解决了“怎么做”的问题。

有了这些基础，我们运用蓝豆云互联网平台，建立工作任务及培训要点数据库，再通过移动互联网的手段，使员工很快地对其应“做什么”和“怎么做”有了比较清晰的认识。

3. 怎么去尝试?

在实习教育方面，南沙大酒店的思路一方面围绕发挥不同院校实习生自身特点进行探索，另一方面注重形式和内容的培养，注重学生实习过程的控制，主要做法包括三种:（1）利用蓝豆云培训助手和教学系统，要求学生被动接受培训和考核，同步实习培训档案;（2）布置研究作业，由学生自发研究跟岗位相关的主题作业，激发学生的主动性和积极性，使其在实习过程中始终保持兴趣，避免出现疲态;（3）应用蓝豆云互联网平台，记录学生实习期间的实习轨迹和评估绩效，为学生晋升提供有效的依据。

4. 尝试“实习生见习主管”选拔项目现阶段的效果评估

经过 2014、2015 两年的尝试，我们从山东旅游职业学院，广东省旅游职业技术学校，四川省旅游学校、广州铁路职业技术学院、广州市旅游商务职业学校的 160 名实习生中提拔了 25 名见习主管，其中 2014 年 6 名，2015 名 19 名，占实习生总数的比例 15.6%。通过项目考核，近 70% 的见习主管在毕业时通过测评，符合正式主管的岗位要求。2016 年 3 月份，酒店为这批学员培训班举办了结业典礼，同学们的惊艳表现一致获得了学界和业界的好评。其中共有 6 名优秀见习主管毕业后留在南沙大酒店工作，目前有一位山东省旅游职业学院的学生已晋升为一线部门助理经理，发挥重要的管理作用。

“实习生见习主管”这个项目的践行，一方面大大缩短了酒店人才的培养周期，在一定程度上解决了上文提到的酒店基层管理人员缺乏、人工成本高的问题；另一方面，实习过程中学生研究和创造的成果，大多数可转化为生产力，对酒店的经营提供了必要的帮助。酒店、学生、学校各方均有受益。

在此，南沙大酒店预祝今年参与竞选的山东旅游职业学院、四川省旅游学校、广州市旅游商务职业学校、广东韩山师范学院的同学们能全力以赴，在考核中脱颖而出，开启职业生涯的新篇章。

任务拓展

前厅领班的语言沟通艺术

沟通是管理的职能，而语言则是沟通的手段。良好的语言沟通能力是实现领导目标的重要途径，也是前厅领班所必须掌握的重要技能。

酒店一些领班，服务技巧很好，业务知识也很熟悉，就是缺乏一点口才，语言表达能力不理想。在工作中，有时谈工作啰啰嗦嗦说了一大堆，仍不甚明确；有时则感到“没什么可说的”。类似现象很多，不免使班组管理工作受到影响。

领班是带“兵”的班长，为了把班组管理好，必须把“话”说明白，因此要求领班要具有一定的语言表达能力。那么，怎样才能把“话”说明白呢？领班在工作中应根据不同的情况，采用不同的语言表达方法。

1. 直接、清楚、简练，使人感到具有严肃感

开门见山，直截了当，“三言两语”即表达清楚，这种语言表达方法主要用于布置工作，传达上级指示等。如班前布置工作，谁干啥，怎么干，简单几句话，使人感到严肃、认真、明确，切忌反复强调，拖泥带水，啰啰嗦嗦说个没完。

2. 诚恳、坦率、不隐讳、有啥说啥，使人感到具有责任感

这种表达方法主要用于班组管理会、民主会或总结会等。领班发言诚恳、坦率，大家才会畅所欲言，体现“大家的事情大家办”。切忌嗫嚅不言，遇着问题绕着走，结果使会议走过场，成绩摆起来没完，问题一件没谈，影响会议效果。

3. 委婉、含蓄、由浅入深，使人感到具有亲切感

这种表达方法主要用于领班和员工谈心或解决班组员工间的矛盾。和员工谈心，要热忱，要交心，使人感到温暖。处理员工间的矛盾，措词要婉转，要晓之以理，动之以情，和风细雨，并做到是非分清，柔中有刚。切忌简单、粗暴、回避矛盾或“各打五十大板”，不了了之。不但问题没解决，弄不好，还把事情搞砸。

4. 风趣、诙谐、不呆板，使人感到具有幽默感

这种表达方法主要用于班组的一些活动，如联欢会、生活会、茶话会等。说话有幽默感，能使活动充满愉快活跃的气氛，员工间无拘无束，心情舒畅，增进友谊和了解。切忌故弄玄虚、假正经，使活动单调、扫兴，而影响活动效果。

要做到以上几点，不是一件容易的事。首先，领班平时要加强学习，注意积累词汇，丰富自己的语言；其次要有意识地训练自己，采用什么工作方式，用什么表达方法，事前做个准备，以做到“临阵不慌”；最后要丰富自己的生活，多和大家交往，培养开朗爽快的性格，使语言表达能力在经常的社会交际中提高。

酒店经理人对“经理的困惑”的答复

Re：酒店如何针对“90 后”员工进行管理？

崔健婷　国际金钥匙组织中国区总部行政助理、广东酒店行业协会副总干事、粤港澳酒店总经理联谊会常务副秘书长、亚洲酒店业联盟中国华南地区总干事

首先我们应该给予“90 后”大学生足够的“肯定”。他们在大学里受过良好的专业教育，并通过实习，初步掌握了一些酒店工作的经验和服务技能，所以具有较好的职业素质。由于时代的不同，年青一代有属于他们的个性，虽然有时候这种个性表现出桀骜不驯、自负，但通过正确地引导，酒店管理者是可以与他们建立良好的工作关系和个人关系的。

对于引导“90 后”大学生，我总结了三句话：建立愿景，共同追求；关键时刻，用人不疑；尊重员工，体谅为先。

随着我国教育水平的不断提升，“90 后”大学生是我们酒店业的一股新生力量，作为酒店工作前辈，给予他们充分的肯定，积极融入他们的生活，亲身传授服务技能，鼓励他们大胆尝试，我相信“90 后”大学生一定会绽放出让我们都感到惊喜的光芒。

严胜道　广州锦派酒店管理咨询有限公司　董事总经理

首先，要认识到不同年代人之间的代沟是客观存在的。新的时代，各种新事物也是层出不穷，不能用老的观点去审视“90 后”员工。要建立新型的酒店员工新关系，对“90 后”在工作中出现的失误应该予以理解，在责任划分上应多给予包容和担当，这样才会在关系上趋于“认同”，才有可能跨越“代沟”，才有了解决问题的第一步。

其次，要根据时代的特点给予“90 后”多元化的管理。第一，引导“90 后”在刚迈入社会踏上工作岗位的时候学会自我管理，强调自我认知，而不仅仅是用强压式的“家长式”管理方式去让“90 后”“就范”。第二，针对“90 后”持续的、饱满的求知欲和学习欲的特点，酒店可以制定个性化培养方案。大力开展教育培训工作，建立学习型组织，充分满足年轻人的需求。也在这个过程中充分地了解他们，发现他们的才能和特点，为发现和培养人才、骨干做好准备。第三，正确地认识自我及准备的角色定位。刚出学校的“90 后”往往对专业和职业的认识不够清晰和深刻，对自身是否适应社会和专业缺乏了解和信心，在实际的工作中表现出对自己的角色错位或茫然的情况。要通过心理引导和现实的教育培训工作，帮助其建立正确的工作态度，认识到所处的行业现状、所担当的职务和职责等。帮助和引导“90 后”从“要我做”逐步转向“我要做”，从做好本职工作开始走向人生的全新阶段。第四，为“90后”员工进行专门的职业生涯规划。进行职业生涯规划的初衷是为了让“90后”认识到自己从事本行业的将来，且将来是需要如何一步步、一个个阶段地去经历、去克服、去努力达到和实现。职业生涯规划的各个阶段，实际上也是“90后”逐步地实现自我、完成一个个目标的阶段，也是“90后”的心理逐步完善，心智逐步成熟，逐步成为酒店主力军的过程。

以上问题解决了，想必其他问题都会迎刃而解，遵守职业道德、提供优质服务自然水到渠成、不在话下了。

第三章 预订管理

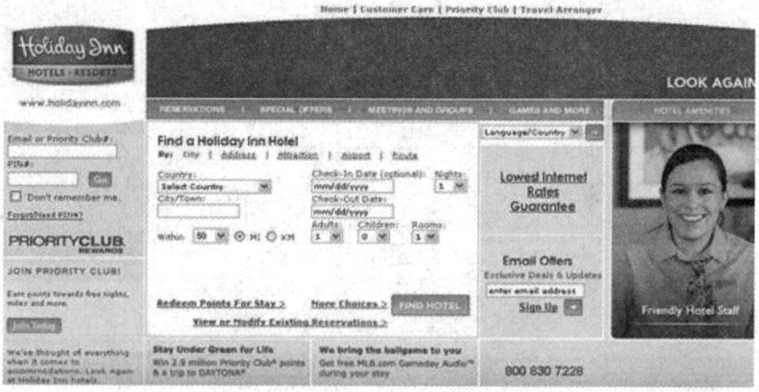

假日酒店集团的互联网预订

（参见：http://www.ichotelsgroup.com）

预订（Reservation），是指在客人抵店前对酒店客房的预先订约。预订在得到酒店的确认后，酒店与客人之间便确立了一种合同关系。据此，酒店有义务以预先确定的价格为客人提供他希望使用且已得到酒店确认的客房。

预订是酒店一项重要业务，酒店一般都在其前厅部（或销售部）设有预订部，专门受理预订业务。对于客人来说，通过预订可以保证客人的住房需要，尤其是在酒店供不应求的旅游旺季，预订具有更为重要的意义。而对于酒店来说，便于提前做好一切接待准备工作，如人员的安排、设施设备的更新改造、低值易耗品及酒店食品、饮料的采购等。此外，通过预订，还可以使酒店提前占领客源市场，提高客房利用率。

学习目标

1. 了解酒店预订的方式、种类和预订的渠道。
2. 了解国际通行的几种酒店收费方式。
3. 了解预订业务，学会受理预订。
4. 了解超额预订及其处理的方法。

关键词： 预订　超额预订

经理的困惑

酒店订房必须依赖 OTA 吗?

进入 21 世纪，网络订房似乎已经成为一种发展趋势，除了携程、e 龙等知名公司以外，社会上还有上百家网络订房公司为社会公众提供订房服务，这一方面为酒店提供了一种预订渠道，增加了酒店的客源，但另一方面，这些公司又开出了非常苛刻的条件，有的甚至提出要 2–3 折的房价，极大的压低了酒店的利润空间，而有些订了房又不来，无疑增加了管理的难度，但如果不接受这些网络中介订房，则酒店又少了一个预订渠道，影响了开房率，面对这种情况，酒店到底应该如何选择?

第一节　预订的方式与种类

一、预订的方式

客房预订的方式多种多样，各有不同的特点，客人采用何种方式进行预订，受预订的紧急程度及客人设备条件的制约。

当前，客人的预订方式主要有以下几种：

（一）口头订房（Verbal）

即客人（或其代理人）直接来到酒店，当面预订客房。它能使酒店有机会更详尽地了解客人的需求，并当面回答客人提出的任何问题。同时，也能使预订员有机会运用销售技巧，必要时，还可通过展示客房来帮助客人做出选择。

对于客人的当面口头预订，订房员应注意客人的姓名不能拼错，必要时可请客人自己拼写。另外，旺季时，对于不能讲定抵达钟点的客人，可以明确告诉客人，预订保留到 18:00。

（二）电话预订（Telephone）

电话订房较为普遍，它的特点是速度快、方便，而且便于客人与酒店之间的沟通，以便客人能够根据酒店客房的实际情况，及时调整其预订要求，订到满意的客房。但由于语言障碍、电话的清晰度以及受话人的听力水平等的影响，电话订房容易出错，因此，预订员必须将客人的预订要求认真记录，并在记录完毕之后，向对方复述一遍，得到客人的确认。

在接受电话预订时，要注意不能让对方久等。因此，要求预订员必须熟悉本月、本季可提供客房情况，如因某种原因，不能马上答复客人，则请客人留下电话号码和姓名，待查清预订情况后，再通知客人是否可以接受预订。

接受客人电话订房时，订房员还应注意下列事项：

第一，在旺季，对于不能讲定抵达钟点的客人，可以明确告诉客人，预订保留到18:00。

第二，如果客人不能确定逗留的确切天数，也要设法说出最多和最少天数。

（三）互联网预订（Internet）

通过“Internet”进行预订，是目前国际上最先进的订房方式。随着计算机的推广使用，越来越多的散客开始采用这种方便、快捷、先进而又廉价的方式进行预订。（参见本章开章导图）

（四）传真订房（FAX）

传真订房的特点是方便、快捷、准确、正规，通常由旅行社等单位采用，它可以将客人的预订资料原封不动地保存下来，不容易出现订房纠纷。

（五）合同订房（Contract）

酒店与旅行社或商务公司之间通过签订订房合同，达到长期出租客房的目的。

（六）手机预订

手机预订是一种最新的订房方式，它同时结合了电话预订和互联网预订的特点，既有电话的便利，又有互联网的查询和搜索功能。

手机上网订房受到酒店追捧的原因是其突破了传统的订房方式，人们将不需要坐在电脑面前浏览纷繁的页面或在电话中耐着性子回答呼叫中心服务人员的一大堆问题，只需拿出手机登录相关网站，选择出行目的地，再选择适合自己需求的酒店星级和客房价格，输入日期及入住天数，系统就会列出符合要求的酒店，选订酒店和客房，输入个人资料，即可完成预订，整个过程只需 2 分钟时间，这一新的订房方式为长期出差的商务人士、自助旅游爱好者开辟了快捷、便利的无线订房的崭新领域，可全方位个性化地搜索酒店信息，随时随地在线预订各类酒店。

经典案例

洲际酒店集团推出全新中文手机订房官方网站

洲际酒店集团推出全新中文手机订房官方网站 cn.ihg.com（见图 3–1），让消费者可以轻松通过手机完成对洲际旗下大中华区的洲际酒店及度假村、英迪格酒店、皇冠假日酒店及度假村、假日酒店及度假村和智选假日酒店的定位、浏览、询价及预订。该网站设计简洁，操作方便，突显"随时、随地、随意"的便捷性，消费者可随时了解各酒店最新的促销资讯，且预订酒店无需信用卡的担保，直接预订即可。此外，该网站还设置了"一触即拨"直通车功能，消费者可一键直拨洲际酒店集团的客服热线。

图 3–1 洲际酒店集团的中文手机订房网站

二、预订的种类

酒店在处理客人的订房时，一般分为非保证性和保证性两大类，前者又分为临时性和确认性预订两种。

（一）非保证类预订

1. 临时预订（Advance Reservation）

这类预订通常是客人在即将抵达酒店前很短的时间内或在到达的当天联系订房。酒店会与客人约定将客房保留到下午 6 点，如届时客人未到，该预订即被取消。

2. 确认类预订（Confirmed Reservation）

通常是指以书面形式确认过的预订（或客人已经以口头或书面形式对预订进行过确认）。对于持有确认函来店登记住宿的客人，可以给予较高的信用，因为这些客人的地址已被验证，向他们收取欠款的风险比较小。

对于确认类预订，酒店依然可以事先声明为客人保留客房至某一具体时间，过了规定时间，客人如未抵店，也未与酒店联系，则酒店有权将客房出租给其他客人。

（二）保证类预订（Guaranteed Reservation）

指客人保证前来住宿，否则将承担经济责任，因而酒店在任何情况下都应保证落实的预订。

保证类预订又有三种类型：

1. 预付款担保

即客人通过交纳预付款而获得酒店的订房保证。假如客人预订住房时间在一天以上，并且预付了一天以上的房租，但届时未取消预订又不来入住，那么，酒店只应收取一天的房租。如果客人在临近住店日期时订房，酒店没有足够的时间收取订金，则可要求客人使用信用卡做担保，预订客房。

2. 信用卡担保

除了支付预付款以外，客人还可用信用卡做担保预订酒店客房。这样，如果客人届时既未取消预订，也不来登记入住，酒店就可以通过发卡公司收取客人一夜的房租，以弥补酒店的损失。

3. 合同担保

这种方法虽不如预付款和信用卡那样被广泛使用，但也不失为一种行之有效的订房担保方式。它是酒店与经常使用酒店设施的商业公司签订合同，当公司的客户要求住宿时，公司就与酒店联系，于是酒店就为其安排客房，即使客人未入住，公司也保证支付房租，同时，房间也被保留一个晚上。

对于保证类预订，酒店无论如何要保证只要客人一到就为其提供房间或代找一间条件相仿的酒店房间。在后一种情况下，酒店要代付第一夜的房费以及其它附带费用，如出租车费和挂到家里或办公室的电话费等，这就是所谓的“第一夜免费制度”。

第二节　预订渠道与酒店计价方式

一、预订渠道

了解客人的预订渠道对于促进酒店销售，提高开房率，具有重要意义。

客人的订房渠道通常有以下几种：

一是散客自订房。可以通过电话、互联网、传真等方式进行。

二是旅行社订房。

三是公司合同订房。

四是政府机关企事业单位订房。

五是各种国内外会议组织订房。

六是分时度假（timeshare）组织订房。

七是国际订房组织订房。全球最大的销售订房中心：SUMMIT。该组织代理了全球所有主要航空公司、旅行社和跨国商务公司的预订系统，拥有92家成员酒店和遍布全世界的52个订房中心，其主要客人为商务客人，加入网络的成员均为五星级酒店。SUMMIT可以通过GDS（全球销售系统）、Internet和Travel Web网络订房。通过这一渠道可以为酒店赢得5%–20%的客源（个别酒店这一比例甚至更高）。

八是网上订房中心。如国内著名的携程、e龙、“去哪儿”等网站。Booking.com、AirBnb是最具影响力的国际订房组织。这类订房在酒店销售中所占比重越来越大（很多酒店已达到20%–30%）呈逐年攀升的趋势。几乎每家大型酒店都与数十家订房中心签署了订房协议，个别酒店甚至与60多家订房中心签署了协议。实际上，因为存在管理成本问题，酒店并非签署的订房中心越多越好，所以，酒店应对订房中心每年梳理一次，淘汰一批，再签约一些新的。

二、国际酒店通行的几种计价方式

在国际酒店业，通常按照对客人的房费报价中是否包含餐费和包哪几餐的费用而划分为不同的计价方式。

（一）欧洲式（European Plan，简称“EP”）

只包括房费，而不包任何餐费的收费方式，为世界上大多数酒店所采用。

（二）美国式（American Plan，简称“AP”）

不但包括房费，而且还包括一日三餐的费用，因此，又被称为“全费用计价方式”，多为远离城市的度假性酒店或团队客人所采用。

（三）修正美式（Modified American Plan，简称“MAP”）

包括房费和早餐，除此而外，还包括一顿午餐或晚餐（二者任选一个）的费用。这种收费方式较适合于普通旅游客人。

（四）欧洲大陆式（Continental Plan，简称“CP”）

包括房费及欧陆式早餐（Continental Breakfast）。欧陆式早餐的主要内容包括冷冻果汁（Orange Juice，Grape Juice，Pineapple Juice，etc..）、烤面包（Served with Butter&Jam）、咖啡或茶。

（五）百幕大式（Bermuda Plan，简称“BP”）

包括房费及美式早餐（American Breakfast）。美式早餐除包含有欧陆式早餐的内容以外，通常还包括鸡蛋（Fried，Scrambled up，Poached，Boiled）和火腿（Ham）或香肠（Sausage）或咸肉（Bacon）等肉类。

第三节　预订业务管理

预订业务管理通常包括接受预订、确认预订、拒绝预订、核对预订、取消预订、变更预订以及超额预订管理等。参见图 3–2。

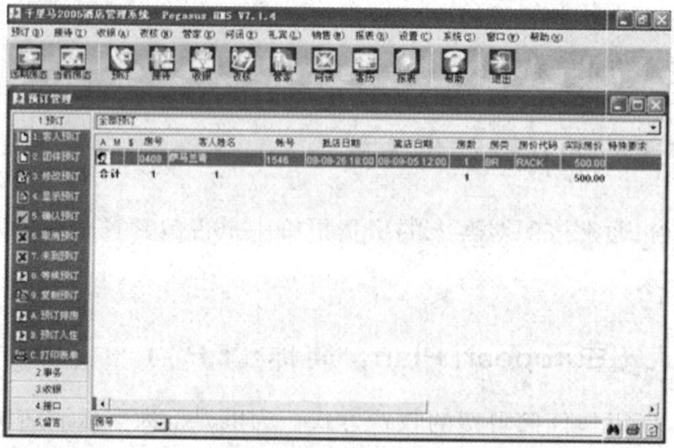

图 3–2　预订业务

一、接受预订

订房员接受客人预订时，首先要查看电脑，如有空房，则立即填写“预订单”（参见表 3–1 和表 3–2）。该表通常印有客人姓名、抵离店日期及时间、房间类型、价格、结算方式以及餐食标准（团队）、种类等项内容。

表 3–1　RESERVATION FORM 预订单

Sales & Merketing Dept.
Fax No.

☐ New Booking 新预订　☐ Amendments 更改　☐ On Waiting List 等候　☐ Seminar 研讨会　☐ Cancellation 取消

Guest Name 客人姓名	No. of Rooms 房间数量	Room Type 房间种类	No. of Guests 客人数量	Rate 房价	Company Name 公司名称

Original Arrival Date 预订到店时间：		Original Departure Date 原订离店时间：	
New Arrival Date 新到店时间：		New Departure Date 新离店时间：	
Arrival Flight 到店航班：		Departure Flight 离店航班：	
Billings 付款方式	☐ ALLC 全付 ☐ RMABF 房费含早餐	POA 自付	☐ ROOM ONLY 只付房费 ☐ TIX/FAX/LTR/ATTI 已到传真 / 信件
Remarks 备注：			
Contact Name 联系人姓名：		Campany Name 公司名称：	
Telephone Number 电话号码：		Fax Number 传真号码：	
Taken By 预订人：			
Date Taken 预订日期：		CEM#	

表 3-2 GROUP BOOKING FORM 团队预订单

☐ Booking/Tentative 新预订 / 暂订 ☐ Amendments 更改 ☐ Confirmation 确认 ☐ Cancellation 取消

Name of group 团队名称 Nationality 国籍

Arrival Date 入店日期	Departure Date 离店日期	Single 单人间		Twin 双人间		Guide Room 陪同间		Suite 套间	
		Number of Rooms 房数	Rate 房价	Number of Rooms 房数	Rate 房价	Number of Bed 床数	Rate 房价	Number of Rooms 房数	Rate 房价

Complimentary rooms 免费房：

Deposit 押金：

Room rates subject to 房价不含 15% surcharge 15% 服务费　Room rates inclulesive of 房价包括 15% surcharge 15% 服务费　Commissionable 回扣 ☐ 10% ☐ non-commission 无回扣

MEAL REQUESTS 用餐情况	DATE 日期					
	Time 时间					
Oriental 中式早餐 Continental 欧陆式早餐 American 美式早餐	Outlet 地点					
	Rate 价钱					
	PAX 人数					

Meal rates subject to 15% surcharge 餐费不含 15% 服务费 ☐ Meal rates inclusive 15% surcharge 餐费含 15% 服务费

Charge to 付款人

Remarks 备注

Sales person 销售人员：　Date 日期：

二、确认预订

预订员在接到客人的预订要求后，要立即将客人的预订要求与酒店未来时期客房的利用情况进行对照，决定是否能够接受客人的预订，如果可以接受，就要对客人的预订加以确认。

确认预订（Confirmation）的方式通常有两种，即口头确认（包括电话确认）和书面确认。如果条件允许，酒店一般应采用书面确认的方式（包括电子方式），向客人寄发“确认函”这是因为：

首先，书面确认能使客人了解酒店方面是否已正确理解了其订房要求，可以减少差错和失误。

其次，确认函可以进一步证实客人的个人情况，如姓名、地址等，从而减少客人的各种信用风险。

第三，确认函除了复述客人的订房要求以外，还写明了房价、为客人保留客房的时间、预付定金的方法、取消预订的规定及付款方式等，实际上在酒店与客人之间达成了某种书面协议，因而对于客人具有一定的约束力，有助于酒店提前占领客源市场。

总之，书面确认比较正式。对于大型团体、重要客人，特别是一些知名人士、政府官员、国际会议等订房的确认函，要由前厅部经理或酒店总经理签发，以示尊敬和重视。

三、拒绝预订

如果酒店无法接受客人的预订，就对预订加以婉拒（Turning down）。婉拒预订时，不能因为未能符合客人的最初要求而终止服务，而应该主动提出一系列可供客人选择的建议。比如建议客人更改房间类型、重新选择来店日期或变更客房预订数等。此外，还可征得客人的同意，将客人的姓名、电话号码等登记在“等候客人名单”上，一旦有了空房，立即通知客人。

总之，用建议代替简单的拒绝是很重要的，它不但可以促进酒店客房的销售，而且可以在顾客中树立酒店良好的形象。

婉拒预订时，要向客人签发致歉信。

四、等候预订

在酒店预订客满或者由于超额预订时，不能马上满足客人的订房要求，但仍可将客人订房要求记录到电脑中，将其归入“等候类预订”（On-waiting List）。一旦有空房空出（如其他客人取消预订或提前离店），就可立即通知客人，满足客人的要求。

五、核对预订

有些客人提前很长时间就预订了客房，在入住前的这段时间内，有的客人可能会因种种原因而取消预订或更改预订。为了提高预订的准确性和酒店的开房率，并做好接待准备，在客人到店前（尤其是在旅游旺季），预订人员要通过电子或电话等方式与客人进行多次核对（Reconfirming，再确认），问清客人是否能够如期抵店？住宿人数、时间和要求等是否有变化？

核对工作通常可进行三次，第一次是在客人预订抵店前一个月进行，具体操作是由预订部文员每天核对下月同一天到店的客人或订房人；第二次核对是在客人抵店前一周进行；第三次则是在客人抵店前一天进行。在核对预订时，如果发现客人有取消或更改订房，则要及时修改预订记录，并迅速做好取消或更改预订后闲置客房的补充预订。如果变更或取消预订是在客人预计抵店前一天进行的，补充预订已来不及，则要迅速将更改情况通知前台接待处，以便及时出租给其它未预订而来店的“散客”（Walk-in Guest）。

以上是针对散客预订而言，对于大型团体客人而言，核对工作还要更加细致，次数更多，以免因团队临时取消或更改订房后，造成大量客房闲置，使酒店蒙受重大经济损失。

六、取消预订

由于种种缘故，客人可能在预订抵店之前取消订房（Cancellation）。接受订房的取消时，不能在电话里表露出不愉快，而应使客人明白，他今后随时都可光临本酒店，并受到欢迎。正确处理订房的取消，对于酒店巩固自己的客源市场具有重要意义。在国外，取消订房的客人中有 90% 以后还会来预订。

客人取消预订时，预订员要做好预订资料的处理工作，在电脑等预订资料上修改预订资料，并在备注栏内注明取消日期、原因、取消人等，作为重要资料保存。

如果在客人取消预订以前，预订部门（或总台）已将该客人（或团体）的预订情况通知各有关接待单位（如客房部、餐饮部等），那么在客人取消预订后就要将这一新的信息通知以上单位。

如客人在原订住店日期当天未到，则由总台接待员办理有关事项（但仅限住一天的），这时，接待员应即时与旅行社或其他预订单位或个人取得联系，问清是“Canceled”，还是“No Show”。如属前者，同样要通知有关部门；如属后者，则要根据实际情况，必要时为客人保留房间（如住一天以上，当转预订员处理）。

为了防止因客人临时取消预订而给酒店造成损失或使酒店工作陷入被动，酒店可根据实际情况，比如在旺季时，要求客人预先支付一定数额的订金，尤其是团体客人，可以预收相当于一天房费的订金，并在客人抵达前一个月通知对方付款，收款后将有关资料送交前台收银处，待客人结帐时扣除。

七、更改预订

预订的变更（Amendment）是指客人在抵达之前临时改变预订的日期、人数、要求、期限、姓名和交通工具等。

在接到客人要求改变预订的申请后，预订员首先应查看电脑或有关预订控制记录，看看是否能够满足客人的变更要求。如果能够满足，则予以确认，同时，填写“预订更改表”（参见图 3–3），修正有关预订控制记录。如在此之前已将客人的预订情况通知各有关部门，则应将变更信息重新传达上述部门。假如不能满足客人的变更要求，则要求预订员将酒店空房类型与有空房的日期告知客人，并与之协商解决。

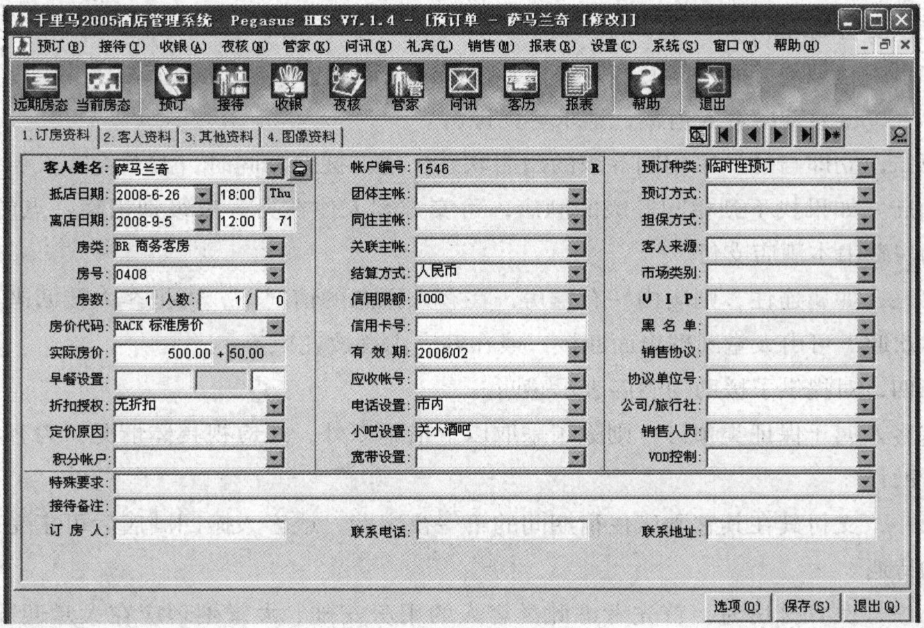

图 3–3 预订更改表

八、超额预订

超额预订（Overbooking）是指酒店在一定时期内，有意识地使其所接受的客房预订数超过其客房接待能力的一种预订现象，其目的是充分利用酒店客房，提高开房率。

由于种种原因，客人可能会临时取消预订，或出现“No Show”现象，或提前离店，或临时改变预订要求，从而可能造成酒店部分客房的闲置，迫使酒店进行超额预订，以减少损失。

超额预订应该有个“度”的限制，以免出现因“过度超额”而不能使客人入住，或“超额不足”而使部分客房闲置。通常，酒店接受超额预订的比例应控制在 10%~20% 之间（根据饭店业的经验，订房不到者约占总预订数的5%，临时取消预订者占 8%-10%），具体而言，各酒店应根据各自的实际情况，合理掌握超额预订的“度”。

对于超额预订，从实践上虽然是可以理解的，但从法律意义上讲，则是违法的，因为酒店接受了客人的预订，就意味着在酒店与客人之间确立了关于客房出租的某种合同关系，而酒店进行超额预订，势必会因此而在某个时间，使某个或某些客人不能按“合同”约定的条件（预订要求）入住，这就相当于酒店单方面撕毁合同，因此，客人有权利进行起诉。对此，酒店经营者应当有个清醒的认识，对于因超额预订而不能入住的客人，应该妥善处理。

如果因超额预订而不能使客人入住，按照国际惯例，酒店方面应该：

第一，诚恳地向客人道歉，请求客人谅解。

第二，立即与另一家相同等级的酒店联系，请求援助。同时，派车将客人免费送往这家酒店。如果找不到相同等级的酒店，可安排客人住在另一家级别稍高一点的酒店，高出的房费由本酒店支付。

第三，如属连住，则店内一有空房，在客人愿意的情况下，再把客人接回来，并对其表示欢迎（可由大堂副理出面迎接，或在客房内摆放花束等）。

第四，对提供了援助的酒店表示感谢。

如客人属于保证类预订，则除了采取以上措施以外，还应视具体情况，为客人提供以下帮助：

第一，支付其在其它酒店住宿期间的第一夜房费，或客人搬回酒店后可享受一天免费房的待遇。

第二，次日排房时，首先考虑此类客人的用房安排。大堂副理应在大堂迎候客人，并陪同客人办理入住手续。

九、预订员注意事项

在受理客人预订时，预订员必须注意以下事项：

- 接听电话时，必须使用礼貌用语，口齿清晰，应酬得体。
- 接到预订函电后，应立即处理，不能让客人久等。
- 填写预订单时，必须认真、仔细，逐栏、逐项填写清楚。否则，稍有差错，将给接待工作带来困难，影响服务质量和酒店的经济效益。

- 遇有大团或特别订房时，订房确认书要经前厅部经理或总经理签署后发出。这时如确实无法满足其预订要求，要另发函电，表示歉意，并同样经前厅部经理或总经理签署后发出。

本章小结

为了提高客房利用率，防止客人订了客房而不来入住或临时取消订房等现象的发生而给酒店造成损失，酒店常常要进行“超额预订”，酒店根据经验，要确定科学的超额预订率。如因超额预订而使客人不能入住，酒店属于违约行为，对于这类客人酒店要妥善处理。

客人预订的方式和渠道多种多样，前台管理人员应通过调查和统计，掌握客人预订的渠道，这对于有针对性地开展营销活动提高客房利用率具有重要意义。

网上订房和各类社会订房组织（如携程等）是近年来出现的新的订房形式和订房渠道，对于酒店业的经营已经产生了重大影响，应该引起酒店足够的重视。酒店应将其纳入收益管理的范畴，采取积极的应对措施。

课堂讨论

凡是网上预订，客人都能得到 10 元现金的返还！

不久前，上海锦江之星公司推出新的酒店品牌——百时快捷酒店。公司总裁徐祖荣先生对这一新品牌提出了新的经营理念和经营思路，其中之一是预订创新：百时鼓励客人网上预订，并采用价格优惠和技术手段培育、引导和强化网上预订的导向。凡是网上预订，客人都能得到 10 元现金的返还。有趣的是，如果客人进店到总台要房，酒店门口就放着一台电脑，总台人员仍会叫客人去电脑网上订房；如客人自带电脑，总台就叫客人用自己的电脑预订。订好后，马上返回 10 元现金，他们的想法是：年轻人乐于使用电脑，电脑订房明显在于吸引青少年人群，从酒店经营角度看，有了预订，更有利于房控，由于客人的离店时间事先确定，这样有效地提高了客房使用的周转率，大大提高了酒店营收效益，目前，入住百时的客人中 70% 都是通过电脑网上预订的。

讨论题

对于这种做法，你是否认同，为什么？

案例聚焦

超额预订风波……

每届的珠宝、礼品展期间，我们宾馆房间皆爆满。今年的珠宝礼品展期间也不例外，早在3月底前因接受了3支团队的预订，因此房间皆已订满且每支团队负责人均在规定时间内将定金汇至我宾馆的帐户内，其中有城都礼品公司的团预订了11间团房。

为保证接待工作的顺利完成，我与城都礼品公司的负责人戴总多次确认入住前的细节问题，如入住时间、房间数量、客人姓名及抵店时间等事项。戴总态度诚恳地一一为我方提供了较为准确的信息，并一再表示他的客户一定会入住我宾馆且保证无临时取消或早退房现象，为表示诚意，在确保房间预订无误的前提下，在合同上约定的时间内便将预订金3000元汇入我宾馆的帐户内。我想这下可是万事俱备、只欠东风了。可是一件预想不到的事发生了，在团队入住的当天也就是礼品展开展的前一天下午15点左右，得到前台的通知，我宾馆另一支8间房的团队未能按原计划退房并要求续住，我一接到通知便马上到前台进一步了解情况，方得知除这8间团房要续住外，还有两天前上级公司领导安排的3间房的客人也要续住，我听到这个消息真的不知该怎么处理好了，这真是破屋又遭连阴雨啊！这11间房正好是城都团队应入住的房型，我马上意识到问题的严重性，立刻联系其他酒店预订房间，最后终于在实华宾馆订到了11间房间，在房间确认好之后，我马上向部门经理汇报并请示我宾馆可否提供车辆接送。在袁经理的协调下，车的问题解决了，我便与城都的戴总取得联系，向其道歉并解释房间的事项。可是戴总当时在电话里十分气愤，破口大骂，还口口声声说一定会找我们算账的。当时我为戴总提出了事件的解决方案，由于承诺过戴总我会将当晚22点抵店的客人送至实华宾馆、第二天早上七点将客人从实华宾馆送到会展中心，这才算是暂时告一段落了。

当晚22点我在公司赖司机的协助下准时将戴总的客人送到实华宾馆，一路客人也是怨声载道，我只能一一道歉并做相应的解释，而且在临走前特意为客人准备了一箱矿泉水。客人见我的态度十分诚恳也就未再追究。可是当我们到达酒店后戴总见到我时，就像见到仇人一样指着我的鼻子再次破口大骂，说一定要投诉我们宾馆违约且要投诉到广东省旅游局等等，说了很多包括对公司及我个人的过激言语。为了维护公司的声誉，虽然我有满肚子的委屈，但我还是默默地承受，因为我知道错在于我方。当时我未与戴总再解释什么，只是静静地听他的发泄，待他骂累、口也说干了时，我眼含热泪递上一瓶水给戴总鞠了一躬，再次很诚恳地说了些道歉的话，当时戴总楞了一下随后愤愤地转头而去了。

当客人都办好入住手续后，我一个人离开了实华宾馆。一晚上我都在忍受着，但我未表现过什么，可是当我走出实华宾馆时我再也忍不住，哇地一声就哭出来了。从小到大我从来都是家里的掌上明珠，而今天居然受了这么大的委屈。当时我也曾给部门经理打电话哭述，经理也不断开导、劝解我并让我早些回家休息。回家后我一夜未睡，想了好多，开始想得最多的是要放弃这份工作，因为我受了太多委屈了，这件事对于刚刚参加工作不久的我来讲无疑是很大的打击，因此当时一心想的就是要辞职离开这个伤心地。可是等我哭累了一个人静下来后，我转念一想，也正是因为公司给我提供了发展的平台、给了我成长的机会、更给我增加了社会阅历及锻炼自己的应变能力的舞台，我要对得起公司给我提供的机会，人总是会遇到挫折的，不能因这点小事就退缩了。第二天，我早早起床，在七点前就赶到实华宾馆接送客人至会展中心，下午17点在展会退展后又如约将客人接至我宾馆，戴总没想到昨晚他那么谩骂后我还是能及时赶过来接送他的客人，所以当看到我时十分不好意思，主动跑过来跟我道歉，并将公司要展示的礼品赠送予我。事后由于我的真诚及仔细周到的服务，戴总也特别满意，表示就冲我的服务，以后来深圳一定入住我宾馆，从此我们熟客档案上多了一位忠实客户。（深圳投资大厦宾馆　崔杰）

任务拓展

预定人员在打电话时，可以采用一定的技巧，以便和客户进行更好的沟通（见表3–3）。

表3–3　预订人员的电话技巧

预订人员的电话技巧	
步骤	**怎样去做**
1. 使饭店的特点与来电人的需求相对应	□了解各种可销售房的特点。 □了解饭店的房价，了解你在报价时可以执行的灵活程度。 □倾听来电人的需要。 □描述特色时注意宾客们的需求。例如，客房的特色是有一张书桌和一个大沙发，告诉来电人对他会有什么益处："客房里有一张书桌，可以有大的工作空间；还有一张大沙发，工作一天以后可以好好放松一下。"
2. 推销特别营销计划	□如果来电人提出否定的观点，就告诉他至少有两项优点可以抵消一项消极因素。
3. 运用升级销售技巧	□升级销售是销售比客人原来要的房间更贵的客房。 □考虑来电人的需要和可销售房的种类及价格。 □三项升级销售的技术是： · 自上而下：推荐适合来电人需要的最高价房，如果来电人不要，则描述次高价的房，如此等等，直到来电人选中一间房。如果出租率很低，则主管会告诉你房价可以自由向下浮动的幅度，以尽量多地抓住业务。 · 自下而上：如果来电人要求最低价的房，就描述这种房，并且报价。随后则提出稍贵一些的客房让来电人还能享受到的舒适和优越性。例如，你可以说，"只加20元，你就能有一张特大号床，晚上会休息得更好。"这种方法能使来电人放弃低价房而选择中价房。 多数人愿意避开极端，而选择中间的东西。 · 方案选择：给来电者两到三种房间选择：两种高价的，一种中等价位的。描述各种房间的优点，并说明价格上的差异。然后问来电人他喜欢哪一种。说明价格差异比报给高价房的全价要更好些。

续表

预订人员的电话技巧	
步骤	怎样去做
4．寻求销售	□即使饭店客满时也不可忘了销售。向来电人推荐另一个日期或者把来电人载入候补名单。 □即使来电人说他只是咨询一下，也要问一下他是否想预订。
5．销售饭店的其他设施和服务	□随时了解能让潜在的客人感兴趣的饭店活动。除了客房以外，你还可以销售饭店提供的其他设施和服务。 □努力留住客人在饭店用餐、宴请和娱乐。 □把饭店的以下设施和服务告诉来电人： ·餐厅、咖啡厅、房内用膳及快餐厅 ·茶座和文娱节目 ·礼品店、美发室及美容院 ·健身房、高尔夫球场和游泳池 ·洗衣房和烫衣服务 ·宴会设施、会议室和餐饮服务 □如果来电人问你是否亲自尝试过饭店的餐厅或另一项活动，如果你没有也不必感到为难，只回答，"没有，但我们的客人都很开心。" □考虑来电人的需要和兴趣，尽你的一份力量安排好吃玩都满意的愉快住宿。

酒店经理人对“经理的困惑”的答复：

Re：酒店订房必须依赖OTA吗？

王束光：西安古都文化大酒店　市场销售总监

这个问题我认为要具体问题具体看待，首先要看酒店的规模、位置、定位。有些酒店我认为就必须依赖OTA，有些酒店可以不用依赖OTA，市场不同、定位不同，对于OTA的重心也不同。比如市中心的单体客房酒店，我认为与OTA建立紧密的合作是酒店的生存之道；对于会议和综合性的酒店，OTA也只能算是一种补充。这个问题还要从酒店自身出发，找准客源结构，定位好自己的客源市场，分析好自身优、劣势，理性看待OTA在自己酒店的市场所占比例是怎样的，从而正确地与其合作，方能使酒店在经营中占有主导地位。

第四章 礼宾服务管理

本书作者与北京瑞海姆田园度假村礼宾小天使

前厅部礼宾服务的主要内容包括：接机服务、客人迎送、金钥匙服务、行李接送、行李寄存、邮件递送、留言找人、委托代办、物品租借、客人投诉、用车安排、停车管理等，是酒店对客服务的重要组成部分，在很大程度上体现酒店的对客服务质量。

除此而外，本章还将介绍饭店前厅总机房和商务中心的管理。

学习目标

知识目标

1. 了解酒店礼宾部工作的主要内容、业务及其管理。
2. 认识“金钥匙”理念，了解酒店“金钥匙”的岗位职责与素质要求。

能力目标

1. 能够做好礼宾部各项服务工作。
2. 能够做好礼宾部督导管理工作。

关键词： 礼宾部　门童　行李员　“金钥匙”　总机　话务员　商务中心

经理的困惑

酒店车队是否应独立于礼宾部?

我们酒店是一家新开业的大型五星级酒店,前厅的礼宾部和车队分属两个处于同一级别的经理管理,各自有自己的想法,工作中常常会产生矛盾,礼宾部需要车,车队却不愿配合,导致服务质量受到严重影响,常常引起顾客的投诉。这到底是员工的素质问题呢?还是管理体制问题?这些天,我一直在想:是否应该把车队归入礼宾部统一管理……

第一节 "金钥匙"理念:服务哲学与素质要求

几年前,世界首富、电脑软件大王比尔·盖茨应邀从香港来广州白天鹅宾馆演讲,拟取道番禺南沙经沙窖岛抵广州,为了避免交通不便而影响惜时如金的盖茨紧张的日程,香港微软公司向宾馆提出了最好能调用直升飞机开辟从南沙到沙窖岛的特别通道的设想。宾馆销售部把这一难度极高的任务交给前台礼宾部办理。

接到任务后,礼宾部便紧急行动起来。有关人员先与南航直升飞机公司联系,根据其要求,从省政府安全厅拿到同意的介绍信,再到广州军区司令部作战处办手续,由他们审核飞行图,经批准并获南航认可后,礼宾部与南航有关人员一起赴实地考察地形。他们先在南沙港口选好停机位置,清场,清除地面沙子、沙井盖,并落实当地派出所负责安全保卫,然后到沙窖岛一鱼塘边的空地上选好停机坪,用红布铺成停机标志,并用红地毯铺至离码头几十米的地方,以便让盖茨下机后,用专车送到码头……。为了防止意外,有关人员又主动提出第二、第三套应急方案。

这一天,盖茨从香港乘直升飞机抵达南沙,礼宾司三组人员分别在南沙、沙窖岛和珠江边"白天鹅"码头三地用对讲机反复联络……然而,天有不测风云,由于当时珠海的天气不好,珠海的直升飞机无法飞抵南沙,结果被迫取消原计划,而启用第二套应急方案,从飞天空改为走陆路。由警车开道,盖茨一行乘坐的三辆奔驰车只用45分钟便抵达沙窖岛,然后换乘快艇(另有一艘备用),顺利抵达珠江之滨的白天鹅宾馆。

完成这一艰巨的特殊使命的就是广州白天鹅宾馆的"金钥匙"。"金钥匙"通常是前厅礼宾服务的主管。

一、"金钥匙"

"金钥匙"是一种"委托代办"(Concierge)的服务概念。"Concierge"一词最早起源于法国,指古代城堡的守门人,后演化为酒店的守门人,负责迎来送往和酒店的钥匙。但随着酒店业的发展,其工作范围在不断扩大,在现代酒店业中,Concierge已成为为客人提供全方位"一条龙"服务的岗位。只要不违反道德和法律,任何事情Concierge

都尽力办到，以满足客人的要求。其代表人物就是他们的首领“金钥匙”，他们见多识广、经验丰富、谦虚热情、彬彬有礼、善解人意。

“金钥匙”（Les Clefs d’Or）通常身着燕尾服，上面别着十字形金钥匙，这是委托代办的国际组织——“国际饭店金钥匙组织联合会”（Union International Concierge Hotel Les Clefs d’Or）会员的标志，它象征着 Concierge 就如同万能的“金钥匙”一般，可以为客人解决一切难题（见图 4–1）。他可以为客人代办“奶嘴”，也可以为客人“代租飞机”，代购“2000 只孔雀和 4000 只鸵鸟”……故“金钥匙”又被客人视为“万事通”“万能博士”。

“金钥匙”尽管不是无所不能，但一定要做到竭尽所能。这就是“金钥匙”的服务哲学。

图 4–1 国际饭店金钥匙组织联合会会徽

二、“金钥匙”的岗位职责

“金钥匙”通常是酒店礼宾部主管，其岗位职责主要有：

（1）全方位满足住店客人提出的特殊要求，并提供多种服务，如行李服务、安排钟点医务服务、托婴服务、沙龙约会、推荐特色餐馆、导游、导购等，有求必应。

（2）协助大堂副理处理酒店各类投诉。

（3）保持个人的职业形象，以大方得体的仪表、亲切自然的言谈举止迎送抵离酒店的每一位宾客。

（4）检查大厅及其他公共活动区域。

（5）协同保安部对行为不轨的客人进行调查。

（6）对行李员工作活动进行管理和控制，并做好有关记录。

（7）对进、离店客人给予及时关心。

（8）将上级命令、所有重要事件或事情记在行李员、门童交接班本上，每日早晨呈交前厅经理，以便查询。

（9）控制酒店门前的车辆活动。

（10）对受前厅部经理委派进行培训的行李员进行指导和训练。

（11）在客人登记注册时，指导行李员帮助客人。

（12）与团队协调关系，使团队行李顺利运送。

（13）确保行李房和酒店前厅的卫生清洁。

（14）保证大门外、门内、大厅三个岗位有人值班。

（15）保证行李部服务设备运转正常；随时检查行李车、秤、行李存放架、轮椅。

除了上述职责以外，进入21世纪，酒店（特别是以接待商务旅行者为主的酒店）将为客人提供一项全新而又急需的服务：电脑与通信技术支持。这将成为“金钥匙”的一项新的职责。

三、“金钥匙”的素质要求

“金钥匙”要以其先进的服务理念，真诚的服务思想，通过其广泛的社会联系和高超的服务技巧，为客人解决各种各样的问题，创造酒店服务的奇迹。因此，“金钥匙”必须具备很高的素质。

（一）思想素质

（1）遵守国家法律、法规，遵守饭店的规章制度，有高度的组织纪律性。

（2）敬业乐业，热爱本职工作，有高度的工作责任心。

（3）遵循“客人至上，服务第一”的宗旨，有很强的顾客意识、服务意识。

（4）有热心的品质，乐于助人。

（5）忠诚。即：对客人忠诚，对酒店忠诚，不弄虚作假，有良好的职业道德。

（6）有协作精神和奉献精神，个人利益服从国家利益和集体利益。

（7）谦虚、宽容、积极、进取。

（二）能力要求

（1）交际能力：彬彬有礼，善解人意，乐于和善于与人沟通。

（2）语言表达能力：表达清晰、准确。

（3）身体健康，精力充沛。能适应长时间站立工作和户外工作。

（4）有耐性。

（5）应变能力。能把握原则，以灵活的方式解决各种问题。

（6）协调能力。能够建立广泛的社会关系和协作网络，能正确处理好与相关部门的协作关系。“金钥匙”除了应具备有热心的品质和丰富的知识以外，还应建立广泛的社会关系和协作网络，这是完成客人各种委托代办事项的重要条件。

（三）业务知识和技能

“金钥匙”必须亲切热情，学识渊博，熟悉酒店业务及旅游等有关方面的知识和信息，了解酒店所在地区旅游景点、酒店及娱乐场所的信息。在某种意义上，可充当本地的“活地图”。“金钥匙”必须掌握的业务知识和技能包括：

（1）熟练掌握本职工作的操作流程。

（2）通晓多种语言。“金钥匙”服务只有在高档酒店才能提供，高档酒店的客人通常来自世界各地，对服务的要求也很高，因此，“金钥匙”应该通晓多种语言。（按照中国饭店金钥匙组织会员入会考核标准，申请者必须会说普通话和至少掌握一门外语）

一个“金钥匙”常是这样工作的：他刚送走一位意大利客人，现在又与德国客人用德语交谈，手里握着一封待处理的用葡萄牙文写的信件，两位美国人5分钟后要求来找他解决运输一辆崭新轿车的事情，商务中心正要送一份从西班牙发来的要求安排一次重要社交活动的传真件……

（3）掌握中英文打字、电脑文字处理等技能。

（4）掌握所在宾馆的详细信息资料，包括饭店历史、服务设施、服务价格等。

（5）熟悉本地区三星级以上饭店的基本情况，包括地点、主要服务设施、特色和价格水平。

（6）熟悉本市主要旅游景点，包括地点、特色、服务时间、业务范围和联系人。

（7）掌握一定数量的本市高、中、低档的餐厅、娱乐场所、酒吧的信息资料，包括地点、特色、服务时间、价格水平、联系人。按照中国饭店金钥匙组织会员入会考核标准，申请者必须掌握本市高中低档的餐厅各5个，娱乐场所、酒吧5个（小城市3个）。

（8）能帮助客人购买各种交通票据，了解售票处的服务时间、业务范围和联系人。

（9）能帮助客人安排市内旅游，掌握其线路、花费时间、价格、联系人。

（10）能帮助客人修补物品，包括手表、眼镜、小电器、行李箱、鞋等，掌握这些维修处的地点和服务时间。

（11）能帮助客人邮寄信件、包裹、快件，懂得邮寄事项的要求和手续。

（12）熟悉本市的交通情况，掌握从本饭店到车站、机场、码头、旅游点、主要商业街的路线、路程和出租车价格（大约数）。

（13）能帮助外籍客人解决办理签证延期等问题，掌握有关单位的地点、工作时间、联系电话和手续。

（14）能帮助客人查找航班托运行李的去向，掌握相关部门的联系电话和领取行李的手续等。

四、“金钥匙”在中国的兴起和发展

国际金钥匙组织成立于 1952 年 4 月 25 日。这一天，在巴黎斯克拉酒店礼宾司捷里特先生的倡导下，在法国戛纳举行了第一届国际金钥匙组织会议，并在此会议上正式成立了国际金钥匙组织。捷里特先生也因此而被誉为金钥匙组织之父。

“金钥匙”在中国最早出现在广州的白天鹅宾馆。1982 年，在白天鹅宾馆建馆之初，在副董事长霍英东先生的倡导下，宾馆在前台设置了委托代办。1990 年 4 月，白天鹅宾馆派人参加了“第一届亚洲金钥匙研讨会”。1993 年白天鹅宾馆委托代办负责人率先加入国际金钥匙组织，成为中国第一位国际金钥匙组织成员。1994 年年初，白天鹅宾馆的“金钥匙”代表向国际金钥匙组织提出根据中国国情发展“金钥匙”的有关建议，为“金钥匙”在中国的发展奠定了基础。1995 年 11 月，在全国主要五星级酒店的大力支持和响应下，中国第一届金钥匙研讨会在白天鹅宾馆召开。大会决定筹建中国委托代办金钥匙协会。1997 年 1 月的第 44 届国际金钥匙年会上，中国被接纳为第 31 个成员国。2000 年 1 月 16 ~ 21 日，“第 47 届国际饭店金钥匙组织年会”在中国广州召开。目前，中国饭店金钥匙组织已发展到相当大的规模。在 100 多个城市的 1000 多家高星级酒店里共有 2000 多名“金钥匙”。

第二节　门童的岗位职责与素质要求

门童（Doorman）又称“门迎”“门卫”，是站在酒店入口处负责迎送客人的前厅部员工。门童值班时，通常身着镶有醒目标志的特订制服，显得精神抖擞，同时，还能创造一种热烈的欢迎客人的气氛，满足客人受尊重的心理需求（图 4–2）。

门童在工作时，要十分注意姿势。站立时，要自然挺直，两脚分开约与肩同宽。

一、门童的岗位职责与素质要求

（一）门童的岗位职责

（1）迎宾。首先，客人抵达时，向客人点头致意，表示欢迎。基本要求是：时时刻刻都以标准的站立姿势站在自己的岗位上；细心观察自己视野中即将要通过门庭的客人；当客人距手拉门5米内，面带微笑并用眼神关注客人；在客人距离手拉门1.5米时，迅速用标准规范的动作打开门，在客人通过门童面前时，面带微笑示意，并用得体的语言问候客人。如遇客人乘坐小汽车，则应替客人打开车门，将右手放在车门上方（佛教和伊斯兰教客人除外），并提醒客人“小心碰头”（图4–3），同时，要注意扶老携幼。其次，门童要协助行李员卸下行李，查看车内有无遗留物品。对于重要客人及常客的迎送工作，门童要根据通知，做好充分准备，向客人致意时，能礼貌、正确地称呼客人的姓氏和头衔。此外，住店客人进出酒店时，门童同样要热情地招呼致意，如遇雨天，门童还应打伞为客人服务。

图4–2　门童通常身着镶有醒目标志的特订制服，显得精神抖擞

图4–3　用规范的动作为客人打开车门

（2）指挥门前交通。门童要掌握酒店门前交通、车辆出入以及停车场的情况，准确迅速地指示车辆停靠地点。大型车辆会阻挡门口，故应让其停在稍微远离酒店正门口的位置。

（3）做好门前保安工作。门童应利用其特殊的工作岗位，做好酒店门前的安全保卫工作。注意门前来往行人、可疑分子，照看好客人的行李物品，确保酒店安全。另外，对于衣冠不整、有损酒店形象的人或物，门童可拒绝其入内。

（4）回答客人问讯。因其工作岗位的特殊位置，经常会遇到客人有关店内、外情况的问讯，如酒店内有关设施和服务项目、有关会议、宴会、展览会及文艺活动举办的地点、时间等，以及市区的交通、游览点和主要商业区情况，对此，门童均应以热情的态度，给予客人以正确、肯定的答复。

（5）送客。对结完账要离店的客人，打开大门，一边装行李一边说“欢迎再次光临”。当客人上车时，预祝客人旅途愉快，并感谢客人的光临，同时，汽车启动后带着感谢的心情深鞠躬，目送客人离开视线，以防客人有其他需求，以便及时进行跟进服务。对逗留中暂时外出的客人，只问一声“您走好”就够了。客人是要离店，还是暂时外出，从行李和气氛中基本可以判断得出来。

不管是什么样的服务，只按条条框框做是乏味的，向客人问候也是如此。对于门童而言，光“读”条文上的句子就很不自然，不达情。如果可能的话，最好添一句——哪怕是短短的也好——含真情的话。盛夏时节加一句“今天好热呀”；对深夜才到的客人问一声“您累了吧”；向要离店的客人送上一句“您走好，一路平安”。听上去是一句平平常常的话，但正是这平平常常的一句，有时却能触动旅客的心弦。当然，问候不能给客人嘈杂的感觉，要是让客人觉得你啰唆就是服务出格了。作为饭店员工既要保持适当的矜持，又能以短短的问候，给客人留下一个有人情味儿的温暖的印象，这是服务的要点。

（二）素质要求

为了做好门童工作，管理人员可选用具有下列素质的员工担任门童工作。

（1）形象高大、魁梧。与酒店的建筑、门面一样，门童的形象往往代表了整个酒店的形象，因此，要求门童身材高大、挺拔。

（2）记忆力强。能够轻易记住客人的相貌、行李件数以及出租车的牌号。

（3）目光敏锐、接待经验丰富。门童在工作时，可能会遇到形形色色、各种各样的人或事，必须妥善地、灵活机智地加以处理。

（4）知识面广。能够回答客人有关所在城市的交通、旅游景点等方面的问题。

做一个优秀的门童并不容易，世界著名的日本新大谷酒店的负责人曾说过：培养出一个出色的门童往往需要花上十多年的时间。这句话虽然可能有所夸张，但至少说明门童的重要性和应具备很高的素质。

二、门童的选择

门童站在酒店门口迎宾，是酒店的门面，最好有特色，能够吸引客人。

（1）由女性担任门童。酒店的门童通常由男性担任，所以被称为“Doorman”，但使用女性也未尝不可，因为餐厅的迎宾员大都由女性担任。由女性担任门童不仅具有特殊的魅力，而且能够突破传统，标新立异，而受到客人的欢迎（图 4–4）。由女性担任门童的不足之处在于：一些档次较低的酒店为了节约人力资源，要求门童

图 4–4　由女性担任门童更具魅力

在负责迎送宾客的同时，也要为客人拎行李，担负起行李员的职责，此时，女性门童则显然“力不从心”，难以胜任。

（2）由长者担任门童。虽然称之为“门童”，但这一岗位并非一定得要青年人担任，有气质、有特色的老年人同样可以做好门童工作，而且可以成为酒店的一大特色和吸引客人、扩大影响的一大“卖点”。济南有一家大酒店曾经登报向社会公开招聘了几位学识渊博、气质高雅的离退休老教授担任门童，这些老教授面目慈祥、热情礼貌、微笑服务，赢得了社会的赞许和广大顾客的好感，起到了良好的广告效应，同时，也为酒店赢得了生意。正如一位顾客的感受，“浦东香格里拉大酒店和蔼可亲的老爷爷（礼宾员）微笑着探身向客人问候，让人感到无比的温暖和酒店厚重的文化”。

（3）雇用外国人做门童。除了考虑用女性和长者担任门童以外，还可以考虑雇用外国人（如印度人）等做门童，使酒店具有异族情调，树立酒店的国际化形象，可增强对国内外客人的吸引力。

经典案例

极富特色的深圳“威尼斯”酒店的门童

深圳“威尼斯”酒店的门童都是威尼斯水手服的打扮，头戴浅檐草帽，着黑条汗衫、中裤，胸前佩着“Yes，I can”的醒目红色徽章，殷勤而又精神抖擞地为客人迎来送往。而女门童则一袭黑色外套和长靴，光彩照人。他们穿着的服装都是从威尼斯特有的服饰中借鉴而来，门童和行李生的水手制服以及餐厅的马赛克制服，无一不让客人感觉到仿佛亲临威尼斯……再加上每位员工都能讲流利的英文，跨国公司纷纷把业务转到了威尼斯酒店。

三、门童应接工作的注意事项

（1）注意自己的仪容仪表，始终保持饱满的精神状态。良好的仪容仪表及饱满的精神状态会使客人产生一种受到欢迎的尊贵感，不会对你的服务产生怀疑，同时，这也代表酒店的形象，能够给客人留下良好的第一印象。

（2）为客人拉关车门时的一些问题。当客人小车到店时，先示意司机开到门前适当的位置，然后上前以左手拉门，右手放车门框下（此时车头朝门童的右手），或根据车门朝向换一下手，站在车门之后。在拉车门的同时用礼貌用语向客人问好（如果知道客人的姓名，应用客人的姓氏称呼，这样客人会有亲切感）。但遇到佛教徒、伊斯兰教徒时不可把手放在车门框处，遇到泰国客人也应如此（因为泰国人除了许多佛教徒外，他们还认为人的头部是神圣不可侵犯的），否则是不礼貌的，这种情况也适用于客人离店。

另外，当客人坐出租车抵达时，不要一停车就把门打开，因为客人还要花点时间付账，如果把门打开了，客人还没有出来，风一吹进车里就会感觉不舒服（因为车内有空调），特别是冬天更应注意。当客人离店，在关小车门时，不能甩手关门，使门发出很大的声响，应先握住门把手关到离门框 30 厘米左右停顿一下，看看客人是否已将腿跨入车内，衣服是否被夹住，同时用敬语向客人道别，然后再用适中的力量将门一次关紧。如有几辆车同时驶入，应先为重要宾客或主宾拉门。

第三节 行李服务管理

图 4–5 行李员

酒店的行李服务是由前厅部的行李员（Baggage Handler）提供的。行李员在欧美国家又称为 Bellboy、Bellman、Bellhop 和 Porter，其工作岗位是位于酒店大堂一侧的礼宾部（行李服务处）（图 4–5）。礼宾部主管（或“金钥匙”）在此指挥、调度行李服务及其他大厅服务。每天早上一上班，礼宾部主管就要从电脑上查询或认真阅读、分析由预订处和接待处送来的预计“当日抵店客人名单”（Expected Arrivals）和“当日离店客人名单”（Expected Departures），以便掌握当日客人的进出店情况，做好工作安排。以上两个名单中，尤其要注意“VIP”和团体客人的抵离店情况，以便做好充分准备，防止出现差错。在此基础上，做出当日的工作安排计划，并召集全体行李员布置。

行李员还是酒店与客人之间联系的桥梁，通过他们的工作能使客人感受到酒店的热情好客，因此，对于管理得好的酒店而言，行李员是酒店的宝贵资产。

一、行李部员工的岗位职责

（一）行李员的职责

行李员不仅负责为客人搬运行李，还要向客人介绍店内服务项目及当地旅游景点，帮助客人熟悉周围环境，跑差（送信、文件等）、传递留言、递送物品，替客人预约出租车。

行李员的另一职责就是在大堂、餐厅等公共区域寻找客人或同事（行业术语称为Paging）。行李员通常手举一个牌子，牌子上面写着客人的姓名，而且牌子左右挂着小铃铛。行李员在餐厅或公共区域找人时，小铃铛会发出响声，这样就可以引起客人的注意（图 4–6）。

图 4–6 巴厘岛 Nusa Dua Beach Hotel & Resort 度假酒店的行李员用“铃铛”招呼同事为客人提供服务

相关链接 搜索

代客泊车、照看宠物

——瑞士凯宾斯基饭店行李员的新职责

礼宾部、行李部工作时间为 7:00 ~ 23:00，负责车辆运输、清洁和保养，查询、预订火车票和飞机票，代客泊车、接送服务、旅游咨询、饭店外餐厅预订，信件、报纸、传真接收，行李收送、寄存，当地每月活动的介绍，以及一些烦琐的事务。

圣莫里茨地区在瑞士算是消费最高的地区，在饭店正门经常可以看到客人开着顶级的跑车、吉普和房车。能够熟练驾驶各种车辆并且知道如何使用车辆的各种功能，这对前厅部的员工十分重要。每天客人无论驾驶任何车辆来到饭店，他们只需说出姓名或房号，其他一切事情不用费心。需要用车的时候告诉他们房号，然后在大堂等候。行李员首先从礼宾部领取车钥匙，然后把车辆亲自交给客人。如果客人带着宠物临时到饭店用餐或者去健身中心（宠物只能使用客房、电梯、大堂），他们只需通知礼宾部或行李部，行李员便会照看宠物，让宠物喝些水在大堂某个地方睡上一觉或者带宠物出去转转。

（二）行李领班的职责

行李领班的岗位职责是支持和协助主管的工作，管理并带领行李员、门童为客人提供服务。

（1）协助主管制订工作计划。

（2）准备好部门员工的排班表。

（3）完成上级管理部门和人员下达的所有指令。

（4）监督、指导、协助行李员和门童完成其工作任务。

（5）确保抵、离店客人及时得到优质良好的行李服务。

（6）对抵、离店客人分别表示欢迎和欢送，必要时为客人提供运送行李等服务。

（7）督促行李员认真做好行李的搬运记录工作。

（8）为住店客人提供各种力所能及的帮助。

（9）引导客人参观房间设施。

（10）适时地向客人推销酒店的其他设施。

（11）重视客人的投诉，并把这些投诉转达给相关部门，以便迅速解决。

（12）协助酒店有关部门和人员为住店客人过生日、周年纪念等。

（13）每天检查行李部设施，确保良好的工作状态。

（14）做好行李部设备的保管、清洁和保养工作。

（15）留意宴会指南和大厅内其他公告，保持其正常放置。

（16）认真填写交接班本，记下已完成的工作内容及有待下一班继续完成的工作，写上日期、时间和姓名。

二、行李部员工的素质要求

为了做好行李服务工作，要求行李领班及行李员具备一定的素质，掌握一定的知识，了解店内、外诸多服务信息。

（1）能吃苦耐劳，眼勤、嘴勤、手勤、腿勤，和蔼可亲。

（2）性格活泼开朗，思维敏捷。

（3）熟悉本部门工作程序和操作规则。

（4）熟悉酒店内各条路径及有关部门位置。

（5）了解店内客房、餐饮、娱乐等各项服务的内容、时间、地点及其他有关信息。

（6）广泛了解当地名胜古迹、旅游景点和购物点，尤其是那些地处市中心的购物场所，以便向客人提供准确的信息。

三、行李服务注意事项

行李服务不当，常常引起客人的投诉。在为客人提供行李服务时，行李员及其管理人员应特别注意以下事项。

1．行李搬运时的注意事项

（1）认真检查行李。为客人提供行李服务时，要清点行李件数（特别是团队行李），并检查行李有无破损。如有破损，必须请来人签字证实，并通知团队陪同及领队，以免日后引起客人的投诉。

（2）搬运行李时，如相机、手提包等贵重物品及易碎品，要注意让客人自己拿。

（3）装行李车时，要注意将大件、重件、硬件放在下面，小件、软件、轻件装在上面。

（4）搬运行李时必须小心，不可用力过大，更不许用脚踢客人的行李。

（5）照看好客人的行李。客人办理住宿登记手续时，行李员站在总台一侧（离总台约 2 米以外的地方等候客人，注意照看好客人的行李，眼睛注视总台接待员。

（6）引领客人时，要走在客人的左前方，距离两三步（或与客人并行），和着客人的脚步走，拐弯处或人多时，要回头招呼客人。

（7）引领客人进房途中，要热情主动地问候客人，与客人交谈，向客人介绍酒店服务项目和设施，推荐酒店的商品。

（8）介绍房内设施及使用方法。在介绍房内设施时，要注意该介绍的要介绍（比如：房内空调开关及棉被的位置；冰箱的位置及小酒吧的使用方法；房内保险箱的使用方法；电视机的开关位置及留言灯、请勿打扰灯等床头控制开关的使用方法；卫生间冷热水开关及热水供应的时间等），不必要介绍的则不要介绍，避免说“这是电视”“这是卫生间”之类的废话。因为客人经过长途旅行和长时间的车船劳顿之苦，此时最需要的是尽早休息，而不是听服务员没完没了的“介绍”。另外，介绍时要因人而异，由于客人消费层次和住宿经验的不同，对某些客人需要介绍的项目，对另一些客人则可能不需要介绍。

（9）离房前要问客人是否还有其他吩咐，并祝客人住店愉快，随后将房门轻轻拉上。

（10）将离店客人的行李搬运至大厅后，要先到结账处确认客人是否已结账，如客人还未结账，应有礼貌地告知客人结账处的位置。

（11）做好行李搬运记录。为客人进行行李服务时，要做好各种行李搬运记录（表 4–1，表 4–2）。

表 4–1　散客入住行李搬运记录

日期：　　　　　　　　Date：

房号 Rm. No.	上楼时间 Up Time	行李件数 Pieces	行李员 Bell	预计离店时间 Depart. Time	备注 Remarks

表 4–2　团队行李进出店登记单

团体名称						人　数	
抵达日期			离店日期				
进　店	卸车行李员		酒店行李员			领队签字	
离　店	装车行李员		酒店行李员			领队签字	
行李进店时间		车号	行李收取时间		行李出店时间		车号
房　号	行李箱		行李包		其　他		备　注
	入　店	出　店	入　店	出　店	入　店	出　店	
总　计							

入店　　　　　　　　　　　　　　　　出店

行李主管：________　　　　　　　　行李主管：________

日期 / 时间：________　　　　　　　日期 / 时间：________

2. 行李寄存时的注意事项

（1）确认客人身份。客人要求寄存行李时，要先问清是住店客人还是外来客人，外来客人的行李一律不予寄存。

（2）检查行李。客人寄存行李的同时，行李员要认真检查每件行李是否已上锁，并告诉客人行李内不能放入贵重物品或易燃、易爆、化学腐蚀剂、剧毒品、枪支弹药等。如客人执意要寄存未加锁的行李时，要把寄存行李的规章给客人看，发现有未上锁的行李或购物袋无法上锁时，要马上通知领班，向客人说明后，把行李放在安全的地方。

（3）如客人丢失“行李领取卡”（图 4–7），行李员一定要凭借足以证实客人身份的证件放行行李，并要求客人写出行李已取的证明。如不是客人本人来领取行李，一定要请他出示证件，并登记上证件号码，否则不予放行。

（4）行李员在为客人办理行李的寄存和提取业务时，一定要按规定的手续进行，决不可因为与客人“熟”而省略必要的行李寄存手续，以免引起不必要的纠纷，或为客人造成损失或带来不必要的麻烦。

四、如何确保行李房的安全

（1）不可随便进出行李房，进出要有记录。

（2）行李员不得在行李房停留休息，若有违反，严肃处理。

（3）所有寄存行李均需详细记录在案，领取时须逐一注销登记。

（4）主管须每日对寄存行李以及逾期未领取的行李进行核对、处理。

（5）行李员不得离开运送中的行李。

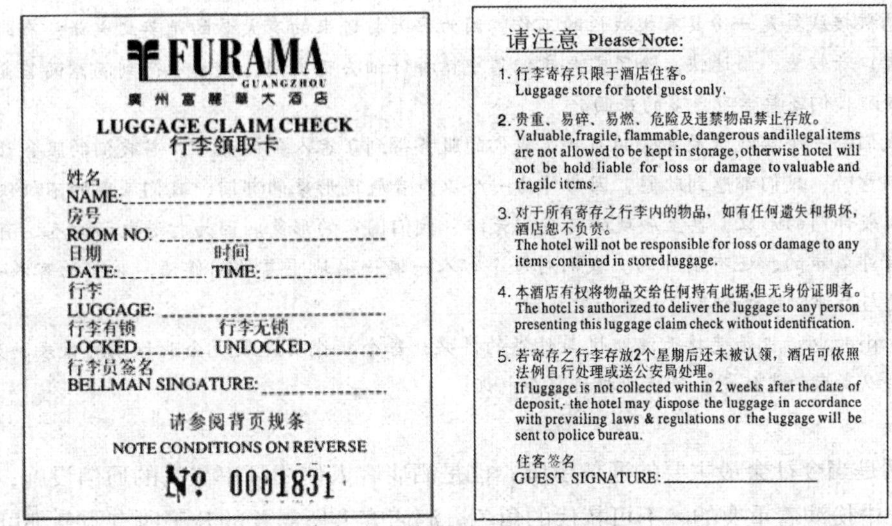
FURAMA
GUANGZHOU
廣州富麗華大酒店
LUGGAGE CLAIM CHECK
行李领取卡
姓名
NAME:
房号
ROOM NO:
日期　时间
DATE:　TIME:
行李
LUGGAGE:
行李有锁　行李无锁
LOCKED　UNLOCKED
行李员签名
BELLMAN SINGATURE:
请参阅背页规条
NOTE CONDITIONS ON REVERSE
No 0001831

请注意 Please Note:
1. 行李寄存只限于酒店住客。
Luggage store for hotel guest only.
2. 贵重、易碎、易燃、危险及违禁物品禁止存放。
Valuable, fragile, flammable, dangerous and illegal items are not allowed to be kept in storage, otherwise hotel will not be hold liable for loss or damage to valuable and fragile items.
3. 对于所有寄存之行李内的物品，如有任何遗失和损坏，酒店恕不负责。
The hotel will not be responsible for loss or damage to any items contained in stored luggage.
4. 本酒店有权将物品交给任何持有此据，但无身份证明者。
The hotel is authorized to deliver the luggage to any person presenting this luggage claim check without identification.
5. 若寄存之行李存放2个星期后还未被认领，酒店可依照法例自行处理或送公安局处理。
If luggage is not collected within 2 weeks after the date of deposit, the hotel may dispose the luggage in accordance with prevailing laws & regulations or the luggage will be sent to police bureau.
住客签名
GUEST SIGNATURE:

图 4–7　行李领取卡（正、反面）

第四节　总机房管理

接线员的一天 [①]

有什么工作能把相同的一句话“Thank you for calling HYATT REGENCY TIAN JIN”每天重复几百次，且每次从问候、转接到结束都是一样的标准？有哪个工种的员工一个班下来，觉得腮帮子发木，舌头好像变硬了一样？可能只有我们——电话接线员。

我们几个接线员几乎每个人都有把在工作中养成的习惯还到日常生活中去的现象。比如：在外面或在家里打电话时总是习惯地像在酒店一样地先拨“8”或“9”后再拨对方的号码，直到听筒中传出“您拨打的号码是空号，请核对后再拨”后方才醒悟。还有更尴尬的：有时在家接电话也习惯说 greeting，特别是有时下了夜班，在家休息时，也会迷迷糊糊地说上一遍：“Thank you for calling HYATT REGENCY TIAN JIN”，弄得对方哭笑不得。

至于工作中遇到的事自然是更多了。现在我们每个班次只有两个人当班，有时是这个电话还没说完，别的电话铃声又起，忙得我们不可开交。若是另一个去吃饭只有一个人当班时就更忙了。而有时电话也有意和我们开玩笑似的，越是一个人当班的时候，同时打进来的电话就越多。为了不让来电者久等，我们甚至接完一个电话连大气都顾不上喘，又得迅速地处理另一个电话。即使这样，当我们接起电话后，有时还是听到了客人不满意的埋怨：“都响了几声才来接

① 接线员的故事，《中国旅游报》

电话？”而每当听到客人这样说，我们心里都不是滋味，倒不是觉得个人委屈，只是觉得铃声响几声才接会使客人对我们酒店的服务不满，进而影响酒店的形象。

总机接线员是一份具有挑战性的工作，因为每天打进来的有大量的是英文电话，有时遇到来电者口音较重、语速快，除了需要我们集中精神仔细去听去问，使客人得到满意的答复，同时也提醒我们还要学习更多的东西。

我们每一个接线员最高兴的事就是我们的服务得到了客人们的认可。当我们的服务让客人感到满意时，我们都感到欣慰，因为作为一个以声音展现形象的部门，我们展现的不仅仅是我们个人或部门的形象，甚至展现的是我们天津、我们国家的形象。因为打进电话的人，有本市的、有外省市的，还有国外的。我们对每个客人一遍一遍地重复的问候语，对有的客人来说，也许是与天津凯悦这个品牌的第一次接触。

小小的电话机是连接天津凯悦与外界的桥梁；每个接线员是展现企业形象的代表。为此，我们会以高度的责任感，热情地接好每个电话。

电话是当今社会最主要的通信手段，也是酒店客人使用频率最高的通信设施，在对客服务过程中扮演着重要的、不可替代的角色。酒店客人所需要的几乎所有服务都可通过客房内的电话解决。总机房就是负责为客人及酒店经营活动提供电话服务的前台部门。

一、总机房的业务范围

酒店总机房的业务范围如下（图 4–8）：

（1）电话转接及留言服务。

（2）回答问讯和查询电话服务。

（3）“免电话打扰”服务。

（4）电话叫醒服务。

（5）火警电话的处理。

（6）话费记录。

图 4–8 话务员在为客人提供电话转接服务

二、总机房主管的岗位说明书

总机主管

直接上级：前厅部经理
直接下级：总机领班

岗位职责

负责总机房的全面管理工作，保证设施设备运转正常，并为客人提供优质高效的电话服务。

1. 制定总机室工作条例和话务员行为规范。
2. 制定总机班工作计划。
3. 做好话务员的考勤工作。
4. 随时掌握客房利用情况，并据此安排和调整班次。
5. 统计每日经手的国际长途和国内长途，每周将特殊电话单呈交前厅部经理。
6. 负责酒店电话号码单的编辑和印刷，并及时提供给各部门使用，对有变化的电话号码要及时更改。
7. 每天更换、调整信息栏的内容，为话务员提供有关服务信息。
8. 确保电话房清洁卫生。
9. 对话务员进行业务培训，确保员工掌握话务工作程序（包括紧急报警程序）和工作技能，培养员工的高度责任感，使员工的工作质量时刻保持最佳状态。
10. 周期性检查并保持电脑终端运转正常。
11. 记录所有的传呼电话和传呼系统故障情况，发现故障，立即报告前厅经理。
12. 保存一份所有行政人员及部门经理的手机号码及家庭电话号码。
13. 定期对本部门员工进行评估，按照制度实施奖惩。
14. 完成前厅经理和管理部门临时交办的事情。
15. 有重要宾客接待任务时，提醒当班人员予以重视，并布置检查。
16. 处理客人有关电话服务的投诉。
17. 协调总机班与酒店其他部门之间的关系，与各部门保持良好的沟通与联系。

三、总机房员工的素质要求

根据话务工作的特点，酒店话务员必须具备以下素质：

（1）口齿清楚，语言甜美，耳、喉部无慢性疾病。

（2）听写迅速，反应快。

（3）工作认真，记忆力强。

（4）有较强的外语听说能力，能用三种以上外语为客人提供话务服务。

（5）有酒店话务或相似工作经历，熟悉电话业务。

（6）熟悉电脑操作及打字。

（7）掌握旅游景点及娱乐等方面的知识和信息。

（8）有很强的信息沟通能力。

此外，总机领班和主管等管理人员还应具备较高的学历和外语水平，有管理才能，最好是旅游酒店管理专业毕业生。

四、话务服务的基本要求

电话服务在酒店对客服务中扮演着重要角色，每一位话务员的声音都代表着“酒店的形象”，话务员是“只听其悦耳声，不见其微笑容”的幕后服务员。因此，话务员必须以热情的态度、礼貌的语言、甜美的嗓音、娴熟的技能优质高效地为客人提供服务，使客人能够通过电话感觉到你的微笑、热情、礼貌和修养，甚至“感觉”到酒店的档次和管理水平。对酒店话务服务的基本要求如下：

（1）话务员必须在总机铃响三声之内应答电话。

（2）话务员应答电话时，必须礼貌、友善、愉快，且面带微笑。这时，客人虽然看不到话务员，但能够感觉到她的笑脸，因为只有在微笑时，话务员才会表现出礼貌、友善和愉快，她的语音、语调才会甜美、自然，富有吸引力。

（3）接到电话时，首先用中英文熟练准确地自报酒店名称，并自然亲切地使用问候语。（至于先用英语说还是先用汉语说，要视酒店客人构成而论。如果酒店的接待对象主要以内宾为主，则先用汉语说，后用英语说；反之，如住客以外宾为主，则先说英语，后说汉语）

（4）话务员遇到无法解答的问题时，要将电话转交领班、主管处理。

（5）话务员与客人通话时，声音必须清晰、亲切、自然、甜美，音调适中，语速正常（如音调偏高或偏低，语速偏快或偏慢，则应通过培训加以调整）。

（6）话务员应能够辨别主要管理人员的声音，接到他们的来电时，话务员须给予恰当的尊称。

（7）为客人提供电话转接服务时，接转之后，如对方无人接电话，铃响半分钟后（5声），必须向客人说明：“对不起，电话没有人接，请问您是否需要留言？”需要给房间客人留言的电话一律转到前厅问讯处。另外，所有给酒店管理人员的留言（非工作时间或管理人员办公室无人应答时），一律由话务员清楚地记录下来（重复、确认）通过寻呼方式或其他有效方式尽快将留言转达给酒店管理人员。

（8）为了能迅速、高效地转接电话，话务员必须熟悉本酒店的组织机构、各部门的职责范围、服务项目及电话号码，掌握最新的、正确的住客资料。

（9）如遇查询客人房间的电话，在总台电话均占线的情况下，话务员应通过电脑为客人查询。但此时应注意为客人保密，不能泄露住客房号，可接通后让客人直接与其通话。

（10）接到火警电话时，要了解清楚火情及具体地点。然后按下列顺序通知有关负责人到火灾现场：总经理—驻店经理—工程部—保安部—医务室—火灾区域部门领导。进行以上通知时，话务员必须说明火情及具体地点。

第五节　商务中心管理

为了满足客人的需要，现代酒店（尤其是商务型酒店）一般都设有商务中心（Business Centre）（图 4–9），为客人提供打字、复印、翻译、电子邮件及传真的收发、文件核对、抄写、会议记录及代办邮件、打印名片等服务。

商务中心通常设在酒店大堂附近的公共区域内，一则方便店内外客人，二则便于与总台的联系。此外，为了方便客人从事商务活动，商务中心应具有安静、舒适、幽雅、干净的环境。

图 4-9 酒店商务中心（资料图片）

一、商务中心的工作内容

（1）秘书服务。专业的打字服务，同时也可视宾客要求安排全职的秘书。

（2）会议厅租用。对于需要格外私密的会议，商务中心拥有配备先进视听设施的会议室可供租用。

（3）办公室设备租用。台式及手提式电脑、手机、传真机、投影仪、其他商务设备，均可按小时或按日使用计费。

（4）印刷服务。可安排印刷名片等小型印刷品。

（5）传真、快递、邮寄。商务中心提供快速的全球传真、快递和邮寄服务。

（6）翻译及口译服务。可安排各国专业文字和口语翻译。

（7）商务参考图书馆。商务中心拥有贸易期刊和当前本地及国际报纸杂志，使宾客在旅途中也与世界同步。

（8）复印业务。

二、商务中心机构设置

商务中心可设立商务中心文员和票务员两个服务岗位。其中，商务中心文员负责回答客人有关商务服务的问讯，为客人提供复印、翻译、打字、传真收发以及长话等服务。而票务员则负责代办客人的邮件业务，代办火车票、飞机票等交通票务以及旅游及体育娱乐票务；代印名片以及为客人提供小修理等服务。

商务中心通常设有一位主管（或领班），其主要职责是：

（1）负责对下属员工进行排班、考勤。

（2）检查商务中心的卫生情况及工作准备情况。如：价目表、计算器、收据、零钱；传真线路是否畅通；复印机是否正常（是否清晰、碳粉是否够）；电脑和打印机是否正常；碎纸机是否正常等。

（3）了解当天 VIP 情况，并安排好工作。

（4）检查当班员工仪容仪表、礼貌礼节、工作态度及服务质量，并做工作指示。

（5）查阅交接班本及有关文件、通知，注意将夜间接收的传真及时送到客人手中，疑难文件速交大堂副理处理，并核对前一天的营业日报表及单据，堵塞财务漏洞。

（6）做好当天工作记录。

（7）定期召开例会，讲评上周工作，传达部门主管会议的有关内容。

（8）定时填报当月工作报表（并做工作总结），交下月工作计划。

（9）督导票务员做好票务工作。

（10）负责对员工的业务及外语的培训，并定期进行考核。

（11）根据员工的工作表现执行奖罚制度。

（12）协调与其他部门的关系，与电信局有关部门保持密切联系，以保证电讯业务的顺利进行。

（13）处理客人有关商务中心服务的投诉。

（14）遇到难题及时汇报或与酒店内外有关部门联系，以便尽快解决。

（15）统计每日营业收入，制作表格，送计财部。

（16）保养商务中心的各种设备。

三、商务中心工作的基本要求

商务中心工作的基本要求是：接待客人热情礼貌；回答客人问讯迅速、准确；为客人提供服务高质、快捷、耐心、细致。

为了做好商务中心的服务工作，要求商务中心员工必须具备以下素质：

（1）熟悉本部门的工作业务和工作程序，掌握工作技巧和服务技能。

（2）性格外向，机智灵活，能与客人进行良好的沟通。

（3）工作认真、细致、有耐心。

（4）具有大专以上文化程度和较高的外语水平，知识渊博，英语听、说、笔译、口译熟练。

（5）具有熟练的电脑操作和打字技术。

（6）掌握旅游景点及娱乐等方面的知识和信息（如本市旅游景点及娱乐场所的位

置、电话、票价及消费水准等），了解中国历史、地理；熟悉酒店设施、服务项目。

此外，作为商务中心的票务员，还应与各航空公司和火车站等交通部门保持良好的关系，熟知各种类型的票价及各种收费标准；熟知国内外邮政须知及收费标准。

四、商务中心的发展趋势

由于信息技术的飞速发展，越来越多的客人拥有自己的手机和手提电脑，在客房内也可以通过互联网直接订票，发送、接收电子邮件和传真，一些高档酒店还在其客房内配备了打印机、复印机和传真机，因而，客人对酒店商务中心的依赖程度将大大减少，使得商务中心的生意清淡，正如一些经营者自嘲式感叹："我们商务中心设备齐全，唯一缺少的就是顾客！" 21 世纪，酒店商务中心经营的重心和职能将如下转换。

（1）从提供商务服务，转向提供商务设施出租。酒店虽为客人在客房内提供了电话、互联网接口等设备，但不可能在所有的房间内提供所有商务设备，为了方便客人在客房内办公，可以根据客人需要，向客人出租传真机、手提电脑、扫描仪等商务设备。

（2）从商务服务的主要场所，转向商务技术支持和帮助的提供者。尽管越来越多的客人喜欢用自己的电脑在客房办公，但并非每一个客人都是电脑专家，而且，由于信息技术发展极快，人们很难赶上新技术发展的步伐，因此，在酒店业便从"金钥匙"（concierge）的委托服务衍生出专为商务客人提供电脑技术服务的"技术侍从"（Technology Butler）。一旦客人的笔记本电脑遇到麻烦或其他电子技术问题，这些电脑天才们可随叫随到，当即为客人排除"故障"，保证其能够顺利工作。在著名的四季酒店集团和丽晶集团，则撰造出一个新名词—— Compcierge，由电脑和金钥匙两个单词各取一半，拼构而成，意即"电脑金钥匙"，能高水平地解决客人遇到的一切电脑问题。

（3）服务内容发生变化。从以打电话等电讯服务为主，转向以大批量复制、印名片、激光打印、四色打印、文本的高级装订及电脑技术服务为主。

（4）服务方式发生变化。从被动地在商务中心为客人提供服务，到主动为各类会议提供支持和帮助。如文本的打印、校对和复印等，当好主办单位的"秘书"。

本章小结

"金钥匙"是高档酒店能够为客人提供"无所不能"的各种服务的岗位和人员，能够充分体现酒店全心全意为客人服务的服务理念。成为酒店的"金钥匙"必须具备很高的素质，包括丰富的知识、良好的人际沟通能力、较高的外语水平、助人为乐的品格等。

门童是酒店大门口的迎宾员，只有大型高级酒店才会设有这一专职岗位，中档及中等规模的酒店可由行李员兼任。

门童的主要职责是指挥门前交通、迎宾、回答客人问讯。酒店可以选聘外国人或女性担任门童，以体现酒店的特色。

行李员是酒店一个重要岗位，他不仅要帮客人搬运行李，而且要与客人交流，适时地向客人推荐酒店的服务项目。因此，担任行李员工作，不仅要有健康的体魄，还要心细（否则，会出现行李差错和纠纷），要热情、有礼貌，善于与人沟通。

话务服务的主要内容包括：（1）电话转接及留言服务；（2）回答问讯和查询电话服务；（3）“免电话打扰”服务；（4）电话叫醒服务；（5）火警电话的处理等。

话务服务的基本要求是：必须在总机铃响三声之内应答，电话话务员应答电话时，必须礼貌、友善、愉快，且面带微笑。

商务中心是酒店一个正在“退化”的部门，许多传统的服务项目，如长途电话服务、打字、电传、传真等已经被手机和电脑所取代，转化为客人的自助服务。所以，商务中心的业务将逐步萎缩。

课堂讨论

客人的问讯电话应该转到总台吗？

“请总机房的大姐小妹们，不要随随便便就把外线转到前台：问个地址，问个设施，问个房价，查个客人难道都不知道，不会吗？所有做过前台的同人们应该深有体会，当你手里同时忙着三件事情的时候，突然再来个搞什么问题的电话，这是什么打击！”

讨论题

你同意上述观点吗？有关客人的问讯，在前台与总机之间究竟应该怎样划分？

课堂训练

1. 模拟酒店门童为客人服务。
2. 模拟酒店行李员为客人提供服务。

案例聚焦

某日，南京金陵酒店的“金钥匙”打电话给广州白天鹅宾馆的“金钥匙”，称该店一名已赴广州的住客误拿了一位新加坡客人的行李，请求广州方面协助查询。白天鹅宾馆的“金钥匙”获悉后，立即赶赴机场截回了被误拿的行李，但当他们回复金陵酒店的“金钥匙”时，金陵酒店的“金钥匙”却说这名新加坡客人已飞赴香港。于是，他们又与香港酒店的“金钥匙”联系，香港酒店的“金钥匙”接报后，马上在香港机场找到新加坡客人，告知他的行李找到了，而这位客人因急于赶回国则要求他们将其行李从广州直接寄运至新加坡。根据这种情况，他们以特快专递将客人行李发送新加坡，然后再次与新加坡的同行落实此事。几天后，新加坡“金钥匙”回电，这件几经周折的行李已完璧归赵，安全送回客人手中。

任务拓展

中国饭店金钥匙组织会员的资格要求

在饭店大堂柜台前工作的前厅部或礼宾部高级职员才能被考虑接纳为金钥匙组织的会员。

（1）21岁以上，人品优良，相貌端庄。

（2）从事饭店业5年以上，其中3年必须在饭店大堂工作，为饭店客人提供服务。

（3）有两位中国饭店金钥匙组织正式会员的推荐信。

（4）一封申请人所在饭店总经理的推荐信。

（5）过去和现在从事饭店服务工作的证明文件。

（6）掌握一门以上的外语。

（7）参加过由“中国饭店金钥匙”组织的服务培训。

酒店经理人对“经理的困惑”的答复

Re：酒店是否应该把车队归入礼宾部统一管理？

姜东皓　北京中旅大厦客务部经理（北京客务经理协会理事）

建议将车队归入礼宾部统一管理，有利于统筹调配车辆，也有利于监管车队的服务质量，更有利于对客服务程序的流畅性，相应的管理层级不宜多而且要扁平。

贺虹　西安古都文化大酒店前台部经理

酒店车队属于前厅礼宾部管理是比较合理、便于操作的，从对客服务来讲，所有的车辆预订由礼宾部来接待是

方便客人的，另外礼宾部更便于向客人推荐酒店车辆，提高酒店收入。车队和礼宾部的责任应罗列清楚，所有的车辆预订由礼宾部发车单给车队队长，队长应根据司机情况统一调配，确保所有的用车安排。

视频观看西安古都文化大酒店贺虹经理谈：酒店是否应该把车队归于礼宾部管理？

方式一：请登录：刘伟酒店网（www.LiuweiHotel.com）—院校服务—视频—酒店是否应该把车队归于礼宾部管理。

方式二：扫描二维码

西安古都文化大酒店贺虹经理谈：酒店是否应该把车队归于礼宾部管理？

第五章

总台接待管理

总台接待工作包括住宿登记、客房分配、回答问讯、办理结账业务、夜核等项工作。对总台接待工作的管理，是前厅部管理工作的核心内容。总台员工除了要为客人提供主动、热情、礼貌和微笑服务以外，还要增强销售意识，提高工作效率，尽可能地缩短客人办理入住登记和离店结账时的等候时间。

学习目标

知识目标

1. 了解总台接待工作的各项业务及工作程序。
2. 了解行政楼层的运作情况。

能力目标

1. 能够独立完成总台接待工作。
2. 能够处理接待工作中的常见问题。

关键词： 住宿登记　问讯　行政楼层

经理的困惑

总台员工忙于“工作”，无暇顾及客人怎么办？

酒店都要求接待客人要热情、有礼貌，就前台接待人员而言，我一直强调接待客人要热情、主动：有客人到来，要面带微笑主动向客人问好，主动打招呼。但总有很多前台接待员只集中精神在他们面前的电脑工作——记录客人资料及制作房卡等，这一来便忽略了与客人之间的接触及服务行业的核心宗旨——殷勤好客的服务态度接待客人。对此，总台接待人员和收银人员却辩解说，很多时候她们都很忙：忙于接听电话，忙于处理手头的工作，忙于接待前一位客人……所以，根本顾不上招呼其他客人！她们说得似乎也有道理。这是一对矛盾，我不知道该怎么对她们说，难道前台的服务质量标准该放弃了吗？……

第一节　总台接待业务流程

一、总台接待工作的主要内容

总台接待的主要工作内容包括为客人办理住宿登记手续（Check-in）、修改客单、更换房间、调整房价、客人续住、取消入住、延迟退房等（图 5-1）。

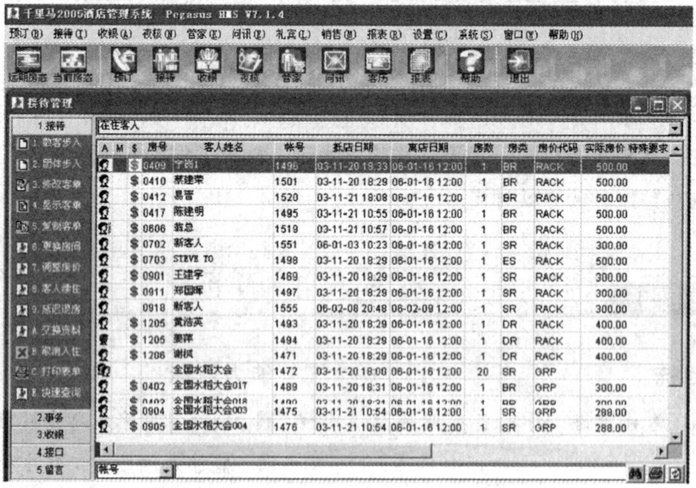

图 5-1　接待管理的主要工作内容

二、住店客人的选择

酒店是为客人提供食、宿等综合服务的场所。作为酒店有义务接待前来投宿的顾客。但这并不意味着酒店必须无条件地接待所有客人。对于被列入酒店“黑名单”的客人，酒店可以拒绝接待。这些客人包括：不受欢迎的客人名单；公安部门的通缉犯；当地饭店协会通报名单上的人；大堂副理的记录名单上的人；财务部门通报的走单客人；信用卡黑名单上的人。除此而外，对于多次损害酒店利益和名誉的人、无理要求过多的客人、衣冠不整者、患重病及传染病者、带宠物者等，酒店也可以不予接待。

三、接待业务流程

总台接待业务（Checking-in）主要指为客人办理住宿登记工作。客人的住宿登记工作是由总台接待员（receptionist）负责办理的。接待员要向客人提供住宿登记表，负责查验客人有关证件，为客人开房，并指示行李员引领客人进客房。总台接待业务流程如下：

（一）向客人问好，对客人表示欢迎

这是向客人提供礼貌服务的第一步，表示对客人的欢迎，是对前台接待人员最基本的要求，但在国内很多酒店又是缺失的。

（二）确认客人有无预订

办理住宿登记时，首先要确认客人有无预订。如果站在你面前的是一位预订客人，可对客人说：“欢迎您，××先生（小姐），我们正等候您的光临！”以示酒店对客人的关心和重视。

如果客人没有预订（“Walk-in Guest” or “Chance Customer”。有的酒店称之为“散客”），在有空房的情况下，应尽量满足客人的住宿要求，并注意艺术地向客人推荐酒店提供的包价项目以及餐厅、酒吧、游泳池、桑拿等其他服务项目。

对于未经预订而抵店的客人，如果客满，可以拒绝其留宿。不过，这时最好帮他在同等级的其他酒店联系客房，这样客人是不会忘记你的善举的，而且，如有机会下次还会来酒店投宿。

（三）办理入住登记

凭客人的身份证件为客人办理入住登记手续。将客人的身份证等资料信息扫描、输入电脑，根据客人的要求为客人分配房间，然后打印住宿登记表（Registration Form），请客人签名。

对于团体客人，除了填写“团体人员住宿登记表”以外，接待员应在该团陪同的配合下填写“团客资料单”（Group Information Sheet）。这张表一式多份，分别发送餐饮部、客房部等接待部门，它是这些部门为该团客人提供服务的重要依据。“团客资料单”的内容包括团体名称（Group Name）、抵达日期（Arrival Date）、离店日期（Departure

Date）、行李件数（Pieces of Luggage）、搬运行李时间（Luggage out）以及叫早时间（Morning Call）等（表 5–1）。

团队抵店后，如需要改变预订要求或有其他特殊要求，则接待员要制作《更改通知单》和《特殊要求通知单》，并尽快送往有关部门。

表 5–1　团客资料单

团队会议名称____________　编号____________

抵店日期________　时间________　由____________

离店日期________　时间________　赴____________

陪同 / 会务组人员________　房号____　领队________　房号____

人数________（其中：外宾____华侨____内宾____男____女____夫妇____）

编　号	房　号	姓　名	编　号	房　号	姓　名	编　号	房　号	姓　名
1			11			21		
2			12			22		
3			13			23		
4			14			24		
5			15			25		
6			16			26		
7			17			27		
8			18			28		
9			19			29		
10			20			30		

用房总数______　标准房______　三人房______　其他用房______

接待单位________　支付方法________

名称	日			日			日			日			日		
	餐别	标准	地点	餐别	标准	地点	餐别	标准	地点	餐别	标准	地点	餐别	标准	地点
早餐															
午餐															
晚餐															

备注________________________

行李进店总数________　经手人________　行李离店时间________

行李出店总数________　经手人________　运输工具________去________

送：接待　总机　前台收款　餐饮部　客房部　　留存　　制表人______

日期______

（四）收取押金

为了防止不良客人的逃账或损坏酒店的设施设备行为，同时也为了方便客人在酒店消费，为客人提供一次性结账服务，酒店通常都会要求客人在办理入住登记手续时，预付房金或押金（通常为房费总额的两倍），所付押金由总台结账处负责保管，并向客人出具收据。如果客人采用信用卡结账，接待员必须首先确认客人所持信用卡是酒店所接受的信用卡，且信用卡完好无损，并在有效期内，然后向银行要授权。

（五）填写欢迎卡

欢迎卡也称为“HOTEL PASSPORT”（酒店护照，图 5–2），主要作用是：

（1）向客人表示欢迎。很多酒店的房卡上都印有总经理对客人所致的欢迎词。

（2）表明客人的身份。是楼层服务员为客人开房的依据，同时也可用作客人在餐厅等酒店其他场所消费签单的依据。

（3）起一定的促销作用。很多酒店在其欢迎卡上印有酒店服务项目，以便向客人推销酒店的服务。

图 4–2 “欢迎卡”和房卡

（4）起向导作用。一些酒店在其欢迎卡上印上本酒店在城市中的位置及地址、电话等酒店信息，客人外出时可作为向导卡使用。

（5）起声明作用。还有的酒店在其欢迎卡上印上诸如“请将贵重物品存入酒店贵重物品保险箱，否则，酒店概不负责”“访客的最后离店时间是晚上 11 点。如需在酒店过夜，请去总台登记”等类似酒店声明或客人须知之类的文字，就一些容易发生的纠纷，明确酒店与客人之间的权利和义务。

在办理入住登记手续时，总台接待人员还应问清客人是否需要开通房间电话（除了长途电话外，很多酒店的市内电话也是收费的），是否需要签单消费。如需要，则办理相关手续，并提醒客人在消费前出示“欢迎卡”或房卡，以免引起不必要的麻烦。

（六）将欢迎卡和房间钥匙（房卡）交给客人

将填写好的欢迎卡和房卡双手递给客人，并祝客人住店愉快。

（七）将客人的入住信息通知客房部

在客人办理完入住登记手续离开柜台后，接待员要将客人的入住信息通知客房部，以便服务员做好接待准备。

（八）制作客人账单

在账户设置表格中输入客人姓名、抵达日期、结账日期、房号、房间类型及房费等，然后将账单（一式两联）连同一份住宿登记表和客人的信用卡签购单一起交前台收款员（Cashier）保存（图 5-3）。

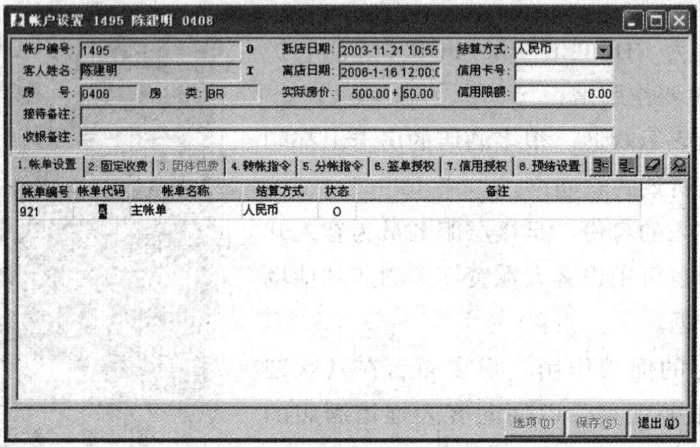

图 5–3　账单

对于使用转账方法结账的客人，一般需制作两份账单：一份（A 单）记录应由签约单位支付的款项（如房费和餐费等），是向签约单位收款的凭证。另一份（B 单）记录客人需自付的款项。

团队客人同样需要两种账单：团队主账单和分账单。团队主账单用来记录与全团有关的费用，这部分费用由组团单位或接待单位支付（备注栏内应注明单价与人数、使用客房数及转账单位名称）。分账单用来记录需由个人支付的款项，分账单的数量可根据用房数和团队人数确定。一般来说，中小型团队只需开立一个分账单即可，但应注意将个人账目区分开来，把客人房号登记在账单上，以便核对。

第二节　问讯与留言管理

酒店的客人来自全国乃至世界各地，在一个陌生的城市、陌生的酒店，客人必然有很多情况需要了解，很多问题需要询问，很多地方需要帮助，酒店要使客人满意，使客人感到方便，就必须为客人提供问讯服务。

由于前台是客人接触最多的酒店公共场所，所以问讯处通常都设在总台。问讯处的工作除了向客人提供问讯服务以外，还要受理客人留言、处理客人邮件等。

一、问讯

（一）客人查询

客人查询包括在住客人、预订客人、离店客人等三种情况。通常用于总机房或问讯处按房号或客人姓名查找客人的资料，并根据客人的请勿打扰、资料保密等特殊要求审慎处理访客的查询。

有关住宿旅客的问讯是来访客人问讯的主要内容之一,一般应在不触及客人私生活的范围内进行回答，这类询问一般包括以下两方面的内容：一是客人是否住在本酒店；二是客人房间号。

接到问讯时，首先从电脑上查看客人是否住在本酒店，然后确认其房号，接着向客房内打电话，将某人来访的消息告诉住客，经客人同意后才能将房号告诉来访者。如客人不在房内，问讯员可根据情况通知行李员在酒店公共场所帮助来访者寻找被访的客人。问讯员需要特别注意的是，决不能未经客人的许可，便直接把来访者带入客房，或者直接把房间号码告诉来访者。酒店必须注意保护客人的隐私，保证客人不受无关人员或客人不愿接待人员的干扰。

（二）有关酒店内部的问讯

有关酒店内部的问讯通常涉及：餐厅、酒吧、商场所在的位置及营业时间；宴会、会议、展览会举办场所及时间；酒店提供的其他服务项目、营业时间及收费标准，如健身服务、医疗服务、洗衣服务等。

对于上述内容，问讯员都应熟知（有关部门应将此类有关信息通知总台问迅处），以便给予客人准确、肯定的答复。对于客人所提问题，服务员不能做出模棱两可的回答。比如，当客人问酒吧是否还营业时，不能回答“我想还在营业吧”或“可能还没下班吧”。

（三）店外情况介绍

客人有关店外情况的问讯，通常包括下列内容：酒店所在城市的旅游点及其交通情况；主要娱乐场所、商业区、商业机构、政府部门、大专院校及有关企业的位置和交通情况；近期内有关大型文艺、体育活动的基本情况；市内交通情况；国际国内航班飞行情况。

为了准确回答客人问讯，为客人提供满意的服务，问讯员必须具有较高的素质，较宽的知识面，外语流利，熟悉酒店设施、设备及服务项目，熟悉所在城市风光、交通情况及兄弟酒店的情况，懂得交际礼节及各国、各民族风土人情及风俗习惯。回答客人问讯时，问讯员必须热情、耐心、有礼貌，态度和蔼可亲。

如果酒店接待的外国客人比较多，为了防止由于语言不通而给客人带来的不便，酒店问讯处还可以根据实际情况为客人准备一种向导卡（正、反面分别用英、日、中等 3 种文字标明酒店的地址、电话和客人要去的地方），这样，客人外出时，只要向出租汽车司机或行人出示这张卡片，就不致迷路。

为了为客人提供快速、准确、详细的信息服务，酒店可以预先在电脑系统中储存交通、旅游、电话等常用信息，这种信息多多益善，以备客人查询（图 5–4）。

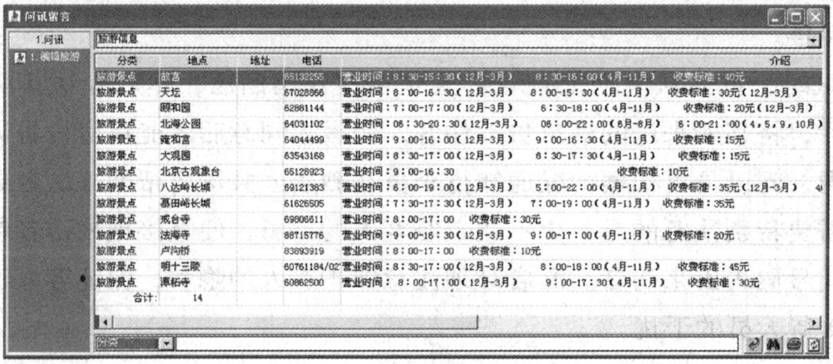

图 5–4　问讯资料查询

二、留言

酒店受理的留言（Message）通常有两种类型：一是“访客留言”；二是“住客留言”。

（一）访客留言

“访客留言”是指来访客人对住店客人的留言（表 5–2），通常一式三联。问讯员在接受访客留言后，首先应开启被访者客房的留言灯，接着将访客留言单的第一联放入钥匙、邮件架，第二联送电话总机，第三联交信件或行李员送往客房，将留言单从房门底下塞入客房。这样，客人可通过这两种途径获知访客留言内容（进入客房时，发现留言单；发现客房内留言灯亮着，通过询问话务员或问讯员，获悉留言的内容）。无论是问讯员还是话务员，在了解到客人已明白了留言的内容后，应及时关闭留言灯。晚上，问讯员应检查钥匙、信件架，如发现孔内仍有留言单，应检查该房号的留言灯是否已经关闭。如留言灯已关闭，可将钥匙、邮件架内的留言单作废。如留言灯仍未关闭，则应通过电话与客人联系，将留言的内容通知客人。如客人不在酒店，应继续开启留言灯及保留留言单，等候客人返回。

对于留言传递的基本要求是：迅速、准确。留言具有一定的时效性，为了确保留言传递的速度，对于来访客人给住客的留言，有些酒店规定问讯员要每隔一小时打电话到客房通知客人，这样，客人最迟也可在回酒店后一小时之内得知留言的内容。还有的酒店要求除了派行李员将留言单从门底下塞入客房以外，客房服务员要在客人回到客房后进房提醒客人有关留言事宜，以确保留言的传递万无一失。

为了对客人负责，如果不能确认客人是否住在本酒店或虽然住在本酒店，但已结账离店，则不能接受对该客人的留言（客人有委托时除外）。

表 5-2　访客留言单

××HOTEL

For________________ Room No.________________

From________________ Date________________

☐ Please call to ________________

☐ Will call again

☐ Message:________________________________

____

Clerk__________ Date__________ Time__________

（二）住客留言

"住客留言"是住店客人给来访客人的留言。客人离开客房或酒店时，希望给来访者（包括电话来访者）留言，这时就需要填写另一种留言单，即"住客留言单"（表5-3）。住客留言单一式二联，问讯组、电话总机各保存一联。如客人来访，问讯员或话务员可将留言的内容转告来访者。

住客留言单上都已写明了留言内容的有效时间，过了有效时间，如未接到留言者新的通知，可将留言单作废。

表 5-3　住客留言单

××HOTEL

To__________________________

expected visitor's name

From________________ Room No.________________

I will be at ________________________________

between________________ am/pm and ________________ am/pm

Message:____________________________________

____

Clerk__________ Date__________ Time__________

为了确保信息的准确性，在接受留言时，要注意掌握事情的要点。尤其是在接受电话留言时，要做好记录，填写留言卡，并向对方复述一遍，得到对方的确认。

规范起见，客人的留言最好放在酒店专用的留言信封，送给客人，以示尊重。四星级以上的高档酒店更应如此（图 5–5）。

图 5–5 客人的留言应放入专用的留言袋

三、邮件的处理

处理客人进出店的邮件也是问讯处的服务项目之一。对于客人的信件，应先进行分类，然后做相应的处理。当班时无法处理的，一定要做好交接记录，以免给客人造成不应有的损失和麻烦。

经典案例

王小姐的生日礼物不见了……

某天，杨先生急匆匆地来到前厅 CONCIERGE（委托代办）柜台，将一盒包装漂亮的礼物交给前厅接待员，请她转交给次日将要从桂林来台州并入住该饭店的王小姐。杨先生一再强调一定要在第二天送出，因为那天是他的女朋友——王小姐的生日，而他恰好有一笔生意要去北京谈判，不能陪她了。前厅接待员小杨是刚从学校毕业的新员工，她第一次看到这么漂亮的礼物包装盒，觉很很新鲜，一边翻来覆去地观看，一边随口答应着客人。杨先生走后，小杨还将礼物传给同事看。等下班的时候，她不仅忘了请杨先生办理委托转交手续，也忘了在交班本上做记录并交接给下一班，甚至连礼物放在哪儿都忘了。

次日，王小姐如期到达。听说杨先生去了北京，既没有在生日这天陪她，也不见留下什么礼物，生着闷气去了房间。

晚上，杨先生从北京打电话祝王小姐生日快乐，并问是否喜欢他的礼物。一听到礼物，王小姐非常生气地叫杨先生不用再编造谎言了，她根本就没有收到过礼物。杨先生解释自己的确准备了礼物并委托前厅转交，请王小姐再去前厅核实。王小姐随后来到前厅要求立即归还礼物。此时前厅当班的是领班小郑，她既没有从交班本上得知此事，也未曾见过什么礼物，而当事人小杨又不在……

第三节 提高前厅服务质量的途径

一、做好前厅部员工的待客礼貌培训

酒店业属于“好客业”（Hospitality Industry），而前厅部是酒店迎送客人的基地，与客人接触的机会最多，同时也是给客人留下第一印象和最后印象的地方，因此，做好对前厅部员工待客礼貌的培训就显得尤其重要。

前厅部员工待客礼貌培训的主要目标是让前厅接待人员掌握“八项基本服务技能”（表 5–4）。

表 5–4 前厅接待人员掌握“八项基本服务技能”

项 目	服务技能
（1）关注客人	聆听 使用积极的身体语言 避免使用消极的身体语言 保持目光交流 微笑 认知 用愉悦的音调讲话 捕捉服务线索
（2）提供高效服务	尽快转向下一位客人 花足够的时间保证准确性 将闲聊降至最低限度 提前计划 跟进 主动提供选择 回答客人问题
（3）增强客人的自尊感	客人出现时立刻认知 使用姓氏称呼客人 聆听，切忌打断客人 称赞客人 把客人当成人对待
（4）建立融洽关系	聆听，切忌打断客人 道歉，并用带感情色彩的字眼表示你了解客人的感受 等客人作出反应，然后着手解决问题
（5）提供释疑及咨询服务	解答客人问题 主动提供选择及说明原由，以使客人满意

续表

项　　目	服　务　技　能
（6）明确客人需求	提出适当的问题 将客人所说作简洁小结
（7）推介酒店服务项目	根据客人具体情况，向客人推介酒店服务项目 目标：让客人满意，使酒店增收
（8）委托 / 转托他人处理	明白要求后，解释别的同事能更好地帮助客人 将客人介绍给所提到的那个部门的同事，并用客人的口吻将需要委托 / 转托的事简单小结给那位同事

二、掌握前台接待技巧

（1）多行注目礼。从客人进入酒店大堂朝总台走来，就是接待员意识到为客人提供服务并从内心引起足够重视的时候了。重视的表达方式是内晓房态，外行注目礼。内晓房态是指在客人询问之前，将现实房态了然于胸；外行注目礼就是面呈微笑，眼神亲和地看着客人走向自己。这其中有一大忌是一味地盯着人看，那样会自感吃力，客人也不自在。恰当的时间按双方可对视时算起，应不足 10 秒。大致分配为：与客人对视的时间是 6 秒，间断游离的时间是 4 秒。当然这个时间也不是绝对，还要看大门与服务台的距离而定。注目礼行至客人站在接待员面前时结束。还有第二次注目礼是客人办理离店手续走出大门的这段时间。这个注目礼一定要行，而且一定要专注，不要游离，不要分心，要让客人感觉你一直在目送他。一旦客人回头，你除了仍旧微笑着注视他外，再配一个点头致意，道一声“您慢走”。有时给客人行离店注目礼比进店时的注目礼还重要，因为它渗透了更多的情感因素，令客人难以忘怀。小小注目礼不是接待员的小小行为，而是代表一个酒店对客人的诚心的尊重。

（2）微笑要自然。酒店向客人提供的服务应该是规范化、程序化的，每个酒店前台的岗位都有具体的操作流程，如果不论具体情况，一味要求员工按流程操作，有时候会有适得其反的结果。大家可能都有这样的经历，当你走进一家酒店准备就餐，迎宾为你拉开门，接着，是一排服务人员面无表情地同时向你高喊“欢迎光临”，甚至眼睛都不瞟你一下时，你冷不丁会被吓一跳，完了以后你真会觉得你受到欢迎了吗？可服务员都是严格按要求操作的啊！这就因为少了真诚和微笑，给人的感觉就大相径庭了，所以，自然的微笑有时候比程式化的流程更有亲和力，客人谈着话进门时，一个自然亲切的微笑，再加上点头致意，比硬生生地打断客人的话头要强；老顾客登门，不一定总是“你好，欢迎光临”，自然的微笑和问候，像迎接多年不见的朋友，会给客人更加亲切的感受。

（3）多说欢迎语和祝福语。一句非常简单的“We l come to our hotel”，能使客人在异国他乡倍感亲切；再来一句“Wish you a most pleasant stay in our hotel”可以使客人立马放松身心，乐于与我们沟通。而不应出现当客人到达时，我们马上找出预订单，从客人呈上护照（或身份证）让我们登记到开房卡，直到客人离开前台进房间，一气呵成，可以说是轻车熟路，但没有一句话，就像上演了一场“哑剧”。虽然双方意思非常明确，但怎么也体现不出我们的热情，达不到星级酒店的要求。在这一环节一般不会出现什么差错，但我们一定要注意：多说欢迎语和祝福语，如：“Very glad to have you here.”“I hope you will enjoy your stay with us.”“Have a good time！”另外，外国人注重礼貌和话语婉转，前台接待人员应该多用礼貌用语和多注意含蓄，如：“please”，“Excuse me”，“May I……”，“Could you……”酒店员工在接待过程中，对客人使用欢迎语和祝福语时，还要注意要因人而异，因情境而变，否则，对所有客人，在任何时候，采用程式化的问候与祝福语，会事与愿违，招致客人的不满。要培训和教育员工做“百灵鸟”，不做“鹦鹉学舌”。

经典案例

要做“百灵鸟”，不要“鹦鹉学舌”

A饭店的常住客李先生很少在本饭店用餐，总是步行到饭店对面的一家酒楼用餐。该饭店的大堂副理得知这个情况后，亲自去拜访李先生，问其原委。李先生说：“饭店的服务员是‘鹦鹉’，每次见到我只是会鹦鹉学舌地说‘您好’‘欢迎光临’‘这边请’。而对面酒楼的服务员是‘百灵鸟’，我每次去总能听到曲目不同的悦耳歌声，有时是‘李先生，欢迎您每天光临餐厅，我们感到非常荣幸’，有时是‘李先生，今天我们给您留了以前的老位子’，这使我用餐时心情舒畅。”

B饭店的常住客黄先生对本饭店服务员“机械式”的服务用语颇有怨言。有一次，黄先生结完账，前台收银员习惯地说：“谢谢，欢迎下次光临，请慢走，祝您一路顺风。”黄先生听后一肚子不高兴地说：“我要赶飞机，怎么能慢走，更不能顺风！”还有一次，黄先生到饭店前台办理入住手续，接待员小陈说：“欢迎光临。”黄先生回敬道：“光临、光临，怎么不光临呢？”小陈是个善于思考的小姑娘，她从黄先生的话语中感受到他对这种老套欢迎词的不满。不久，小陈再次遇到黄先生办理入住手续，她便道出一番吉祥的问候：“黄先生，今天您满面春风，一定是遇到了高兴的事……”黄先生听了后，表情非常得意，边登记边跟小陈聊了起来……

（4）主动交流，恰当搭讪。适时得体的言行会减少客人等待的焦急感，更重要的是让客人感觉到酒店对自己的关照和重视。主动交流是指客人在办理手续过程中接待员（包括行李员、收银员）如何打破冷场局面，让客人不致无聊的一种意识行为。通常情况下，客人办理入住手续的过程中只是静静地等待，这其实不是客人自身希望的。一声如家人的问候、对本地风土人情的介绍、商务环境的推荐等，都是客人希望从交流中得知的。前台接待员作为酒店与客人的第一接触人，理应担起这份义务。在主动交流中还有一个互相配合的问题。如行李员还在搬运，接待员还在操作，收银员则可乘机与客人交流。另外，当客人退房时，几乎每家酒店都要有一定的查房时间，如遇忙时，时间还会稍长一些，在客人烦躁不安地等待之时，一味“请稍等”“对不起”对客人起不到安抚的作用。这时候，前台接待员可以恰当地有意和客人搭讪几句，以缓解客人焦急的情绪，也体现了更人性化的服务。但一定要恰当，否则会适得其反，引起客人的反感。如对方是穿着体面的女士，可以夸赞她的衣服好看；对外地的客人可以简单介绍当地的旅游景点；还可以根据天气情况提醒客人应注意的细节等。当然，这些搭讪的话语一定要真诚、自然、亲切，让客人易于接受。

（5）办事利索。前台办理入住手续一般不应超过 3 分钟，用现代高科技前台系统会更快，但目前大部分酒店还达不到这个要求，尤其是退房。通知、查房、再通知、再汇总，酒店也许考虑了这个情况，大都在总台旁设有休息处、阅览处，以方便客人等待。一般情况下的等待，客人还是可以接受的，怕就怕接待员办事不利索，查房员慢慢吞吞、磨磨叽叽、反反复复。如客人问，× × 房有空吗时，接待员理应一口气和盘托出，而不是敲一下电脑才能报出；再问，再敲一下电脑。这就是典型的用心不专、准备不充分。客人最恼火这类可通过自身努力缩短时间而没去缩短的服务。

（6）见面熟。在大多数情况下，前台接待对客人特别是一些常客采取一回生、二回熟、三回四回成朋友的做法极具效果。只要客人住过一次，第二次入住时，接待员就老朋友似的招呼：× 先生，您好，很高兴又能为您服务。此话一出，客人哪有不高兴之理。要亲近客人，打动客人，让他觉得很有面子，要千方百计熟记客人的体貌特征、习惯嗜好、姓名职位等，只有把他当老朋友一样看待了，他才肯回头消费；不然，一个陌生、没留下任何联想的地方他会回头吗？道理很简单，需要我们前台接待员去明了，去体会，去实践，去锻炼提高自己与客人见面熟的功夫。

经典案例

摸一下自己的脸 =500 万美元？

M 饭店的副总经理迈克接到顾客的投诉。顾客反映自己是这家饭店的常客，但每次来饭店的时候仍被当作是第一次来，这就很难让他们有宾至如归的感觉。迈克马上找到了管理部门，要求负责人为曾经来过饭店的顾客单独建一套电脑程序。但是负责人面露难色地说：“如果要建立这样一套系统，至少需要 500 万美元的经费和 3 年以上的时间。”听到这样的答复，迈克也无可奈何，一时语塞了。

几周后，迈克到加利福尼亚出差，住在当地的G饭店。进入饭店大厅后，门童比尔热情地迎接了他。迈克几年前就见过这个职员，比尔接过行李后，前台的女职员同样十分热情，她面带微笑地对迈克说道："您好，迈克先生，欢迎您再次光临G饭店。"迈克问女职员，为什么知道自己以前曾经来过这家饭店。女职员解释道：客人进入饭店后，比尔会迎接客人，如果是比尔第一次见的客人，比尔就会问客人："您好，贵姓？您来过我们饭店吗？"如果客人回答曾经来过，比尔把客人介绍给前台的小姐时，就会摸一下自己的脸，意思就是："这位客人曾经来过！"

然后，女职员叫来服务员："这位是迈克先生，今天晚上要住在我们饭店的克里斯托房间。"女职员一边说，一边轻轻摸了摸自己的脸颊。服务员马上就明白了女职员的意思，说道："您好，迈克先生，很高兴再次为您服务，我感到非常荣幸！"

G饭店职员之间默契的配合让迈克很受感动，他们没有花费几百万美元建立计算机系统，只是靠一个摸脸颊的简单动作就让老顾客有了宾至如归的感觉。

（7）征求客人反馈意见。比如，您住得习惯吗？还有哪些需要我们改正？您还会再来吗？大概在什么时间？需要我们做什么准备？当然，交流的前提是客人乐于奉陪。接待员将获取的信息资料留存，再与销售部配合跟踪，还是会有所收获的，这也体现出酒店欢迎客人的一种态度。

（8）经理常跟班。经理跟班不仅能及时发现问题及时处理，了解员工工作状况，给他们以鞭策，保证接待质量，还能让客人感觉酒店对自己的重视。不同身份的人出面接待，客人表面不说，心里感受可不同。经理在跟班时适时给客人一些问候、一声祝愿、一点介绍，客人都会心存感激，极易产生对酒店良好的印象。对有些常客，经理现场执行一些优惠政策，更能保持常客对酒店的忠诚，对稳定客源、扩充客源有极其重要的现实意义。

（9）注重细节服务。注重个性化服务和细节服务，是提高总台服务质量、体现酒店特色的重要途径。合肥外商国际俱乐部酒店要求每位员工对重要会议的内容、行程安排、VIP姓名、具体抵离店日期等都要熟记于胸。会议报到前两天，所有员工都可以随口报出VIP房号以及如何称呼他们。工作人员亲切的礼宾服务以及快捷的入住手续首先给客人们留下了美好的第一印象。中国台湾旅行业保障协会大陆委员会主任、中信旅行社总经理章致远进入房间后准备打电话去酒店服务中心咨询事情，没想到电话刚一拨通，话筒里立即传来接线员的声音："章先生您好，有什么需要服务的吗？"刚一进酒店服务员就能直接称呼他，这让他感到十分亲切与惊喜。

三、加快办理入住登记的速度

办理入住登记（Check-in）的速度是体现酒店服务质量和服务标准的重要环节，每一家酒店都在力图提高前台入住登记工作的效率，减少客人的等候时间。加快客人入住登记的速度不外乎有三种方法。

一是提高前台接待人员的服务技能和工作效率。二是采用电脑等先进的科学技术手段（可以将客人的资料——预订信息、身份证信息等——迅速输入和输出）。国际凯悦集团采用高科技手段，研制出一种“一触即可”的自动登记系统，为客人实施“一分钟搞定”登记服务。客人只需在一种特定的机器上插上信用卡和身份证，确定了个人信息和选择的房间类型后，机器就会自动地传送出房间的钥匙，同时打印出一份写有房号和客房线路的登记表。整个登记过程十分方便，花费时间不超过一分钟，大大节省了客人的时间。三是改善工作流程。如为了加速有预订客人的入住速度，应该在客人抵店前做好相关的准备工作，如预先打印好入住登记表、制好电子钥匙、准备好欢迎卡或房卡、早餐券等。另外，为了加速登记过程，在接待客人填写客单时，通常只填写客人姓名、房号等基本的必需资料，尽快完成入住手续，待客人入住后，再回头补充输入客人的完整资料。

四、妥善处理总台接待中的常见问题

在总台接待工作中，常常会遇到下列情况，要求接待人员妥善处理。

1. 预订引出的麻烦

（1）在当天预订单上并没有该客人的名字。出现这种情况的可能性有两种：一是客人没有预订；二是预订员或接待员工作疏忽造成的。无论属于哪种情况，如有空房应尽量满足客人的需要。如已客满，可请客人出示酒店发出的确认函，如果客人有确认函，则向客人表示道歉，同时为客人提供一间价格稍高于客人所预订房间的客房，并告诉客人，高出的房价由酒店承担，不用客人支付。如果高档客房已售完，则可将稍低档次的客房以优惠价格出租给客人。假如本酒店已无空房，则要将客人介绍到其他同档次的酒店，其处理方法与前面所讲“超额预订”时的处理方法相同。如客人没有确认函，应向客人解释清楚，并表示歉意，同时可以建议为客人在附近同等级的酒店找一间客房。

（2）预订的确储存了，但同等价格的客房已没有了。这种情况与上述客人有酒店的确认函，但“在当天预订单上并没有该客人的名字”时的处理方法相同。

（3）停留天数与预订的不符。预订客人抵店登记时，一定要获得客人对离店日期的确认。假如客人提出的离店日期与其最初预订的不同，而那时酒店已客满，可告诉客人：“等过两天再说，有些客人可能会提前离店，那样您就可以保留房间了。”

（4）预订客人提前抵店。酒店一般规定中午 12 点为结账离店时间，如果预订客人在此之前抵店，这时应向来客解释清楚，并建议客人在大堂等候，或把行李留在酒店，先去咖啡厅喝杯咖啡或出去散散步。但如果是VIP或特别难对付的客人，可以建议他先在另一间客房等候，不过这“另一间”客房的标准不应高于所预订或分配房间的标准，以免使客人住进“他的”房间时产生失落感。如果客人在深夜抵店，并住进客房，可加收半天房费。

2. 客人办理完入住登记手续进房间时，发现房间已有人占用

此时，应立即向客人道歉，承认属于工作的疏忽，同时，带客人到大堂或咖啡厅，等候重新安排客房。此时应为客人送上一杯茶（或咖啡），以消除烦恼。等房间分好后，要由接待员或行李员亲自带客人进房。

3. 来访者查询住房客人

查到房号后，应先与住客电话联系，征得住客的同意后，再告诉访客：“客人在××房间等候。”

4. 旅游旺季，住店客人要求延住

旅游旺季，住店客人要求延住，而当天酒店已订满，遇到这种情况，前厅工作人员应妥善处理，以免得罪客人：其一，向客人解释酒店困难，求得客人的谅解，为其联系其他酒店。其二，如果客人不肯离开，前厅人员应立即通知预订部，为即将到店的客人另寻房间。如实在无房，只好为即将来店的客人联系其他酒店。总之，处理这类问题的原则是：宁可让即将到店的客人住到别的酒店，也不能赶走已住店客人。

五、为前厅部常见问题确定处理程序

（一）如何同时服务一个以上的客人（Handling More Than One Guest at the Same Time）

（1）尽快招呼等候着的客人。

（2）为第一位客人服务一个自然时间段，告辞，去询问第二位客人你能为他提供何种帮助。

（3）对第二位客人的要求作出反应，然后在适当的时候再回到第一位客人处。

（4）在客人们之间穿梭服务，直到服务结束。

（二）如何处理有争议的账单（Handling a Disputed Charge）

（1）聆听，切忌打断客人，并作出同情的反应。

（2）从客人处获取你所需要的任何信息。

（3）解释收费原因在，可能的话，出示恰当收据。

（4）如客人表示满意，继续结账。

（5）如客人仍不满意，用客人的口吻将问题做小结，并转报给你的上司或经理。

（三）如何处理被延误的服务（Handling a Delayed Service）

（1）聆听，切忌打断客人的投诉。

（2）用客人的口吻将问题作小结，并作出同情的反应。

（3）解释延误的原因。

（4）告诉客人你将采取何种行动去帮助解决问题。

（5）跟进，并将事情的进展随时通报给客人。

（四）如何满足急躁的客人（Handling an Impatient Guest）

（1）招呼客人并对延误表示歉意。

（2）告诉客人你会尽快为他服务。

（3）尽快、高效地处理目前的事务，并在必要时反复安抚急躁的客人。

（4）对客人的等候表示感谢，并尽可能快地提供服务。

（5）再次对客人表示感谢（尽可能用姓氏称呼），并为所造成的不便表示歉意。

（五）无某项服务时，如何满足客人（Satisfying A Guest When A Service Is Unavailable）

（1）首先对无法提供某项服务表示歉意。

（2）聆听，不要打断客人，然后告诉客人你了解他失望的心情。

（3）假如所要求的东西无法提供，主动向客人推介别的替代选择。

（4）假如客人仍不满意，用客人的口吻将问题报知你的上司或经理。

（六）如何接待要求多的客人（Handling A Demanding Guest）

（1）聆听客人要求，适当时进行小结。

（2）尽可能快地满足客人的要求。

（3）如客人不满意，道歉并提出某些选择建议。

（4）将此次服务过程中的特别之处以及客人的要求报知你的上司或经理。

（七）如何快速处理客人投诉（Handling Guest Complaint）

（1）快速道歉以维护客人自尊。

（2）聆听，切忌打断客人；弄清问题注意客人的情绪，必要时拿笔纸记录，以示重视。

（3）用客人的口吻将问题简单小结一下，以建立盟友关系。

（4）征徇客人解决问题的意见，并解释你所能做的（以及所不能做的），与客人达成一致。

（5）告诉客人你将按所达成意见行动，并立刻行动。

（6）如无法达成一致，告诉客人你将请你的上司或经理来，并立刻行动。

（7）跟进处理情况，并随时知会客人直到客人满意。

（8）用客人的口吻将投诉告诉你的上司或经理，提及你的解决过程，以便上司酌情处理；与上司一道去见客人并作介绍，然后告退。

（9）始终保持礼貌的态度。

第四节　行政楼层管理

图 5–5 设于行政楼层的小型接待台（刘伟摄）

“行政楼层”（Executive Floor）是高星级酒店（通常为四星级以上）为了接待高档商务客人等高消费客人，为他们提供特殊的优质服务而专门设立的楼层。

行政楼层被誉为“店中之店”，通常隶属于前厅部。住在行政楼层的客人，不必在总台办理住宿登记手续，客人的住宿登记、结账等手续直接在行政楼层由专人负责办理，以方便客人（图 5–5）。另外，在行政楼层通常还设有客人休息室、会客室、咖啡厅、报刊资料室、商务中心等，因此，行政楼层集酒店的前厅登记、结账、餐饮、商务中心于一身，为商务客人提供更为温馨的环境和各种便利，让客人享受更加优质的服务。

由于行政楼层为客人提供了更加周到的服务，而且很多服务项目是免费的，如免费洗衣、烫衣、免费早餐和下午的鸡尾酒会及全天免费享用咖啡和茶，还有每天两个小时免费使用会客室等，所以，行政楼层的房价一般要高出普通房价的 20% ~ 50%。

一、行政楼层员工的素质要求

为了向商务客人提供更加优质的服务，要求行政楼层员工，无论是管理人员还是服务人员，都必须具备很高的素质。

（1）气质高雅，有良好的外部形象和身材。

（2）工作耐心细致，诚实可靠，礼貌待人。

（3）知识面宽，有扎实的文化功底和专业素质，接待人员最好有大专以上学历，管理人员应有本科以上学历。

（4）熟练掌握行政楼层各项服务程序和工作标准。

（5）英语口语表达流利，英文书写能力达到高级水平。

（6）具备多年的酒店前厅、餐饮部门的服务或管理工作经验，掌握接待、账务、餐饮、商务中心等的服务技巧。

（7）有较强的合作精神和协调能力，能够与各业务部门协调配合。

（8）善于与宾客交往，掌握处理客人投诉的技巧艺术。

二、行政楼层员工的岗位说明书

（一）行政楼层经理

行政楼层经理

直接上级：前厅部经理

直接下属：行政楼层主管

岗位职责

全面负责对行政楼层所属员工的日常培训和督导工作，确保为住行政楼层的客人提供高效率的优质服务。

（1）掌握与行政楼层有关的各种信息，掌握房间状态和客人的情况。

（2）组织迎接所有住在行政楼层的客人。

（3）检查下属的工作准备情况。

（4）与销售部沟通信息，协调工作。

（5）与餐饮部沟通协调有关行政楼层所涉及的餐饮问题。

（6）与工程部协调，确保设备设施时刻处于良好状态。

（7）与客房部保持联系，确保为客人提供高标准的优质服务。

（8）与采购部协调，确保酒单及酒水的供应。

（9）处理客人的投诉及紧急情况。

（10）主持班前、班后的例会。

（11）督导员工的培训，定期对下属进行工作绩效评估。

（二）行政楼层主管

行政楼层主管

直接上级：行政楼层经理
直接下属：行政楼层领班

岗位职责

协助行政楼层经理管理并督导下属的工作。
（1）了解有关行政楼层的各种信息，客房的状态及客人的情况。
（2）检查出勤及员工的仪容仪表。
（3）安排下属的班次，布置任务。
（4）检查接待员、服务员的工作程序、标准。
（5）直接参与接送所有住行政楼层的客人，为客人提供入住、结账、餐饮、及商务服务。
（6）与管家部、行李房、采购供应部、计财部、销售部、餐饮部、工程部保持联系，协调合作。
（7）处理客人投诉及紧急情况。
（8）行政楼层经理不在时主持例会。
（9）组织并实施对下属的培训。
（10）完成行政楼层经理指派的工作。
（11）合理使用员工，并对员工的工作进行评估。
（12）了解市场和宾客需求。

（三）行政楼层领班

行政楼层领班

直接上级：行政楼层主管
直接下属：行政楼层接待员

岗位职责

协助行政楼层经理及主管做好服务接待工作。
（1）了解客人、客房的情况及有关的信息。
（2）做好客人到店前的准备工作。
（3）迎接到店的客人并介绍行政楼层提供的服务项目及设备设施的使用。
（4）组织并为客人提供早餐、下午茶和鸡尾酒服务。
（5）检查客房状况，督导员工做好休息厅清扫工作，保持其清洁卫生。
（6）保管好各类物品。
（7）提出每周的酒类库存及每日鲜花水果申请。
（8）完成经理或主管分派的其他工作。

（四）行政楼层接待员

行政楼层接待员

直接上级：行政楼层领班

直接下属：无

岗位职责

为行政楼层客人提供高效优质服务。

（1）每日检查预抵、预离客人的名单、VIP 名单、房间数和一些特殊的要求。做入住登记准备工作、收取信件、打制表格。

（2）当客人到来时，准确、礼貌地问候客人。

（3）客人登记进入房间后，热情地问候客人，并向客人介绍房间的设施及服务项目。

（4）为客人提供欢迎茶。

（5）将每个客人的具体情况记入电脑，以了解客人的特殊要求。

（6）把所有客人投诉反映给主管。

（7）保证所有设施、设备和器具处于良好状态。

（8）与所有行政楼层人员保持有效的联系并在交班日志上做精确的记录。

（9）与管家部保持联系，确保行政楼层公共区域处于最佳状态。

（10）协助经理、主管准备账单，结账。安排交通工具送别。

（11）负责早餐、下午茶、鸡尾酒服务工作。

（12）为客人提供烫衣、机票确认以及会议、商务等服务。

（13）在班次结束后，与下一班做好交接工作。

三、行政楼层日常工作流程

（1）7:00，行政楼层接待员到前厅签到，并到信箱拿取有关邮件；与夜班交接班。

（2）7:00 ~ 7:30，打出房间状况报表，包括当日到店客人名单、在店客人名单。在客人名单上将当日预计离店客人用彩笔标出，以便对当日离店客人做好相应服务。行政楼层当班人员按职责分工完成以下工作：A 组负责接待、收银、商务中心等工作；B 组负责早餐、送鲜花、水果工作。

（3）准备鲜花、水果。检查前一天夜班准备的总经理欢迎卡、行政楼层欢迎卡，根据当日到店客人名单逐一核对。鲜花、水果及两个欢迎卡要在客人到店之前送入预分好的房间内。（此项工作要由专人负责）

（4）早餐服务从 7:00 ~ 10:00。早餐后开当日例会，由主管传达酒店信息及酒店近期重要活动。

（5）为到店客人办理入住手续及呈送欢迎茶，为离店客人办理结账并与客人道别。

（6）检查客人是否需要熨衣、商务秘书、确认机票等服务，随时为客人提供主动的帮助，并告知哪些服务是免费的。A 组、B 组员工要根据当时的情况互相帮助，相互配合。

（7）10:00 ~ 15:00，查房并将鲜花、水果、欢迎卡送入每个预计到店的客人房间。

（8）中班于 13:30 报到，打报表（内容同早班）检查房间卫生及维修工作。15:30 与早班交接班。B 组服务员负责服务下午茶和鸡尾酒。中班还要做第二天的准备工作，如打印第二天的欢迎卡、申领水果和酒水等。

（9）夜班时前厅、客房将代理行政楼层服务工作。

四、行政楼层客人入住服务程序

（1）当客人走出电梯后，微笑着迎接客人，自我介绍，陪同客人的大堂副理或销售经理将回到本岗。

（2）在行政楼层接待台前请客人坐下。

（3）替客人填写登记卡，请客人签名认可，注意检查客人护照、付款方式、离店日期与时间、机票确认、收“到店客人行李卡”。

（4）在客人办理入住登记过程中呈送欢迎茶。此时，应称呼客人姓名，并介绍自己，同时将热毛巾和茶水送到客人面前。如果客人是回头客，应欢迎客人再次光临。要求整个过程不超过 5 分钟。

（5）在送客人进房间之前应介绍行政楼层设施与服务，包括早餐时间、下午茶时间、鸡尾酒时间、图书报刊赠阅、会议服务、免费熨衣服务、委托代办服务、擦鞋服务等。

（6）在客人左前一步引领客人进房间，与客人交谈，看是否能给客人更多的帮助。

（7）示范客人如何使用钥匙卡，连同欢迎卡一同给客人，介绍房间设施，并预祝客人居住愉快。

（8）通知前厅行李员根据行李卡号和房间号在 10 分钟之内将行李送到客人房间。

（9）在早餐、下午茶、鸡尾酒服务时间，接待员应主动邀请新入住的客人参加。

相关链接 搜索

福建悦华酒店行政楼层的服务项目

QUANZHOU
MANDARIN HOTEL
悦华酒店

QUANZHOU MANDARIN HOTEL

A Warm welcome to Quanzhou Mandarin Executive Floor!

DEAR MR/MS、LIU.WEI

The staff and management are delighted to have you with us. We are confident that you will enjoy our attentive, with exclusive access to the Mandarin Executive Floor Lounge on the 25# floor daily from7:00a.m to 11:00p.m you will find an incomparable venue for business discussions or a drink for relaxation, The following complimentary amenities are served exclusively to our Mandarin Executive guests (**Only for the executive guests**):

1. Private check-in and check-out at the Executive Floor 25/F.
2. 7:00a.m to11:00p.m free coffee and tea service with fresh pastries.
3. Free use of Boardroom for 2 hours daily, subject to availability.
4. Daily local newspaper or China daily of your choice.
5. Free incoming fax services.
6. Complimentary in-room broadband access.
7. Free local call.
8. Free Jinjiang Airport pick-up service.
9. Welcome flowers and daily fruits in room.
10. Free pressing for one suit or dress per day.
11. Express dry cleaning/pressing service at normal rate.
12. Unpacking and Packing services .
13. Free use of the fully-equipped gym and swimming pool.
14. free Shoe-shine service.
15. free DVD service.
16. Late check out to 14:00，subject to availability.

Should you required any further assistance. Be it Xiamen Mandarin Hotel or Xiamen International Seaside Hotel reservations. flight confirmation, restaurant reservations, please do contact us. Once again, thank you for choosing the Executive Floor and my best wishes for a most pleasant and enjoyable stay.

Yours sincerely

Housekeeping Director
James Wang

本章小结

本章较为详细地介绍了前台接待工作的基本程序、规范要求和注意事项。包括住宿登记、问讯以及行政楼层的服务与管理等。

前台接待工作最基本的要求是热情、礼貌、高效、准确。前台的管理工作也是围绕这些要求进行的，管理人员要求前台接待人员努力为客人提供热情、礼貌、高效、准确的服务。要做到这一点，前台员工要比其他部门员工具有更高的素质，如良好的外部形象、流利的外语水平和语言表达能力、细心的工作作风，还要做好与其他部门特别是客房部、销售部的沟通，保证各种信息流畅通。

为了满足商务客人的特殊需求，提升对商务客人的服务质量，很多酒店纷纷设立专为高档商务客人服务的行政楼层，行政楼层一般隶属前厅部，由前厅部负责接待和管理工作。

近年来，前台接待管理呈现几大新的特点：一是电脑化管理；二是前台岗位的合并趋势，即接待、收银二合一，甚至三合一；三是很多酒店开始尝试让客人坐着办理住宿登记手续，不仅很多休闲度假村开始这么做，而且一些高档的商务型酒店也开始仿效，这是一种值得关注的现象。

课堂讨论

一位美籍华人的“朋友”

一天傍晚，北京某饭店服务总台的电话铃响了，服务员小姐马上接听，对方自称是住店的一位美籍华人的朋友，要求查询这位美籍华人。小姚迅速查阅了住房登记中的有关资料，向他报了几个姓名，对方确认其中一位就是他找的人，小姚未思索，就把这位美籍华人所住房间的号码818告诉了他。不久，总服务台又接到一个电话，打电话者自称是818房的“美籍华人”，说他有一位谢姓侄子要来看他，此时他正在谈一笔生意，不能马上回来，请服务员把他房间的钥匙交给其侄子，让他在房间等候。接电话的小姚满口答应。过了一会儿，一位西装笔挺的男青年来到服务台前，自称小谢，要取钥匙。小姚见到该男子后，就毫无顾虑地把818房钥匙交给了那男青年。晚上，当那位真正的美籍华人回房时，发现他的一只高级密码箱不见了，其中包括一份护照、几千美元和若干首饰。

以上即是由一个犯罪青年分别扮演“美籍华人的朋友”“美籍华人”“美籍华人的侄子”而上演的一出针对饭店的骗局。

几天后，当这位神秘的男青年又出现在另一家饭店用同样的手法搞诈骗活动时，被具有高度警惕性、严格按饭店规章制度和服务规程办事的总台服务员和保安员识破，当场抓获。

讨论题

如何防范发生在总台的“多角色”诈骗？

课堂训练

利用校内实验室和酒店前厅接待管理软件，实际模拟，为客人办理入住登记手续，接待入住客人。

案例聚焦

像要爆发第三次世界大战

一天傍晚，已经是前台中班员工快下班的时候了。前台在岗员工人数是常规数 2 名（一名领班，一名实习生）。此时，前厅部经理已经下班了，前台经理还没有下班（按常规应该下班了，但是他还在后区办公室做自己的事）。大堂副理也没有下班。值班经理（manager on duty）当天也是有的。礼宾部有 5 人，分别是领班、三名行李员和一名接待员。其他隶属前厅部的各部门都正常运作中。

突然，酒店大堂正门外的广场上来了 3 辆坐满宾客的大型 BUS，是该酒店派去机场接一个会议团的（虽然按照预订，应该明天这个时候到达的，但是当天临时变更计划，改了到达时间，也就是说，早到一天），随后接踵摩肩的一大群人，乱哄哄地从大巴车上下来，拥到前厅，争先恐后地去前台登记住宿。

当时场景乱得一塌糊涂，在后区办公室里的前台经理得知了此事，赶忙从办公室冲去前台，帮前台员工一起办理入住手续。

整个大堂，当时乱得就像要爆发“第三次世界大战”一样！！！

请问：这种情况应该发生吗？如果你是前厅部经理，在第二天得知此事后，你会怎么想？你觉得哪儿出了问题，才会引发这么个事情的呢？

【评析】

第一，既然是酒店自己派出去的“迎宾车”，一定知道临时改变到达时间，隶属前厅部的礼宾部经理或者当值领班，就应该和前厅经理或大堂副经理汇报，并通知预订部、前台。最好当宾客在机场上车后，电话和各相关部门做好确认。在宾客到达时，如果没有会员，也就不用惊动值班经理。如果是一般的团队，那么和大堂副经理说就可以了。然后，礼宾部的当值负责人（领班或经理），应该视情况而定，按照上面说到的情况，要做的工作准备就有很多了。但是，既然是订过房的团队，不可能一点准备工作都没有做的。不管如何，有一个动作一定要做，通知开“迎宾车”的司机，如果是上面说的三辆的话，第一辆按照正常开，或者可以适度开快一点。第二辆，稍微慢点，拉开点距离。后面的，有红灯就吃吧，要是方便，顺路绕个小圈子，看个风景也不错。把时间拉开。如果，礼宾部都没有完成必要的准备工作，那么上述的动作就更有必要了。以上是礼宾部的问题。

第二，说到前台了。现在假设，3 辆大巴车已经都同时到了。客人都一拥而至了，身为前台经理，现在应该去办理入住手续吗？他更多的是要做“协调”工作吧。要不他拿管理工资，前台接待员拿操作员工的工资？假设大堂副经理在别的区域忙事情，那前台经理是不是应该立刻和大副联系，并告知相关情况呢？如果大堂副经理可以放下手头的事，那就立刻赶赴大堂；如果大堂副经理手头工作不能立即放下，那么前台经理就要做更多的“协调”工作了。比如：协调礼宾部的行李员，把客人的大件行礼先搬至其预订房所在楼层集中，千万别让大量的行礼丢在大堂。与团队负责人协调，把客人分批，客人如果需要用餐，可以去酒店的餐厅啊（记得，每一个酒店员工都是推销员）。如果不需要用餐，是不是可以去大堂的休息厅坐坐呢（应该也会有所赢利啊）。其实，这里推销是辅助的。关键是别让大堂里的积留人员过多。“多则杂，杂则乱。”是不是可以安排前厅部的别的部门的员工带客人去别的区域看看呢？比如，如果有客服关系主任的话，也可以安排客服关系主任带部分客人去商场逛逛啊（现在要的就是拉时间差）。没有客服关系主任，让商场的员工来带也一样。如果，上述事情是大副在安排，那就好。前台经理就要做好本分的前台事务的“督导”工作了。当然，合理安排该如何做，相信前台经理不会不知道，必要的手续做掉，比如押金等，可以稍后填入的客人资料，可稍后补上，这个我想不用详细说了。如果前台经理这都不知道，那我真的没话讲了。

如果上述案例的事情已经发生，那么该追究谁的责任？

首当其冲，前厅经理，培训上面不到位。导致这种“低级错误”的发生。其次，前台经理应该做到的，询问相关到客情况没有做到详尽，责任相对最大。因为，这个是前台经理本分内的事！另外，礼宾部当值负责人的协调、应变能力有问题。一样有责任。至于大副，如果知情，那么也有责任；如果他在别的区域忙事，不知情，那么“不知者无罪”。

按照给我们上培训课的总监所说，他当时是前厅经理，此次事件发生后，他就把前台经理劝退了……

任务拓展

行政楼层：开房率如何从 50%，提高到 90%？

——行政楼层“变脸”出成效

日前，上海某大酒店行政楼层掀起了一场“尊贵之享，时尚体验”活动。从 2 月 28 日至 3 月 10 日酒店行政楼层调整到位后，面貌发生了翻天覆地的变化，广受宾客青睐。行政楼层日均出租率从 50.31% 提高到 90% 以上，其中三分之二是外宾。酒店成了商务散客下榻酒店的首选之地。行政楼层改革也是酒店年度销售工作会议的热点讨论问题，从人员配备到产品调整，再到氛围营造，酒店对行政楼层的“改革”下足了功夫。

重建楼层队伍，打“第一印象”牌

服务需要员工来完成，酒店此次行政楼层改革的第一项内容即是人员。改革前，行政楼层总体出租率为 50.31%，行政酒廊的接待功能未能充分发挥。行政楼层存在巨大的盈利空间，市场潜力有待开发。在行政楼层主题讨论会上，酒店提出特设一名行政楼层经理，该人员不仅要具备房务接待经验，同时还要熟悉餐厅及宴会的运作。酒店将对行政楼层经理实施灵活的薪酬体系。该信息发布后，应聘者众多，其中不乏高学历人士、高星级酒店工作的资深人员。行政楼层领班和服务人员也重新从餐饮部挑选，一支精英队伍会聚行政楼层。

3 月初，人员全部到位后，酒店着手实施培训计划，对行政楼层的管理人员及服务人员进行全方位的培训，包括接待礼仪、行政楼层接待知识、餐厅运作知识、宴会接待知识、酒吧知识等。另外，酒店统一更换行政楼层服务人员的服装，打造“第一印象”牌，让入住行政楼层的客人有全新的感受。

丰富产品内涵，更贴近客人需求

行政楼层改革的第二项内容即重新调整服务产品，丰富服务内涵。酒店主要通过两方面实施：第一，重新配置行政楼层客房产品。通过宾客意见收集，较多客人对行政楼层的产品及个性化服务提出了异议，希望酒店能加强行政楼层的接待功能。在综合宾客意见及考察上海市区高星酒店的基础上，酒店决定对行政楼层客房的洗漱用品、浴袍、床尾巾等都进行重新配置。第二，强化行政酒廊服务功能。楼层随之推出了绿色营养早餐，包括脱脂牛奶、农家奶酪、蔬菜豆腐等众多品种。另外，酒店还重新调整下午茶产品，品种更趋丰富。

重新梳理、制定行政楼层接待功能及流程。酒店为行政楼层客人推出了一系列优惠项目，如延迟到下午 3 点退房；免费洗涤衬衣 1 件 / 天，熨烫西服 1 套 / 天等。优惠项目推出后，引起了很多宾客的注意，他们认为很多项优惠内容更贴近客人所需，更趋人性化。入住楼层的客人将由专人引导直接到 27 楼名仕阁总台办理入住手续。

调整布局格调，让文化“装点”空间

高星酒店林立的今天，很多酒店不遗余力打造人文酒店，实施“艺术文化”战略。行政楼层改革的另一项重要内容即营造名仕阁酒廊氛围，为宾客提供一个高端品质的商务社交场所。酒店通过鲜花、绿植及窗帘高度的调整，增加空间的私密性；在原有沙发的基础上增加几组颜色亮丽的靠垫，让酒廊具备商务气息的同时又不失时尚、动感的元素，通过对书籍的摆放和调整，让文化装点空间；重新调整音乐、灯光，使之更符合商务客人的需求……

酒店行政楼层改革带来了这场“尊贵之享，时尚体验”活动，客人反馈好评如潮。

酒店经理人对“经理的困惑”的答复

Re：总台员工忙于“工作”，无暇顾及客人怎么办？

姜东皓　北京中旅大厦客务部经理（北京客务经理协会理事）

这其实一直以来是个很头痛的问题，首先我们要冷静分析前台为什么忙，拿一个前台接待员两个小时的工作内容做剖析，做了哪几项工作、完成了哪些动作、哪些是规定的程序、哪些是当时具体情况要求的事宜，速度、效率、标准怎样？客人感觉如何？哪些我们做的是客人很在意的，哪些我们做的是客人根本不关心的，员工的疲劳程度怎样？一般人的承受能力如何？做了这样的调查，结合酒店的实际情况，我们可以发现是什么因素造成了这种状况，是硬件条件落后还是员工素质低、能力差？还是培训不到位，员工不知道该做什么、该怎么做？还是工作程序有问题！其实最可做、最能做的就是工作程序的改进，许多酒店都分一线部门、二线部门，但是作为酒店的高管应当清楚，当客人站在前台接待员面前时，其他的所有部门所有人都应当是二线部门，是配合者的角色，我们把前台员工一个工作日贡献的有效工作时间多少用在了和客人打招呼、问候、做问卷调查甚至是聊天上了呢？现状是很不够，跟前台工作密切相关的销售、客房、财务等部门能不能把非原则性的与前台有关的操作流程简化到最低限度呢？为了给前台员工节省一分钟与客人交流，宁愿自己部门多付出两分钟的劳动，这是个观念问题也是个能否质变的根本问题。当然前台的工作人员必须要清楚自己所从事的工作和角色，忙碌不能成为降低标准和质量的借口，目前条件不够理想恰恰是锻炼自己各方面能力的好机会，条件具备了更应该懂得珍惜这个平台，努力做好工作，发掘自己的潜质，前台人员就是精英分子，就应该能处理别人处理不了的问题，克服别人克服不了的困难，眼观六路、耳听八方是标准，游刃有余、心如止水是境界。

许雁醒　浙江海德华美达酒店前厅部经理

按照行业规范，总台工作人员在忙于工作的时候，对于等待在前台的客人要示意稍等，并且表示歉意。大厅的服务工作人员除了总台工作人员之外，还有大堂副理、首席礼宾司、GRO 等一线服务人员。在入住高峰期时，应安排相应的人手在现场服务宾客，总台工作人员在忙碌时，大堂的其他宾客服务人员应及时与客人交流，为其提供帮助，尽可能地简化登记手续，提高总台工作人员的接待效率，即便在非常忙碌的时候也要微笑着与客人交流，不可出现冷落客人的现象。

第六章 总台销售管理

销售工作是前厅部最重要的职能之一，总台员工要强化销售意识，掌握销售工作的艺术与技巧，努力提高销售业绩及酒店的经济效益。

总台销售工作的最佳境界是：将合适的客房，卖给合适的客人。而非将最高价格的客房卖给客人，否则客人即使勉强接受了，心里也不舒服，不满意，以后就不会再来，也不会将酒店推荐给亲友，这样，酒店将永远失去一位客人和许多潜在的客人。

学习目标

知识目标

1 了解总台销售的艺术与技巧。

能力目标

1 学会控制房态，提高客房利用率和服务质量。

2 学会进行客房分配。

关键词：房态　上销客房　客房分配

经理的困惑

如何在不降低平均房价的基础上提高开房率？

最近，我们酒店附近又新开了一家四星级酒店，这意味着酒店的竞争将日趋激烈，大家都感到了丝丝寒意，而在此时，酒店总经理又提出要在不降低平均房价的基础上，提高开房率，作为前厅经理的我，该从何入手呢……

第一节　总台销售艺术与技巧

“在任何类型的销售中，最糟糕的错误是只报价而不证明消费价值！”

如果说客房部和餐饮部是酒店的生产部门，那么前厅部就是酒店的销售部门，尤其是在没有设立独立的市场营销部门的酒店，前厅部要承担起酒店全部销售任务。因此，前厅部员工，特别是总台员工一定要掌握总台销售艺术与技巧。

一、客房状态

销售客房，首先要对酒店客房的状态有所了解。酒店客房状态通常有以下类型（表6-1）。

表 6-1　酒店常见房态

房　态	英　　文	中　　文	备　　注
Occupied		住客房	住店客人正在使用的客房
Vacant		空房	暂时未出租的房间
OC	Occupied& Clean	已清洁住客房	
OD	Occupied& Dirty	未清洁住客房	
VC	Vacant& Clean	已清洁空房	已完成清扫整理工作，尚未检查的空房
VD	Vacant& Dirty	未清洁空房	
VI	Vacant & Inspected	已检查空房	已清洁，并经过督导人员检查，随时可出租的房间
CO	Check out	走客房	客人刚离店，房间尚未清洁
OOO	Out of Order	待修房	硬件出现故障，正在或等待维修
OOS	Out of Service	停用房	各种原因，已被暂时停用的房间

续表

房　态	英　　文	中　　文	备　　注
BL	Blocked Room	保留房	为团体客人、预订客人以及重要客人等预留的房间
SK	Skip	走单房	一种差异房态。前厅房态为占用房，而管家房态为空房
SL	Sleep	睡眠房	指前厅房态为空房，而管家房态为占用房
S/O	Sleep Out	外宿房	住店客人外宿未归
LL	Occupied with Light Luggage	携少量行李的住客房	
NB	No Baggage	无行李房	
DND	Do Not Disturb	请勿打扰房	客房的请勿打扰灯亮着，或门把手上挂有“请勿打扰”牌
DL	Double Locked	双锁房	酒店（或客人）出于安全等某种目的而将房门双锁

二、总台销售的一般工作要求

要使销售成功，总台员工首先要表现出良好的职业素质，良好的职业素质是销售成功的一半。总台是给客人留下第一印象的地方，客人初到一家酒店，对该酒店可能不甚了解，他对该酒店的了解和产品质量的判断是从总台员工的仪表仪容和言谈举止开始的，因此，总台员工必须面带笑容，以端正的站姿，热情的态度，礼貌的语言，快捷规范的服务接待每一位客人。这是总台销售成功的基础。总台销售的一般工作要求：

（1）销售准备。

①仪表仪态要端正，要表现高雅的风度和姿态。

②总台工作环境要有条理，服务台区域干净整齐，不零乱。

③熟悉酒店各种类型的客房及其服务质量，以便向潜在客人介绍。

④了解酒店所有餐厅、酒吧、娱乐场所等各营业场所及公共区域的营业时间与地点。

（2）服务态度。

①要善于用眼神和客人交流，表现出热情和真挚。

②要面部常带微笑，对客人表示“欢迎，见到您很高兴”。

③要用礼貌用语问候每位客人。

④举止行为要恰当、自然、诚恳。

⑤回答问题要简单、明了、恰当，不要夸张宣传住宿条件。

⑥不要贬低客人，要耐心向客人解释问题。

三、总台销售艺术

（1）把握客人的特点。不同的客人有不同的特点，对酒店也有不同的要求。比如，商务客人通常是因公出差，对房价不太计较，但要求客房安静，光线明亮（有可调亮度的台灯和床头灯），办公桌宽大，服务周到、效率高，酒店及房内办公设备齐全（如安装有国内和国际电话以及电脑、打印机、传真机等现代化设备），有娱乐项目；旅游客人要求房间景色优美、干净卫生，但预算有限，比较在乎房间价格；度蜜月者喜欢安静、不受干扰且配有一张大床的双人房；知名人士、高薪阶层及带小孩的父母喜欢成套房；年老的和有残疾的客人喜欢住在靠近电梯和餐厅的房间……因此，总台接待员在接待客人时，要注意从客人的衣着打扮、言谈举止以及随行人数等方面把握客人的特点（年龄、性别、职业、国籍、旅游动机等），进而根据其需求特点和心理，做好有针对性的销售。

（2）销售客房，而非销售价格。接待员在接待客人时，一个常犯的错误就是只谈房价，而不介绍客房的特点，结果常常使很多客人望而却步，或者勉强接受，心里却不高兴。因此，接待员在销售客房时，必须对客房做适当的描述，以减弱客房价格的分量，突出客房能够满足客人需要的特点。比如，不能只说："一间500元的客房，您要不要？"，而应说："一间刚装修过的、宽畅的房间……""一间舒适、安静、能看到美丽的海景的客房""一间具有民族特色的、装修豪华的客房"等，这类形容词是无穷无尽的，只在这样才容易为客人所接受。当然，要准确地描述客房，必须首先了解客房的特点。这是对总台员工的最基本要求之一，比如带他们参观客房，并由专人讲解客房的特点，以加深印象。

（3）提供选择菜单，从高到低报价。从高到低报价，可以最大限度地提高客房的利润率和客房的经济效益。当然，这并不意味着接待每一位客人都要从"总统间"报起。而是要求接待员在接待客人时，首先确定一个客人可接受的价格范围（根据客人的身份、来访目的等特点判断），在这个范围内，从高到低报价。根据消费心理学，客人常常会接受您首先推荐的房间，如客人嫌贵，可降一个档次，向客人推荐价格次高者，这样就可将客人所能接受的最高房价的客房销售给客人，从而提高酒店经济效益。前台接待人员在销售客房时，还要注意不要一味地向客人推销高价客房，否则，会使客人感到尴尬，甚至产生反感情绪，或者，即使勉强接受了，日后也不会再次光顾，酒店也将永远失去这位客人。所以，最理想的状况是将最适合客人消费水平的房间推荐给客人，即：将最合适的房间，推荐给最合适的客人。

（4）选择适当的报价方式。

①"冲击式"报价。即先报价格，再提出房间所提供的服务设施与项目等，这种报

价方式比较适合价格较低的房间，主要针对消费水平较低的顾客。

②“鱼尾式”报价。先介绍所提供的服务设施与项目，以及房间的特点，最后报出价格，突出物美，减弱价格对客人的影响。这种报价方式适合中档客房。

③“夹心式”报价。“夹心式”报价又称“三明治”式报价，即：将房价放在所提供服务的项目中间进行报价，能起到减弱价格分量的作用。例如，“一间宽敞、舒适的客房，价格只有600元，这个房价还包括一份早餐、服务费、一杯免费咖啡……”这种报价方式适合于中、高档客房，可以针对消费水平高、有一定地位和声望的顾客。

（5）掌握打折的艺术。在前台销售过程中，往往会遇到一些客人嫌房价高，要求打折，或者是嫌房间设备设施不好，暗中传递要求打折的信息，前台的员工一定要把握尺度，一般酒店前台的员工都会有一定额度的打折权限，如果客人一提要求，就给客人打折，会给客人一种不安全的感觉，觉得酒店管理不严谨，这样的打折会有出力不讨好的副作用。如果能给客人打折的同时又能让客人产生受尊重、有面子的感觉，这样的效果会更好一点。一般的常住客、协议单位肯定会有折扣，但如果是自入散客，按规定没有享受折扣的权限，如果客人一再要求，我们在权限范围内可以通过打折来留住客人，一定要为客人找个打折的理由，比如问客人，是不是朋友介绍来的？你很了解我们酒店吗？如果你有机会经常入住我们酒店，我们就请示领导给你打个折扣，希望你常来等。这样，既不会给客人随便就可以打折的感觉，又给足客人的面子，何乐而不为呢？

（6）注意语言艺术。总台员工在推销客房、接待客人时，说话不仅要有礼貌，而且要讲究艺术性。否则，虽没有恶意，也可能会得罪客人，至少不会使客人产生好感。比如，应该说：“您运气真好，我们恰好还有一间漂亮的单人房！”而不能说：“单人房就剩这一间了，您要不要？”

（7）客人犹豫不决时，要多提建议，直至带领客人参观客房。客人犹豫不决时，是客房销售能否成功的关键时候，此时，总台接待员要正确分析客人的心理活动，耐心地、千方百计地去消除他们的疑虑，多提建议，不要轻易放过任何一位可能住店的客人。要知道，这种时候，任何忽视、冷淡与不耐烦的表现，都会导致销售的失败。

（8）利益引诱法。这种方法是针对已经做了预订的客人而言的。有些客人虽然已经做了预订，但预订的房间价格较为低廉，当这类客人来到酒店住宿登记时，总台接待员存在对他们进行二次销售的机会。即告诉客人，只要在原价格基础上稍微提高一些，便可得到更多的好处或优惠。比如，“您只要多付50元钱，就可享受包价优惠，除房费外，还包括早餐和午餐。”这时，客人常常会顺从服务员的建议。结果，不仅使酒店增加了收入，还使客人享受到了更多的优惠和在酒店更愉快的经历。

前厅部员工应该明白，自己的职责不仅是销售酒店客房，而且要不失时机地销售酒店其他服务产品。比如餐饮、娱乐等。很多酒店服务设施和项目，如不向客人宣传，就有可能长期无人使用。其结果是客人感到不方便，酒店也蒙受了损失。在向客人推荐这些服务时，应注意时间与场合。若客人傍晚抵店时，可以向客人介绍酒店餐厅的特色和营业时间、酒店娱乐活动的内容及桑拿服务；若深夜抵店，可向客人介绍 24 小时咖啡厅服务或房内用膳服务；若经过通宵旅行，清晨抵店，很可能需要洗衣及熨烫外套，这时应向客人介绍酒店洗衣服务。

四、其他服务设施和项目的推销

除了销售客房以外，总台还要不失时机地推销酒店其他服务项目、内容和服务设施，如餐饮、娱乐等。

第二节　客房分配

客房分配要根据酒店空房的类型、数量及客人的预订要求和客人的具体情况进行。为了提高工作效率，减少客人住宿登记时间，对于预订客人（尤其是团客）应在客人抵前提前预分配房间（Pre-assign Room）——通常在客人抵达的前一天晚上进行。分好后，将客房钥匙（房卡）装在写有房号和客人姓名的信封内，等客人抵店并填完住宿登记表后交给客人。团体客人的房间存在两次分配，由于接待员不了解团员之间的关系，因此，不便提前确定哪两位客人住在哪个房间，所以，在装有钥匙的信封上只能注明房号或团名，而不能写上客人姓名。对于每个房间的具体安排，要等到团队到达后，由熟悉团队情况的领队（Group Leader）或导游（Tour Guide）落实。

（一）排房的顺序

客房分配应按一定的顺序进行，优先安排贵宾和团体客人等，通常可按下列顺序进行：团体客人—重要客人（VIP）—已付定金等保证类预订客人—要求延期离店客人—普通预订客人，并有准确航班号或抵达时间—常客—无预订之散客—不可靠之预订客人。

（二）排房的艺术

（1）要尽量使团体客人（或会议客人）住在同一楼层或相近的楼层。这样，一则便于同一团队客人之间的联系和管理；二则，团队离店后，空余的大量房间可以安排给下一个团队，便于管理，也有利于提高住房率。此外，散客由于怕干扰，一般也不愿与团队客人住在一起。因此，对于团队客人要提前分好房间或预先保留房间。

（2）对于残疾、年老、带小孩的客人，尽量安排在离服务台和电梯较近的房间。

（3）把内宾和外宾分别安排在不同的楼层。内宾和外宾有不同的语言和生活习惯，因此，应分别安排在不同的楼层，以方便管理，提高客人的满意程度。

（4）对于常客和有特殊要求的客人予以照顾。

（5）不要把敌对国家的客人安排在同一楼层或相近的房间。如美国客人和伊拉克等中东国家的客人，甚至由于贸易磨擦和文化差异，连美国人和日本人也有必要安排在不同的楼层。

（6）要注意房号的忌讳。如西方客人忌“13”，我国港澳及沿海等地的客人忌“4”“14”等带有“4”（同“死”）字的楼层或房号，因此，不要把这类房间分给上述客人。有一年大年初一，一位香港客人来到某酒店，当发现服务员给他安排的房间是“1444”号时，非常生气，认为很不吉利，愤然离去。考虑到这些忌讳，一些酒店连“13”层楼都没有标出，而用“12A”或“14”层代替。

本章小结

销售客房是酒店总台接待人员的主要任务之一。总台销售工作的目标有两个：一是提高客房的利用率；二是使客人满意。那种试图将最高价格的房间“推销”给客人的做法，只能引起客人的反感和不满，会把客人吓跑，即使做成了，也只能是“一次性买卖”，因而是不值得提倡的。

总台接待人员必须掌握必要的销售技巧，这样，既能提高酒店的开房率，又能使客人满意。为客人安排房间，要讲究排房的艺术。

课堂讨论

某星级宾馆大堂，三三两两的客人在办理退房手续。这时，一位西装笔挺的中年男士快步来到总台前。“陈先生，您好！”总台的接待员热情地与他打招呼。陈先生边点头示意边听手机：“好，我马上给您打个优惠折头，您放心吧！”陈先生挂了手机，笑着对接待员说：“小李，我的客户顾先生住在你们宾馆1818房，按我的折扣给他打五折，由我来签单！”

总台的小李一听，忙查询电脑，果真1818房的住客姓顾，是昨晚住进来的，客人还说要找人帮他打个较优惠的折扣，没想到他是陈先生的客户。小李看过顾先生的开房单后说：“陈先生，您的客户顾先生是昨晚入住的，当时他就说要找人帮他打折，但我们一直等到零点还没见有人过来或打电话给我们通知要打折，我们已给他打了八折，并且已经上交了房费报表。”

陈先生一听，忙问“已经上交了房费报表？那你能不能把昨天的房费按我的优惠价五折减免？”小李微笑着说：“不好意思，陈先生，这房费已上了电脑，我们的房费报表已制好，不能再改了，我们只能从今天开始按您的优惠价给您的客户顾先生打五折，您看行吗？”陈先生一听，马上不高兴地说："那怎么行，我昨晚已接到顾先生的电话，答应要给他打五折的，可是我一时疏忽把这事给忘了，今天他打电话给我时，我才想起这事。我也是你们的老客户了，你们就通融一下吧。"

小李还是摇摇头说："对不起，陈先生，我没有这个权限，帮不了您的忙。"陈先生低头想了一下，说："这样吧，我也不为难你，你就改六折吧？"小李还是摇摇头说不行。"那七折总该行了吧？我经常介绍客户或朋友到你宾馆来住宿，这个面子总该给我吧？"小李说："陈先生，对不起，房费已上了报表是不能减免的。"陈先生一听，脸色一沉，冲小李摆摆手，然后拿出手机打电话："顾先生，您马上来退房，我们不住这了，以后再也不来这家宾馆了，我再给您联系另外一家宾馆……"

讨论题

接待员小李这样处理是否妥当？如果是你，应该如何处理？

课堂训练

由2位同学分别扮演酒店前台接待员和客人，实际模拟对客人进行客房销售。

案例聚焦

将不相识的男女分在了同一个房间……

某酒店前台接待员Kicy安排了B4002房给刚入住的美国客人Tony先生，但在送走Tony后却发现B4002房已刚入住了一位叫Cindy的小姐。原来在Kicy接待Tony的同时，旁边的同事在接待Cindy，碰巧把这两位互不认识的客人安排到同一间房间。Kicy在接待Tony时得知Tony会先去吃午饭后再进房间，于是Kicy马上通过电脑做了条B4002的退房卡（check-out key），叫行李生上房用该卡触碰B4002房门感应器，这样就会让Tony和Cindy同一房间手中的钥匙暂时失效。

过了一阵，Cindy来到前台说自己的房门打不开，Kicy解释说房门感应系统出了小故障，让我帮你做条新钥匙，问题就可以解决了，给您造成了不便，十分抱歉。Cindy拿了B4002新钥匙走了。

过了午饭时间，Tony也匆匆来前台说自己的房门打不开，Kicy忙解释说可能房门的感应器坏了，会马上叫工程部员工过去检查，现只能安排Tony另一间房间A4012入住，并对给Tony造成的不便表示十分抱歉。

【评析】

重复安排房间是酒店较少发生的事情，但还是时常存在，其原因多种多样，有可能是因重复售房（double sell）引起的，也可能是安排房间的接待人员看错房态而引起的。无论怎么说，这种情况的发生所带来的负面影响是十分严重的。试想一位男客人一开门就看到一位素不相识的女客人在房间里换衣服，那是多么尴尬的事情，酒店的信誉和安全性也将荡然无存，客人的投诉是在所难免的事情。到时酒店方不但要向客人道歉，还可能要向客人提供经济补偿，酒店形象也受到很大的损害。因此，酒店前台的管理人员要尽量避免发生类似的事情，搞好客房销售的预测，准确销售好客房。首先，要避免重复售房；其次，要加强前台的内部管理，增强接待人员的责任心，避免因工作人员自己的原因给客人可能带来的麻烦。如果发生这种情况，要及时做出灵活的处理，不能让事情继续下去而导致可能带来的不良后果。本案例中，虽然接待人员排重了房，但随后的处理方法较为得体，尽管给客人造成了不便，但也巧妙地避免了更大的麻烦。

任务拓展

如何避免派重房

派重房现象在许多饭店都有可能发生，为什么会造成派重房？如何避免此类事故的发生？

由于饭店使用的设施差异很大，造成饭店派重房现象的原因也不同。前台电脑系统与磁卡门锁系统因制式不同而不能连通使用的饭店，易发生此类情况；即便两个系统可以兼容，但前台人员忽略制卡机的提示或键盘操作失误，也会发生此种现象。

如何解决这一问题呢？

（1）按规定及时核对房态。前厅和客房两个部门在一天中的上午、下午和晚上至少三次核对房态，及时填写《房态差异报告》，保证房态的转换准确无误。

（2）坚持操作程序，即时在电脑中将已售出房转入住。前台员工在为客人选派房间后，应即时在电脑中将已售出房转入住，然后再依程序将房卡和钥匙发给客人。尤其是入住高峰时，更要坚持这一程序。行李员在引导客人进入客房时，应主动为客人开启房门，这样既可以示范给客人看如何正确使用客房钥匙，又可更灵活主动、得体地处理突发事件。

（3）工作认真仔细，避免出错。前台员工在预配房时，各种表单上的房号要书写清晰，电脑中占用房号与表单和房卡上的号码要复核一致。尤其在团体入住前的准备过程中，要分清房类和房数，避免房号漏配和制卡操作失误的派重房现象。在当日入住和离店房量较大时，原则上不预派将离房，在确认客人已经结账离店，房态得到转换后，再配置房间，做到万无一失。

（4）夜审停机前，打印空房报表。在前台做夜审而暂时停机前，要打印空房报表，以备此时来客的房间选派。分派好的房间要及时在空房报表中划掉，以避免误派现象的发生。

（5）客人结账退房时，及时收回客人手中的房卡及房间钥匙。客人结账退房时，收银处要及时收回客人手中的房卡及房间钥匙，以免客人又回房间消费。

酒店经理人对“经理的困惑”的答复

Re：如何在不降低平均房价的基础上提高开房率？

刘羿 AmyLIU：济南毕诺克电子科技有限公司，酒店集团收益管理系统创始人

这是一个很尖锐的问题。极具复杂性和现实意义。在这里仅抽丝剥茧地从几个方面进行阐述：

1 裸价卖房会加剧同质化竞争，但如果考虑包价、套餐等多种价格组成结构可以一定程度上回避价格战。

2 老酒店的优势是客户资源，而维护并深度挖掘现有客户，扬长避短地从各方面增加本酒店的竞争力，赢得客户从认可到信任再到依赖，是酒店长期努力的方向。

3 酒店的人员流动特别是销售人员的流动会潜移默化地使得很多客户成为孤儿客户，所以，总经理要帮助市场销售部不断地拓宽营销思路，提高专业水平才能最终完成愿景。

面对面观看酒店集团收益管理系统创始人刘羿经理谈：如何在不降低平均房价的基础上，提高开房率？

方式一：请登录：刘伟酒店网（www.LiuweiHotel.com）—院校服务—视频—如何在不降低平均房价的基础上，提高开房率？

方式二：扫描二维码

刘羿经理谈：如何在不降低平均房价的基础上，提高开房率？

王束光：西安古都文化大酒店　市场销售总监

关于这个问题我认为：鸡蛋不能都放到一个篮子里，要多渠道开发客户，从而确保生意的稳定性，也就是说这是一个长期的过程，不可能立竿见影，需要通过酒店整体的服务和口碑相传，来做未来的生意，确保软硬件的两手都要硬，这样慢慢就能在不降低平均房价的基础上提高出租率，如果某酒店说这两个我们都做得不好，但还是想要在不降低平均房价的基础上提高住房率，那我的建议是提

早把酒店卖掉或转让给能做的人。

面对面观看王束光总监谈：如何在不降低平均房价的基础上，提高开房率？

方式一：请登录：刘伟酒店网（www.LiuweiHotel.com）—院校服务—视频—如何在不降低平均房价的基础上，提高开房率？

方式二：扫描二维码

王束光谈：如何在不降低平均房价的基础上，提高开房率？

第七章 收银业务管理

礼貌、高效、准确：永远是前台收银工作的目标

收银业务主要是为客人、团体建立账户、收取押金、日常消费的记账、收款、结账等账务处理，覆盖客人从预订、入住、在店、离店各个期间的与账务相关的工作。

收银工作细致复杂，需要收银人员高度认真负责。收银员每天负责核算和整理各业务部门收银员送来的客人消费账单，为离店客人办理结账退房手续，编制各种收银报表。

从业务性质来看，前台收银一般由财务部直管，但由于它又处于接待客人的第一线，所以必须接受前厅部的指挥和管理。

学习目标

知识目标

1. 了解并掌握总台收银业务及有关账务处理方法。
2. 了解总台夜核业务的主要内容。
3. 掌握防止客人逃账技术。

能力目标

1. 能够礼貌、高效、准确地为客人办理结账手续。

关键词： 结账　夜核　账单　财务报表

经理的困惑

住房客人不补交押金怎么办?

王先生是我们酒店的常客，略有黑社会背景，其之前押金基本都能及时交纳，就算当时未能交付，之后也能补上。但自从今年年初长包一房间后，渐渐开始交付押金不及时，往往要前台催过好几遍才肯来交，而且每次都比应补足金额少交一部分，每次都说他是长住客、老客人，不用怕他逃账的。一两个月后该房间已差了好几千元。总台将情况报告给我，我作为前厅经理，要求他们加大催款力度，但此客人常常是半夜才抵达，而且经常不是其本人入住，打其电话，他又说要找老总重谈折扣，要不就说自己在外地有事，再不就是在电话里破口大骂酒店员工不信任他。由于我们是园林式的酒店，该房位置离总台比较远，而且是属于老房，用的还是钥匙，无法刷卡封门。如此又一两个月过去其欠款已达上万元……面对这样的客人，我们该怎么办?

第一节　总台收银业务

酒店收银员的班次一般分为早、中、晚三班。通常早班从 7 时至 15 时，中班从 15 时至 23 时，夜班从 23 时至第二天 7 时。

一、收银业务的主要工作内容

总台收银业务的主要工作内容如图 7–1 所示。

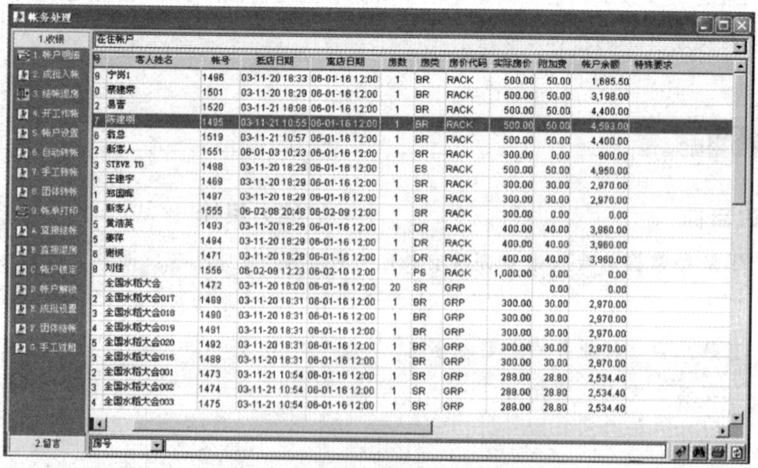

图 7–1　总台收银业务的工作内容

二、账户

（1）账户的分类。账户有4类：客人账、团体账、工作账（非住店客人账）、应收账（街账，City Ledger）。

（2）账户的状态。账户的状态有：未开账户、开账账户、结账账户、锁账账户。

（3）账户的关系。账户间有以下三种关系：同住关系（同住主账、同住副账）、关联关系（关联主账、关联副账）、团体关系（团体主账、团体副账）。

（4）其他账户分类。其他账户的分类：预订账户、在住账户、离店账户、预计当天离店账户、已结账未退房的账户、已退房未结账的账户、历史账户。

三、账户明细

账户明细窗分为账户概要、账单明细、分项小计、关联账户四个区。其中，左上方的关联账户区中显示了与当前账户相关的其他账户及其余额，右上方的账户概要区包含了当前账户的摘要资料，例如客人姓名、账号、房号、房价、抵离日期、结算方、信用限额、借贷余额、备注等。右下方的账单明细区记录了交易发生时间、记账项目、借方金额、贷方金额、摘要、单号、所属房号、收银员、班次、营业点等内容，左下方的分项合计区，显示当前账单中消费和结算金额的分项目合计，点击其中一个分项目合计，可以对应在当前账单中筛选显示该项目的明细交易记录（图7–2）。

屏幕右边是账户级的常用操作，下边是账单和交易级的常用操作，下面分别说明这些操作的主要功能。

（1）入账（Post）。即输入消费、结算的账目到账单中，在电脑化管理下，客账的入账通常分为电脑自动入账和手工入账两大类，房租、电话费、各联网收银点的挂账均由

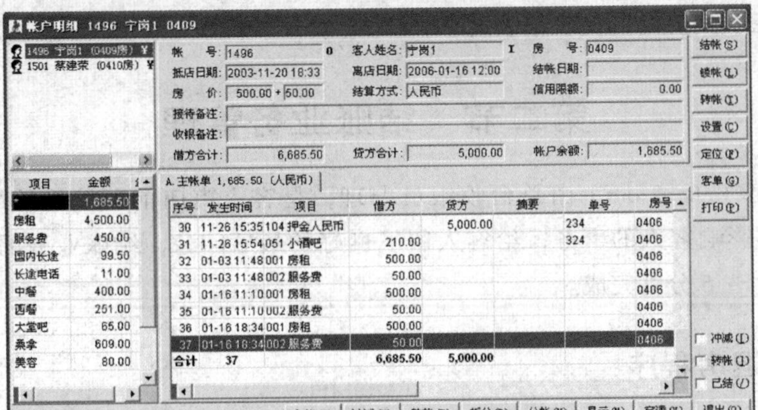

图7–2　账户明细

电脑自动记入前台客账。未联网收银点的客人消费（例如洗衣房）、客人预订押金、结算付款的记录等一般由前台收银员负责手工录入。

（2）冲减（Void）。以一正一负来抵销错误的账目，并记录冲减审计痕迹，屏幕右下方的冲减标志选项可以显示或隐藏冲减的记录，作为收银审计的冲减痕迹，原交易记录以红色显示并带删除线，冲减的负数记录以红色显示。

（3）转账（Transfer）。用于将当前账单中选中的交易记录转账到选定的目标账户或账单。

（4）拆分（Split）。用于将一笔交易账目按指定比例或金额拆分为两笔记录。例如，可用于同住客人分担房费，或部分结账。

四、其他账务

（1）开工作账。前台收银中除了客人账、团体账以外，还有酒店很常用的“工作账”（House Account）。工作账是为住店客人的接待单位（或个人）开立的账户，通常要与住店客人的账户建立关联关系。

（2）挂应收账。除了现金、信用卡、支票等即付方式以外，酒店还可以为签订合约的公司或旅行社提供挂账，再按协议周期结清。

（3）账户锁定（解锁）。临时冻结指定账户，并禁止录入、修改此账户资料。可用于欠费客人、疑点客人、结账退房等。

（4）收银审计。根据指定的日期时段、收银员、班次、记账项目，电脑会生成一张所有记账项目的收银汇总表。然后收银员可以手工输入根据原始单据按项目汇总的金额，并与电脑汇总数据对比差额。如果所有项目的差额为零，表示记账正确；否则可能是入账时有漏单或重单、输错金额等差错发生，需要详细检查审核，最后打印此收银审计表作为收银员换班时的交班报表之一。

第二节 结账业务管理

结账业务（check out）由总台收银员办理，是客人离店前所接受的最后一项“服务”。为了不影响客人的事务，给客人留下良好的最后印象，结账业务的办理要迅速，一般要求在 3 ~ 5 分钟完成。

一、结账退房程序

标准结账退房流程包括检查客人留言、租用物品、遗留物品、租用保险箱、加入日租、分账单等多种结算方式混合的平账、打印账单、结账、退房、已平账的同住客人同时退房、征求客人意见、致告别词等。流程式的结账退房程序有助于加快离店手续的办理速度，避免遗漏（图 7–3）。

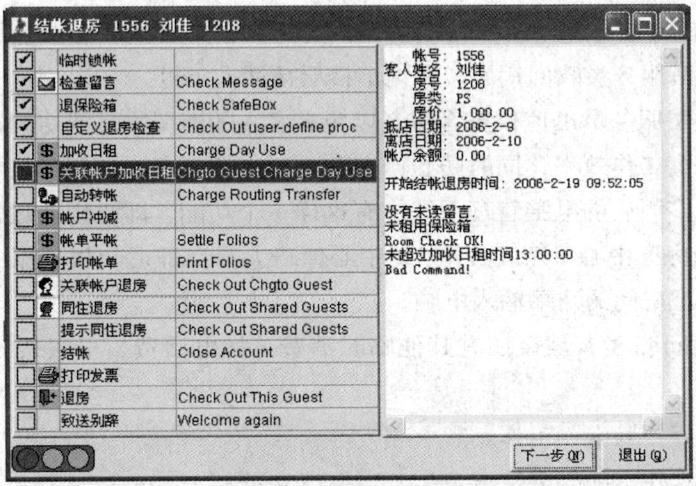

图 7–3 结账退房流程

（1）检查留言。如果客人有未传递的留言，系统会自动弹出客人的留言。

（2）退保险箱。如果客人租用了酒店的保险箱，系统会提示退还保险箱。

（3）加收日租。如果客人退房的时间超过了酒店规定的时间（一般为中午 12 点），系统会自动弹出加收半天日租或全天日租的入账画面，收银员中只要加以确认即可。

（4）自动转账。如果此客人账户定义了转账指令指定某些项目的费用需要转账到其他账户，或者其他客人的转账指令定义了要转入此客人的账户，系统会自动执行这些转入、转出的指令，自动完成转账。

（5）账户平账。平账就是以各种结算方式支付客人尚欠酒店的款项余额，如果客账有多处分账单，可以对应不同的付款方式。

（6）打印账单。

（7）结账。一旦账户已结平并打印账单后，即可结账。

（8）打印发票。

（9）退房。

（10）致送别词。

对于团体结账，电脑会先进行团体自动转账，将所有平账的团员自动结账退房，然后循环处理没有平账的团员，最后再处理团体主账。

二、办理结账业务时的注意事项

（一）散客结账时的注意事项

（1）客人结账时，要注意收回房门钥匙（房卡）。如客人暂不交钥匙，在通知楼层客人结账时，提醒服务员收回钥匙，并记下楼层接话人工号。

（2）通知楼层服务员迅速检查客房，以免有客人的遗留物品或房间物品有丢失或损坏现象。为了提高工作效率，同时防止当着客人面电话要求客房服务员“查房”而引起客人的不悦，很多酒店的电脑管理系统中有这样一个功能，即收银通过输入电脑房号结账，信号会发到房务中心（声音提醒），中心值班人员当即通知楼层服务员查房，楼层再报中心由中心把房间的结果输入电脑。

（3）委婉地问明客人是否还有其他临时消费（如电话费、早餐费等），以免漏账，给酒店造成损失。

（4）注意做好“验卡”工作。

①检查客人信用卡的安全性。

②辨别信用卡的真伪。检查信用卡的整体状况是否完整无缺，有无任何挖补、涂改的痕迹；检查防伪反光标记的状况；检查信用卡号码是否有改动的痕迹。

③检查信用卡的有效日期及适用范围。

④检查信用卡号码是否在被取消名单之列。

⑤检查持卡人的消费总额是否超过该信用卡的最高限额。如超过规定限额，应向银行申请授权。

（5）如果客人用支票结算，则：

①检查支票的真伪，注意辨别那些银行已发出通知停止使用的旧版转账支票。

②检查支票是否过期（在签发日期五日内有效），金额是否超过其限额。

③检查支票上的印鉴是否清楚完整。

④在支票背面请客人留下联系电话和地址，并请客人签名，如有怀疑请及时与出票单位联系核实，必要时请当班主管人员解决。

（6）接受客人信用卡或现金时，一定要用双手；给客人递交账单或发票时，也要用双手微笑着交给客人，并向客人道谢。

收银员在为客人办理结账业务时，一定要按照酒店规定的程序和要求进行，否则将会造成管理混乱，影响对客人的服务质量。

经典案例

有人监听电话

隆冬的一天，时已深夜，某大酒店值班经理接到A房客人打来的电话。“我很气愤地告诉你，酒店居然晚上有人监听客人的电话，这还像涉外大酒店吗？”客人在电话中怒吼道。值班经理挂上电话马上着手调查，他打开电脑，意外地发现A房竟是空房，该房客人下午已经结账离店了。“空房怎么还会有人住？”值班经理大为不解。他到各有关部门去查看记录后，才真相大白。

原来那天下午，行李员领班接到A房客人电话，要他办两件事。一是派行李员前去房间取行李，另一件事是通知前台收银处准备账单，以便办理离店手续。领班随即派一名行李员前去A房，客人是位年近花甲的日本老人，见到行李员在门口，便领他到B房去取行李，而A房的行李仍留在那儿。行李员接到客人指令便取走B房的行李。与此同时，收款处开始准备账单，发现A、B两个房间的费用都是由A房客人支付，而且两房今天一起到了结账日期。于是便顺理成章地把A、B两房的账单准备妥当，等客人来结算。一会儿，日本客人来到收银处，接过递给他的两个房间的账单，便在账单上签了字，接着便转身离开总台。收银员因此在电脑中为这两个房做了退房手续，这样电脑便取消了这两个房间向外打电话的功能。但是这里存在一个问题，即如果已经结了账的房间内仍有人向外打电话，电话会自动转到接线员那里，一定要通过接线员才能与外界接上线。

这就是A房客人向酒店提出的“有人监听客人电话”的投诉的来龙去脉。事实上A房客人仍住在酒店里，只是B房的客人先离店去了。客人发觉自己打出的电话转到总机那儿，便火冒三丈，以为有人在监听。值班经理当晚便去A房向客人道歉，还通知有关部门第二天送去鲜花和水果，客人的火气才慢慢消去。

造成这种情况的原因，就是总台收银员没有按照结账程序要求客人在结账时交回房门钥匙，显然也没有通知楼层服务员查房。

（二）团客结账时的注意事项

（1）结账过程中，如出现账目上的争议，及时请结账主管人员或大堂经理协助解决。

（2）收款员应保证在任何情况下，不得将团队房价泄露给客人，如客人要求自付房费，应按当日门市价收取。

（3）团队延时离店，须经销售经理批准，否则按当日房价收取。

（4）凡不允许挂账的旅行社，其团队费用一律到店前现付。

（5）团队陪同无权私自将未经旅行社认可的账目转由旅行社支付。

三、一些特殊情况的处理

（1）当住店客人的欠款不断增加时。有些客人在住店期间所交预付款（押金）已经用完，还有的客人进住酒店后，长期未决定迁出日期，而其所欠酒店账款在不断上升，在这种情况下，为了防止客人逃账，或引起其他不必要的麻烦，必要时可通知客人前来付款。催促客人付款时，要注意方式方法和语言艺术，可用电话通知，也可用印备的通知书，将客人房号、姓名、金额、日期等填妥后，装入信封，交总台放入钥匙格子里。一般客人见此通知后会主动前来付款，如遇特殊情况，客人拒而不付时，应及时处理。

（2）当客人A的账由客人B支付时。若干人一起旅行，由一人付款，或者某甲的账由某乙支付，而某甲则已先行离去，人多事杂，这时往往会发生漏收的情况，给酒店带来损失。为了防止出现这种情况，应在交接记录上注明，并附纸条在甲乙的账单上，这样，结账时就不会忘记，接班的人也可以看到。处理这种情况还有一种较为简单的办法：如某乙替某甲付款，甲先走，可将甲的账目全部转入某乙的账单上，甲账变为零来处理，但此时必须通知某乙，并有某乙的书面授权（图 7–4），以免出现不必要的纠纷。

（3）如过了结账时间仍未结账。如过了结账时间（一般为当天中午 12:00）仍未结账，应催促客人。如超过时间，可根据酒店规定，加收房费（下午 3 点以前结账者，加收一天房费的 1/3；3 点到 6 点结账的，加收 1/2；6 点以后结账的，则可加收全天房费）。

关于加收房费问题，如果客人是常客或者该公司为酒店提供的间夜量很大，只要客

广州 × × 大酒店
HOTEL GUANGZHOU
承诺付款书
GUARANTEE OF PAYMENT

我承诺支付＿＿＿＿＿＿房＿＿＿＿＿＿先生/小姐的
i ）全部费用
ii ）房费　　　　　　付款方式为现金/信用卡（信用卡号码：　　　　　　）
iii）其他费用（请特别说明）

I will guarantee pay the　i ）total charges　ii ）room charges　iii）others（please specify *）　for Mr. ＿＿＿＿ Mrs. ＿＿＿＿ Ms. ＿＿＿＿
of room number ＿＿＿＿＿ during the stay from ＿＿＿＿ to ＿＿＿＿
By Cash/My Credit Card Number ＿＿＿＿＿＿＿＿＿＿＿＿＿＿＿＿

客人姓名　　　　　　　　　　签　名
Guest Name　　　　　　　　　signature ＿＿＿＿＿＿
房　号　　　　　　　　　　　日　期
Room Number ＿＿＿＿＿＿　　Date ＿＿＿＿＿＿
* 特别费用说明：　　　　　　　经办人：
Please specify the other charges:　　Prepared By: ＿＿＿＿＿＿

图 7–4　承诺付款书

人给前台打电话说一声晚推迟 2 ~ 3 个小时退房，而且不是酒店的旺季，酒店通常不向客人收取任何费用。

（4）客人离店时，带走客房物品。有些客人或是为了留作纪念，或是想贪小便宜，常常会带走毛巾、烟灰缸、茶杯、书籍等客房用品，这时应礼貌地告诉客人："这些物品是非纪念品，如果您需要，可以帮您在客房部联系购买。"或巧妙地告诉客人："房间里的 × × 东西不见了，麻烦您在客房找一下，是否忘记放在什么地方了。"这时切忌草率地要求客人打开箱子检查，以免使客人感到尴尬，下不了台，或伤了客人的自尊心。

四、防止客人逃账技术

防止客人逃账是酒店前厅部管理的一项重要任务，总台员工应该掌握防止客人逃账的技术，以保护酒店利益。除了收取预订金（预付款）以外，酒店可以采取以下措施防止客人逃账。

（1）制定合理的信用政策。信用政策包括付款期限、消费限额、折扣标准等。如某大酒店规定对住店 5 次以上的客人给予较高的信用政策。

（2）建立详细的客户档案。通过建立详细的客户档案，掌握客户企业的性质和履约守信程度，据此决定给予客人什么样的信用政策。

（3）从客人是否被列入黑名单等发现疑点，决定是否收留。在很多国家，酒店如发现有逃账、赖账等不法客人，就会立即将这类客人的名单送交酒店协会，协会将其列入黑名单，定期通报属下酒店，酒店可以拒绝接待这类客人留宿。中国旅游协会信息中心网在北京地区也设立了反逃账信息网，会员酒店将每个逃账者和公司的资料输入信息中心，中心汇总后，每半个月向会员通报一次。在尚未开展这项服务的城市，酒店应促使并协助酒店协会为会员酒店提供这项服务。

（4）加强催收账款的力度。催账是防止逃账的一项重要手段，尤其对那些行将倒闭而被迫赖账或准备赖账的公司、客户，要加强催收力度。这些客户通常会显露出以下几种迹象：

①付款速度放慢，以种种理由要求延期付款；

②改变或推翻协议，要求改变汇率或折扣，如不同意则拒绝付款；

③与其联系不接电话或以种种理由拒绝会面；

④转换付款银行或开空头支票；

⑤频繁搬迁公司地址；

⑥一反常态，突然大笔消费。

催收时，要注意方式方法，以免得罪客人。

（5）与楼层配合，对可疑宾客密切注意其动向。总台要与楼层配合，对可疑宾客密切注意其动向，以防逃账发生。

（6）不断总结经验教训。总台员工要善于从接待实践中，不断总结经验教训，防止逃账事件的发生。

经典案例

"客人即将溜走"

1206房的陈先生又到了消费签单限额了，陈先生是与酒店有业务合约的客人，来店后无须交预付款，只在他消费额达到酒店规定的限额时书面通知他。

但总台发了书面通知后，陈先生没来清算账，甚至连电话也没来一个，因为是老客户，且以前一直是配合的，所以总台也只是例行公事地发了一封催款信，礼貌地提醒了一下，可是催款信放在陈先生的台上后，犹如石沉大海，还是没回音，消费额还在上升。

总台便直接打电话与他联系，陈先生当然也很客气："我这么多业务在你那里，还不放心吗？我还要在这里扎根住几年呢，明天一定来结。"可第二天仍依然如故，总台再次打电话，委婉说明酒店规章，然而这次陈先生却支支吾吾，闪烁其词。

这样一来，引起酒店的注意，经讨论后决定对他的业务单位作侧面了解，了解的结果使酒店大吃一惊：陈先生在本市已结束了业务，机票也已订妥，不日即飞离本市，这一切与他"这么多业务在本市""还要在这里扎根住几年"显然不符。

酒店当即决定，内紧外松，客房部、保安部对他重点"照顾"，此外，还与机场联系，打听到陈先生的航班、起飞时间。

为了尽可能不弄僵关系，客房部以总经理名义送上果篮，感谢陈先生对本酒店的支持，此次一别，欢迎再来。

陈先生是聪明人，知道自己的情况已被人详知。第二天，自己到总台结清了所有的账目，总台对陈先生也礼貌有加，诚恳地询问客人对酒店的服务有什么意见和建议，并热情地希望他以后再来，给陈先生足够的面子，下了台阶。

第三节　夜间稽核

白班收银员忙了一整天，可能会发生错误，到了深夜工作较清闲时，必须有人去进行核对账目，确定账项记录等有无错误或遗漏，以保护酒店利益。这就是夜核的主要任务。简单地讲，夜间稽核又称夜核（Night Audit），是在一个营业日结束后，对所有发生的交易进行审核、调整、对账、计算并过入房租，统计汇总，编制夜核报表，备份数据，结转营业日期的一个过程。除了上述任务以外，夜核工作还包括：确认未到预订、检查应离未离客房、办理自动续住、解除差异房态、变更房间状态、过夜租、每日指标及营业报表等。

总台的夜间稽核工作是由夜核员进行的。夜核员负责前台每日交易账目的平衡。夜核员也可以作为总台夜间接待员发挥职能，作为夜核员，必须熟练掌握会计学原理，并具有平衡财务账目的能力。这一岗位还要求具有总台接待员的工作经验，并能与财务总监保持良好的沟通。

夜核工作一般由财务部人员（强调夜核工作的财务职能）或总台接待人员（强调房态管理职能）担任，有的饭店则安排电脑部员工担任。

一、夜核员的岗位职责

（1）核对各收款机清机报告。

（2）审核当天各班次收银员送审的账单、原始单，核查数据是否准确，并核对该班次营业报表。

（3）核对餐厅、客房的账目及其他挂账数与报表金额是否一致，是否按有关规定或协议执行。

（4）核查各班组送审的转账单据所列单位有无串户。

（5）审查总台开房组输入电脑的房价是否正确。

（6）复核各类统计表的数字，核实是否与收款员输入电脑数一致，并负责跟踪。

（7）将当日酒店各营业点的营业收入过账。

（8）根据各营业点的营业情况，制作当日全酒店营业日报表，并于此日早上 9 点以前呈送财务经理和总经理。

（9）对每天稽查出的问题和未按规定办理的内容和数据，做出详细的稽核报告，及时向上级领导汇报。

（10）负责保管各班组的营业日报表及其附件单据。

（11）负责保管各种票据及收发领用工作。

（12）负责夜间前台收银工作。

二、夜间核账工作流程

（1）开始夜核。开始夜核前，系统设置进入夜核状态的标志，此时禁止其他操作人员进行入账等操作，但可以做所有查看性质的操作。

（2）备份数据库。将前台系统数据库备份到指定文件夹，以确保数据安全。

（3）打印夜核前报表。打开报表系统，打印夜核前需要硬拷贝的报表。通常包括：当前房态报表、在住客人报表、当天离店客人报表、当天的抵店客人报表、过租前的房租日报表等。

（4）设置未到预订。对于应到而未到的预订，夜核时系统自动将其转为“未到预订”（No Show）。

（5）检查应离未离。对于预订当天离店但仍在住的客人，系统会生成一张逾期离店客人报表。需要逐个核查客人是否已离店但未在电脑办理退房手续，还是客人要求续住。

（6）自动续住。对于上述逾期离店的客人，除了补办退房手续外，其他需要续住的客人可以自动续住一天。

（7）解除房态差异。核对前厅部电脑的房态与客房部实查的房态，会发现可能出现“SKIP 走单房”（前厅部为住客房、客房部空房）或“SLEEP 睡眠房”（前厅部为空房、客房部为住客房）的不一致情况，一般应该手工核对处理，并解除房态差异。

（8）在住房的房态转为脏房。在住客房的状态按清洁状态分为 OC（占用 & 清洁）、OD（占用 & 未洁），通常夜核时将 OC 房自动转为 OD 房，以提醒客房部在第二天需要打扫房间。

（9）到期的维修房自动延期一天或转为空脏房。维修房（Out Of Order）在预计修复日期到来后仍未修复、需要继续修理时，在夜核时，自动续期一天（也可以设定为自动转为 VD 房）。

（10）到期的停用房自动延期一天或转为空脏房。停用房（Out Of Service）在预计启用日期到来后仍需要继续停用时，在夜核时自动续期一天（也可以设定为自动转为空房）。

（11）按租季自动调整房价。如果客人入住酒店的期间跨越两个不同的房价时段，需要在新房价时段前一晚对在住的客房调整房价。一些先进的酒店管理软件可以自动完成这一过程。

（12）过夜租。过夜租是夜核工作的主要内容之一。系统会自动在在住客人的账单中记入当晚的房租及附加税费。

（13）统计每日营业指标。包括汇总当天的各项营业收入、房数、人数等指标。

（14）计算常客积分。现代酒店业竞争激烈，酒店常用一些促销手段来吸引回头客。常客积分就是根据客人住店的房晚数、客房消费、餐饮消费、娱乐消费及其他消费，计算客人的积分，并且对达到不同积分标准的客人提供免费的房晚数、房类升级、赠送餐饮，甚至与航空公司联营的飞行里程置换的奖励。

（15）统计营业报表（图 7–5）。

（16）打印夜核后报表。完成夜核的上述步骤后，就可以打印夜核统计报表了。一般需要打印的报表包括房租日报表、各种收银统计报表、夜核统计报表等。

（17）结转酒店营业日期。从会计的角度，酒店的营业日期是从上一个夜核结束时间开始，直到本次夜核结束时间。对于超过夜晚 12 点而在夜核前发生的账目，会计上仍将其归入上一个营业日中。结转日期的功能就是将酒店的营业日期推进到下一天。

（18）结束夜核。解除系统的夜核状态标志，通知其他工作站可以恢复正常的操作。

报表管理

	报表编号	报表名称	英文名称
-		财务报表	共 11 张
	Fin01	营业收入日报表	Daily Revenue Report
	Fin02	营业收入统计报表	Sum Revenue Report
	Fin03	营业收入统计报表(按建筑物	Sum Revenue Report(By Building)
	Fin04	房间消费统计报表	Room Charge Report
	Fin05	房间结算统计报表	Room Payment Report
	Fin06	已结帐项目汇总表	Transaction Summry - Cash Basic
	Fin07	结帐分析报表	Cashier Statement - Summary
	Fin08	未结帐项目明细报表	Not Settled On Cash Basic
	Fin09	已结帐项目明细表（收付制	Transaction Details - Cash Basic
	Fin10	收银员结帐帐户明细表	Account Settled by Cashier - Cash Basic
	Fin11	收银员结帐项目汇总表	Cashier Settled by Item - Cash Basic
-		管家报表	共 20 张
	Hkp01	在住房报表	Occupied Room List
	Hkp02	长住房报表	Long Stay Room List
	Hkp03	免费房报表	Comp Room List
	Hkp04	折扣房报表	Discount Room List
	Hkp05	自用房报表	House Use Room List
	Hkp06	待修房报表	OOO Room List
	Hkp07	停用房报表	OOS Room List
	Hkp08	待清洁房报表	Dirty Room List
	Hkp09	矛盾房报表	Room Discrepancy Report
	Hkp10	房间状态报表	Room Status Report
	Hkp11	楼层房态报表	Room Status Report By Floor
	Hkp12	遗留物品明细表	Lost and Found Report

报表编号

图 7–5　主要营业报表

三、核查收款报表时的注意事项

（1）房租折扣要有相关人员的签字认可，免费房必须有总经理或副总经理的批准并签名。

（2）退款要有客人签名和主管签名，而陪同退款要经总经理批准（其他职务代批的，要经财务经理签名确认）。

（3）客人拒付要有大堂副理签名认可。

（4）输单必须单据齐全，少单要说明原因。

（5）团体的房租一定要当天输入电脑，如发现有团房租未输入电脑，要立刻通知团体收款采取补救措施。

本章小结

收银是酒店前台的主要工作之一，是一项较为复杂而又细致的工作。要求收银员有高度负责的精神和细致的工作态度。

收银工作位于酒店前台接待第一线，而业务性质又属于财务工作，这就决定了收银人员在业务上要受酒店财务部门的指导，而在行政上又要接受前台管理人员的指挥和领导。

收银人员不仅要掌握财务知识和技能，还要具备接待人员的素质和修养，即：不仅收银业务要熟练，而且要有良好的服务态度和服务意识，能够为客人提供高效、优质的服务。

总台收银处除了为客人提供结账服务以外，还要负责酒店的夜核、贵重物品保管等工作和服务。

课堂讨论

这笔押金该不该退？

前几日，一位客人手持去年的一张住房押金条（1200 元）及退房发票（400 元）到前台收银要求退钱。收银员查看电脑此房客人在去年已作退房退款处理，并且发票在客人手上，坚持不退押金。客人此时要求大堂处理。大堂查找了当天退房时的押金条回收情况：原来是当日因退房高峰，二位收银员都忘记回收押金条，而在账单上也没客人的退款收讫签名。处理：要求收银员按照实际消费扣除把余额退给客人，经济责任由当事收银员来承担！

讨论题

这样处理是否得当？

（扫一扫，参考网友答复）

课堂训练

在学校实训室实际模拟前台结账业务。

案例聚焦

王董事长不愿为住客支付杂项费用

有一天，一家知名企业的负责人王董事长带了一位朋友来D饭店住宿，王董事长对柜台接待说："我是你们老板的熟识，今日特地带朋友来捧场，请给他一间豪华单人房，账由我来付。""是的，请问王董事长，您说账由您支付，是只付房租或是包括其他杂费？"柜台接待员问道。"当然我付所有的费用！"王董事长不假思索地回答。于是柜台接待员就在账单上注明房租及杂费全由王董事长支付，并请王董事长签名。然后客人接过柜台给的房匙后，王董事长与客人握手话别，径自回家了。

翌日早上客人退房回去了，其账单内容是这样的：房租5600元，国际电话2850元，餐饮2370元。到了傍晚王董事长来柜台付账，看了账单内容与柜台接待员吵了起来，声明只愿付房租，不愿支付客人的杂项费用。柜台不得已请大厅副理来排解状况。在了解缘由后，大厅副理很客气地把客人请到办公室，亲自倒一杯茶，耐心倾听王董事长述说理由，然后礼貌地问王董事长："您不是在账单上签名了吗？""是的！"王董事长回答。既然如此，王董事长是无法抵赖的。其实大厅副理早就看穿王董事长的真正用意。原来王董事长是个爱面子的人，不好意思在朋友面前说"只付房租"，故意在众人面前答应付所有费用并且签了名字，结果面对账单后反悔了。大厅副理也给了王董事长一个台阶下说道："真抱歉，带给王董事长这么大的困扰，我们也感到为难。这样好了，不如由您先代付朋友的房租，然后由饭店出面联系您的朋友，追回杂项费用，我以饭店的信誉保证，一旦款项收到，马上送至贵公司奉还。"说到这里，王董事长态度已缓和下来了，回答说："算了，既是朋友，就由我来付好了！"大厅副理听到王董事长这么回答，以非常诚恳的口吻向王董事长握手称谢。

【评析】

1. 处理客人代付款的问题，要非常谨慎。在本案例中饭店采取的方式是值得肯定的。首先，柜台接待员向王董事长问清楚，是否只付房租或是连同杂项费用一并支付，这是很重要的问题关键，并让客人在账单上签名确认，采取了预防的对策，事后使客人无法否认事实。

2. 大厅副理在处理这一棘手问题时，采取了适当的做法，既给客人保住面子，尊重客人，又营造了一种气氛，使客人觉得D饭店的账不好抵赖，保护了饭店的利益。

任务拓展

警惕酒店收银工作四大隐患

1. 滥竽充数

某日凌晨，某酒店发生了一起罕见的前台收银诈骗案。该店刚刚上任的一名收银员，在短短的1个小时里，被客人用“现金预订—取消预订—再次预订—再次取消预订”的连环套骗走了1204元现金。

酒店收银工作其实是一项风险性很强的工作。最近社会上已经出现了一种专门针对酒店收银员的诈骗，行骗的对象就是那些初出茅庐，工作起来手忙脚乱的新手。成语“滥竽充数”原比喻无本领的冒充有本领的，以次货冒充好货。本文此处的“滥竽”，指代的就是那些能力上不合格，没有完成良好培训就直接上岗的酒店收银员。

很多酒店在缺人的时候，就急切地把一些新员工拿去“充数”了。而现在的诈骗犯往往还会运用某种混乱的逻辑，费尽心机地破坏正常的工作程序，并且制造出混乱局面。试想一下，如果是一个业务不熟练、经验不丰富的收银员面对这样的对手，可能就只有任人宰割了。

对于酒店来说，每日营收资金的安全应该摆在第一位，而“滥竽充数”的收银员就像是暗藏在酒店的一颗定时炸弹，随时都可能给酒店带来无法估量的损失。所以，在对酒店收银岗位人员的挑选、培训、考核和任命上，酒店的人力部门一定要慎之又慎，做到严格把关。

2. 玩忽职守

收取了1000元却只开给了客人100元的押金凭证，收取了A的押金却输入了B客人的账户上，甚至还有的把找给C客人的钱找给了D客人，以上列举的这些问题通常都会发生在酒店收银员的身上。

以上错误一旦被客人当场发觉，后果一般都比较严重，有的客人不仅仅会投诉酒店的服务质量，还有可能会借题发挥，要求额外的赔偿，这样，酒店正常的工作会被打乱，酒店的声誉也会在无形中损坏。而问题发现得越晚，往往解决起来难度也就越大。所以，酒店为了提高部门的运转效率，避免客人的投诉，就必须从以上两个诱因入手：第一，严肃收银岗位工作纪律，辅之完善的酒店奖惩机制；第二，加大监督力度，尽量将管理人员对收银日常工作的抽查落到实处。

3. 弄虚作假

A客人将床单弄脏，在结账时赔偿了50元，但前台收银员并未让客人在赔偿单上签字，也没有将50元入账，而是将钱放进了自己的口袋。客人离开几分钟后，该名员工打电话给客房说客人不肯赔偿，已经离开；B客人12:15来到前台结账，收银员告诉客人要加收半天房费114元，一番口舌之后，客人不大情愿地支付了这笔费用。但客人结账离开后，这笔钱又落到了员工自己的手里。

在服务行业中，酒店员工的工资不算很高，而酒店收银员每天都要接触大量的钱款，所以，个别酒店收银员会弄虚作假，以权谋私。这种行为一方面损害了客人的权益，降低了顾客对酒店的满意度；另一方面，损害了酒店的利益，滋生了不正之风，容易让整个部门失去凝聚力和生命力。所以，当酒店接待员与收银员的岗位合一（一般出现在经济型饭店中）、酒店没有夜审（或由收银员兼任）、酒店管理操作软件上出现漏洞以及收银柜台处的监控老旧的时候，酒店的管理者就要特别警惕了，因为以上这些因素都会促使酒店中个别“自作聪明”的收银员蠢蠢欲动，打起酒店营收款的主意。

4. 监守自盗

个别酒店会发生监守自盗的案件，酒店每天的营收款和备用金数目巨大，动辄万元或十几万，所以，案件一旦发生，后果也就极其严重。

作为酒店，在增强安保力量和加强电子监控技术防范的同时，还要注意自身在经营管理、内部监督方面存在的隐患。更重要的是，酒店在选拔收银员时，除了需要对方头脑灵活、做事细心以外，还要看对方是否诚实稳重。在日常工作中，管理者还要经常关心他们情绪的波动和心态的变化，做到预防为主，攻心为上，这样才能确保酒店的财产安全。

酒店经理人对“经理的困惑”的答复

Re：住房客人不补交押金怎么办？

梁峻峰　河南华驰粤海酒店　房务部总监

对于酒店长住客催收欠款的原则是：既要使客人信贷便利，促进酒店营业推广，又要防止坏账发生，维护酒店利益。

前厅部有责任催客人交付押金，这是防止客人逃账的必要措施。当客人押金不足时，前厅部首先应向客人发出催账通知单，书面通知客人结清所欠的费用，并以此作为将来可能使用到的法律证据。同时，可关闭该长住客的客房长途电话，停止其在酒店各营业场所的签单权，避免其消费给酒店带来更多损失。

当客人欠款达到酒店给予长住客的信贷额度时，前厅部应该及时向上级汇报欠款情况，在总经理的协调下，酒店各部门来积极配合妥善地处理好此事，而不是怕得罪他们而让酒店的正常利益受到损害。总经理在得到前厅部汇报时，就应该马上指示保安部、财务部协助前厅部处理该事，必要时可采取“人盯人”的方式促其结清欠款。如果给予客人一定还款期限后，客人仍不能付清款，酒店应马上寻求公安机关的帮助，而并非就这样听之、任之、放之。酒店有权利将客人礼貌地请出酒店，最终以法律方式追讨欠款。

邹逢春　山西天贵国际酒店前厅部经理

面对这样的客人，首先由前厅部大堂副理或前厅经理与其沟通，如客人依然不肯缴纳费用，则由销售部主管人员与其沟通。可以询问其有何困难而导致欠费。如为酒店方面之原因可承诺予以改善并催交其所欠之费用；如非酒店方面之原因，则要求客人交费，并向其声明酒店将按“长住客人协议”处理，必要时可报公安机关协助处理。

第八章 客户关系管理

大堂副理：酒店处理宾客关系的核心人物

使每一位客人满意，是每一家酒店努力的方向和工作目标，建立良好的宾客关系则是实现这一目标的重要途径之一。

酒店通常通过设立大堂副理（Assistant Manager）和宾客关系主任（Guest Relation Officer）等岗位来建立、发展和改善与住店客人及来访客人的关系，努力使每一位不满意的客人转变为满意的客人，使客人对酒店留下良好的印象。

要建立良好的宾客关系，还要求酒店各级员工要正确认识客人，掌握客人对酒店产品的需求心理以及与客人的沟通技巧，同时，还要掌握接待投诉客人、处理客人投诉的方法和艺术。

学习目标

知识目标

1. 了解大堂副理及“GRO”的岗位职责与素质要求。
2. 掌握与客人的沟通技巧。

能力目标

1. 学会处理客人投诉。
2. 学会建立客历档案。

关键词： 宾客关系　大堂副理　宾客关系主任　客历档案　客人投诉

经理的困惑

四星级酒店要不要设 GRO

美国一家网站通过对顾客满意度调查，发现这样一些现象：

（1）多数公司对 96% 的顾客不满情况一无所知。

（2）在提出投诉的顾客之中，有 54% ~ 70% 的人在问题获得解决的情况下，会再次上门消费。如果顾客觉得问题解决得够快，那么这个比例会攀升至 95%。

（3）当一位顾客产生不满时，他平均会告诉 9 ~ 10 人，更有 13% 的人会把这件事再告诉 20 人以上。

（4）平均每位提出投诉而获得圆满解决的顾客，会把其受到的待遇告诉 5 ~ 8 人。

（5）问题没有得到圆满解决的顾客，会把他们的负面经验再告诉 8 ~ 16 人。

该网站的另一项重要发现是：大约有 50% 的顾客，在遇到问题时选择沉默忍受，他们懒得投诉，只是简单、安静地终止生意往来，而转向竞争对手。

看了这项调查，我越来越意识到客户关系的重要性。我们酒店是一家有 500 间客房的四星级酒店，目前设有 AM（大堂副理）岗位，听说很多五星级酒店都设有 GRO（宾客关系主任），这两天，我也开始认真考虑我们酒店前厅部是否也有必要设立这一岗位，向社会公开招聘几位 GRO?

第一节　大堂副理

走进富丽堂皇的酒店大堂，您会在其一侧注意到一张典雅、精美的桌子，上面摆放着鲜花，旁边坐着一位能讲一口流利英语的、和颜悦色的酒店“官员”，他（她）就是酒店的大堂副理。大堂副理的主要职责是代表酒店总经理接待每一位在酒店遇到困难而需要帮助的客人，并在自己的职权范围内予以解决，包括回答客人问讯、解决客人的疑难、处理客人投诉等。因此，大堂副理是沟通酒店和客人之间的桥梁，是客人的益友，是酒店建立良好宾客关系的重要环节。

在我国，三星级以上酒店一般都设有大堂副理。大堂副理可以是主管级，也可以是部门副经理级，以体现这一职位的重要性和权威性。对大堂副理的管理模式通常有两种：一是隶属于前厅部；二是由总经理办公室直接管理，大堂副理向总经理办公室主任或直接向总经理汇报。以上两种模式各有其合理性和利弊。从工作性质（属于对客服务项目）和工作岗位的位置（位于前厅大堂）来讲，大堂副理应属于前厅部，而从职责范围来讲，涉及酒店各个部门，为了便于协调管理和有效地开展工作，则应由总经理办公室直接管理。还有的酒店将大堂副理划归质监部，向质监部经理（或总监）负责，直接处理出现在各部门的服务质量问题和客人投诉问题，以增强其权威性。具体而言，各酒店应根据自身的实际情况来决定。

无论采用哪种管理模式和体制，都要明确大堂副理管理的岗位职责和管理权限，否则，他将很难开展工作（在一些涉外酒店，大堂副理已沦为酒店的“翻译”，当出现客人投诉或客人与酒店发生冲突时，他只是被请去充当“翻译”的角色），或者与其他部门经理、主管的权力发生冲突，影响协调和团结。

一、大堂副理的岗位说明书

大堂副理

直接上级：前厅经理 / 总经理

直接下级：宾客关系主任

岗位职责

（1）代表饭店管理机构处理客人投诉，解决客人的疑难问题，及时将客人意见、服务质量方面的问题向总经理汇报，并提出改进意见。

（2）作为饭店管理机构的代表检查各部门员工的纪律、着装、仪容仪表及工作状况。

（3）代表总经理做好日常的贵宾接待工作，完成总经理临时委托的各项工作。

（4）回答宾客的一切询问，并向宾客提供一切必要的协助和服务。

（5）维护大堂秩序，确保宾客的人身和财产安全以及酒店员工和酒店财产的安全。

（6）抽查饭店各部门的清洁卫生工作及设备设施的维护保养水准。

（7）负责协调处理宾客的疾病和死亡事故。

（8）征求宾客意见，沟通酒店与宾客间的情感，维护酒店的声誉。

（9）处理员工和客人的争吵事件。

（10）保证宴会活动的正常接待。

（11）确保大堂秩序良好，无衣冠不整、行为不端者。

（12）每日参加部门经理例会，通报客人投诉、员工违纪等情况，并提出相关建议。

（13）协助前厅部经理指导并检查前台、预订、总机、门童和礼宾部的工作，做好前厅部的日常管理。

（14）协助前厅部员工处理好日常接待中出现的各种问题（如超额预订问题、客人丢失保险箱钥匙问题、签账超额而无法付款的客人、逃账事件以及其他账务等方面的问题）。

（15）沟通前厅部与各部门之间的关系。

（16）完整、详细地记录在值班期间所发生和处理的任何事项，将一些特殊的、重要的及具有普遍性的内容整理成文，交前厅部经理阅后呈总经理批示。

（17）协助保安部调查异常事物和不受欢迎的客人。

（18）认真做好每日的工作日志，对重大事件认真记录存档。

素质要求

（1）受过良好的教育，大专以上学历。

（2）在前台岗位工作3年以上，有较丰富的饭店实际工作经验，熟悉客房、前厅工作，略懂餐饮、工程和财务知识。

（3）有良好的外部形象，风度优雅。

（4）能应付各类突发事件，遇事沉着，头脑冷静，随机处理。
（5）性格开朗，乐于且善于与人打交道，有高超的人际沟通技巧。能妥善处理好与客人、各部门之间的关系，有较强的写作及口头的表达能力。
（6）口齿清楚，语言得体。
（7）外语流利，能用一门以上外语（其中一门是英语）与客人沟通。
（8）见识广，知识面宽。了解公关、心理学、礼仪、旅游等知识，掌握计算机使用知识。掌握所在城市的历史，娱乐场所地点，购物及饮食场所；了解主要国家的风土人情。
（9）对国家及饭店的政策规定有着充分的了解。
（10）具有高度的工作和服务热忱。
（11）彬彬有礼、不卑不亢。

二、大堂副理的工作程序

（一）VIP 的接待程序

1. 抵店前的准备工作

（1）了解 VIP 客人姓名、职务、习惯及到店时间；

（2）在 VIP 到达之前检查 VIP 入住登记单情况；

（3）检查 VIP 房的分配情况和房间状况，确保 VIP 房的最佳状况；

（4）在 VIP 到达前一小时，检查鲜花水果和欢迎信的派送情况，督促接待人员半小时前到位，提醒总经理提前十分钟到位，确保一切接待工作准确无误。

2. 抵店时的接待工作

（1）VIP 进入大堂时，要用准确的客人职务或客人姓名来称呼和迎接客人；

（2）引领 VIP 客人进入预分的房间，查看客人的有效证件，确保入住单打印的内容准确无误，并礼貌地请客人在入住单上签字；

（3）向 VIP 客人介绍客房及酒店内设施、设备；

（4）征求 VIP 客人的意见，随时提供特殊的服务。

3. 离店后的后续工作

（1）接待完 VIP 客人后，要及时把入住单交给前厅，准确无误地输入各种信息。

（2）做好 VIP 客人的接待记录，必要时及时向总经理报告 VIP 客人到店情况和接待情况。

（3）协助预订部建立、更改 VIP 客人的档案，准确记录客人的姓名、职务、入店时间、离店时间、首次或多次住店、特殊要求等情况，作为以后订房和服务的参考资料。

（二）处理客人投诉

1. 接受宾客的投诉

（1）确认是否为住店客人，记录客人的姓名、房号、投诉部门和事项。

（2）听取宾客的投诉：头脑冷静、面带微笑、仔细倾听，对宾客遇到的不快表示理解，并致歉意。

（3）对客人的投诉，酒店无论是否有过错，都不要申辩，尤其是对火气正大或脾气暴躁的客人，先不要做解释，要先向客人道歉，表示安慰，让客人感到你是真心实意为他着想。

2. 处理宾客的投诉

（1）对一些简单、易解决的投诉，要尽快解决，并征求客人的解决意见。

（2）对一些不易解决或对其他部门的投诉，首先要向客人道歉，并感谢客人的投诉，同时向有关经理汇报。

（3）查清事实并作处理，同时将处理结果通知客人本人，并征求客人对解决投诉的意见，以表示酒店对客人投诉的重视。

（4）处理完客人的投诉后，要再次向客人致歉，并感谢客人的投诉，使酒店在其心目中留下美好的印象，以消除客人的不快。

3. 记录投诉

（1）详细记录投诉客人的姓名、房号或地址、电话、投诉时间、投诉事由和处理结果。

（2）将重大的投诉或重要客人的投诉整理成文，经前厅部经理阅后呈总经理批示。

（三）为住店客人过生日

1. 做好准备工作

（1）在“客人生日申报单”上签字。生日客人的查询，由前厅夜班负责，如有生日客人，填写“客人生日申报单”，然后交由大堂副理签字。

（2）将经签字的“客人生日审报单”一份交回前厅留存，另一份由前厅交餐饮部准备生日蛋糕。

（3）同时通知柜台员工，以备随时祝贺客人生日快乐。

（4）从办公室秘书处领取生日贺卡，请总经理签字后，准备送入客人房间。

2. 祝贺客人生日快乐

（1）与客人取得联系，在适当的时候持生日贺卡上楼，由送餐人员送上蛋糕，同时祝贺客人生日快乐。

（2）借此机会与客人做短暂交谈，征求客人的意见。

（3）将上述工作详细记录在记录本上。

（四）处理紧急事件

1. 房客生病或受伤

（1）房客若在居住期间生病或受伤，先以电话询问病情，然后再依病情和客人之要求，决定请医生来或是去医院治疗，严禁随便拿药给客人服用。

（2）若客人确实病情严重，或有特殊要求，可联系医院请求医生出诊。

（3）在与医院联系后，要协助客人订好出租车，并告知司机医院的确切位置。在遇到无出租车的情况下，可联系酒店车队。

（4）客人需要住院治疗时，将客人的病情及房号等做记录，如有可能通知其在当地的亲友。

（5）保留房间：客人在住院期间若欲保留其房间，则通知客房部，若不需要保留房间，则征得客人同意后，帮助整理行李并寄存于行李房，衣服可存于客房服务中心。

（6）对于传染病房客，要劝其离店，并对房间及房内物品做彻底消毒，同时对楼道及有关区域进行消毒处理。

（7）要求药物：客人通常会要一些药物，此时应委婉告知客人，碍于规定，酒店无法提供，小擦伤等可用大堂副理药箱中的创可贴、纱布等。

2. 房客自杀或死亡

（1）若发现此状况，而未能确定是否已死亡时，立即报保安部，并请医务室或特约医院叫救护车送往医院急救，将事件报告总经理并做记录。

（2）立即封锁现场及消息，并通知客房部、公关部等有关单位，由保安部经理判断是否报警处理。

（3）死亡。凡有房客死亡时，立即报保安部、总经理，再依下列情况处理：

①自然死亡和病死：首先封锁消息，封闭该房门后电请医院派救护车运走，由保安部报告有关部门，再通知友人或家属直接到医院料理丧事。

②谋杀：保持现场完整，报保安部，等候公安机关人员调查，再视情况处理。

③自杀：先封锁消息和现场，电请医院派救护车运回急救。等运走后再由保安部通知有关部门。若急救无效，依“自然死亡”项处理。

第二节　宾客关系主任

一、宾客关系主任

宾客关系主任，又称“GRO”（Guest Relation Officer），是一些大型豪华酒店设立的专门用来建立和维护良好的宾客关系的岗位。宾客关系主任直接向大堂副理或值班经理（Duty Manager）负责。他要与客人建立良好的关系，协助大堂副理欢迎贵宾以及安排团体临时性的特别要求。

二、宾客关系主任的职责

（1）协助大堂副理执行和完成大堂副理的所有工作，在大堂副理缺席的情况下，行使大堂副理的职权。

（2）保留 VIP 房（VIP Room Blocking）。

（3）检查 VIP 房（VIP Room Inspection）。

（4）迎接 VIP 客人（Greeting and Welcoming VIPs）。

（5）陪同并帮助 VIP 客人办理入住手续（Escorting and Registering VIPs）。

（6）负责带领有关客人参观酒店。

（7）向客人致礼貌电话（Courtesy Calls）。

（8）离店前向客人致电，受理客人的推迟离店请求（Departure Calls and Late Check－Out Requests）。

（9）帮客人预订下一个酒店（Onward Room Reservation）。

（10）办理快捷离店（Handling Express Departures）。

（11）带领客人参观酒店（Conducting Showrooms）。

（12）处理客人投诉（Handling Guest Complaints）

（13）接受客人表扬（Accepting Guest Compliments）。

（14）监督对客服务质量（Performance Monitor）。

（15）征求客人意见（Soliciting Guest's Comments）。发展酒店与宾客的良好关系，并征求意见，做好记录，作为日报或周报的内容之一。

（16）留意酒店公共场所的秩序。

（17）在总台督导并协助为客人办理入住手续。

（18）完成大堂副理指派的其他任务。

除了上述职责以外，宾客关系主任还要负责客历档案的建立、完善和管理工作。凡是通过主动拜访、客人告知、员工反映等途径获得的客人喜好、习惯、忌讳等资料信息，都要整理成文字，输入电脑保存起来。宾客关系主任必须记住其中任何一位客人的信息，在每天查阅预订客人名单和已入住客人名单时，要做到一看到熟悉的客人名字，相关资料就及时反馈，然后按照该客人的客史记录，安排相关事宜，为客人提供个性化服务。

三、大堂征访

大堂征访是高星级酒店中大堂副理和宾客关系主任的主要工作之一。酒店征访宾客普遍采用大堂征访、电话征访、进房拜访三种方式，大堂征访相比电话征访具有调查效果显著的优点，与进房拜访相比，节省了拜访礼品的花费，效果相近；不过大堂征访宾客的时机很难把握，随机性很大。

大堂征访宾客前应做好充分准备工作，掌握当日离店团队、散客的重要信息，预测征访名单。宾客征访注重选人，旅行团导游长期接触酒店行业，反映的问题很专业；会议负责人与酒店各部门协调较多，反映的问题具有代表性；长住宾客，能够很好地对比酒店服务的变化；高房价散客、贵宾对服务细节很讲究，征访不仅体现酒店尊重的意愿，更能丰富客史。大堂副理在征访宾客时应合理控制征访类型的比例，保证征访宾客的普遍性与代表性。

大堂宾客征访可以选择些精致的小礼品赠送宾客，方便与宾客快速建立友谊。例如，含有市区地图、景点介绍的城市旅游宣传册很受外地客人的喜欢，此外赠送印有酒店标识的饰品，如钥匙圈等小件生活用品，可以起到宣传酒店的作用；当天的报纸、茶水都是与休息等待结账宾客建立友谊的好“礼物”。

（1）问题的选择。询问宾客的问题，可以是酒店近期比较集中反映的问题：淋浴的水温是否够热？卫生间喷淋的出水量是否够大？床上棉织品是否柔软、舒适？华语点播电视的反应速度？电视遥控板操作是否较易掌握？最希望阅览的新闻报纸是什么？入住期间对服务较为不满的地方有哪些？或是最感动的服务是什么？好的与坏的方面都要兼顾，征访过程中令宾客感动的优质服务也要记录下来，倡导优质服务在酒店中的开展。

（2）征访程序。

①建立友谊。可提供及时的服务（如拎行李）或酒店的产品介绍与宾客迅速建立友谊；因人而异，也可推荐酒店近期的优惠促销活动，以便互相熟悉，增进了解，为征访时沟通提供便利，但交流时间应短些，方便切入正题。

②赠送礼品。赠送事前准备的小礼品，礼貌询问宾客，“是否可以打扰您很短的时

间？”，加深与宾客之间良好的关系。

③说明目的。向宾客说明目的时应注意语言技巧，尽量取得宾客的好感：“大堂副理代表酒店总经理收集宾客的意见，改善酒店服务质量，希望您的配合。”

④填写表单。宾客关系主任双手递上《宾客意见调查表》、钢笔，请宾客填写。征访过程中配合《宾客意见调查表》使用，会使征访效果显著提升，故表单内容上的设计也非常重要，会直接影响到征访的质量。

⑤针对提问。宾客填写完毕，依据表单中不满之处细心询问原因，如宾客对服务很满意的，可将事前准备的问题礼貌提出。

⑥礼貌送行。宾客征访结束，大堂副理应礼貌送别宾客离店。

（3）注意事项。征访过程中，宾客关系主任要善于观察宾客的细微之举，应注意宾客不耐烦的举动，及时停止引起宾客厌烦的问题。此外宾客关系主任应注意时机与场合的把握：

①忌宾客在总台结账时征访，造成收银员紧张，产生工作失误；

②忌宾客热烈交谈中，打断宾客的谈话；

③忌征访在大堂吧休息的宾客；

④忌征访陪小孩玩耍的家长，给照看小孩的宾客带来不便；

⑤征访过程中应把握好时间，避免影响宾客行程；

⑥征访时宾客接听电话要礼貌退后、回避。

宾客征访过程中意见较强烈的应视为投诉，按照投诉规程进行处理，及时提供补救服务。宾客征访的内容记录在日志上，在报表中反馈管理层。每周、月末做好宾客意见的收集、整理，管理层应对服务质量分析中暴露较严重的问题立即纠正，宾客反映集中的问题，及时跟踪、落实改进。征访表单作为月底统计宾客满意率的依据，为酒店月度服务质量 QC 分析提供参考。

宾客征访常见形式的优缺点比较见表 8-1。

表 8-1　宾客征访常见形式的优、缺点比较

征访方式	征访对象	优　点	缺　点
大堂征访	结账散客	填写《宾客意见调查表》，面对面交流，较易发现问题	征访时机较难把握
电话征访（晚安电话）	入住 1 日以上的宾客	征访对象的选择上较灵活，需灵活把握进房电话的时机	电话中语言交流，沟通效果不理想，很容易流于形式
进房拜访	VIP 或重要客户	可以做好充分的征访准备，最好事前电话询问	准备拜访礼品的成本较高，容易影响宾客休息

第三节　客人投诉及其处理

酒店工作的目标是使每一位客人满意，但事实上，无论是多么豪华、多高档次的酒店，无论酒店管理者在服务质量方面下了多大的功夫，总会有某些客人，在某个时间，对某件事、物或人表示不满，因此，投诉是不可避免的。这时，客人可能去找大堂副理投诉（接待投诉客人是大堂副理的主要职责之一），也可能直接向服务员发泄心中的不满，或找领班、主管甚至部门经理投诉。因此，无论是服务员还是前厅管理人员，在接待投诉客人和处理客人投诉方面都要训练有素。

前厅接待人员和管理人员应当明白，掌握接待投诉客人的要领和处理客人投诉的方法和技巧，正确处理客人投诉，不仅会使自己的工作变得轻松、愉快，而且对提高酒店服务质量和管理水平，赢得回头客，具有重要意义。

一、投诉的产生

就前厅部及客房部而言，投诉（Complaint）的产生通常有以下几方面的原因：

（1）作为硬件的设施、设备出现故障。比如，空调不灵，电梯夹伤客人，卫生间水龙头损坏等。酒店的设施设备是为客人提供服务的基础，设施设备出故障，服务态度再好，也无法弥补。我国酒店与国际酒店相比，存在的突出问题之一就是设施设备保养不善（尤其是一些经营时间比较长，有“悠久”历史的老酒店），这不仅造成酒店经营成本的上升，而且，严重影响了酒店对客人的服务质量，常常引起客人投诉。

（2）客人对于作为软件的无形的服务不满。如服务员在服务态度、服务效率、服务时间等方面达不到酒店或客人的要求与期望。

（3）酒店管理不善。比如住客在房间受到骚扰、客人的隐私不被尊重、财物丢失等。

（4）客人对酒店的有关政策规定不了解或误解引起的。有时候，酒店方面并没什么过错，之所以投诉是因为他们对酒店有关政策规定不了解或误解造成的，在这种情况下，就要对客人耐心解释，并热情帮助客人解决问题。

二、对客人投诉的认识

投诉是沟通酒店管理者和顾客之间的桥梁。对客人的投诉应该正确认识。投诉是坏事，也是好事，它可能会使被投诉的对象（有关部门或人员）感到不愉快，甚至受惩，接待投诉客人也不是一件令人愉快的事，对很多人来讲，是一种挑战。但投诉又是一个信号，告诉我们酒店服务和管理中存在的问题，因此，管理阶层对于客人的投诉必须给予足够的重视。对酒店来说，客人投诉的意义表现在以下几个方面：

可以帮助酒店管理者发现酒店服务与管理中存在的问题与不足。酒店的问题是客观存在的，但管理者不一定能发现。管理者长期在一个环境工作，对本酒店的问题可能会视而不见，麻木不仁。另外，尽管酒店要求员工“管理者在和不在一个样”，但事实上，很多员工并没有做到这一点。管理者在与不在截然两样。因此，管理者很难发现问题。而客人则不同，他们是酒店产品的直接消费者，对酒店服务中存在的问题有切身的体会和感受，因此，他们最容易发现问题，找到不足。

为酒店方面提供了一个改善宾客关系的机会。研究表明：使 1 位客人满意，就可招揽 8 位顾客上门，如因产品质量不好，惹恼了 1 位顾客，则会导致 25 位客人从此不再登门。客人有投诉，说明客人不满意，如果这位客人不投诉或投诉没有得到妥善解决，客人将不再入住该酒店，同时也将意味着失去 25 位潜在客人。无疑，这对酒店是个巨大的损失。通过客人的投诉，酒店了解到客人的“不满意”，从而为酒店提供了一次极好的机会，使其能够将“不满意”的客人转变为“满意”的客人，消除客人对酒店的不良印象，减少负面宣传。

有利于酒店改善服务质量，提高管理水平。酒店可通过客人的投诉不断地发现问题，解决问题，进而改善服务质量，提高管理水平。

三、处理客人投诉的目标和原则

（一）处理客人投诉的目标。处理客人投诉的目标是：使“不满意”的客人转变为“满意”的客人，使“大事化小，小事化了”。

（二）处理客人投诉的原则

①真心实意帮助客人解决问题。酒店服务人员及管理人员要明白，处理客人投诉时的任何拖沓或“没了下文”都会招致客人更强烈的不满。

②不与客人争辩。即使是客人错了，也不能与客人争辩，不能与客人正面交锋，只能耐心地解释，取得客人的理解和谅解。

③不因小失大。必要时把“对”让给客人。

④“双利益”原则。既要保护酒店的利益，也不能损害客人的利益。如果片面地追求酒店的利益，其结果必然损害客人的利益，最终结果是损害了酒店的长远利益。

⑤“理”“礼”兼顾原则。处理客人投诉时，要既讲“理”，又讲“礼”。讲“理”，是为了让别人信服；而讲“礼”，则是让别人易于接受。

四、处理客人投诉的程序和方法

（1）做好接待投诉客人的心理准备。为了正确、轻松地处理客人投诉，必须做好接待投诉客人的心理准备。首先要树立“客人总是对的”的信念。一般来说，客人来投诉，说明我们的服务和管理有问题，而且，不到万不得已或忍无可忍，客人是不愿前来当面投诉的，因此，首先要替客人着想，树立“客人总是对的”的信念，换一个角色想一想：如果你是这位客人，在酒店遇到这种情况，你是什么感觉？更何况，在酒店业，乃至整个服务业，我们提倡在很多情况下，“即使客人错了，也要把‘对’让给客人”。只有这样，才能减少与客人的对抗情绪。这是处理好客人投诉的第一步。

（2）认真倾听客人投诉，并注意做好记录。对客人的投诉要认真听取，与客人保持眼神交流，注意不要流露任何带有情绪的面部表情。特别是勿随意打断客人的讲述或做胡乱解释。在听取客人投诉时，还要注意做好记录，包括客人投诉的内容、客人的姓名、房号及投诉时间等，以示对客人投诉的重视，同时也是酒店处理客人投诉的原始依据。

（3）正确领会投诉者的真实意图。在倾听客人投诉的同时，要迅速领会投诉者的真实意图。一般来说，投诉客人有三种心态：一是求发泄（客人在酒店遇到令人气愤的事，怨气回肠，不吐不快）；二是求尊重，以显示自己的尊贵（有时，即使酒店方面没有过错，客人为了显示自己的身份或与众不同或在同事面前“表现表现”，也会投诉）；三是为了求补偿（有些客人无论酒店有无过错，或问题是大是小，都可能前来投诉，其真正的目的并不在于事实本身，不在于求发泄或求尊重，而在于求补偿，尽管他可能一再强调“并不是钱的问题”）。

①求发泄的客人火气较大，一般伴随粗鲁的举止，他们习惯于否定一切，例如说：“你们的服务简直糟透了！”无论酒店哪类人员前去协调沟通都暂时难以安抚他们的情绪。此类宾客的说法显然有不客观、不恰当的地方，接待这类客人，正确的做法是先将其引领至人流量少的地方（如客房、商务洽谈室等），顺其心意安抚，“真抱歉，我们的服务工作是有做得不够好的地方”，等他们的怒气稍微缓和时，再详细沟通。

②求尊重的客人往往表现为有较高的修养素质，尽管情绪也较为激动，但措辞相对缓和。除了谈论投诉事项的本身，他们会由此延伸出其他话题发表见解，高谈阔论中可显示其见多识广。“让你们总经理来见我”“我住在某某酒店的时候”是这类客人的常用语。

③前两类宾客因初期表现类似，因此刚受理投诉时可能难以判断。相对来说，求补偿的客人特征较明显，除了抱怨、批评外，他们会重复强调“我不是为了钱”，但对话中又经常提及自己的损失，且不时会反问酒店人员：“你说这事该怎么办？”这就是要求赔偿的潜台词。

当然，投诉宾客的类型并非是绝对的，但无论是哪一种，接受客人投诉时，首先要做到热情相待、耐心听取。不要与客人进行无谓的争辩或随意打断他们的话语，即便对方怒气冲天，甚至蛮不讲理。相反，要心平气和，逐步引导，充分尊重投诉者，使其感受到酒店十分重视他提出的问题，显示出酒店经理有教养、有风度，并有能力帮助客人处理好投诉的事情。若直截了当指出客人的错误，就如“火上浇油”，损害了宾客的“面子”，问题反而难以解决。如果客人投诉的真正目的在于求补偿，则要看看自己有无权利这样做，如果没有这样的授权，就要请上一级管理人员出面接待投诉客人。

（4）对客人的不幸遭遇表示同情、理解和道歉。在听完客人的投诉后，要对客人的遭遇表示抱歉（即使客人反映的不完全是事实，或酒店并没有过错，但至少客人感觉不舒服、不愉快），同时，对客人的不幸遭遇表示同情和理解。这样，会使客人感觉受到尊重，自己来投诉并非无理取闹，同时也会使客人感到你和他站在一起，而不是站在他的对立面与他讲话，从而可以减少对抗情绪。

（5）对客人反映的问题立即着手处理。客人投诉最终是为了解决问题，因此，对于客人的投诉应立即着手处理，必要时，要请上级管理人员亲自出面解决。处理客人投诉时，要注意站在客人的立场上，维护他们的尊严，把“错”留给酒店，巧妙地给对方下台阶的机会，客人最终会理解酒店的诚意。同时，要善于察言观色，适时地用征询、商量、建议性的口吻与宾客交谈。但也要注意，把“对”让给宾客并不等同于承诺所有。酒店经理应避免主观轻易地表态，单纯的“是”或“不是”容易使自己陷入被动局面。告诉客人你能做什么，如有可能，提出可供选择的意见和办法，不可为安抚宾客而擅自做主或超越权限做出不合实际的许诺，损害饭店的利益和声誉。在接待和处理客人投诉时，要注意以下几点。

①切不可在客人面前推卸责任。在接待和处理客人投诉时，一些员工自觉或不自觉地推卸责任，殊不知，这样给客人的印象更糟，使客人更加气愤，结果，旧的投诉未解决，又引发了客人新的更为激烈的投诉，出现“投诉的‘连环套’”。服务员应该记住，客人投诉时，他所关心的是尽快解决问题，他只知道这是酒店的问题，而并不关心这是谁的或哪个部门的问题。所以，接待投诉客人，首要的是先解决客人所反映的问题，而不是追究责任，更不能当着客人的面推卸责任。

②尽量给客人肯定的答复。一些酒店管理人员认为，为了避免在处理客人投诉时自己陷入被动，一定要给自己留有余地，不能把话说死。比如，不应说：“十分钟可解决”，而应说：“我尽快帮您办”或“我尽最大努力帮您办好”，殊不知，客人，尤其是日本及欧美客人，最反感的就是不把话说死，什么事情都没有个明确的时间概念，正如一位投诉客人所言“贻误时间，欧美和日本客人尤为恼火”。因此，处理客人投诉时要尽可能明确告诉客人多长时间内解决问题，尽量少用“尽快”“一会儿”“等等再说”等时间概念模糊的字眼。如果确实有困难，也要向客人解释清楚，求得客人的谅解。

（6）对投诉的处理过程予以跟踪。接待投诉客人的人，并不一定是实际解决问题的人，因此客人的投诉是否最终得到了解决，仍然是个问号。事实上，很多客人的投诉并未得到解决，因此，必须对投诉的处理过程进行跟进，对处理结果予以关注。

（7）与客人进行再次沟通，询问客人对投诉的处理结果是否满意，同时感谢客人。有时候，客人反映的问题虽然解决了，但并没有解决好，或是这个问题解决了，却又引发了另一个问题。比如，客人投诉空调不灵，结果，工程部把空调修好了，却又把客人的床单弄脏了。因此，必须再次与客人沟通，询问客人对投诉的处理结果是否满意。比如，可打电话告诉客人："我们已通知维修部，对您的空调进行了维修，不知您是否满意？"……这种"额外的"关照并非多余，它会使客人感到酒店对其投诉非常重视，从而使客人对酒店留下良好的印象。与此同时，应再次感谢客人，感谢客人把问题反映给酒店，使酒店能够发现问题，并有机会改正错误。这样，投诉才算得到真正圆满的解决。

五、处理客人投诉的艺术

（1）降温法。首先要保持冷静、理智，同时，要设法消除客人的怒气。比如，可请客人坐下慢慢谈，同时，为客人送上一杯茶水。此时，以下几点要特别注意，否则，不但不能消除客人的怒气，还可能使客人"气"上加"气"，出现火上浇油的效果。

①先让客人把话说完，切勿胡乱解释或随便打断客人的讲述。

②客人讲话时（或大声吵嚷时），你要表现出足够的耐心，决不能随客人情绪的波动而波动，不得失态。即使是遇到一些故意挑剔、无理取闹者，也不应与之大声争辩，或仗"理"欺人，而要耐心听取其意见，以柔克刚，使事态不致扩大或影响他人。

③讲话时要注意语音、语调、语气及音量的大小。

④接待投诉客人时，要慎用"微笑"，否则，会使客人产生"出了问题，你还'幸灾乐祸"的错觉。

（2）移步法。投诉应尽量避免在大庭广众之下处理，要根据当时的具体环境和情况，尽量请客人移步至比较安静、无人干扰的环境，并创造良好的气氛与客人协商解决。避免在公共场所与客人正面交锋，会影响其他客人，或使酒店及投诉客人都下不了台。

（3）交友法。向客人表达诚意，同时，适时寻找客人感兴趣的、共同的话题，与客人"套近乎"、交友，解除客人的戒备和敌意，引起客人的好感，从而在投诉的处理过程中赢得主动，或为投诉的处理创造良好的环境。

（4）快速反应法。对投诉的处理应该迅速、果断，这反映了酒店对投诉和客人的态度以及对投诉的重视程度，能提高客人的满意度。相反，在处理客人投诉时的任何拖沓，都会使客人更加反感，甚至"肝火上升"，即使投诉解决了，也不能使客人满意。

客人反映的问题解决得越快，越能表现出饭店的诚意和对客人投诉的重视，也越能体现饭店的服务质量，取得客人的谅解，换来客人的满意。否则，即使问题解决了，客人也不会满意。

（5）语言艺术法。处理客人投诉时，免不了要与客人沟通，与投诉客人沟通时，特别要注意语言艺术。特别要注意运用礼貌的语言、诚恳的语言以及幽默的语言，另外还要注意避免无意中伤害客人或容易引起客人误解的语言。

（6）充分沟通法。要区别不同情况，把将要采取的措施告诉客人，并征得其同意，告诉他们解决问题需要的时间。对一些较为复杂的问题，在弄清真相前，不能急于表达处理意见；对一时不能处理的事，要注意让客人知道事情的进展情况，避免误会以为酒店将他的投诉搁置不理。

（7）博取同情法。对客人动之以情，晓之以理，让客人理解问题的出现并非酒店的主观意愿，而且酒店也愿意承担一定的责任或全部责任，必要时告诉客人，赔偿责任将由当事服务员全部负责，以体现酒店对投诉的重视，同时博取客人的同情。在这种情况下，很多客人会放弃当初的赔偿要求。

（8）多项选择法。即给客人多种选择方案。在解决客人投诉中所反映的问题时，往往有多种方案，为了表示对客人的尊重，应征求客人的意见，请客人选择，这也是处理客人投诉的艺术之一。

六、如何面对“找碴儿”的客人

酒店员工在与客人的冲突中，始终是处于“不利”的地位，或者说是“不占优势”的地位的。那些故意来“找碴儿”的客人，对这一点了解得非常清楚。他们知道，无论他们自己说了什么，或做了什么，只要服务员稍稍有一点“出格”的言行，他们就可以去向经理投诉，而且，那些被投诉的服务员，肯定是要挨批、受罚的。这些客人知道，哪怕是他们先骂了服务员十句，只要服务员回了一句，他们也可以把自己说成是“受害者”，进而大闹一场。对于这种“不平等”，那些“找碴儿”的客人知道得很清楚，而有些服务员却往往由于一时的冲动，而把它“忽略”了。一些服务员之所以在客人面前“吃亏”，就是因为他们忽略了自己与客人之间的这种“不平等”。

作为服务人员，要进行自我保护，就必须面对现实，承认在与客人的冲突中自己始终是处在不利的、不占优势的地位。在客人面前，决不能有“你厉害，我比你还厉害”的想法。只有不让冲突发生，发生了，也决不让它“升级”，才是最佳的选择。面对那些带有挑衅性的、故意来“找碴儿”的客人，服务员只有用正确的想法，来控制自己的情绪和言行，才能使自己立于“不败之地”。

七、投诉的统计分析

投诉处理完以后，有关人员，尤其是管理人员，还应对该投诉的产生及其处理过程进行反思，分析一下该投诉的产生是偶然的还是必然的，应该采取哪些措施，制定哪些制度，才能防止它再次出现。另外，对这次投诉的处理是否得当，有没有其他更好的处理方法。只有这样，才能不断改进服务质量，提高管理水平，并真正掌握处理客人投诉的方法和艺术。

客人投诉有助于酒店发现其服务和管理中存在的问题，是酒店提高服务质量和管理水平的杠杆，因此，前台和客房管理人员应十分重视客人投诉，加强对客人投诉工作的管理，做好客人投诉的记录等基础工作，并定期（月、季或年）对客人的投诉进行统计分析，从中发现客人投诉的规律，采取相应的措施或制定有关制度，以便从根本上解决问题，从而不断提高服务质量和管理水平。

第四节　客历档案的建立

酒店前厅接待人员在接到客人的客房预订要求时，也许想知道：该客人以前住过本店吗？如果来过，是什么时候来的？来过几次？他（她）对酒店重要吗？是一位好客人还是一位有着不良客史不宜再接待的客人？客人有哪些爱好、习惯，喜欢哪个房间？

前厅销售人员也许需要一份客人的通讯录，以便在圣诞节和新年给客人寄贺卡，使很久没来住店的客人产生住店欲望；或将酒店新的娱乐项目和节目菜单寄给可能产生兴趣的客人；或给多次住店的客人寄送感谢信。

你也许是这样一家酒店：饱受市场竞争之苦，成立了营销部，招聘了高素质的营销人员，而他们面对市场的汪洋大海，一筹莫展，像一群迷失方向的羊，不知道自己的客人是谁，客人在哪里，怎么样与他们取得联系。

如果是这样的话，酒店就应该立即建立客历档案。

一、建立客历档案的意义

（1）有利于为客人提供“个性化”服务（Personalized Service），增加人情味。服务的标准化、规范化，是保障酒店服务质量的基础，而“个性化”服务则是服务质量的灵魂。要提高服务质量，必须为客人提供更加富有人情味的、突破标准与规范的“个性化”服务，这是服务质量的最高境界，是酒店服务的发展趋势。

（2）有利于搞好市场营销，争取回头客。“客历档案”建立，不仅能使酒店根据客人需求，为客人提供有针对性的、更加细致入微的服务，而且有助于酒店平时做好促销工作。比如，通过客历档案，了解客人的出生年月日、通信地址，与客人保持联系，向客人邮寄酒店的宣传资料、生日贺卡等。

（3）有助于提高酒店经营决策的科学性。任何一家酒店，都应该有自己的目标市场，通过最大限度地满足目标市场的需要来赢得客人，获取利润，提高经济效益。客历档案的建立有助于酒店了解“谁是我们的客人”“我们客人的需求是什么”“如何才能满足客人的需求”，因此，能够提高酒店经营决策的科学性。

二、客历档案的内容

（1）常规档案。包括客人姓名、性别、年龄、出生日期、婚姻状况以及通信地址、电话号码、公司名称、头衔等，收集这些资料有助于了解目标市场的基本情况，了解“谁是我们的客人”。

（2）预订档案。包括客人的订房方式、介绍人，订房的季节、月份和日期以及订房的类型等，掌握这些资料有助于酒店选择销售渠道，做好促销工作。

（3）消费档案。包括包价类别、客人租用的房间、支付的房价、餐费以及在商品、娱乐等其他项目上的消费；客人的信用、账号；喜欢何种房间和酒店的哪些设施等，从而了解客人的消费水平、支付能力以及消费倾向、信用情况等。

（4）习俗、爱好档案。这是客历档案中最重要的内容，包括客人旅行的目的、爱好、生活习惯；宗教信仰和禁忌；住店期间要求的额外服务。了解这些资料有助于为客人提供有针对性的“个性化”服务。

（5）反馈意见档案。包括客人在住店期间的意见、建议；表扬和赞誉；投诉及处理结果等（表 8-2）。

表 8-2　客历档案卡（参考式样）

姓名：	性别：	国籍：
出生日期及地点：		身份证号：
护照签发日期与地点：		护照号：
职业：		头衔：
工作单位：		
单位地址：		电话：
家庭地址：		电话：
其他：		

住店序号	住宿期间	房号	房租	消费累计	习俗爱好特殊要求	表扬、投诉及处理	预订信息（渠道、方式、介绍人）	信用及账号	备注

三、客历档案的建立

客历档案的建立必须得到酒店管理人员的重视和支持，并将其纳入有关部门和人员的岗位职责之中，使之经常化、制度化、规范化。客历档案的有关资料主要来自于客人的“订房单”“住宿登记表”“账单”“投诉及处理结果记录”“宾客意见书”及其他平时观察和收集的有关资料。因此，收集客人信息不只是总台的事情，而且也是酒店所有部门的义务。各部门员工在对客服务过程中，要注意收集客人的需求信息，录入客人档案，以便为客人提供个性化服务。

第五节 与客人的沟通技巧

丽思卡尔顿酒店：禁止对客人说“行”或“可以”！

世界顶级酒店集团丽思卡尔顿（Ritz-Carlton）对员工提出 20 条服务准则，其中第 14 条准则是：告诫员工与客户以及同事沟通时注意措辞得体。例如：应该说“请接受我的道歉”而非“对不起”；“愿意为您效劳”而非“可以”。为此，前总裁舒尔策曾宣布过一条著名禁令，禁止说“行”或“可以”。由此可见，在酒店服务中，沟通是何等重要！

要与客人建立良好的宾客关系，就要对客人有个正确的认识，正确理解酒店员工与客人的关系，掌握客人的心理和与客人的沟通技巧。

一、正确认识客人

要与客人进行良好的沟通，首先要正确认识客人，了解“客人是什么”和“客人不是什么”。

（一）客人是什么

（1）客人是服务的对象。服务人员是“服务的提供者”，而客人则是“服务的接受者”，是“服务的对象”。酒店员工在工作中始终都不能忘记这一点，不能把客人从“服务的对象”变成别的什么对象。所有与“提供服务”不相容的事情，都是不应该做的。特别是无论如何也不能去“气”自己的客人。道理很简单：客人来到酒店，是来“花钱买享受”，而不是来“花钱买气受”的。

（2）客人是最要面子的人。常见客人到酒店的前台或餐厅，说的第一句话就是：“叫你们老总（经理）来。”来干什么？老总（经理）来给客人一个“面子”，给了客人面子，其他事情（如价格、结账单）就都好办多了。在我们服务中常说的一句话："把面子给客人。"这是因为迎合了客人"求尊重"的心理。

（3）客人是具有优越感的人。在酒店里，我们所做的一切都是为了客人，客人的要求，只要不是无理的，我们都要满足他们。一次，一房客叫来服务员，说他来了两位客人，要两包茶叶和两个一次性纸杯，房间备有两个盖杯，可客人就是不用。服务员按客人的要求将茶叶和两个一次性纸杯拿过去时，这位客人说又来了两位客人，再要两袋茶叶和两个一次性纸杯，服务员又立刻返回去拿。这位客人对他的朋友说："听说这里的服务员态度很好，我非得考验考验她们。"对此类客人，只要要求不过分，都应该尽量满足，这体现了一个态度问题。

（4）客人是具有情绪化的自由人。一位客人在餐厅喝多了，踉踉跄跄地走在廊道里，一位男服务生走上前问候并想搀扶他，这位客人恼羞成怒，大声训斥服务员说看不起他。明明喝多了，但客人非说半斤八两白酒不算什么；明明是摔倒了，但那位客人还大声嚷嚷"没事儿，没事儿！"事后还是服务员搀扶他走进了房间，并帮他脱掉鞋和外衣，盖好被子，关好房门才离开。服务人员要学会宽容客人，理解客人。

（5）客人是追求享受的人。我们应该在一定的范围内满足客人的精神和物质享受，并不断开发新产品来满足他们更新更高程度的享受。

（6）客人是绅士和淑女。谈及曾否遇到过特别粗鲁的客人时，丽思卡尔顿酒店的一位经理曾对酒店的培训生讲道："如果你善待他们，他们自然也会善待你。切记，你们要以绅士和淑女的态度为绅士和淑女们提供优质服务。"

（二）客人"不是"什么

（1）客人不是评头论足的对象。任何时候，都不要对客人评头论足，这是极不礼貌的行为。请听一下一位客人的经历和反映："当我走进这家酒店的餐厅时，一位服务员颇有礼貌地走过来领我就座，并送给我一份菜单。正当我看菜单时，我听到了那位服务员与另一位服务员的对话：'你看刚才走的那个老头，都快骨瘦如柴了还舍不得吃，抠抠搜搜的……''昨天那一位可倒好，胖成那样儿，还生怕少吃一口，几个盘子全叫他给舔干净了！'听了他们的议论，我什么胃口也没有了。他们虽然没有议论我，可是等我走了以后，谁知道他们会怎样议论我？我顿时觉得，他们对我的礼貌是假的！"

（2）客人不是比高低、争输赢的对象。不要为鸡毛蒜皮的小事与客人比高低、争输赢，因为即使你"赢"了，你却得罪了客人，使客人对你和你的酒店不满意，实际上你还是输了。

（3）客人不是"说理"的对象。在与客人的交往中，服务人员应该做的只有一件事，那就是为客人提供服务。所以，除非“说理”已经成为服务的一个必要的组成部分，作为服务人员，是不应该去对客人“说理”的。尤其是当客人不满意时，不要为自己或酒店辩解，而是要立即向客人道歉，并尽快帮客人解决问题。如果把服务停下来，把本该用来为客人服务的时间，用去对客人“说理”，其结果，肯定是“吃力不讨好”。

（4）客人不是“教训”和“改造”的对象。酒店的客人中，“什么样的人都有”，思想境界低、虚荣心强、举止不文雅的人大有人在。但服务人员的职责是为客人提供服务，而不是“教训”或“改造”客人。如果需要教育客人，也只能以“为客人提供服务”的特殊方式进行。

经典案例

细心的服务

某日，有几位客人在客房里吃西瓜，桌面上、地毯上吐得到处是瓜子。一位客房服务员看到这个情况，就连忙拿了两个盘子，走过去对客人说：“真对不起，不知道您几位在吃西瓜，我早应该送两个盘子过来。”说着就去收拾桌面上和地毯上的瓜子。客人见这位服务员不仅没有指责他们，还这样热情周到地为他们提供服务，都觉得很不好意思，连忙作自我批评：“真是对不起，给你添麻烦！我们自己来收拾吧。”最后，这位服务员对客人说：“请各位不要客气，有什么事，尽管找我！”

这位服务员就不是用训斥的方式，而是用“为客人提供服务的方式”教育了客人。

二、掌握与客人的沟通技巧

（1）重视沟通语言的使用。沟通缺失或沟通不当，是影响酒店总台及其他服务部门服务质量的重要因素。主动、规范的沟通语言，是提高酒店总台接待质量及酒店服务质量的重要途径。下面这一案例很好地说明了这一点。

经典案例

我听到的服务酒店

平均每个月我有8次机会面对前台接待员，但仍有很多前台接待员只集中精神在他们面前的电脑工作：记录客人资料及制作房卡等，这一来便忽略了与客人之间的接触及服务行业的核心宗旨：以殷勤好客的服务态度接待客人。但同时也有大部分酒店管理者明白酒店服务其实就是一种与客人沟通的学问及技巧，他们培训及指导所有接触客人的员工如何成为“主人”。从“主人”的角度来看，服务员应主动与客人沟通，服务员应先开口与客人打招呼。我所遇见过的“主人”他们都会主动与我打招呼，然后再说：“请问先生贵姓。”而不会直接说：“住宿登记吗？”

很多时候，当我在前台登记完毕后，我会发觉自己变成房间号码。譬如“305 号房需要多几包咖啡”或者“701 号房需要多几条浴巾”。作为“主人”而言，他们会很有礼貌地回答客人及确保完成所有要求。譬如说：“甘乃迪先生，我们会马上把毛巾送到您的房间，感谢您致电客房部。”在我入往的无数最佳的酒店当中，十次中肯定有一次房间内会有一些问题，然后维修工人到来，毫无表情地看着我，然后说：“排水沟塞了吗？”我便点一下头就说：“是的，排水沟塞了。”对话就此结束……

—— Doug Kennedy

（2）重视对客人的“心理服务”。酒店为客人提供“双重服务”，即“功能服务”和“心理服务”。功能服务满足消费者的实际需要，而“心理服务”就是除了满足消费者的实际需要以外，还要能使消费者得到一种愉快的“经历”。从某种意义上讲，客人就是花钱“买经历”的消费者。

（3）对客人不仅要斯文和彬彬有礼，而且要做到“谦恭”“殷勤”。斯文和彬彬有礼，只能防止和避免客人“不满意”，而只有“谦恭”和“殷勤”才能真正赢得客人的“满意”。所谓“殷勤”，就是对待客人要热情周到，笑脸相迎，嘘寒问暖；而要做到“谦恭”，就不仅意味着不能去和客人“比高低、争输赢”，而且要有意识地把“出风头的机会”全都让给客人。如果说酒店是一座“舞台”，服务员就应自觉地去让客人“唱主角”，而自己则“唱配角”。

（4）对待客人，要“善解人意”。要给客人以亲切感，除了要做“感情上的富有者”以外，还必须“善解人意”，即能够通过察言观色，正确判断客人的处境和心情，并能根据客人的处境和心情，对客人做出适当的语言和行为反应。

经典案例

“先生，您不太舒服吗？”

为了营造温馨的氛围，使客人来到总台就像回到家一样温暖、亲切，我们还将亲情服务融入到日常工作当中。客人来到总台时，我们尽可能多地和他们交谈，从中得到有益于我们服务的信息，例如客人的喜好、口味等。有一个很冷的晚上，一位南京来的客人登记住宿，无精打采，而且不停地擦鼻涕，我便问：“先生，您不太舒服吗？”那位客人无奈地说：“火车上冻得要死，车又晚点，药都没处买。”我于是给他安排了一间供暖好的房间，并告诉他要多喝些热水。把那位客人安排好后，我便打了免费送药的电话，半小时后药就送来了。当我把感冒药送到客人手中时，他激动地说：“你们的服务真是做到家了。就是我自己的亲人，也只能做到这份儿上了，太谢谢你了。”

（5）“反”话“正”说，不得对客人说“不”。将反话正说，就是要讲究语言艺术，特别是掌握说“不”的艺术，要尽可能用“肯定”的语气，去表示“否定”的意思。比如，可以用“您可以到那边去吸烟”，代替“您不能在这里吸烟”；“请稍等，您的房间马上就收拾好”，代替“对不起，您的房间还没有收拾好”。在必须说“不”时，也要多向客人解释，避免用钢铁般生硬冰冷的“不”字一口回绝客人。

经典案例

希尔顿酒店如何对客人说“不”

希尔顿不允许员工对客人说“不”。当客人问：“有房间吗？”，如果没有怎么说？

“对不起，我们最后的两间保留房已经卖出去了，很抱歉。”

作为五星级的希尔顿酒店，如果只说这句话，那他只说了一半。还有一半怎么说呢？他应该说：“我给您推荐两家酒店，档次跟我们差不多，而且价格还低20元，要不要帮您看看？”客人听到这句话，能不要吗？接待员马上联线其他酒店的客房预订中心，直到把客人送上车。这种出乎意料的服务一下就会赢得客人的好感，激起客人下次一定要住希尔顿的欲望。

（6）否定自己，而不要否定客人。在与客人的沟通中出现障碍时，要善于首先否定自己，而不要去否定客人。比如，应该说：“如果我有什么地方没有说清楚，我可以再说一遍。”而不应该说：“如果您有什么地方没有听清楚，我可以再说一遍。”

（7）投其所好，避其所忌。客人有什么愿意表现出来的长处，要帮他表现出来；反之，如果客人有什么不愿意让别人知道的短处，则要帮他遮盖或隐藏起来。比如，当客人在酒店“出洋相”时，要尽量帮客人遮盖或淡化之，决不能嘲笑客人。

（8）不能因为与客人熟，而使用过分随意的语言。做酒店工作久了，就会有许多客人成为自己的朋友。于是见面的问候不再是“您好”，而是“哇！是你呀！”彼此之间的服务也由“格式”化，变成“朋友”化了。这会导致沟通失误，甚至造成严重后果。

经典案例

你死了，还有你的家人……

年底，某日深夜1点多，有一常客略带醉意来总台结往日挂账。为安全起见，这个时间收银的柜台账目已上交财务。客人应在白天由财会人员结账。服务员往日与这位常客很熟，加之台前又没有什么事情可做，于是服务的“格式”化就变成了熟人之间的随意化了，缺失了原来的敬重、分寸。对话由浅入深地讲开了。

“你们怎么规矩这么多？给你们送钱还不要，要是我死了，是不是就不用结账了？！”

“没关系，你死了，还有你的家人，怎么也赖不了账的。”

客人一时来火，“他妈的，快过年了，你还说这话……”边说边操起柜台上的东西砸了过去打在服务员的头上，并扬言一定不放过她，要修理她，要她付出代价……

从上面的事件中可以看出，客人可以把你当“熟人”调侃，随便套近乎，可作为服务员却不行，在工作中，酒店员工不能因为与客人熟而导致礼貌用语的缺失。

本章小结

建立良好的宾客关系是酒店经营成功的保障和前提，现代饭店必须重视宾客关系。

饭店大堂副理以及宾客关系主任等岗位的设立，主要目的就是解决住店客人在酒店遇到的各种问题，建立良好的宾客关系。

大堂副理的职责和定位问题是一个需要认真研究的问题。在实际操作中，大堂副理在各酒店扮演的角色各不相同。有的具有管理职能，有的只起协调作用（在客人与部门之间进行协调），还有的仅仅扮演翻译的角色；有的相当于部门经理的级别（这种情况比较少），有的则享有主管的级别（这种情况比较普遍）；有的有权干预酒店各部门对客服务问题，有的则只能指导前厅部的工作。大堂副理权限过大，可能造成双重领导，引发各种矛盾。权限过小，则形同虚设，发挥不了大堂副理应有的作用……酒店应根据自身的实际情况，对大堂副理进行合理的定位，使其既能较好地发挥自身的职能，又不会引起管理的混乱。

宾客关系主任隶属于大堂副理领导，通常是在四星级以上大型、高档酒店才有必要设立。

正确处理客人投诉是建立良好宾客关系的重要环节，总台服务和管理人员要学会处理客人投诉的方法和技巧。

为了满足客人的个性化需求，酒店应建立客历档案，将每位住店客人的需求特点记录下来，以便下次客人光顾时，为客人提供个性化服务，这也是改善宾客关系的重要组成部分，是现代酒店经营管理的发展趋势。

课堂讨论

“老婆”将老公和情人堵在酒店客房……

6月21日早上7点钟左右，1312房打电话给我（大堂副理）请求帮助：昨天晚上和自己的情人一起在酒店住宿，没想到一大早自己老婆站在房门口敲门，万分惊恐之下向本值求助！我立即赶到现场，并拿出一张假的住宿单给门口闹的“老婆”，证明该房不是她要找的人。结果她说：“我已经听到我老公说话了，赶快把门打开，不然我会把门给砸了。”看她伤心欲绝的样子，我真不知道该怎么办了。

讨论题

面对这样的情况，作为大堂副理，应该怎样处理？

课堂训练

设想有位客人在酒店餐厅吃饭时，在盘子里发现一只死苍蝇，引起客人投诉，由两位同学分别扮演这位客人和酒店宾客关系主任，如何妥善处理此事。

经典案例

宾客关系主任：一次完善的服务补救

笔者曾随团赴泰国旅游考察，在曼谷下榻Hilton旗下的Conrad酒店，期间亲历了一个服务失误补救案例，领略到优质服务的魅力。

笔者在曼谷当地有一位合作多年的老客户，得知笔者来泰国高兴异常，于是双方约定次日上午9:30在酒店大堂见面。由于第二天团队还有其他活动，当晚导游便同我一齐到总台交代服务员：“小姐，明天我们团早晨8:30出发，这位王先生住××房，上午要离团单独活动，请把他的房间保留到9:20，客人届时自己到总台结账退房。”在得到总台的确认后，我们放心地上楼休息了。

第二天早晨，我取出专门为老客户准备的一份礼品，用酒店的手提袋装好放在床头柜旁，下楼和导游约定与客户会面结束后直接到午餐地点跟团员们会合，随后就到餐厅用早餐。餐毕回到房间时却发现那袋礼品不见了！我赶忙到总台询问，原来总台通知查房时忘了交代我这间房9:20才退，楼层服务员发现我的房间还有一袋物品，以为是团员忘带了，就让行李员取走直接装上了大巴！

我一听就急了，我只约定了中午与团队会合的地点，并没有留导游和司机的电话号码，加之出国旅游没有随身携带通信工具，根本无法与团员取得联系，这可怎么办！（点评：工作疏忽大意、想当然以及沟通不到位，是导致服务失误的重要原因。那位通知团队退房的总台员工如

果能再仔细一点，或是行李员在把“遗忘”的手提袋装上大巴前能再和客人或导游沟通确认一下的话，就不会出现这样的失误了）

正在一筹莫展的时候，一位身穿深色西服的酒店经理走上前来：“王先生，我叫Jim，是酒店宾客服务高级经理，您遇到的问题由我全权负责。我已经知道了您不愉快的经历，非常对不起，因为我们的失误，给您带来了诸多不便，我们愿意全力补救。我们已经安排酒店销售部和旅行社联系，争取尽快找到导游和司机，确认他们的方位。”（点评：出现服务失误引起客人投诉后，员工把问题逐级上报的现象在很多酒店屡见不鲜。而各级管理人员接手处理时，客人往往都不得不再复述一遍自己的经历。员工逐级地上报和客人一遍一遍地复述，不但影响效率，延误时机，更加重了客人的不满和怨气。而JIM在很快了解了整个事情的经过后，第一时间出现在客人面前，表示全权负责并直接切入主题，无疑给了客人很好的印象和几分安定。另外，很多时候面对客人的抱怨和投诉，酒店方除了道歉外总喜欢解释，诸如之所以会出现问题，是因为这样或那样的原因造成的等等。其实，客人最需要的是解决问题而不是解释原因。问题发生的原因并不是客人关注的焦点，没有行动只是一个劲儿地道歉根本于事无补。Jim在道歉后主动表示了愿意全力补救的积极态度并已经有了第一步实际行动——尽快寻找到导游和司机，很好地舒缓了客人的焦虑情绪）

不一会儿，Jim的手机响了，是大巴司机打来的，团队正在前往景点的路上，约十五分钟后到，停留半小时。Jim随即对我说：“王先生，我们已经找到司机了，从酒店到那一处景点大约需要半小时，我们马上派车去取，您可以先在这里等您的客户；如果您不放心，我们的车也可以送您一起去，9:30您的客户来时，我会在大堂恭候，并负责接待他们。另外不管您随不随车去，我们都将为您和您的客户免费提供一间会客室以及饮料茶点。”

因为同行团友很多人用酒店的手提袋装物品，我担心司机不容易找到我那个装有礼品的袋子，就表示要随车前去领取。于是，我找出客户名片，准备给他打电话说明情况。Jim在旁见状马上说：“您可以用我的手机打，如果您不介意的话可以把名片给我，我来帮您拨。”我正愁不了解如何拨打泰国的号码，听Jim这么一说，欣然把名片递给他。Jim一看名片的地址，立即告诉我：“王先生，这幢写字楼离那处景点很近，您看这样行不行，您和客户商量一下，不用麻烦他过来了，待会儿您取到礼品后我们直接送您到他的办公室，更节省时间。”对于这样的安排，我当然没有异议。接下来我跟老客户通了电话，说定改由我去他们公司拜访。（点评：不吝惜酒店的资源，如车、手机、会客室、软料、茶点等，设身处地为客人着想，周到细致地提供多种方案供客人选择，随时灵活应变，真诚地为客人解决问题，全力做好服务补救，Jim显示了很好的职业素养）

不一会儿，一位制服整洁笔挺颇有绅士风度的中年司机开着一辆一尘不染、崭新锃亮的奔驰车停在我面前。这位司机一上来，就递上一瓶冰镇的果汁让我解渴，随即用车载电话联系到旅游大巴司机，问清了对方车号和准确的停车位置后对我说：“王先生，我们半小时之内就能赶到，您放心。”一路上，他还非常热情地介绍沿途的风景、建筑，不知不觉就到了目的地。停车场非常大，停靠了几十部大小车辆。他把车停好带着我很快就找到了那辆大巴，取回了礼品，又把我送到客户公司所在的写字楼入口，道别时他真诚地说：“王先生，我们再次为今天的失误表示歉意，衷心地希望能得到您的原谅。现在是 9:25，祝您和客户洽谈愉快，期待您再次下榻我们的酒店。”此时已是满意加惊喜的我，在感动和赞叹之余，真不知该说什么好了……（点评：一流员工的完美服务，为这次服务补救行动画上了一个圆满的句号。如何把服务失误和客人投诉真正当作我们的机会点，用心采取卓越的补救措施，解决客人的问题，感动客人进而建立良好的宾客关系，提高客人的满意度和忠诚度，值得每个酒店工作者深思）

任务拓展

大堂副理工作“五忌”

一忌：总是刻板呆坐在工作台。大堂副理大多数时间应在大堂迎来送往招呼来来去去的客人，随机地回答客人的一些问讯，不放过能与客人交往的任何机会，一方面方便了客人，使饭店的服务具有人情味，增加了大堂副理的亲和力，另一方面可以收集到更多宾客对饭店的意见和建议，以利于发现饭店服务与管理中存在的问题与不足，及时发现隐患苗头，抢在客人投诉之前进行事前控制。

二忌：在客人面前称饭店其他部门的员工为“他们”。在客人心目中，饭店是一个整体，不论是哪个部门出现问题，都会认为就是饭店的责任，而大堂副理是代表饭店开展工作的，故切忌在客人面前称别的部门员工为他们。

三忌：在处理投诉时不注意时间、场合、地点。有的大堂副理在处理宾客投诉时往往只重视了及时性原则，而忽略了处理问题的灵活性和艺术性。例如，客人在午休、进餐、发怒时，或在发廊、宴会厅等公共场所，在这些时间和场合去处理投诉，效果往往不佳，还可能引起客人反感。

四忌：缺乏自信，在客人面前表现出过分的谦卑。确切地说，大堂副理是代表饭店总经理在处理客人的投诉和进行相关的接待，其一言一行代表着饭店的形象，应表现出充分的自信，彬彬有礼，热情好客，不卑不亢，谦恭而非卑微。过分的谦卑是缺乏自信的表现，往往会被客人看不起，对饭店失去信心。

五忌：不熟悉酒店业务和相关知识。大堂副理应熟悉酒店业务知识和相关知识，如前台和客房服务程序、送餐服务、收银程序及相关规定、酒店折扣情况、信用卡知识、洗涤知识、基本法律法规、民航票务知识等，否则会影响到处理投诉的准确性和及时性，同时也将失去客人对酒店的信赖。

酒店经理人对“经理的困惑”的答复

Re：四星级酒店要不要设 GRO？

邹逢春　山西天贵国际酒店　前厅部经理

岗位的设置不能因听说其他酒店怎样就怎样，而应根据实际需要而定。宾客关系主任的设置是为了更好地协调宾客与酒店的关系，以提升酒店的品位和服务质量，有针对性地提供个性化服务。宾客关系主任岗位说明上应还有一项比较重要的说明，就是协助大堂副理处理宾客投诉及 VIP 接待。

作为一家有 500 间客房的酒店，应增设 1 ～ 2 名宾客关系主任以协助大堂副理工作。

梁峻峰　河南省华驰粤海酒店　房务部总监

宾客关系主任是一些大型豪华酒店设立的专门用来建立和维护良好的宾客关系的岗位。宾客关系主任直接向大堂副理或前厅部经理负责，需要和顾客进行交流沟通，建立良好的关系，并及时了解他们的需求和意见，一些酒店还要求宾客关系主任对 VIP 客户给予特别的关注并确保提供特色服务和个性化服务。

第九章 房价管理

在酒店营销因素组合中，价格是一个重要因素，是酒店主要的竞争手段之一。价格是否合理对产品和服务的销路及其在市场上的竞争地位、对酒店的营销形象以及营业收入和利润都会产生极大的影响。国际酒店业发展的经验表明，酒店经营是否成功、经济效果如何，在很大程度上取决于价格决策的正确与否。

学习目标

知识目标

1. 掌握客房商品的定价目标。
2. 了解影响客房定价的因素。

能力目标

1. 学会制定有竞争力的客房价格。

关键词： 客房定价　价格策略

经理的困惑

新开业酒店要不要采用高牌价、高折扣的定价策略？

我们是一家按照五星级标准建造的酒店，马上就要开业了，今天上午，总经理找我谈话，讨论客房定价的问题。按照酒店行业的常规，一般是将酒店房价（牌价）定得较高，然后客人实际预订时，再给客人打折，这样一则酒店在房价问题上有主动权；二则使客人感觉到酒店将高价房以打折后的低价出租给自己，自己“占了便宜”，也对自己的尊重；三则维护了酒店高档的形象。而新来的夏总却要求我们按照市场实际需求状况，客房定价一步到位，不采用高牌价、高折扣策略。他认为这样做给客人的直观价格比较低，酒店价格比较实在，在与同档酒店的竞争中，容易获得竞争优势，迅速占领市场，并在客人中获得良好口碑。

他的话似乎也很有道理，这样的定价策略能成功吗？

第一节　客房定价的方法与价格策略

一、客房价格的构成

客房商品的价格是由客房商品的成本和利润构成的。客房商品的成本项目包括建筑投资及由此而产生的利息、客房设备、修缮费、物资用品、土地资源使用费、客房人员工资福利、经营管理费、保险费以及营业税等，利润包括所得税和客房利润。如图 9-1 所示。

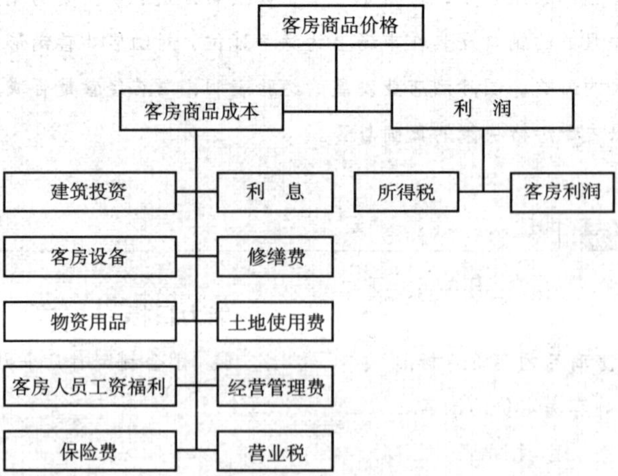

图9-1　客房价格的构成

二、影响客房定价的因素

（1）酒店的地理位置。

（2）成本水平。

（3）供求关系。

（4）竞争对手的价格。

（5）酒店经营的季节性。

（6）有关部门和组织的价格政策。

（7）客人的消费心理。

（8）酒店服务质量。

（9）酒店定价目标。

三、客房定价的方法

（1）随行就市法。就是将同档次竞争对手的客房价格作为定价的依据，从而制定出本酒店客房价格的一种定价方法。

（2）千分之一法。千分之一法是根据客房造价来确定房间出租价格的一种方法，即将每间客房的出租价格确定为客房平均造价的千分之一。例如，某酒店拥有客房 400 间，总造价为 4000 万美元，若每间客房布局统一，则平均每间客房的造价为 10 万美元，按照千分之一规律，房价应为 10 万美元 / 1000=100 美元。按照酒店业的一般规律，平均每间客房造价在 10 万美元的酒店，应为四星级以上之豪华酒店，显然对于这样的酒店，房费确定在 100 美元 / 夜左右是比较合理的。千分之一法是人们在长期的酒店建设和经营管理的实践中总结出来的一般规律，可以用来指导酒店（尤其是新建酒店）客房的定价，判断酒店现行客房价格的合理程度。

（3）收益管理定价法。饭店业传统的定价方法有目标利润法、随行就市法、千分之一法、折扣定价法等，这些定价方法的依据是利润、成本和竞争对手的价格等。而收益管理采用的差异定价方法是一种新的更有效的方法，它可以依据不同的客人、未来时期客人对酒店的预订情况以及酒店客房的储备情况，在不同的季节、不同的时间以及一天中不同的时段，随时调整和改变客房价格，以期实现酒店收益的最大化。

除了上述定价法以外，还有客房面积定价法、赫伯特定价法等，其中客房面积定价法是通过确定客房预算总收入来计算单位面积的客房应取得的收入，进而确定每间客房应取得的收入进行定价的一种方法。

四、价格策略

为了在激烈的竞争中处于有利地位，酒店可选用以下几种价格策略。

（1）高牌价、高折扣策略。高牌价可以维护与酒店星级相适应的高档次市场形象，而高折扣政策（包括对散客）则有利于提高酒店的竞争力。即这种策略可以在不损害酒店形象的前提下，提高酒店客房的利用率和竞争力。

（2）“随行就市”的价格策略。大部分酒店都采用这种随行就市的价格策略，即：客房的价格根据淡旺季的不同、时段的不同、客房预订情况的不同、开房率的不同等而变化，以期最大程度地提高酒店客房的利用率和经济效益。这种定价策略的缺点是会影响酒店在消费者心目中的形象。

（3）“相对稳定”的价格策略。一些酒店为了取信于旅游消费者，维护酒店在消费者心目中的良好形象，在一段时间内，会采取相对稳定的价格策略，即使客房供不应求，也不随意调高价格。这种定价策略的缺点是：可能会使酒店在短期内丧失很多潜在的获取利润的市场机会。但对企业的长期发展有利。同样，有些酒店即使在市场竞争激烈的情况下，也不轻易下调房价，目的也是为了维护其高档次的市场形象。当然，“相对稳定”并非绝对不变，最终要不要上浮或下调价格，还要看客房供不应求的程度或市场竞争激烈的程度，以及这种供不应求（或供过于求）是暂时的还是长期的。在供不应求（或供过于求）的状况长期存在或供不应求（或供过于求）的程度很高的情况下，如果一味地为了“稳定价格”而保持价格不变则是不可取的，会使企业长期蒙受损失或失去竞争力。

（4）中低价策略。即对外公布的牌价，始终保持同档次酒店中的中、低价水平（不打折或打折幅度很小），给人以稳定、实惠的价格形象，以此来吸引客人，取得竞争优势。

第二节　房价体系与平均房价

一、客房价格体系

酒店的房价依其接待对象、时间等的不同，分为多种类型，它们一起构成酒店客房的价格体系：

（1）门市价（Rack Rate）。门市价是客房的“标准价”，又称为“牌价”“散客价”，即在酒店价目表上明码公布的各类客房的现行价格。该价格不含任何服务费或折扣等因素。

（2）协议价（Contracted Rate）。酒店与旅行社、航空公司等在某个时间段签订的协议房价，通常为保密价格。

（3）公司价（Corporate Rate）。酒店与有关公司或机构签订房价合同，并按合同规定向对方客人以优惠价格出租客房，以求双方长期合作。房价优惠的幅度视对方能够提供的客源量及客人在酒店的消费水平而定。

（4）团队价（Group Rate）。主要是针对旅行社的团队客人制定的折扣价格，其目的是与旅行社建立长期良好的业务关系，确保酒店长期、稳定的客源，提高客房利用率。团队价格可根据旅行社的重要性和所能组织客源的多少以及酒店淡、旺季客房利用率的不同加以确定。为了吸引团队客人，很多酒店给予团队客人的优惠价往往低于酒店标准价的 50%。

（5）小包价（Package Rate）。是酒店为客人提供的一揽子报价，除了房费以外，还可能包括餐费、交通费、游览费（或其中的某几个项目）等，以方便客人。

（6）折扣价（Discount Rate）。酒店向常客（Regular Guest）或长住客（Long Staying Guest）或其他有特殊身份的客人提供的优惠房价。

（7）淡季价（Slack Season Rate）。在营业淡季，为了刺激需求，提高客房利用率，而为普通客人提供的折扣价。通常是在标准价的基础上，下浮一定的百分比。

（8）旺季价（Busy Season Rate）。在营业旺季，为了最大程度地提高酒店的经济效益，而将房价在标准价的基础上，上浮一定的百分比。

（9）白天租用价（Day Use Rate）。在下列情况下，酒店可按白天租用价向客人收取房费：客人凌晨抵店入住；客人离店超过了酒店规定的时间；入住与退房发生在同一天（钟点房）。白天租用价，大部分酒店按半天房费收取，也有些酒店按小时收取。

（10）免费（Complimentary）。由于种种原因，酒店有时需要为某些特殊客人提供免费房。免费房的使用，通常只有总经理才有权批准。

二、平均房价

以下两项指标是用来分析、比较和判断酒店经济效益的常用指标。

（1）ADR。ADR（Average Daily Rate），又称“平均房价”是指酒店已出租客房的平均房价。

$$ADR=\frac{\text{计划期客房总收入}}{\text{计划期客房出租总间天数}}$$

$$=\frac{\text{计划期日平均客房总收入}}{\text{计划期日平均出租客房数}}$$

（2）RevPar。RevPAR（Revenue Per-available Room）是指酒店每个可售房间平均所取得的收益。是反映客房的赢利能力和酒店经营状况的一个非常重要的指标。

$$\text{RevPar}=\frac{\text{计划期日平均客房总收入}}{\text{酒店可售房间数}}=\frac{\text{计划期客房总收入}}{\text{计划期天数}\times\text{酒店可售房间数}}$$

酒店可售房间数 = 酒店客房总数 – 酒店自用房（House Use）– 正在装修的房间 – 坏房（OOS）– 其他占用房

RevPar 与 ADR 之间存在一定的关联关系

$$\text{RevPar}=\text{ADR}\times\text{出租率}$$

本章小结

客房价格的制定是前厅管理的一项重要内容，直接关系到酒店的开房率和酒店的经营效益，前厅管理人员要根据当地酒店业市场竞争状况以及酒店客房经营成本，制定有竞争力的客房价格。

酒店常用的客房定价法包括：随行就市法、千分之一法、收益管理定价法、客房面积定价法以及赫伯特定价法。其中随行就市法是按照同档次竞争对手的客房价格作为定价依据，是最具有竞争力和最实用的定价方法，其他几种定价法都是以“我”为主的定价法，包括本酒店的客房造价、经营成本、客房大小以及酒店的经营指标等，因而不一定符合市场的竞争状况，不一定具有市场竞争力，所以只能做为客房定价的参考。不过收益管理定价法则不同，它是近年来定价的新趋势。

酒店的定价目标包括：追求利润最大化、提高市场占有率、应付或防止竞争、实现酒店预期投资收益率等。制定房价时要根据酒店的定价目标采取一定的价格策略，如高牌价、高折扣策略，“随行就市”的价格策略，相对稳定的价格策略等。

酒店应该针对不同的客人和客户群体，确定自身的价格体系和价格政策，包括商务合同价、旅游团队价、折扣价、小包价以及淡季价和旺季价等。

课堂讨论

酒店“只为客人提供了免费的牙膏、牙刷、洗发液等几样不值钱的东西”，却动辄要收取数百元，甚至上千元的房费，太宰人了，对吗？.

课堂训练

某度假型酒店只有可出租客房数 400 间。2015 年，该酒店客房共取得营业收入 1 亿元，平均开房率 60%。试计算该酒店在 2015 年的 ADR 及 RevRar。

案例聚焦

网上拍卖：7 天连锁抛出全新的酒店定价策略

“把定价的权力交给消费者，交给透明的市场供求关系。”当经济型酒店奥运期间房价普遍飙升之际，7 天连锁酒店集团 CEO 郑南雁抛出了一套全新的价格制定体系。7 天酒店的奥运期间房间竞拍活动（1 个房间 1 晚的入住机会），全部以 100 元的底价，投入线上竞拍。这项国内前所未有的拍卖活动，在奥运期间酒店市场掀起波澜。作为华南地区经济型酒店老大，7 天酒店的这次拍卖活动摆明了就是赔本赚吆喝，其背后的根本目的在于借奥运会之机扩大影响，打开北方市场。

奥运会期间的房价定多高才合理？面对这个问题，郑南雁遇到尴尬的两难选择：定价过高，会让会员感到不满；定价过低，7 天又将错过借奥运大赚一笔的机会。郑南雁表示北京市场只占 7 天集团总分店数的 10%，而 8 月份又只占全年业绩的 1/12，因此他对于全年的业绩并不担心。除了经济因素，他显然有更深一层的考虑，他的真正目的是要扩大品牌的影响力。郑南雁坦言，作为一个 2005 年才诞生的经济型酒店新兵，7 天在北方市场的影响力还很有限。而利用此次竞拍的机会，会让人们对于 7 天的关注度延续 5~6 个月，“这本身就是一个品牌营销的战略”。

任务拓展

上调房价要读懂顾客的心理

——酒店上调房价的艺术

一旦入住率超过 85% 以上，我们就要适当地调整房间的价格来降低过热入住率带来的不利因素。通过直观的涨价带来的是顾客的不满和抱怨，那么，我们究竟该如何驾驭房价平稳过渡呢？

首先，上调房价要读懂顾客的心理。在酒店消费的顾客对 10% 左右价格上调并不是很在意，甚至没有什么特别的抵触心理，只要找到一个哪怕是牵强的理由就可以使顾客很平和地接受（专业的酒店管理人士通常能给客人一个很合乎人性的解释），但是很少有客人对超过 20% 上调幅度的价格是没有意见的。所以，上调价格叫“偷着涨”。

其次，上调价格最理想的方式是避免一次过大幅度的上调。可以采用多阶层的调整，每次调整可以通过旅游旺季或者入住率比较高的季节作为调整的时期，从而能给顾客以水到渠成的预料。预料中的事儿毕竟是可以有心理承受能力的，这叫“节节高”。

再次，古人做生意要一个幌子，在房价上调的操作上也要有个幌子。这个幌子就是相应地增加部分服务内容或者在不足为道的内容上给予优惠，比如夜床的巧克力调整为同价饰品等，从而有种质不同价不同、量不同价不同的错觉，这叫“溜墙角”。

最后，需要特别研究的就是价格变动背后的筹划。相关协议客户的协议价格调整、网络订房的价格调整、旅行社价格的调整等，遵从以散客调整为主还是以协议客户调整为主？有哪些利弊？价格调整绝不是总经理会上发布后就完事大吉了，发布前的多次研讨是必不可少，酒店各部门负责人都需要根据对于房价上调而带来的影响做出详细的预测并提出有效的解决方案，一套详细周密的操作方案能避免不必要的麻烦。

房价上调的目的就是在减少入住率的同时保持现有酒店收入不变，在这个大前提下所制订的方案才是有效的、合理的、科学的、可行的，抛弃这些因素所作出的调整都是徒劳无功的。(冯少辉)

酒店经理人对“经理的困惑”的答复

Re：新开业酒店要不要采用高牌价、高折扣的定价策略？

邹逢春　山西天贵国际酒店经理

非常赞同夏总的按市场实际需求状况，定价一步到位的经营模式。因为一家新酒店的开业会受到社会各界的广泛关注，不仅对服务质量和产品质量关注，而且非常关注新酒店的消费价格。

了解当地的客源市场以及消费能力等，对定价是至关重要的，那么根据实际消费情况进行的定价比传统方式更直观，避免客人在消费前的猜测过程，如新酒店会给我折扣吗？或者能给我多少折扣呢？而且与本城市的其他相同档次的酒店相比较，客人听到直观的实际价格，会觉得比其他酒店的挂牌价低，而且还是新酒店，会更容易接受。

高牌价、高折扣只是对常住酒店消费的客人来讲比较了解，而对于不是经常消费的客人来讲不了解，因此，低牌价、低折扣（或无折扣）可以吸引更多的消费群体进入新酒店消费。

第十章 收益管理

收益管理最早出现于航空业，后被引入酒店业，近年来，在国际酒店业中得到了愈来愈广泛的应用，成为酒店竞争的重要手段，也成为未来酒店业经营管理非常重要的发展趋势，因而受到国内外酒店经营管理人员前所未有的重视。

学习目标

知识目标

1 了解收益管理的概念。

2 掌握收益管理的功能和内容。

能力目标

1 学会进行收益管理。

关键词： 收益管理

经理的困惑

实施收益管理是否意味着必须购买收益管理软件？必须随时调整客房价格？

近几年，“收益管理”是个炙手可热的词汇，很多酒店都开始实施收益管理，但说真的，对于收益管理，我还不十分了解。实施收益管理，是否一定要购买和安装一套收益管理软件呢？目前国际上有哪些好的收益管理软件呢？实施收益管理是否一定要每时每刻都要根据开房率和酒店的预订情况不断调整客房价格呢？

第一节　收益管理的原理与实施方法

“收益管理不仅为我们增加了数百万美元的收入，同时也教育我们如何更为有效地管理，从（酒店）最高层必须对酒店施行收益管理，CEO 则需要 100% 地支持这项工作，而全体员工必须了解其功能。”

——-Marriott 国际酒店集团董事长兼 CEO：Willard Marriott，Jr.

一、收益管理

当你在美国乘坐飞机时，有时会发现你邻座的票价比你贵了一倍；当你租车自己开时，也可能发现别人租同样的车，是你的一半；当你下榻旅馆时，或许会发现隔壁旅客住同样房间房价，比你的便宜了许多。这是怎么回事呢？其中很大的原因是由于收益管理系统在后面运作的结果。

收益管理理论最早起源于美国航空业。在 1978 年《解除航空公司管制法》颁布以前，美国政府制定了统一的国内票价，根据飞行的距离来衡量航空业的平均成本，所有航空公司的航班只要是飞行距离相同，都必须执行相同的票价。1978 年以后，伴随着价格管制的解除，收益管理应运而生。当时出现了一家新的航空公司——人民捷运公司（简称“人捷公司”）推出了低价机票。一些大航空公司，如美洲和联合航空公司为了与人民捷运公司竞争，将一部分座位以低价出售，但同时将剩余的座位仍然以高价出售。通过这种方式他们既吸引了人捷公司那些价格敏感型的顾客，同时又没有失去高价顾客，结果大量人捷公司的顾客转投大航空公司，人捷公司最终破产。人捷公司前主席 Donald Burr 认为，人捷公司破产的主要原因是缺乏收益管理系统。

概括而言，收益管理目标是使企业产品能在最佳的时刻，以最好的价格，通过最优渠道，出售给最合适的顾客。

酒店业最先开发使用收益管理系统的是玛丽奥特国际酒店（Mariott International

Hotels）。由于收益管理系统的开发使用，不仅帮助酒店经营管理者们迅速、准确地做出各种决策，同时也使酒店的总收益获得提高。因此，近年来美国许多中高档酒店如假日酒店、希尔顿酒店、凯悦酒店、韦斯汀酒店等酒店集团，均先后开发了各自的收益管理系统。据报道：自从收益管理系统建立以来，凯悦摄政俱乐部客房的预订率上升了20%，各个预订中心平均房价也有所上调。希尔顿酒店公司已经创造了空前的收入纪录。

二、收益管理的核心内容

收益管理的核心是需求预测和优化调控。需求预测功能是准确地预测未来旅客需求及客户供给的情况，使得管理者们对今后的市场变化有个较为清晰的认识。该功能在分析酒店有关以往客房预订的历史资料以及当前旅客预订的情况基础上，正确估计出未来每天的旅客需求和空房的供给。其中包括每天不同时段可能有多少旅客会来预订房间、他们是什么样的旅客、要住什么样的房间、待多长时间，以及每天各个时段有多少空房可供预订等。鉴于旅客需求的季节性和时段性，收益管理系统往往进行长期、中期和短期的预测。长期预测的时间通常为3～9个月，中期预测为7天至3个月，短期预测为当天多个时段至以后的7天。由于许多旅客是当天临时登记入住的，有的收益管理系统还每间隔几个小时就进行一次短期预测，以保证预测的准确性。

优化调控功能是制定最佳房价并推荐最佳空房分配的方案，以供管理者们决策参考。这些最佳房价与最佳空房分配方案的制订，是在以持续增长的酒店总收益为目标，并依据旅客需求与客房供给的预测以及考虑其竞争对手情况下，通过建立和分析复杂的数学模型而获得的。其中最佳房价是包括每天各个时段不同房间的价格，最佳空房分配方案则是动态地调控每日不同时段各种空房供给的配额。

三、收益管理的主要思路

收益管理的基本原理就是通过对市场的细分，对不同目的的顾客在不同时刻的需求进行定量预测，然后通过优化方法来确定动态的控制，最终使得总收益达到最大化，并保持公司的持续增长。当然对不同的酒店和酒店集团，由于各自的市场定位、顾客来源、管理理念、控制机制的不同，其价格和收益管理的方法及其作用也不尽相同。但总体而言，酒店业的价格和收益管理系统可通过下列几个方面来发挥作用：

（1）顾客分类及需求预测。不同的顾客对酒店的要求往往不同。尽管每一酒店有其自己的市场定位，但顾客的性质，来源渠道以及消费特点仍有许多不同之处。收益管理的一个重要功能就是通过科学的方法对不同的顾客进行分类，并得出各种行为模式的统计特性，然后再对每一类顾客的未来需求进行精确的预测，包括预订的迟早，入住的长短，实际入住和预订的差异，提前离店和推迟离店的概率，等等。有了这些精确的预测，再根据各种客人对价格的敏感度等，酒店就能很好地控制资源，提高收益。

（2）优化控制。有了精确的需求预测，还必须有一套相应的价格和收益控制体系才能灵活有效地利用酒店资源，使得收益或利润最大化。根据各不同的预售和价格控制系统，酒店业普遍采用的优化方法主要包括线性规划、动态规划、边际收益控制、风险最小化等。这些方法最终转换成可操作的控制机制，如最短最长控制（Min_Max）、完全长度控制（Full Pattern）等。

（3）节假日价格需求控制。节假日以及特殊事件日往往是酒店获利的最佳时机，许多酒店在此期间一般能达到很高的入住率。但高入住率并非就是高利润率。要使得收益和利润最大化，还必须有一套完善的节假日需求预测及控制方法。

（4）动态价格设定。酒店的定价及其管理是调节一家酒店盈利能力的最直接的杠杆。常见的以成本为基础的定价方法虽简便易行，但往往缺乏竞争的灵活性，且不能反映市场需求的动态变化。而建立在收益管理基础上的一些定价方法，如实时竞标定价（Bid Price）、浮动定价（Dynamic Pricing）、竞争定价等则通过对市场的细分和有效的控制使得价格杠杆的功能发挥到极致。

（5）超额预订控制。由于预售和实际入住往往存在一定的差异，因此如何预测及控制这种差异从而保证实际入住率是酒店经常要解决的一个问题。尤其是在高峰季节，这一问题特别突出。对酒店而言，既要保证尽可能高的入住率，又要避免超售而使得客人无房的尴尬，因此一种精确的超售控制则是保证酒店在最大收益条件下使得客户服务损失变得最小的一个重要工具。

（6）团体和销售代理管理。团体销售几乎是每一酒店都有的业务，且多数情况下有一定的折扣。但如何定量地对这项业务进行分析并有效地控制折扣程度，则是收益管理的很重要部分。相应地，对代理销售及批发代理等，也都可通过抽象的模式来进行优化控制。

（7）酒店附设资源管理。许多星级酒店常有许多附设资源，如餐厅、会议室等。收益管理系统的拓展就是进行所谓的“全收益”管理，即不仅仅对客房的收益进行预测和控制，还对整个酒店的收益进行预测和优化，以期达到最大效益。

（8）经营状况比较和 What–If 分析。酒店经营状况的及时反馈和历史分析是保证酒店正确决策的重要途径。而收益管理系统由于同时兼有大量的历史数据以及未来需求的预测，因此它可以是一个很好的战略和战术的决策武器。另外通过所谓的 What–If 分析，即通过比较不同控制模式所得到的实际收益和理论最大收益之间的差值，酒店管理层就能随时判断经营管理的状态。

（9）结合顾客价值的收益管理。如何确定每一顾客的价值并通过相应的收益控制来区别对待是酒店收益管理的一个新的方向。

第二节“收益管理法”在酒店的应用

负责收益管理的饭店经理，会把每天预期平均房间需求做成图表，“确定在哪个价格点上上调或下调，以鼓励或阻止需求”。

一、酒店实施收益管理的意义

收益管理是自 20 世纪 80 年代发展起来的一种现代科学营运管理方法。这一管理方法在许多信息发达的国家，尤其是欧美已经被许多行业采用，并累计创造了成百上千亿美元的效益。

收益管理在饭店业、汽车出租业、影剧院业、广播电视业和公用事业等行业同样获得了成功。应用收益管理的企业，在没有重大支出的情况下，收益增加了 3% ~ 7%，利润增加了 50% ~ 100%。甚至有人认为：“那些忽视应用收益管理使收益和利润最大化的企业将失去竞争力。”《华尔街》杂志认为在目前出现的商业策略中，收益管理是排在第一位的，并称收益管理为一种有待探索、前途光明的实践。

在酒店业，随着计算机和信息技术的迅速发展，多数酒店已经引入了计算机联网的预售及客房管理系统，使得酒店管理进入了数字化阶段。相应地，酒店业的价格与收益管理系统的功能也日益显得重要。过去手工操作时的粗线条管理模式已不能满足日益激烈的市场竞争的需要。代之而起的是大数据量的微观分析以及针对具体客户的精确的定量管理。就收益管理的方法来说，先后由点式管理、网式管理发展到了结合客户服务的综合管理。在价格管理方面，也从单一静态价格，到多重动态价格，再到结合市场竞争的优化价格控制。这一切虽使得价格与收益管理系统变得愈益复杂，但同时其创造的效益也日益显著。根据用户统计分析，一个现代化的收益管理系统每年可为酒店增加 4% 到 8% 的额外收益。对许多企业而言，这几乎相当于 50% ~ 100% 的净利润。

二、“收益管理法”的实施

以往，酒店业都将客房利用率的高低看作成功的标志。衡量酒店经营成功与否的另一个指标是已出租客房的平均房价（the Average Daily Rate，or ADR）。收益管理（Yield Management or Revenue Management）根据酒店历史的销售资料，通过科学的预测，将两项指标联系在一起，找到客房出租率与平均房价的最佳结合点[①]。

① 有关收益管理的内容，见埃瑞克·澳肯（Eric Orkin）所写的“依靠收益管理，提高收入水平”（《康奈尔饭店与餐馆管理》季刊，1988.2，P52–58）一文。

收益管理意味着在任何特定的时间段内，按照客房需求量来调整客房价格。也就是说，如果客房马上就要订满了，在这种情况下还要对房价进行打折，就毫无意义了。相反，如果有天晚上客房肯定住不满，那么，将房间以折扣价出租，总比空着要好。根据收益管理理论，假日酒店宁愿接受一个房价稍低但连住数日的预订，而不愿接受一个房价稍高，但只住一晚的预订，因为他们认为这样做使房间空置的风险要小一些。

在实践中，酒店客满与低出租率之间有很多种情况，这时都需要做出定价决策。此外，每天或每季度要做的超额预订决策也可以被纳入收益管理系统之中。在一些酒店的员工利用人工方式管理本酒店的收益管理系统的同时，越来越多的酒店开始采用计算机程序进行收益管理，它们利用对本酒店客房需求的历史资料预测未来需求情况，并根据需求量在不同时期的变化情况，不断调整客房价格水平。另外，越来越多的中央预订系统将收益管理的内容纳入其计算机程序之中。

酒店在供不应求时，如何销售能使客房的收益最大，酒店在供大于求时，如何销售又能使客房的收益最大？这是收益管理法的精髓。“收益管理法”在日常工作中的实施，即做好存房管理和订房管理。存房管理，指前台管理人员为各个细分市场的顾客合理安排一定数量的客房；订房管理，指预订部的管理人员根据不同时期客房需求量，确定不同的房价。

（1）在客房需求量高时，可以采取以下措施：

①限制低价客房数量，停售低价房和收益差的包价。

②只接受超过最短住宿期的顾客的预订。

③只接受愿意支付高价的团体的预订。

（2）在客房需求量低时，则可采取以下措施：

①招徕要求低价的团体顾客。

②向散客提供特殊促销价。

③向当地市场推出少量廉价包价活动。

由此可见，收益管理的关键是对客房需求情况进行准确的预测，并根据预测情况，确定具有竞争力的，能够保证酒店最大收益的客房价格。

实施“收益管理法”的酒店，在营业高峰时期，房务总监和前台经理俨然是在前线作战的指挥官，亲自控制订房数和停售类型，其最终销售结果会使他们兴奋或沮丧。令他们兴奋的是，运用“收益管理法”得当，不但使房价卖得很高，而且使出租率达到99%以上；使他们沮丧的是，有时由于信息和情报的错误，加大了房价控制的力度，推掉了一些较低房价的顾客，但实际抵达的顾客比预期的少，没有完成预期的出租率百分比。“收益管理法”是一项管理难度较高的方法，在国际酒店行业，使用这个方法的水平，往往是评估房务总监是否有经验的标准。

三、酒店收益管理系统的应用现状

据美国《华尔街日报》报道，价格和收益管理将是21世纪最重要的和回报率最高的边缘产业之一。根据对美国一些常年进行收益管理的酒店的统计，价格和收益管理现已成为最大的利润增长手段。在酒店业，由于收益管理系统对公司决策和创利的巨大影响，世界许多著名酒店集团，特别是欧美的主要酒店集团管理层都对收益管理高度重视，先后建立了专门的收益管理部门，并配置了能进行大量数据分析和实时优化处理的计算机系统。这些系统和酒店的前台系统、预售系统以及数据库相连对酒店管理提供了多功能、快速的决策辅助，使得酒店从被动式的管理变为主动式控制，从而在市场竞争中获得先机。

酒店收益管理是数字化科学管理在酒店业的具体体现。一个有效的收益管理系统不仅能对一个酒店的资源进行最佳管理，同时还是提高酒店管理人员现代管理意识的有效工具。许多实际的应用已证明了这一方法的可行性和有效性。特别是面对日益激烈的竞争环境和越来越复杂的产品组合，收益管理在许多情况下已成为一种不可或缺的决策工具。

四、收益管理在我国酒店业应用展望

收益管理系统在我国酒店的应用可谓凤毛麟角（主要集中在国外酒店集团管理的酒店），基本处于空白状态，然而开发应用的主要条件已基本成熟。因为随着计算机的日益普及，国内许多四星级、五星级宾馆酒店或酒店集团已先后建立并逐渐完善了各自的信息管理系统，而收益管理系统正是以信息管理系统为基础。

由于收益管理系统需要大量的投入（主要是购买和开发收益管理系统），因此，酒店业收益管理不可一哄而上，应从酒店集团以及四星、五星等高星级、大规模酒店开始，以后逐步推广到中小型酒店。但这并不意味着中小型以及中低档酒店与收益管理无缘。对于单体中小型及中低档酒店而言，虽然采用计算机收益管理系统的条件还不成熟，但利用收益管理理念，通过人工的方法进行酒店收益管理还是可行的，也是必要的，这取决于酒店前厅及销售管理人员的经验和素质。

第三节　互联网时代的酒店收益管理法

互联网为酒店实施收益管理提供了技术平台，使得酒店收益管理发生了革命性的变化，特别是移动互联网的应运和迅速普及，不仅方便了酒店和旅游消费者，同时，也将很多传统酒店推向了收益管理舞台。

互联网时代，酒店收益管理出现了以下几种新的模式："顾客定价"、"神秘酒店"、"酒店团购"和"今夜酒店特价"。

（1）实施"顾客定价"。顾客定价（Name Your Own Price）是 Priceline 发明的，指的是让酒店将可以接受的最低售价放到系统中（不展示），然后让顾客来提条件和出价，如果酒店满足顾客的条件，而且顾客出价高于酒店能接受的最低价，则促成这单交易，在交易完成前顾客都不能知道酒店的详情信息，也不能确保自己能买到想要的酒店——这样就把"不差钱"并且对酒店品牌有要求的顾客给区隔了出去，保护了酒店正常销售。举例来说，我可以跑去 Priceline 上选择 Name Your Own Price 模式，选择城市（例如 LA-Hollywood）和星级（例如"四星"），Priceline 会告诉我这种酒店在这个区域一般要卖多少钱（例如"$309"），然后叫我输入一个我觉得可以接受的价格（例如"$80"），然后 Priceline 就会让我填信用卡，一旦我填完而它真能给我一间满足我条件（Hollywood 地区的四星级酒店，$80）的酒店房间，它会直接从我卡上扣钱，帮我把酒店给订了，再告诉我具体我订的是哪家。

（2）加入"神秘酒店"。神秘酒店模式与顾客定价模式类似，用户可以根据区域和星级等信息查找筛选酒店，酒店列表中不会显示酒店名称，而仅仅展示星级、商圈等基本信息。只有在付款确认预订后，顾客才能得知自己预订的是哪家店，具体在哪儿。这样也可以在提供特价的同时，保护酒店正常销售渠道不受影响。这两个模式相同点都是"付款前，顾客不知道自己具体会订到什么酒店"，要长期运营下去必然就会要求"顾客对于自己订到的酒店基本满意"，否则生意就长久不了。在美国，生意比在中国好做很多。首先，商业社会信任度高，星级的评定相对规范，酒店集团多而服务业标准化，看到星级和价格基本上就能得到和预期偏差不大的服务。其次，大家都开车，所以对于地理位置要求并不是那么严格，你告诉我酒店在方圆 5 英里就好，我开车过去很方便。在中国，这两点并不成立。一是酒店星级评定和服务标准化方面不完善，订一个"三星级"酒店，可能看到一个富丽堂皇的大酒店，也可能走进一家还不如如家、汉庭的破房子里。二是大家都非常依赖公共交通（打车也不一定方便），这就使得"地理位置"变得比美国更关键。隐藏具体地址信息很难让人放心，而暴露地址信息又让顾客很容易猜出来这是哪家酒店，没法保护正常渠道的销售。

（3）参与"酒店团购"。"团购模式"是由美国网站 Groupon 创立的，它吸引大量美国消费者是依靠其强大的线下商家运营团队和它针对美国人消费心理特性来设计各类上线的商家服务。Groupon 在美国本土的成功更多源于其引导了一种具有个性的创新消费体验。"团购模式"在我国还是一种新生事物，中国式团购模式还停留在低价促销和人气提升等初级阶段，其要求的先付款后消费的服务模式，使团购网站的信誉成为其核心竞争力，以此吸引消费者对网站产生忠诚度和黏性，再用庞大数量的消费者去和商家讨价获得盈利。团购用户一般对价格比较敏感，团购最大优势在于价格优势。这种模式下的产品价格可比正常价低 30% ~ 80%不等，有时甚至低于 1 折。很多团购网站专门开辟了旅游和酒店频道，专推旅游线路、景区门票、机票和度假村及酒店客房产品等。另外，一些专业在线旅游网站也借鉴团购模式，加入了团购大军，成为团购市场“新势力”，携程、驴妈妈、去哪儿等一批知名旅游网站都纷纷“下海”，成立了团购频道（图 10–1）。无疑，酒店团购以其独有的方式逐渐成为酒店新的分销渠道，通过加入酒店团购网站，开展团购业务，可以合理地平衡淡旺季的消费市场，减少酒店设施的空置率，从而成为酒店收益管理的新模式。

图10–1 携程等一批知名旅游网站都纷纷“下海”，
开展旅游酒店团购业务

（4）“今夜酒店特价”。“今夜酒店特价”（Last Minute）是指酒店在每天晚上某个时间段（通常为晚上 6 点）以后，将其尚未售出的酒店客房以低价在互联网专业平台上出售（图 10–2）。具体操作模式是：每天晚上 6 点，酒店会检查自己的空房数量，如果空房数量太多，估计肯定卖不光，就放一些到“今夜酒店特价”平台上，以平时 2 折到 7 折的价格售卖。比如一家四星级酒店，平时房价 599 元，今天晚上发现空房太多，就以 250 元的价格提供 10 间房给“今夜酒店特价”，“今夜酒店特价”加 19 元钱利润，以 269 元钱来卖。用户打开 iPhone 或者 Android 手机，打开“今夜酒店特价”APP，就能用 269 元订到四星级的房间，省了 330 元。酒店清空了自己本来会要浪费掉的库存，多赚了 200 元（假设洗床单被套换牙刷牙膏的成本高达 50 元）。而“今夜酒店特价”也得到了 19 元利润，三赢合作（图 10–3）。整个销售过程中，“今夜酒店特价”一方面通过超低折扣价格吸引注重性价比的顾客，销售掉过剩的库存；另一方面，则用渠道（只能通过智能手机 APP 预订）、时间（只能在晚上 6 点以后预订）和商品（大部分酒店只能预订一晚）来增加限制，降低自身对于“不差钱”的顾客的吸引力，保护酒店的正常销售不受影响。通过这样“卖点”和“门槛”的组合，“今夜酒店特价”很本分地将自己定位在辅助性的尾货销售渠道上，从而帮助酒店实现收益管理。“Last minute”的风行不无道理。要知道，酒店业的平均出租率为 65%，这意味着每三间客房就有一间空置。如果不算出租率高的经济型酒店，星级酒店的出租率更低，平均每两间房就会空置一间。对酒店而言，空置的房间就像是服装店积压的库存，空耗成本却没有收益。更糟的是，酒店的库存是房间的使用时间，今天卖不掉就意味着作废。另一方面，酒店运营的固定成本高，边际成本很低——多服务一个客人，并不需要多付地租、多做装修、多请服务生，从这个角度看，只要售价高于酒店的成本，就能增加酒店的总利润，对其而言就是划算的生意。“今夜酒店特价”便瞅准了这个市场空隙。对于酒店

图10–2　酒店在每天晚上某个时间段（通常为晚上6点）以后，将其尚未售出的酒店客房以低价在互联网专业平台上出售

“一家四星级酒店,房价599元。今晚发现空房太多,就以250元的价格提供10间房给今夜酒店特价,让他们以269元来卖。用户省了330块,酒店得到了250块,而今夜酒店特价也赚到了19块,三赢。”

——《商界评论》

商界评论 REVIEW

图10–3　今夜酒店特价：酒店、用户、网站实现三赢

而言，它们只需要在当天空房很多时将这部分剩余库存通过这个 APP 渠道低价销售，而并不会损害其他正常时间和渠道的售房利润。

本章小结

酒店收益管理主要指努力使酒店客房产品在最佳的时刻，以最好的价格，通过最优渠道，出售给最合适的顾客，从而取得最佳的经济效益的一系列管理方法。国际酒店集团以及很多现代化大型酒店都非常重视酒店收益管理工作，将其视为酒店管理的重要内容之一。

“收益管理法”在房务管理中，主要是做好存房管理和订房管理。存房管理，指前台管理人员为各个细分市场的顾客合理安排一定数量的客房；订房管理，指预订部的管理人员根据不同时期客房需求量，确定不同的房价。

从发展的现状和趋势而言，收益管理已经从一种管理思想转化为一种先进的计算机管理系统，好的酒店计算机管理系统都会有收益管理的内容。通过实施收益管理，可以使酒店客房资源得到最有效的利用。

收益管理也会带来管理问题。比如会给一些客人造成混乱的印象，继而引起他们的不满，因为针对同一服务，客人却得出不同的价钱——仅仅因为预订时间的不同。

课堂讨论

请对以下“案例聚焦”进行讨论，对这种收益管理法，你是否认同，为什么？

课堂训练

在学校实训室熟悉收益管理软件。

案例聚焦

某酒店的收益管理实践

1. 关键时间

每晚 8:00 ~ 10:30 是售房最紧张、最关键的时间段，过了这个时段房间就不容易卖出去了。因此，前厅总监甚至总经理要经常亲自站到前台，督导员工卖房，及时对客房销售中出现的情况进行决策，尽可能把每一间房都卖出去。

2. 批零倒挂

团队相当于批发，散客相当于零售，通常的价格是团队低于散客的，团队规模越大，价格越低，有时甚至低得非常之多。这种做法也对，也不全对。酒店的平均房价做不上去跟这个思路关系很大。为什么不尝试反其道而行之？即在团队价格体系中把大团队的价格提高，把中、小团队的价格降低。形成这样一个逐级上升的价格：免费房、长包房、超级 VIP、小型团队、中型团队、大型团队、VIP、协议单位散客、散客。酒店里同时有几个中、小型团队（旅游或会议）比只有一个大型团队收入要高得多。此做法曾被许多同行争议，但我们认为是有效的。

3. 动态房价

航空公司机票价格折扣是离起飞时间越近，折扣点越低。受此启发，我们也把房价从刚性变成柔性。当天入住率达到 85% 以上后，房价可略微上升，到 95% 时，坚决不打折。这样促使散客尽可能早地预订房间，甚至请朋友提前来拿房间。

4 适时提价

当年入住率基本保持在 90% 左右时，就可以考虑提价了。提多少合适？视酒店市场而定。重庆酒店的房价较低，四星级酒店 320 元左右，五星级 400 元左右。很多酒店的做法是只提 10 ~ 20 元，不痛不痒的。我们认为这还不如不提，要提价就要提 20% 以上。但首先要考虑值价相符，价格可以提，但要让客人觉得价值提升得更多。虽然提了价，但和享受到的服务比，更合算。

任务拓展

饭店收益部经理的一天

Paul Chappelle

正如太阳冉冉升起一般，我办公桌上的报告也渐渐堆成了山。每天早上，我都会收到有关饭店前期每天、每星期、每月及每年的任务完成情况的报告。所有这些报告都是以钢笔填写的、以大约 2 英寸厚的文稿纸的形式递送上来的，每个报告都试图解释并提供一些有关能代表饭店的各项稳定运行功能和收入创造的基本数据。

这天的第一个会议是收益最大化会议，或者是短期内加速实现收益最大化的会议。该会议主要是由饭店收益部经理、总经理、客房部主管及销售部和宴会部的全体员工参加。我们一起讨论前一天所发生的各种事情，及评估前一天所发生的每个销售线索。最终我们会集体决定针对每个线索所要采取的方法。我们会评估、分析自己到底是要追踪这一线索还是把它让给附近的其他饭店。在此会议上制订的有关饭店在当天和接下来几天中所要采取的价格策略决定最终是要由收益部经理来确认的。有关饭店所需要作的所有变化的信息在一天之内将会被传达到每个部门。

这天的第二个会议是收益管理会议。此会议由收益部经理负责，每星期召开一次，主要是由总经理、饭店总监、销售部和市场营销部主管、客房部主管、预订部经理及大部分业务经理参加。类似于有销售团队参加的加速实现收益最大化的每日例会，我们在此次会议中会花更长的时间，会加倍细致地检查、核对报告中的各种数据。在会上我们一般会考虑如下这些问题：饭店所出售的客房数量及通过不同的收入渠道所产生的房价，或好或坏的趋势变化，即将采用的新的市场营销策略及原有市场营销策略所导致的结果，同时我们还会讨论那些或许能影响饭店过去一年或几年中所销售客房数量及房价的相关事宜。在会议领导团队已识别出我们饭店的市场机会之后，我们会讨论制订出一个针对如何利用机会及如何测定团队所制订的策略是否有效的计划。在我所待过的所有饭店中，上述这两种会议都将以一种或另一种形式（如由本人亲自参加或召开电话会议）而被不断重复地召开。

进行每天、每星期、每月和每年的预测是收益部经理最重要的职责。我担负着预测饭店将能推销的客房数量和客人在某一特定时期愿意支付的房价的职责。我的这些预测是基于许多关键性要素和一些并非十分关键的要素而产生的。历史往往是预示饭店将来情形的一个很好的指示者。去年本月本日饭店所发生的情形与今年同月同日所发生的情形间的相互关联性将会达到60% ~ 80%。饭店所处地区将要发生的一些事情对饭店的市场占有率和房价将会产生重大的影响。如果当地的一些大事，如节庆活动、赛马、锦标赛等赛事能增加本城市中需要客房的人数，那些大事将会影响饭店客房的销售量。如果饭店采取的是特殊的促销竞争策略，那将对饭店产生消极的影响。相反，如果饭店凭借彻底、完善的服务来展开竞争，那就能为饭店创造一个积极的竞争环境。有助于做出预测的其他因素还有：当地饭店增加供给而提供的额外客房数量、天气、季节、会议召集与解散的类型及当地不断变化的经济形势。然而当真正论及预测时，实际上预测是对我们认为可能会发生或我们事实上希望发生的事情的一个猜测。

一旦完成预测，那我们就可以利用这些预测来计算经营饭店的可变成本，如劳动力，即饭店客房部需要多少服务员，及我们在特定时段所需的前台部服务员的数量。在此预测基础上，饭店销售经理和宴会部经理的目标得以确认。季度预测和年度预测被上报到公司办公室，以便能为预测整个公司的计划性收入和计划性费用所用。接着，这些相关信息被上传到公司股东和其他在公司中持有股份的人手中。

预测和追踪我们是如何完成上述这一切行为的，这所需花费的时间将占整个预测时间的75%。剩下的25%的预测时间主要花在为促使饭店收入增长、维持饭店的多种收入渠道、管理预订部门、充当销售部和营业部门之间的联络员及为寻找乐趣而不断挖掘新的机会上。

其他的职责还包括为饭店挖掘新的收入渠道。很多人都知道，我经常会在某个特别繁忙的工作日去拜访我在当地的竞争者，并且很快又回到自己的饭店。同时，我还肩负着对此地区未来的旅游者进行人口统计研究的职责。我需要统计的事项包括：为什么他们要来此地区，他们来此地旅行的原因是由于公务、会议还是休闲，或者他们是某一商务合同代表中的一部分成员，他们来此地的频率有多高，他们一般会住多久，他们在此地时消费水平如何，以及他们分别来自哪些地区或国家。

我作为收益部经理所需做的众多事情中最为重要的一件莫过于要确保能为饭店建立不同的收入渠道，并保证这些收入渠道能正常运行。这些收入渠道主要包括：品牌饭店 1 ~ 800 免费电话和中心预订部、会议和旅游者接待办事处、当地饭店内的预订处和前台、因特网及全球销售系统（GDS）。在以上这些收入渠道当中最为重要的是全球销售系统，它是旅行代理商在我的饭店进行预订时所使用的销售系统。它主要包含的是某饭店的房价和客房可获性等相关信息。我们每天都要对它进行日常例行的检查、维护。有关全球销售系统最令人担心的一件事是，大多数饭店都直到问题已在全球销售系统中存在好几个月时才察觉出自己的全球销售系统有问题。随着各种技术水平的提高，越来越多的人开始舍弃电话预订，而直接通过旅行代理商来预订或自己直接进行网上预订，同时在人们了解全球销售系统和获取全球销售系统如何影响饭店经营的相关信息时，上述这两种方式也越来越受绝大多数人的青睐。一位竞争者的实际情况是，当他们率先对自己的全球销售系统进行了一次大清理后，在接下来短短的6个月内，就使收入额外增加了好几百万美元。

管理预订部门是我的各项工作中相对容易的一项，与人打交道相对来说总比与数字和报告打交道来得容易。饭店的全体员工需要获悉最新的有关饭店战略目标的各种变化，以及市场营销中不同的折扣和经常性逗留计划中所发生的各种变化的相关信息。我还负责确保对预订部的全体员工进行培训，使每位预订员都能根据客人当时的各种积极反应而圆满地完成预订。

一名收益部经理必须掌握圆熟的交际策略，这是至关重要的。而收益部经理作为经营部和销售部之间的联络者，则有时候必须要为这两个部门所遇到的一系列挑战进行调解。其中交际策略的一部分是要去了解这两个部门各自的战略目标是什么，以及这两个部门是如何依赖于对方而使自己存活下来的。要想更好地充当这两个部门之间的联络者，一个最为简单的方法就是促使这些部门之间经常进行一些公开的、坦诚的交流和沟通。

寻找乐趣是我在饭店工作，并且处于这一地区性职位的一个主要目标之一。当我在饭店工作时，找寻到一个能维持我的工作与生活之间平衡的方式是十分重要的。如果一味地追求增加工作量，则很容易让人产生厌倦感。饭店的特性是一天24个小时，一年365天都在不停地运转和工作，因此任何一天在人身上可能发生的任何事情同样也可能发生在饭店之中。（摘自：《饭店管理与经营》（第三版），丹尼·G. 拉瑟福德编著，苏宝仁等译，东北财经大学出版社，2006年）

酒店经理人对“经理的困惑”的答复

Re：实施收益管理是否意味着必须购买收益管理软件？必须随时调整客房价格？

郑穗宁　广州花园酒店（白金五星级）收益管理经理

目前国际上较流行的收益管理软件是IDeaS收益管理系统（IDeaS Revenue Solutions），另外还有为酒店业界广泛使用的Opera酒店管理软件中的收益管理模块。

我们以前可能或多或少地学习或接触过酒店收益管理的知识，我们都已经了解到收益管理是优化酒店收入的关键之一，那么如何制定和使用优化酒店收入的工具，如何在实际工作中运用显得尤为重要。下面让我们一起来分享一些这方面的信息和实际操作方法吧。

第一步：研究以往业绩。虽然我们不一定有完善的收益管理硬件系统，但我们的管理人员对市场都有深入的了解与认识，本地市场的经验也很丰富，以往的经营情况与数据我们都很熟悉，我们都能贴近市场的脉搏，能及时而迅速地作出反应，这对营运收益的第一步——“研究

以往业绩”有很大的帮助。接着，我们需要更具体地分析以往数据，按每个细分市场的实际情况、各种房型、停留日期、季节变化及市场活动（包括本地大型展览、行业活动等）来分析其中的变化及其影响因素，对比以往3年的经营业绩，找出以往成功的做法，避免再犯同样的错误。同时，我们也需要了解同行竞争对手的基本信息，根据本酒店的具体情况设置竞争对手分析表（一般主要竞争对手数量为5～7个），可通过向第三方网站或公司购买和收集竞争对手的相关数据作比较，这样我们才能准确知道本酒店在市场中的位置及经营情况的变化与趋势，从中提取有价值的信息帮助我们自己及时调整营销策略。

第二步：销售预测。我们要对未来12月的市场进行初步预测，并在每个月都对未来3个月的市场情况进行近期预测，深度分析日历表，分别与去年同期相比较，与去年相同或类似的大型会展/活动的日期的经营数据相比较，找出变化的原因；用假想的情形来预测评估每一天的预订情况，并根据公共假期、会展资讯、潜在活动来归类旺季、淡季和平季。以天为单位来预测销售情况，特别是未来10天至未来3个月的销售情况，制定每天相应的房间销售数量和收入的预期目标，每天应因数据的变化及时调整预测，以便能及时提出销售建议，调整销售策略。

第三步：监控需求。这样，我们就进行到收益管理的第三步——监控需求。我们须制定一套灵活定价或动态定价机制，根据市场的预订趋势，竞争对手的报价与经营情况，制定适合自己酒店的价格体系，需按细分市场、季节、房型、预订日期等因素来厘定价格，适当时还应使用捆绑销售和巧妙折扣来吸引与分流顾客。用之前已经整理好的按日期分类的细分表格，评估未来，尽量做到按每天调整未来10天的预测，每周调整未来1～3个月的预测，每月调整未来半年的预测这样的频率来评估未来的经营情况。无论在需求上涨或需求平缓甚至下降时，监控细分市场的价格和房间供应，需特别留意新预订的增长与退订的情况，特别关注满房的日期，如遇特殊情况时及时上报管理层。

第四步：提出建议。这样，我们来到收益管理的第四步——提出建议，说服管理层遵循我们的最新预测。制定好上报的渠道与频率，淡季至少每月一次例会，平季和旺季至少每两周一次例会，特殊情况及时汇报，提供管理层以准确的数字，说明情况变化的原因，与销售部门讨论应对的措施，以便上层管理人员及时制定相应的经营策略，调整经营方针，从而实现收益最大化。

当然，在实际操作中我们面对的问题会更复杂，比如某些有长期合约或固定合约的公司客人、不能随便调价或拒绝的政府部门预订，我们可以根据本酒店的情况预留部分客房以应变；又例如会议团体预订，它除了涉及客房收入之外，还涉及餐饮的消费、多功能会议场地的使用、会议设备的租用、礼宾车租用、停车位置的管理等问题；再例如，客房的收入并不单只有房价的收入，客人的店内消费如餐饮、洗衣、礼宾车服务等都是酒店的收入来源，如何平衡各方需求，达到最优化的收入组合，并不是简单地置换成本运算，而需要综合考虑。酒店应在实践中吸取经验、不断进步、不断完善，尽最大能力优化酒店收入。

Johnson.Wong　成都恒大酒店总经理

五星级度假型酒店开展收益管理的三要素：专职人员、全面稳定的数据来源、不断优化的操作流程。

（1）恒大酒店设立“专人专职”开展收益管理。很多酒店会把“收益管理”职能划给市场营销总监或预订部经理“兼职”，认为他们是与销售数据和决策最亲近的人，其实不然，要开展持续有效的收益管理，必须设立可直线向总经理汇报的收益总监一职。

（2）恒大酒店通过建设“云决策中心”“云服务中心”“云呼叫中心”，为开展收益管理提供稳定而全面的数据来源。对于度假型酒店而言，消费者的预定周期较商务酒店长，短期波动不大，应多关注中长期数据振幅，及早做出价格决策。

（3）恒大酒店定期修改、完善收益管理系统。“收益管理系统”其实是贯穿数据、分析与决策整个过程的各种标准与制度，它需要在分析与决策中不断调整优化，使其更具流水式运作。对于度假型酒店，收益总监要与相关节点的管理人员保持紧密沟通，每月至少召开 1 次收益管理专题会议，找到更优运作平衡点。

客房篇

第十一章 客房部概述

广州香格里拉大酒店：豪华套房

（本图片由广州香格里拉大酒店提供）

本章将重点介绍客房部的地位作用及主要任务、客房类型与客房设备。

学习目标

知识目标

1. 了解客房部在酒店经营中的地位、作用及客房部的主要任务。
2. 了解客房的类型和客房的主要设备。

关键词： 客房类型　客房设备

经理的困惑

员工不微笑该怎么办？

谁都知道，酒店要提高效益必须提高服务质量，而要提高服务质量，员工在对客服务中必需为客人提供微笑服务，而要做到这一点实在太难了，特别是在中国。你不能打他，也不能骂他，更不能惩罚他。提醒他，他会很快忘记；警告他，他不当会事；惩罚他，他一生气，更没有了笑脸！我真不知该怎么办？

第一节　客房部的地位作用及主要任务

一、客房部的地位与作用

客房部是酒店为客人提供服务的主要部门。酒店是以建筑物为凭借，通过为顾客提供住宿和饮食等服务而取得经营收入的旅游企业，其中客房部所提供的住宿服务是酒店服务的一个重要组成部分。由于客人在酒店的大部分时间是在客房度过的，因此，客房服务质量的高低（设施是否完善；房间是否清洁；服务是否热情、周到、快捷）在很大程度上就反映了整个酒店的服务质量。客人对酒店的投诉与表扬也大多集中在这一部门。

此外，客房部还是酒店取得营业收入的主要部门。酒店通过为客人提供住宿、饮食、邮电、娱乐（游泳池、健身房、保龄球、网球、桑拿、舞厅……），以及交通、洗衣、购物等项服务而取得经济收入。其中，从世界范围来讲，客房租金收入通常占酒店营业收入的一半以上，反映了客房部在整个酒店经营中的重要地位。

二、客房部的主要任务

（1）保持房间干净、整洁、舒适。客房是客人休息的地方，也是客人在酒店停留时间最长的场所，因此，必须经常保持干净整洁的状态。这就要求客房服务员每天检查、清扫和整理客房，为客人创造良好的住宿环境。由于客房员工具有清洁卫生的专业知识和技能，因此，客房部除了保持客房的清洁以外，通常还要负责酒店公共场所的清洁卫生工作。

（2）提供热情、周到而有礼貌的服务。除了保持客房及酒店公共区域的清洁卫生以外，客房部还要为客人提供洗衣、缝纫、房餐（Room Service）、接待来访客人、为客人端茶送水等热情周到的服务。在提供这些服务时，服务员必须要有礼貌、迅速、情愿、真心诚意。

（3）确保客房设施设备时刻处于良好的工作状态。为此，必须做好客房设施设备的日常保养工作，一旦设施设备出现故障，应立即通知酒店工程部维修，尽快恢复其使用价值，以便提高客房出租率，同时确保客人的权益。

（4）保障酒店及客人生命和财产的安全。安全需要是客人最基本的需求之一，也是客人投宿酒店的前提条件。酒店的不安全事故大都发生在客房。因此，客房员工必须具有强烈的安全意识，平常应保管好客房钥匙，做好钥匙的交接记录。一旦发现走廊或客房有可疑的人或事，或有异样的声音，应立即向上级报告，及时处理，消除不安全隐患。

（5）负责酒店所有布草及员工制服的保管和洗涤工作。除了负责客房床单、各类毛巾等的洗涤工作以外，客房部通常还要负责客衣以及餐厅台布、餐巾等的洗涤工作，此外，酒店所有员工制服的保管和洗涤工作也由客房部统一负责。

第二节　客房类型与客房设备

一、客房类型

酒店客房一般有三种类型，即：单人房（Single Room），双人房（Double Room）和套房（Suite）。此外，有些酒店还设有三人房（Triple Room）和可以灵活使用的多功能房间（Multi-function Room）。

（1）单人房（Single Room）。

①单人房，单人床（Single Room，Single Bed）。

②单人房，大床（Single Room，Double Bed）。

（2）双人房（Double Room）。

①双人房，大床（Double Room，Double Bed）。这种房间在一些酒店又称为“鸳鸯房”或“夫妻房”（图 11-1）。

②双人房，单人床两张（Double Room，Twin Beds）。即在双人房里设两张单人床。这种房间通常被称为酒店的“标准间”（Standard Room），我国酒店的大部分客房都属于这种类型（图 11-2）。

（3）三人房（Triple Room）。这种房间在一些低档酒店较为常见。

（4）套房（Suite）。

图11-1　“鸳鸯房”（“夫妻房”）（资料图片）

图11-2　客房标准间（刘伟摄）

①普通套房（Suite）：将同一楼层相邻 2 ～ 3 间客房串通，分别用作卧室、会客室。

②豪华套房（Deluxe Suite）：与普通套房相似，只是面积比普通套房大，房内设施设备较普通客房先进（图 11–3）。

③复式套房（Duplex）：是一种两层楼套房，由楼上、楼下两层组成。楼上一般为卧室，楼下为会客厅。

（5）连通房（Connected Rooms）。是一种可根据需要变换用途的房间。将相邻房间通过连接门转换为单人房、双人房、套房等，以满足客人的不同需要，提高客房利用率（图 11–4）。

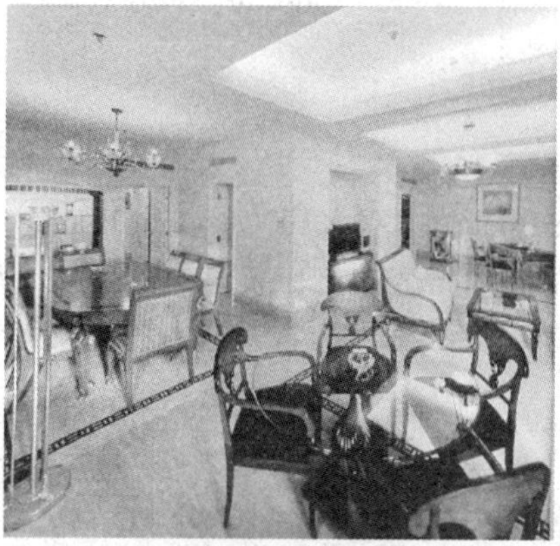

图11-3　海南博鳌金海岸温泉大酒店：豪华套房（资料图片）

图11-4　连通房（在两个相邻房间之间以房门连通的多功能房间）（刘伟摄）

（6）多功能房间（Studio Type）。可通过在房间设置嵌入式加床，根据需要和客人人数变换房间类型和功能（图 11–5）。

（7）总统套房（Presidential Suite）。通常由 5 个以上房间组成。总统和夫人卧室分开，卫生间分用。卧室内分别设有帝王床（King Size）和皇后床（Queen Size）。除此而外，总统套房内还设有客厅、书房、会议室、随员室、警卫室、餐厅、厨房等。一些中、高档旅游宾馆均设有这类“总统套房”，其主要用意在于提高酒店的档次和知名度，便于推销。这类房间除了用于接待“总统”等国内外党政要人以外，平时也对普通客人开放。位于阿联酋迪拜的BurjAl-Arab酒店（burj音译伯瓷，又称阿拉伯塔），被誉为世界上唯一一家“七星级”酒店，其总统套房面积达780平方米，房价18000美元/晚，家具是镀金的，设有一个电影院，两间卧室，两间起居室，一个餐厅，出入有专用电梯（图11-6）。

除过上述几种房间类型以外，很多酒店还根据客房的朝向将房间分为向内房（Inside Room）和向外房（Outside Room）两种。前者一般位于阴面，光线不好，视野不开阔；后者则处于阳面，采光良好，视野开阔，是一种较为理想的客房。划分向内房和向外房的意义在于可以使酒店对于这两种房间收取不同的房价，尤其是在旅游旺季，当客房供给比较紧张的情况下，可适当提高向外房的价格。

酒店的客房还可以按其是否带浴缸或淋浴划分为只带淋浴的房间（Room only With Shower）及淋浴和浴缸都带的房间（Room With Shower and Bath）。

此外，依据客房的接待对象和功能，酒店客房还可划分为女性客房、健康客房、无烟客房、残障客房、主题客房等。

图11-5　多功能房间：灵活多变，客人可根据需要变换用途。白天可将床嵌入墙壁，将房间用作办公室，晚上则可根据需要和住客人数，将床拉下，用作单人房、双人房，甚至三人房（资料图片）

图11-6　伯瓷酒店总统套房：面积780平方米，房价18000美元/晚（资料图片）

二、客房设备

酒店客房通常分为5个功能区域：睡眠空间、盥洗空间、起居空间、书写空间和贮存空间。每个空间由不同的设施设备组成（表11-1）。

表 11-1 客房 5 大功能区域

功能区域	设　备	功能区域	设　备
睡眠空间	床（Red） 床头柜（Night Table） 床头灯（Wall Lamp）	起居空间	茶几（Tea Table） 座椅（Chair） 落地灯（Standing Lamp）
		书写空间	写字台（Writing Desk） 椅子（Chair） 台灯（Desk Lamp） 电视机（T.V.Set） 电冰箱（Fridge） 梳妆镜（Mirror） 电话（Telephone）
盥洗空间	浴缸（Bath Tub） 淋浴器（Shower） 淋浴帘（Shower Curtain） 毛巾架（Towel Rack） 马桶（Toilet） 电话（Telephone） 洗脸盆（Sink） 镜子（Mirror） 电源插座（Socket）	贮存空间	壁橱（Closet） 行李架（Luggage Rack）

（1）睡眠空间。睡眠空间是客房最基本的空间。这一空间主要有下列家具和设备：

①床。床是睡眠空间也是客房最主要、最基本的设备。酒店使用的床通常为西式床，分为单人床、双人床、大号双人床、特大号双人床、加床和婴儿床等，其大小尺寸参见表（11-2）。床的长度通常为 2 米，而宽度则因床的类型的不同而不同，即使同一种类型的床，也可以有不同的宽度，比如，单人床的宽度可以从 1.1 ~ 1.35 米不等，酒店可根据自己的实际情况确定（按照我国 2010 版《旅游饭店星级的划分与评定》标准，双人床的宽度通常要达到 1.8 ~ 2.2 米）。通常，床越宽，越舒适，档次也就越高。另外，关于床的高度，考虑到美观、协调及便于服务员操作等因素，一般应在 40 厘米 ~ 60 厘米。

表 11-2 床的种类及尺寸

类　型	长度（米）	宽度（米）
单人床（Twin-size Bed）	2.0	1.0 ~ 1.35
双人床（Double-size Bed）	2.0	1.4
大号双人床（皇后床）（Queen-size Bed）	2.0	1.6
特大号双人床（帝王床）（King-size Bed）	2.0	2.0
加床（Rollaway Bed）	2.0	1.0 ~ 1.35
婴儿床（Cot）		

②床头柜。酒店使用的床头柜是一种多功能床头柜，通常都配有音响设备，供客人收听有关节目及欣赏音乐。此外还带有多种控制开关，如：电视机、床头灯、夜灯、走廊灯、房门外请勿打扰灯等的开关以及时钟和呼唤服务员的按钮等，这样，客人不用下床，便可以完成他所要做的许多事情，从而极大地方便了客人。但面对如此繁多的控制开关，一些客人反映在夜间识别起来比较困难，常常影响客人休息，针对这一问题，一些酒店在床头柜上放置一个可移动的，带有房内各种电器设备开关的电子触摸遥感器，这样，既方便了客人，又显示了客房的豪华程度。此外，床头柜上通常还放有一部电话，以及便条纸和一支削好的铅笔，为客人通信联络提供方便，有的酒店还在床头柜上放上晚安卡和常用电话号码卡。

③床头灯。可根据需要调节灯光亮度。

（2）盥洗空间。盥洗空间指客房卫生间，主要包括：浴缸、淋浴器、淋浴帘、毛巾架、马桶、电话机、洗脸盆、镜子和电源插座（供客人在卫生间使用电动剃须刀或电吹风时使用）。

（3）起居空间。除了套房以外，标准客房的起居空间基本上都位于窗前区，供客人休息、会客、饮食时使用。主要设备有：茶几、座椅、落地灯（图 11–7）。

（4）书写空间。标准房的书写空间大多安排在床的对面（图 11–8），主要包括：写字台、椅子、台灯、电视机、电冰箱、梳妆镜、电话等。

图11–7　起居空间

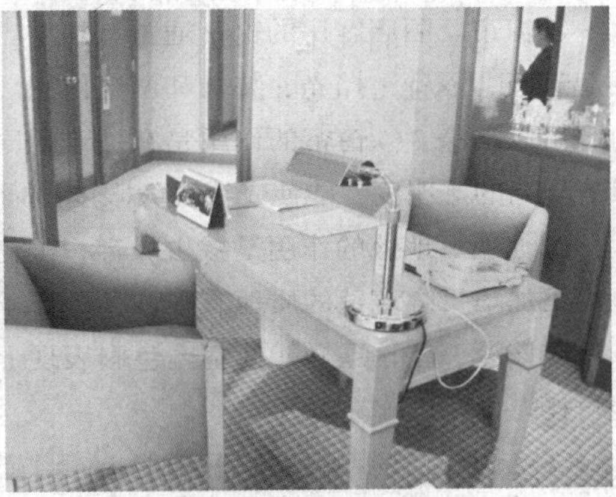

图11–8　书写空间

（5）贮存空间。

①壁橱。贮存空间的主要设备是壁橱，通常位于客房卫生间的某一侧，供客人存放衣物使用，里面配有衣架（每床不少于 2 个西服衣架、2 个裙架、2 个裤架，即双人间需配备 12 个衣架）。此外，壁橱还可供酒店存放客房备用的被子、毛毯、枕头等。壁橱

内应有照明灯，以方便客人存取物品（图 11-9）。

②行李架。位于壁橱附近，通常在写字台靠近房门口的一端（图 11-10）。

图11-9　贮存空间

图11-10　客房行李架和高级衣架

（6）其他设施设备。

①窗帘。酒店客房的窗帘通常有两层：一层为厚窗帘；另一层为纱窗帘。厚窗帘主要起遮蔽、隔音、挡光、装饰和调温作用。选用厚窗帘时，必须注意要经久耐用，不褪色，可以洗涤。纱窗帘的作用是在挡景的同时，使室内保持一定的光线，因此，它必须具有较高的透明度，能使光线最大限度地通过。

②地毯。地毯的作用是减少噪音，美化环境。色彩丰富、弹性好的地毯可以使客房显得更加华贵。地毯的质地有很多种，如羊毛的、合成纤维的等。一般情况下，地毯的颜色应该深一些，这样能使室内色彩表现上轻下重，给人以稳定感。并使地毯更加有效地衬托人物和设施。

③空调。空调不仅有调温功能，而且还能通风换气，保持空气的新鲜、清洁，起到净化室内空气的作用。

④烟感报警器。当房内烟雾达到一定程度时，“烟感报警器”会自动报警，酒店防灾中心的指示灯自动闪亮，机器驱动下述“自动喷淋器”自动喷水灭火。

⑤自动喷淋器。

本章小结

客房是酒店的心脏，是酒店为客人提供服务的核心部门，也是酒店收入的主要来源。

客房部的主要任务是：保持房间干净、整洁、舒适；为客人提供热情、周到而有礼貌的服务；保障酒店及客人生命和财产的安全以及确保客房设施设备时刻处于良好的工作状态、负责酒店所有布草及员工制服的保管和洗涤工作等。

酒店客房通常分为单人房、双人房和套房（含总统套房）三大类。除此而外，还可还根据客房的朝向将房间分为向内房和向外房两种；按照其是否带浴缸或淋浴划分为只带淋浴的房间和淋浴和浴缸都带的房间。此外，依据客房的接待对象和功能，酒店客房还可划分为女性客房、健康客房、无烟客房、残障客房、主题客房等。

客房空间分为睡眠空间、盥洗空间、起居空间、书写空间、贮存空间等五大空间。

课堂讨论

女性客房与普通客房应该有哪些不同？

案例聚焦

“雅戈尔”的特色客房

“雅戈尔”是我国的衬衫名牌，但早在2002年“雅戈尔”就进军了酒店市场，在苏州市中心观前街买下了一栋烂尾楼，打造成一家有200间客房的四星级商务酒店。酒店连年盈利状况极佳，最高年份的纯利润超过2000万元（注：已扣除折旧），最低也有1000多万元。

“雅戈尔”的成功归于很多因素，其中一个重要因素是其极富个性的特色客房设计。这种主题化的特色客房提高了客人满意度，也扩大了酒店的知名度和市场吸引力。

除去行政楼层52间高级客房外，酒店从楼层到客房的装潢各有特色，形成不同的鲜明主题。如“绅士之家”“时尚天地”“七彩世界”“天长地久”“玫瑰之梦”“北欧风情”“现代中国”“华丽西班牙”等，琳琅满目，各具一格。

——“玫瑰之梦”是专为女性设计的居所，既有古典的浪漫，又具时尚韵味，为讲究品位的女性提供舒适、温馨、高雅又略带几分神秘色彩的休憩空间。客房充满青春气息，写字台又是梳妆台，台灯、床头灯都是绒状毛巾灯，显得特别柔和。

——“华丽西班牙”全用西班牙家具摆设，古典、庄重、宽敞，给客人一种至尊无上的感觉。一位日本商人特别钟爱这间客房，每次来苏州，必住此房。

——“天长地久”则是酒店特意打造的婚房，长悬的中国结、高挂的宫灯、喜气洋洋的红地毯、剔透的木框窗棂、若隐若现的镂花白幔帐，是典型的中国传统婚房的布置，欧美客人特别喜欢。

——“七彩世界”则是专为中国的年轻人设计的。橙黄的床帘、艳红的床靠垫、嫩绿的躺椅、时髦的环状吊灯、雪白的床罩上有p英文字母和圣诞花，鲜活跳跃的色彩是年轻人的选择。

——“绅士之家”则突显精致稳重的现代设计，满足商务和生活双重功能的空间，深受商务人士的青睐。

任务拓展

参观酒店客房，画出酒店客房布局图。

酒店经理人对“经理的困惑”的答复

Re：员工不微笑该怎么办？

贺虹　西安古都文化大酒店　前台部经理

我觉得让员工微笑的背后，要有一套完整的机制来推动，酒店要明确自己的企业文化，提高员工待遇、建立奖励机制、开展评选微笑明星等活动，同时要关爱员工，多举办员工活动，让员工真正感受到酒店这个大家庭的关怀和温暖。让员工爱店如家，把快乐带到工作中，并发自内心地将微笑传递给客人。员工开心了，他才会让我们的客人开心。

面对面观看西安古都文化大酒店贺虹经理谈：员工不微笑该怎么办？

方式一：请登录：刘伟酒店网（www.LiuweiHotel.com）—院校服务—视频—员工不微笑该怎么办？

方式二：扫描二维码

贺虹经理谈：员工不微笑该怎么办？

第十二章

客房组织管理

管理工作是通过设置组织机构和落实岗位职责来完成的，组织机构的设置和客房定员将直接决定客房管理的效率和酒店的经济效益。客房管理人员要掌握科学的定员方法，实现组织机构的精简、高效化和客房定员的科学、合理化。

除了客房组织机构的设置和客房定员问题以外，本章还对客房管家、楼层主管、楼层领班等管理岗位的岗位职责、素质要求以及如何实现有效的管理等问题加以分析和论述。

学习目标

知识目标

1. 了解客房部组织机构的设置及各岗位的职责。
2. 掌握客房经理、楼层主管与楼层领班的管理要诀。

能力目标

1. 学会进行客房定员。
2. 能够从事有效的客房管理工作。

关键词： 客房组织结构　客房定员　客房经理　楼层主管　楼层领班

经理的困惑

总经理要求客房裁员怎么办？

马骊是一家有400间客房的酒店客房部经理，在刚刚结束的经理例会上，总经理迫于经营压力，要求客房裁员，可客房主管和领班们却一直在抱怨人手不够，到底该怎么说服总经理，又该怎样向员工交代呢？客房到底多少人才算合理？怎么定员才算合理的定员呢？她，陷入了沉思……

第一节　客房部组织结构

一、客房部组织机构设置

饭店规模大小不同、性质不同、特点不同及管理者的管理意图不同，客房部组织机构也会有所不同。客房部组织机构的设置同样要从实际出发，贯彻机构精简、分工明确的原则。大、中型饭店客房部的组织机构可参照图 12–1 进行设置。小型饭店可对其进行适当的压缩、合并，去掉主管（或领班）之中间管理层。

二、客房部各班组的职能

（1）房务中心（Guest Service Center）。房务中心既是客房部的信息中心，又是对客服务中心，负责统一调度对客服务工作，掌握和控制客房状况，同时负责失物招领，发放客房用品，管理楼层钥匙，并与其他部门进行联络、协调等。

（2）公共区域（Public Area）。负责酒店各部门办公室、餐厅（不包括厨房）、公共洗手间、衣帽间、大堂、电梯厅、各通道、楼梯、花园和门窗等公共区域的清洁卫生工作。

（3）制服与布草房（Linen Room）。负责酒店所有工作人员的制服，以及餐厅和客房所有布草的收发、分类和保管。对有损坏的制服和布草及时进行修补，并储备足够的制服和布草以供周转使用。

（4）洗衣房（Laundry Room）。负责收洗客衣，洗涤员工制服和对客服务的所有布草、布件。洗衣房的归属，在不同的酒店有不同的管理模式。大部分酒店都归客房部管理，但有的大酒店，洗衣房则独立成为一个部门，而且对外服务。而小酒店则可不设洗衣房，酒店的洗涤业务委托社会上的洗衣公司负责。

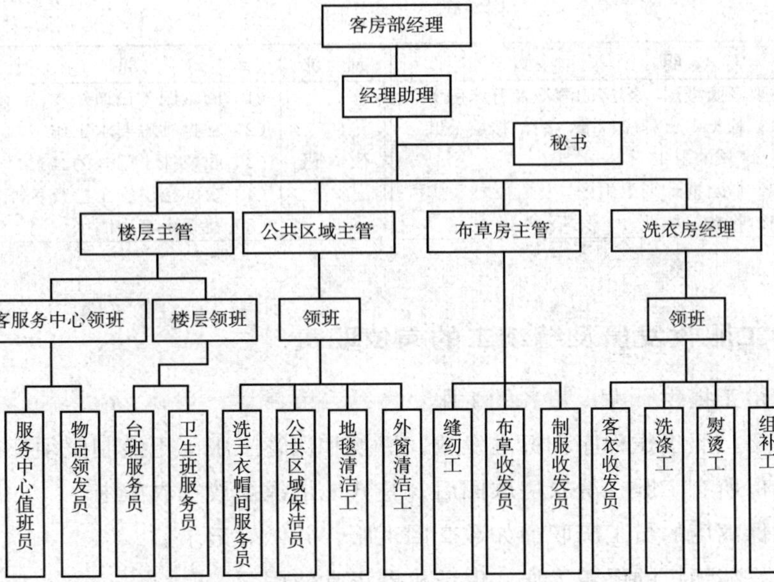

图12-1　大、中型饭店客房部的组织机构

三、客房部主要岗位的职责

（一）楼层服务员的岗位职责

见表12-1。

表12-1　楼层服务员的岗位职责

岗　位	职　　　责	岗　位	职　　　责
早　班	（1）整理工作间、服务车 （2）开楼层例会，记录所交代的事项 （3）查客衣、统计房态 （4）清洁客房卫生 （5）记录棉织品使用情况 （6）报告客房内维修项目 （7）清洁、保养清洁工具、设备 （8）做计划卫生 （9）随时清除客房内地毯、墙纸污迹 （10）负责所管客房及客人的安全 （11）NB、SO、DND房记录 （12）检查客房“MINI—BAR”酒水 （13）清洁楼层公共区域卫生	中　班	（4）维护楼层的清洁 （5）准时参加晚例会，领取物品，记录有关事项 （6）开床服务 （7）检查白班报修房间 （8）VIP房间按VIP标准开床 （9）记录DND房间 （10）做走客房 （11）整理服务车，为早班做准备 （12）维护楼层公共区域、角间及职工电梯厅的卫生 （13）检查楼层安全 （14）收取楼层的餐具，通知服务中心 （15）为客人提供其他服务 （16）检查客房内的迷你吧 （17）负责报告楼层维修项目

续表

岗　位	职　　　责	岗　位	职　　　责
中　班	主要负责楼层、客房的清洁及开床服务 （1）根据中班程序标准，清洁楼层公共区域的卫生 （2）做定期计划卫生 （3）收楼层垃圾	夜　班	（1）阅读服务员通知本 （2）根据领班要求工作 （3）收取挂于门外的客衣 （4）夜间楼层安全检查（每 30 分钟一次） （5）检查走客房酒水

（二）工服收发员及缝纫工的岗位职责

向酒店员工提供干净、整齐的工服。

（1）严格按照工作程序和标准发放、更换和保管工服（更换制服须征得经理同意）。

（2）确保所有工服在洗衣房取回后，整齐地依次摆放在衣架上。

（3）确保离店的员工离职前如数交回工服，并做好记录。

（4）做好缝纫机的保养工作，保证机器正常使用。

（5）及时并高质量地修补工服、缝纫、钉扣子。

（6）保证工服房的清洁，搞好环境卫生。

（7）服从并完成上级分派的其他工作任务。

（三）布草收发员的岗位职责

负责回收、发放并检查各部门使用的布巾。

（1）向布草房领班报告从各部门送回的布巾中严重损坏或沾污的情况。

（2）检查从洗衣房送回的干净布巾，把需要重新洗涤或熨烫的布巾捡出，向布草房领班报告上述情况。

（3）保持布草的整洁卫生。

（4）完成主管和领班分配的其他工作。

（四）仓库管理员的岗位职责

负责管理库房，控制客用品、清洁用品的发放，并进行成本控制。

（1）配合上级做好客房部物品管理工作。

（2）定期检查楼层物品量，适量给予客用品的补充。

（3）掌握市场信息，订货适用、适量，避免积压。

（4）以住宿率为标准，发放客用品，严格执行控制程序。

（5）客用品的发放要登记入账，避免丢失和浪费。

（6）熟悉管辖物品的位置，了解物品的性质、应用范围及使用期限。

（7）每月进行物品盘点，及时了解消耗数量。

（8）做好酒水的发放、入账提货工作。做每月分析报告，控制酒水成本。

（9）完成上级交给的其他任务和工作。

以上是客房部部分岗位的职责。客房其他岗位的职责见以后各相关章节。

第二节　客房定员

一、客房定员

客房定员（Staffing）就是在确立客房组织架构的前提下，确定各部门、各岗位工作人员的数量。客房定员是客房部建立组织机构的重要内容，同时也是影响客房部工作效率、服务质量以及管理费用的重要环节。客房定员不科学，势必导致两个结果：一是机构臃肿，人浮于事，工作效率低，人力资源成本增大；二是职能空缺，员工工作量超负荷，工作压力过大，积极性下降，服务质量下降。因此，客房定员必须科学、合理。

二、工作定额

要进行客房定员，首先要确定各工作岗位的工作定额，国内外酒店的经验表明，客房部主要工作岗位的工作定额如下：

（1）领班（Floor Captain）。一个领班可以有效管理的客房数为：早班（A.M. Shift）：约 80 间（+5 间）；中班（P.M. Shift）：约 160 间（+10 间）。

（2）服务员（Floor Attendant）。一个客房服务员可以清洁的房间数为：早班（A.M. Shift）：约 15 间（+3 间）；中班（P.M. Shift）：约 60 间（+5 间）。

以上工作定额主要是针对星级酒店而言的，一般来说，酒店定员人数与星级成反比。酒店星级越高，服务和卫生标准要求也越高，因此，员工可以有效清洁的客房数也会减少，工作定额也会随之减少，反之亦然。

三、客房定员的方法

客房部的人员配备通常以班次划分、岗位设置来分区域进行。首先，根据客房部的工作范围将各职能区域分开（参见本章第一节客房部之组织机构图）。其次，确定本工作区域所有岗位或工种设置。再其次，明确各工作岗位的班次划分。最后，根据工作量和工作定额，计算该班次所需要的人数。

计算公式是：

$$岗位定员=\frac{工作量}{工作定额}\div 有效开工率$$

其中，

$$有效开工率=\frac{员工一年中实际可工作天数}{365}\times 100\%$$

$$=\frac{365-周末-固定假日-年假日-病事假}{365}\times 100\%$$

按照组织机构图将以上工作逐一完成之后，就可求出客房部各岗位、各班次所需要的人数。然后将其加总，就可得出整个客房部所需要的人员配备额，即客房定员总数。

案　例

如何核定酒店服务员和领班人数

某酒店有960间客房（均折成标准房计），分布在3～23楼（其中，3～10楼主要接待内宾，故要求每层配备早、中、晚班值台服务员各1名）。客房清扫服务员的定额为：早班15间，中班60间。领班的工作定额为：早班80间，中班160间。假定酒店年均开房率为80%，员工每天工作8小时，实行每周5天工作制，且每年除可享受法定节、假日11天（清明、端午、"五一"、中秋、元旦各1天；国庆、春节各3天）以外，还可享受年假5天。另外，估计每位员工一年中可能有5天病事假。试问，该酒店客房楼层服务员和领班的定员总数应为多少？

解：根据题意可知：

$$\begin{aligned}员工年实际工作天数&=365-周末-固定假日-年假日-病事假\\&=365-365\div 7\times 2-10-5-5\\&=240天\end{aligned}$$

$$因此，有效开工率=\frac{240}{365}\times 100\%\approx 66\%$$

（一）服务员人数

$$早班清扫服务员=\frac{工作量}{工作定额}\div 有效开工率$$

$$=\frac{960\times 80\%}{15}\div 0.66$$

=78（人）

$$中班清扫服务员=\frac{工作量}{工作定额}\div 有效开工率$$

$$=\frac{960\times 80\%}{60}\div 0.66$$

=19（人）

值台服务员＝3（人）×8（层）÷ 有效开工率

＝3×8÷0.66

＝36（人）

所需服务员总数：78＋19＋36＝133（人）

（二）领班人数

$$早班领班=\frac{工作量}{工作定额}\div 有效开工率$$

$$=\frac{960\times 80\%}{80}\div 0.66$$

＝15（人）

$$中班领班=\frac{工作量}{工作定额}\div 有效开工率$$

$$=\frac{960\times 80\%}{160}\div 0.66$$

＝7（人）

需领班总数 :15＋7＝22（人）

因此，该酒店客房部共需楼层服务员（含台班）133人，领班22人。

> 需要说明的是，本例中计算“有效开工率”的各项假设条件是比较符合中国国情及国内酒店的实际情况的，因而，所计算的有效开工率值，即“0.66”具有广泛的参考价值，各酒店在定员时，可以直接使用这一参数。

四、采用灵活的客房定员方法

需要指出的是，上述定员方法仅供客房管理人员参考，实际定员时，还应考虑各酒店楼层的结构、劳动力市场的供求状况等客观情况。如果劳动力供给状况良好，那么在制定编制时，不妨稍紧一些，以免造成人力资源的浪费以及在开房率较低时造成窝工而影响工作气氛，因为在旺季时，可以征招一些季节性的临时工来缓解一下矛盾。反之，则要将编制做得充分些，以免影响正常的接待服务工作，造成服务质量的下降。

第三节　客房部经理

一、客房部经理的岗位职责

客房部经理（Executive Housekeeper）全权负责客房部的运行与管理，负责计划、组织、指挥及控制所有房务事宜，督导下属管理人员的日常工作，确保为住店客人提供热情、周到、舒适、方便、卫生、快捷、安全的客房服务。其主要职责及工作内容如下：

（1）监督、指导、协调全部房务活动，为住客提供具有规范化、程序化、制度化的优质服务。

（2）配合并监督客房销售控制工作，保证客房最大出租率。

（3）负责客房的清洁、维修、保养。

（4）保证客房和公共区域达到卫生标准，确保服务优质、设备完好。

（5）管理好客房消耗品，制定房务预算，控制房务支出，并做好客房成本核算与成本控制等工作。

（6）提出年度客房各类物品的预算，并提出购置清单，包括物品名称、牌号、单价、厂家及需用日期。

（7）制订人员编制、员工培训计划，合理分配及调度人力。

（8）检查员工的礼节礼貌、仪表仪容、劳动态度和工作效率。

（9）与前厅部做好协调，控制好房态，提高客房利用率和对客服务质量。

（10）与工程部做好协调，做好客房设施设备的维修、保养和管理工作。

（11）检查楼层的消防、安全工作，并与保安部紧密协作，确保客人的人身及财产安全。

（12）拟订、上报客房部年度工作计划、季度工作安排。

（13）建立管家部工作的完整档案体系。

（14）任免、培训、考核、奖惩客房部主管及领班。

（15）按时参加店务会，传达落实会议决议、决定，及时向总经理和店务会汇报。主持每周客房部例会、每月部门业务会议。

（16）处理投诉，发展同住店客人的友好关系。

（17）检查贵宾客房，使之达到酒店要求的标准。

二、客房部经理的素质要求

客房部经理是酒店最忙碌、最重要的部门经理之一，全面负责客房部的日常管理工作。作为一名客房部经理，除了要有组织领导才能和管理才能以外，还应具备以下素质：

（1）有一定的房务工作和管理经验。专业的知识和经验是做好房务管理工作的基础，作为客房部经理，应该具有客房部主管以上管理工作经验。

（2）有强烈的事业心和工作动力。邓小平南巡时曾说过："没有一点'创'的精神，没有一点'冒'的精神，没有一股子气呀、劲呀，就走不出一条好路，就干不出新的事业"。强烈的事业心和工作动力是干好每一项工作，尤其是管理工作的基本保证，同时，也是激励下属员工的重要因素之一。因此客房部经理应该能够进行自我激励（self-motivated），有在事业上取得成就（自我实现）的强烈愿望。

（3）有旺盛的精力，良好的体魄。能够胜任经常性的超时工作。

（4）有较好的业务素质和较宽的知识面。包括旅游业基本知识以及房务服务与管理的专业知识（如布草、地面材料、家具、清洁剂和清扫工具以及财务会计、设计、室内外装饰等方面的知识）。此外，还要懂得心理学、管理学等专业知识。不懂业务就是外行，就会出现"瞎指挥"的现象。只有具有较高的业务水平和专业素质，才能使员工信服你，才能赢得员工的尊重，提高员工的服从性，增强管理者的凝聚力，做好各项管理工作。

（5）有优秀的个人品质。为人正直，能公平合理地处理各种关系和矛盾。

（6）有良好的人际关系（inter-personal relationship）和沟通能力。管理工作主要是（而且难度最大的也是）对人的管理，因此，客房部经理应该具有良好的人际沟通能力，包括与下属、与上级、与其他部门的管理人员及与客人的沟通。有效的与人打交道并不意味着要对人特别"随和"，而是意味着管理人员应该能取得同事的信任和合作，并能获得顾客的认同和好感。

（7）有组织协调能力。能协调好本部门各区域、各班组之间的关系以及本部门与酒店其他部门之间的关系。

（8）有语言、文字能力。客房部经理人员要有说服人的本领，要像一位有说服力的推销商那样，能够向自己的下属员工及同事清晰地说明自己的意图，力陈非此不可。此外，还要有写作能力，能够撰写房务管理的有关文件和工作报告。

（9）有基本的电脑知识和电脑操作能力。未来酒店及客房管理将实现计算机化。酒店内部管理将实现网络化。各种房务管理表格的制作将通过电脑来完成，内部的沟通也将通过电脑来实现，因此，未来客房管理人员必须掌握一定的电脑知识和操作技能（如打字、上网、制作表格等），以适应未来酒店管理的高科技化。

（10）有一定的外语水平。旅游饭店是涉外企业，为了更好地为外国旅游者提供服务，客房部管理人员必须具有一定的外语水平，能够用英语与外国客人进行沟通。

（11）在仪表仪容、言谈举止等方面，有良好的个人修养。经理人员的个人修养是员工的表率，它不仅反映管理人员的个人素质，也代表着酒店的形象和档次。

（12）有管理意识和创新精神。服务人员要有服务意识，同样，管理人员要有管理意识，这是他做好管理工作的前提条件。除此而外，客房部经理还要不墨守成规，有创新精神。

（13）掌握管理艺术。管理工作是一门艺术，作为客房部经理，应该掌握管理的艺术，这样才能使管理工作轻松、有效。

三、怎样当好客房部经理

当好客房部经理应该注意以下几点：

（1）有自信心（Self-confidence）。一个人如果失去了自信心，连自己对自己的工作能力都感到怀疑，就不可能把工作干好。尤其是管理人员，如果缺乏自信心，就不可能赢得员工的尊重，不可能激励员工，带领员工完成工作任务，实现管理目标。管理人员要有自信心，但还不至于自信到听不进别人的建议或建设性批评的地步。

（2）工作要有主动性。客房部经理要能够把本部门的一切工作安排得井井有条，对于可能发生的不良事件要防患于未然，而不是到处“修修补补”，整天四处“灭火”，让这些事件牵着鼻子走，忙得团团转。

（3）力争有效地利用人力资源，节约劳动力成本。特别是在工资费用比较高的国家和地区，有效地利用人力资源具有更重要的意义。

为例行工作创立程序和标准，制定部门岗位责任制。这是提高客房工作质量和效率，使管理工作走向正轨的基础工作。

（4）善于激励员工。经理人员的管理意图是通过部门员工贯彻落实的，因此，要搞好客房部的工作，提高服务质量，必须激励员工的士气，这是实现客房管理目标的手段，也是客房部经理日常工作内容之一。为此，客房部经理必须具有心理学方面的专业知识，能够以最大的耐心、幽默的语言，配合以行之有效的管理制度，激发员工的工作热情，调动员工的工作积极性。

（5）让员工参与管理。客房部经理要就客房工作中存在的问题经常与员工进行沟通，交换意见，达成共识，进而采取措施，这也是激励员工，实现管理目标的重要手段。为此，经理人员要鼓励员工发挥想象力，让他们经常给自己提出这样一个问题：做这件事还有没有别的更好的办法？不仅服务员应该经常提出这个问题，负责监督、指导服务员的各级客房管理人员也应如此。而一旦员工提出切实可行的合理化建议后，客房部经理要积极地予以采纳，并对提出合理化建议的员工提出表扬。

（6）给员工提供培训与发展的机会。员工不只是会干活的机器，员工在完成本职工作的同时，还希望在业务上得到发展，事业上取得进步，作为客房部经理应该充分理解和尊重员工的这一需求，为员工提供培训与发展的机会。同时，客房部经理还可以利用员工的这一需求，作为激励员工的手段。

（7）与其他部门的经理多进行沟通，努力与其他部门搞好协调与合作。客房部对客服务质量的好坏，在很大程度上取决于酒店其他部门（如前厅部、公关销售部、工程部等）的合作及与其他部门的信息沟通。部门之间缺乏信息沟通，势必在工作中造成矛盾和冲突，并最终影响服务质量。因此，客房部经理除了在各种正式会议上与其他部门经理进行沟通外，平时也应与其他部门的同事多沟通，做好部门间的协调工作。

此外，作为一名优秀的客房部经理，还应具备五大管理意识，即：创新意识、市场竞争意识、公关销售意识、全面质量管理意识和员工激励意识。

第四节　楼层主管

一、楼层主管的岗位职责

客房主管直接对客房部经理/副经理负责，协助客房部经理处理客房的日常事务。

（1）检查房间的清洁及维修状况，确保客房保持在最佳的出租状态。

（2）确保楼层各个班次有足够的人员。

（3）检查员工的工作表现及工作分配。

（4）确保楼层人员在工作时间内发挥最大的作用。

（5）与本部门的各个小部门密切合作，以达到预期的工作目标。

（6）负责楼层员工的培训工作。

（7）执行并完成客房部经理（管家）制定的各项工作程序和任务。

（8）改进客房员工的工作，提高生产数量和质量。

（9）贯彻、执行管家部的规章制度。

（10）调查客人的投诉，并提出改进措施。

（11）完成各项计划卫生清洁项目。

（12）确保每日检查 VIP 房，使之保持接待 VIP 之标准。同时抽查一定数量（20 间左右）的走客房、空房及住客房。

（13）负责楼层领班的排班。

（14）节约物品、控制消耗。

（15）随时向客人提供可能的帮助。

二、楼层主管的工作程序

见表 12–2。

表 12–2 楼层主管的工作程序

班　次	工　作　程　序
白班 （8:00 ~ 17:00）	（1）8:00 到服务中心签到，领取钥匙和房态表。 （2）巡视所管楼层区域。 （3）9:00 ~ 9:10，记录有关事项及客人的特殊要求，接受客房部指派的工作。 （4）9:10 ~ 9:30，传达有关指令，并检查员工的仪容仪表及工作准备情况。根据房态，合理调配人员。核对房态。 （5）检查楼层公共区域及可出租房的卫生。 （6）检查记录维修房的维修进展状况。 （7）检查督导员工的做房程序、清洁卫生的步骤方法是否符合规定标准。 （8）检查管区所有走客和部分住客房的卫生。 （9）跟查当日计划卫生的落实情况。 （10）报房态。 （11）收取员工做房表，记录未办事项和客人的特殊要求。 （12）15:30 开下午主管例会，交接班。 （13）16:30 ~ 17:00 写工作日志及向下一班交代未完成工作。
中班 （16:00 ~ 24:00）	（1）注意了解当日客情房态状况，了解部门交班记录内容。 （2）检查中班员工仪容仪表。 （3）合理安排人力，以保证楼层公共区域的卫生清洁。 （4）注意跟查当日的计划卫生项目。 （5）巡视检查楼层公共区域的安全、卫生。 （6）15:30 ~ 16:00开下午主管会。进行交接班。记录白班未完成的事项和客人的特殊要求。 （7）16:00 中班员工会，安排中班服务及有关跟办的事项。 （8）16:10 巡视楼层。 （9）19:00 ~ 22:00 督导检查夜床的服务质量。 （10）督导员工做楼层其他清洁工作和安全巡视。 （11）23:00 服务中心收做房表，记录有关问题、事项、交接班。 （12）23:30 写中班工作日志及开夜班员工会。
夜班 （24:00 ~ 8:20）	（1）00:00 ~ 00:20 了解当天的房态，了解部门交班记录内容。 （2）00:20 巡视楼层及公共区。 （3）检查督促员工的仪容仪表及工作规范。 （4）检查当日计划卫生项目。 （5）与客房中心保持密切联系，发现特殊情况要及时向值班经理报告。 （6）8:20 写夜班的工作日志及向下一班交班。

第五节　楼层领班

楼层领班是客房部最基层的管理者，是确保客房服务质量和卫生质量的关键人物。有人说，“领班是在夹缝里做人”，这话一点也不为过，他们上要对部门经理、主管负责，下要在普通员工中以身作则，所以，工作对于他们而言，来不得半点松懈和怠慢。为了领导基层员工，他们必须有过硬的业务技能。每天清晨，他们总是早早地来到所管辖的楼层，给服务员开会，布置一天的工作事务。除了对员工进行督导、培训以外，领班每天还要负责检查六七十间客房，每间客房的检查项目多达 100 多项，即使思想集中，目光敏锐，手脚并用，也难免有遗漏和疏忽之处，而一旦主管以上的领导发现客房卫生有差错，总是批评领班，领班却是绝少听到赞扬声的。正如一位客房部经理所说的：“我要求客房领班检查、检查、再检查，对细枝末节问题要敏感，每天我不批评他们就等于表扬他们。”

由此可见，要当好一个领班并不是一件容易的事，他必须要能够承受工作上、体力上和心理上的多重压力，不仅要掌握过硬的业务技能，还要有一定的管理艺术。

一、楼层领班的岗位职责

楼层领班（Floor Captain）是客房部最基层的管理人员，其主要职责是检查指导服务员的工作，确保出租给客人的每一个房间都是干净、卫生的合格“产品”。

（1）检查服务员的仪容仪表、行为规范及出勤情况。

（2）合理安排工作任务，分配每人负责整理和清扫的客房。

（3）分发员工表格、钥匙、BP 机，并通知 VIP 及有特殊要求的房间。

（4）检查督导服务员按程序标准操作。

（5）保管楼层总钥匙。

（6）按照清洁标准检查客房卫生。

（7）检查楼层公共区、角间、防火通道的卫生。

（8）随时检查、督导员工清除地毯、墙纸的污迹。

（9）检查计划卫生执行情况。

（10）确保每日对 VIP 房的检查。

（11）报告房间状态。

（12）检查报修、维修情况。

（13）记录 DND、NNS、SO、NB 房间。

（14）控制客用品、清洁品的发放、领取，严格控制酸性清洁剂。

（15）负责楼层各类物品、床单、巾类的控制。

（16）记录物品丢失、损坏，向上级报告。

（17）督导新员工以及在岗员工的培训。

（18）督导员工对服务车、清洁工具、设备的清洁与保养。

（19）负责安全检查。

（20）贯彻、执行客房部的规章制度。

（21）调查客人的投诉，并提出改进措施。

（22）处理客人的委托代办事项。

（23）定期向上级提出合理化建议。

（24）按照部门的临时性指令安排工作。

（25）负责月盘点。

二、楼层领班的素质要求

客房领班必须有客房服务经验，熟悉客房业务，有较高的业务技能，并有一定的管理水平。

（1）能吃苦耐劳，工作认真负责。

（2）熟悉客房业务，有一定的工作经验和较高的操作技能。领班的服务技能要高人一筹。如果领班不是全能的多面手，就无法带动全班员工工作。

（3）有一定的英语水平。

（4）有督导下属的能力。

（5）具有本岗位较强的专业知识，如清洁知识、布草知识等。

（6）有良好的人际关系能力。

（7）有良好的个人品质，办事公平合理。

三、如何当好楼层领班

（1）做好客房的检查工作。“查房”是楼层领班最主要的工作任务和职责之一，是检验客房产品是否合格的工作步骤，是控制客房产品质量关的最后环节，直接影响对客人的服务质量。因此，做好客房检查工作具有极其重要的意义。客房检查的主要内容有三项，即：清洁卫生状况；用品配备状况；设施使用状况。其中卫生标准包括：一是天花板、墙角无蜘蛛网；二是地板、地毯无杂物、痰迹；三是灯具光亮无尘；四是房间整洁无六害；五是布草干净无破烂；六是卫生间无积垢、无臭味；七是金属器皿无锈迹；

八是毛毯、棉被无异味；九是家具整洁无残缺；十是茶具无茶迹、水珠。

（2）抓好班内的小培训。客房服务员所需要的服务技能不可能在岗前培训中全部解决，因此，领班必须抓好岗位培训，包括利用交接班时间搞各种服务姿态、敬语和小技能的培训等，这是确保客房服务质量的重要环节。每次培训要有签字记录，这样，服务员就不能以“不会”作为借口了。

（3）建立客房用品核算管理制度。这项制度的目的在于控制物耗。客房部团队与散客、内宾与外宾、常住与暂住等不同类型客人的物耗是不一样的，领班必须对其进行统计，摸索规律，在可靠的原始数据基础上，计算出各类客人的物耗比，从而使考核指标有可行性，在保证客人满意的前提下，使楼面库存用品不浪费也不积压，减少客房用品的支出，降低流动资金的占用。

（4）讲究工作方法和管理艺术。

（5）掌握沟通与技巧。领班除了要认真履行自己的职责，做好自己的本职工作以外，还要具备起码的人际沟通的能力与经验，即：处理好与你的上级、平级和下级三个方面的关系，这是做好督导工作的前提条件。

四、领班忌讳

实践证明，以下几种领班是不受员工欢迎的：

（1）亲疏有别类。即对下属员工亲疏有别，这是不公平的。

（2）不注意聆听类。如果一位领班毫不听从员工对工作的见解，员工将会非常失望，慢慢地就会没有兴趣与领班谈论任何工作情况，积极性受挫。

（3）听喜不听忧类。只喜欢听好消息，而不愿听坏消息，当员工将坏消息报告领班时，即大发雷霆或指责员工。

（4）爱讽刺挖苦类。对员工喜欢讽刺挖苦，这样会使员工的自尊心受损，容易引起对立情绪。

（5）犹豫不决类。很多员工说他们最讨厌的是每次向领班请示，领班都拿不定主意。

（6）自以为是类。听不进员工的意见。其实，员工提出的实际操作上的意见往往是十分宝贵的，有建设性的。

（7）时间管理不当类。处理事情没有条理，没有轻重缓急。

（8）难觅踪影类。员工工作上遇到困难时，总是找不到领班。

（9）缺乏尊重类。忽视员工的情感，不喜欢以客气的语气指挥员工，对员工缺乏尊重。

此外，在管理活动中，独断专行、粗言秽语、喜怒无常的领班也是不受欢迎的，因而，也是所有领班应该忌讳的。

本章小结

本章主要介绍了客房部的组织结构、各班组的职能以及各主要岗位的职责和素质要求等。特别是比较详细地论述了客房部经理、楼层领班等主要管理岗位的职责和素质要求，并对如何做好客房管理人员进行了讨论。

客房组织机构的设计，应该根据酒店规模的大小等因素加以确定。

要求酒店设置楼层服务台，是我国酒店、招待所传统的服务和管理模式，但这不符合酒店的经营规律，不仅浪费了大量的人力，大大增加了客房经营成本，而且常常引起客人的不满，从发展的趋势看，楼层服务台将逐渐被高效率的客房服务中心所取代。

课堂讨论

客房部经理应具备哪些素质，怎样当好客房部经理？

案例聚焦

一位美国酒店客房部经理的管理方法

海丽是美国希尔顿饭店公司西方分部的一位客房经理，她是法国人，富有魅力，性格奔放，干劲十足，并力图博得她所在部门以及饭店其他人士的赞扬。她所管辖的客房部会使人想起军队的情形。但她也因通情达理而赢得下属人员的尊敬。她希望下属对她坦率忠实，有错敢于承认，她对他们的过错则不予以惩罚。她认为既然他们承认并认识到了自己的过失，吸取了教训，那么，他们是会吃一堑长一智的。

海丽通常采取书面交流的办法使她的部门正常运转。所有她要了解的情况，她的助手都作详细的记录。她的助手是权威的，有权处理各种问题，只有解雇员工这一件事，必须等到海丽与该员工谈话之后，才能执行。

例如，假如某位服务员同海丽属下某个楼面主管发生了纠纷，海丽往往会调这位女服务员到另一楼面去工作，看看在那里会不会再发生类似的个人纠纷，海丽经常说："我掌管这个客房部，就好像这家饭店就是我的。"她本人以身作则，很少同她的上级闹别扭，她以行动表明她毫无保留地将她的才能贡献出来都是为了让饭店得到最好的声誉和最大的利益。

任务拓展

一位客房领班谈怎样当好客房部领班[1]

有人说，领班是“三明治中的夹心”，上要对主管负责，下要管理服务员，弄不好就是猪八戒照镜子——里外不是人。我认为只要依照以下诸条去做，便绝非难事。

（1）“下马威”法。“新官上任三把火”是一定要烧的，且要烧得轰轰烈烈。所以，我从卫生班开始抓起：该严的地方就一定要严。比方查卫生该达到什么标准就必须达到，不然就不放责任者回去。有一位小姐想和我闹，结果，我一直让她干到下午6点，完全达标了才让她下班（下班时间是5点）。从此，她在我面前服服帖帖。另外，我还坚持一视同仁的原则。时间一长大家自然服我了。

（2）威信管理法。为提高我的威信，我就努力做好以下两件事：

①工作中服务员能做的，我自己必须能做，且做得更好。比如铺床等技能。服务员做得不好或不能做的工作，我要求自己也能做得好。再如，我努力做好处理客人投诉等需要较高业务水平的工作。

②培训服务员。一是对新服务员的培训，内容有业务知识和操作技能。另外就是淡季培训。对有争议的问题，还让大家讨论，共同找出一个最好的答案，如此便能解决很多实际问题，对自己也是一种提高。

（3）按意愿分配不同的工种。服务员上班的动机各式各样。有人是为了赚钱（如外地打工妹）。有人家景好，只是混混日子。对前者我多派房间（计件工资制）。对后者则安排些较轻松的工作，基本符合了他们个人的意愿，所以各自的工作积极性就被激发起来了。

（4）不吝啬表扬，创造良好的工作氛围。服务员渴望被尊重，我就尽量让下属的这种要求得到满足。那么如何才能满足呢？我认为鼓励和赞扬比什么都有效，一旦碰到称心的事，我就从内心赞扬，毫不吝啬地说出赞扬的话。我对服务员经常表扬，他们的心自然会开朗起来，慢慢地就会创造出一个良好的工作氛围。

（5）“偏心”激励。何谓“偏心”激励？“偏心”激励是指我先通过技能比武和观察平时工作表现等方法找出一位工作出色的服务员作榜样，在平时工作中处处对他偏心照顾，以激励其他服务员达标的一种管理方法。作榜样的服务员有时是一个人，有时是几个人，也可能每个服务员都能成为被“偏心”的对象，只要他有一技之长。比如，通过平时的观察，我发现卫生班A小姐表现很好，体现在：床铺得挺括，卫生搞得干净，工作主动，可贵的是天天如此，有时人员不够，要她加班也很爽快。这样，我自然对她另眼相看。她若提出要求，只要是合理的、能够满足的，我都满足她。有次一位资历更深的B小姐来质问我：为什么同一要求，照顾A却不照顾她？我回答B小姐：“因为目前你的表现还不如她好。比如你卫生搞得没有她干净等，不信你去看看她搞的房间！”B小姐听后未吭声。第二天查卫生时，我发现B小姐搞的房间比以前干净了很多，我当时就表扬了她。从此B小姐的表现也越来越好了。

---

① 邵德春“酒店领班的管人技巧”（题目为编者所加），《饭店世界》，1999.2。

（6）对服务员犯错时采用不同的批评法。

①个别谈话法。有时会出现争吵，等冷静下来后，我便主动找服务员们个别谈话。先静听服务员的申诉，然后站在他的立场考虑表示理解，但也请他站在我的立场考虑问题，求得他的谅解。其实不管什么事，只要双方坐下来，将心里话都说出来，问题就迎刃而解了。有一位干了十多年的老服务员和我发生矛盾，我找她谈话后，她对我心服口服。

②“开玩笑”式批评。对表现一向较好的报务员，偶然犯错时，我以开玩笑的方式提醒他，在一笑之间解决问题。有次一位小姐由于一时大意致使两个房间里的地巾忘了补放，在查到第二次时，我笑着说：“小姐，你好像不喜欢地巾，是吗？”从此以后她搞的房间再也没有少放过物品，且常将此事说给人家听，说我很幽默，在组里工作很愉快。

③通过第三者批评法。有时，个别资格较老的员工犯了错却不来认错，为避免与他正面冲突，我便在跟他关系较好的员工面前狠狠地批评他，并说：“到某某时还不来认错，就让他走着瞧。”我敢保证，这位员工肯定会在此时间前主动来认错。

④表演法。巡查时发现值台服务员在无客人时趴在服务台上，形象不佳，又较普遍，我便在值台例会时，将他们的形象表演出来，让大家在笑声中接受批评。

此外，先表扬后批评法、当众表扬批评法等，也颇行之有效。

（7）参与式管理。对有些有争议的决定让服务员讨论，听取意见，让他们参与管理。一旦有些建议被采纳，提出建议的服务员，势必积极响应，带头遵守。我店新楼改建以后进了一批新式床，床架特别重。我在检查时发现有些服务员偷懒，铺床时没有把床拖离床片就直接铺上床单。就这件事，我让卫生班服务员讨论：到底是床拖离床片铺好呢，还是直接铺好？有两个老服务员提出：还是直接铺好，因为不但省力，而且照样可以将床铺得挺括，其他做新楼房间的人都赞成，于是我就此事向部门经理请示，结果，经理同意了他们的做法（因床太重有人拖不动）。于是提建议这两人的床就铺得特别挺括，有其他人不懂时，还主动指教。

酒店经理人对“经理的困惑”的答复

Re：总经理要求客房裁员怎么办？

Robert Zhou　香格里拉大酒店行政管家

（1）做一个数据分析，在合理公正的环境下，持续一段时间，测试多个典型的熟练工作者，就统一标准做房及完成相关日常工作的情况，进行数据统计，分析出合理的日工作量，这也是让大家信服和以后的标尺。别的酒店标准只能作为参考，决不能照搬。

（2）在确定好每日额定工作量后，我们根据年均入住率得出每日做房直接需要的人工数。

（3）计算出一年中这些员工的法定休假/年假/公休假等所有需额外增加员工作替班人数。

（4）中班、夜班、PA 等计算。另公寓员工 / 主管经理人员 / 文员 / 花工等。

作为一名部门经理，必须深刻理解酒店是靠人的服务去赢得客人赞誉的。人员的缺乏造成运作链接中断，最终影响客人服务，当失去客人的信任后最终输的是酒店。

James Kong　上海锦江汤臣洲际大酒店行政管家

有关客房服务员配置问题，我的观点如下：

（1）酒店的定位和标准要求，决定客房的装潢、物品配置和清洁水准。

（2）清洁所需时间由清洁标准决定。

（3）如楼层的平均做房时间是 30 分钟，加上准备工作时间和提供直接服务的时间，8 小时内可以完成的最多的做房数量也就确定了，开床数量和其他工作的人手需求也可确定。相应平均住房率所需人手由此即可确定。但通常不会超过 70% 的配置，因为一旦满房时，只要全部服务员出来加班就可以完成任务，空了再还。PA 的人手也一样，除标准要求外，由班别、岗位、清洁内容、清洁频次、清洁设备等决定。完全可以匡算。

（4）每月做一份员工出工的小时汇总并和住房率相比较匹配的分析表，看员工的平均做房数量即可获知安排方面有无人力的浪费。全年更可看出领导们的成绩。

（5）另外，在人力成本高企的地方，也可考虑整体外包或人手租赁等形式以降低用工成本。

第十三章 客房服务质量管理

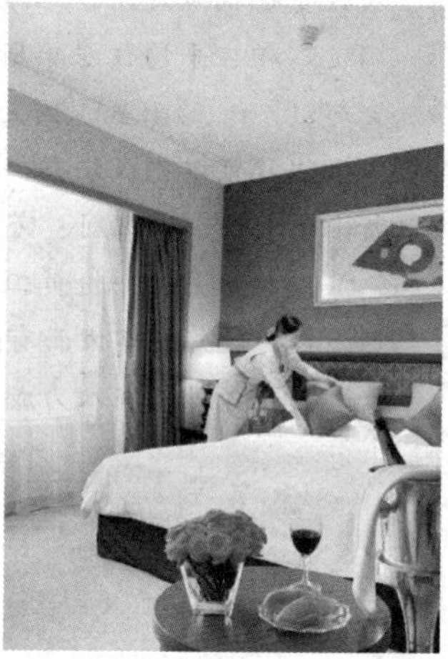

"我知道自己每年都会遇到一种令我抓狂的酒店。比如要不就是找不到开灯的键，要不就是开着的灯你关不掉。又比如，房间的照明不够，令你根本无法读书，甚至连床头灯都不够亮。还有就是电源插座藏在床下或者家具后面，你要是想给手机或者笔记本充电，还得先来一番搬家具的运动。冰箱里堆满了价格宰人的食品，害得你都挤不进一瓶自带的矿泉水。还有价格惊人的上网费——酒店曾利用高昂的电话收费来敲客人的竹杠，直到手机出现，它们的阴谋才告破产，现在它们试图用上网费来打劫你。还有凌晨3点会闹的闹钟——前一个客人因为要赶一大早的飞机而设定的时间忘记被取消，这让我对酒店的好感顿时烟消云散。"

—— 一位"一年中有超过100个夜晚在酒店度过"的商务客人

学习目标

知识目标

1. 了解客房服务工作的组织模式。
2. 了解客房服务项目及其服务规程。
3. 掌握提高客房服务质量的途径。

能力目标

1. 能够对客房服务和管理中的常见问题进行处理。
2. 能够对客人遗留物品与租借物品进行管理。

关键词： 房务中心　服务项目　遗留物品　服务质量

经理的困惑

客人的要求合理吗？

某日，入住我们酒店1808房的客人张先生头天登记时提出需要酒店7点钟叫醒他，以免贻误飞机。早晨7点整，房务中心文员小孙根据前台下达的Morning Call通知单，准时给张先生打叫醒电话。可能是张先生旅途劳累，睡得太沉，打了几次都没人接，于是，小孙便通知楼层服务员前去敲门提醒。楼层服务员来到房门口，看到门上悬挂着“请勿打扰”的牌子，便一声不响地回到了自己的岗位。8点多钟，客人一觉醒来，发现已经耽误了航班，不禁大发雷霆，马上向大堂副理投诉酒店叫醒服务不及时、不到位，给他造成了一定的经济损失，要求酒店赔偿。作为客房部经理，我该怎么办？客人的要求合理吗？

第一节　房务中心的管理

客房对客服务的组织模式有两种：一种是“楼层服务台模式”，另一种是“房务中心”（GUEST SERVICE CENTRE）模式。我国传统饭店对客服务都采用楼层服务台模式，这也是很多地方公安部门对酒店的要求。但国外酒店以及国内中外合资（合作）酒店基本上都采取宾客服务中心的模式。与楼层服务台模式相比，宾客服务中心模式不仅能够节约用地，增加营业面积，节约客房部人力资源的成本和费用，而且更能保持楼层的安静，更能保护客人的隐私，也更能提高经营效率。因而受到越来越多酒店的欢迎，国内星级酒店及中高档酒店开始普遍采用宾客服务中心模式为客人提供服务（即使有楼层“服务台”，也是形同虚设），应该说，这是酒店经营管理的发展趋势。

一、房务中心的职能

（1）信息处理。凡有关客房部工作的信息几乎都要经过客房中心的初步处理，以保证有关问题能及时得以解决或分拣、传递。

（2）对客服务。由房务中心统一接收服务信息，并通过电话机、BP机等现代化手段，向客房服务员发出服务指令。即使客房中心不能直接为客人提供有关服务，也可以通过调节手段来达到这一目标。

（3）员工出勤控制。所有客房部员工的上、下班都要到此签名，这不仅方便了考核和工作安排，而且还有利于加强员工的集体意识。

（4）钥匙管理。客房部所使用的工作钥匙都集中于此签发和签收。

（5）失物处理。整个饭店的失物和储存都由客房中心负责，这大大方便了失物招领工作的统一管理，提高了工作的效率。

（6）档案保管。客房中心保存着客房部所有的档案资料，并必须作及时的补充和更新整理，这对于保持有关档案资料的完整性和连续性具有十分重要的意义。

为了及时了解和处理客房服务和管理中随时出现的各种问题，掌握宾客和员工的动态，客房管理人员，特别是主管，应将自己的办公室设在房务中心内。一些客房主管将自己隔绝起来，根本不管每天发生什么事情，也不知道宾客中、员工中每小时发生的各种各样的问题，不利于管理工作。

二、房务中心的运转

（一）房务中心员工的岗位职责

（1）接听电话，随时回答客人的提问，满足客人的要求。

（2）负责客房钥匙的收发。

（3）负责各组的签到。

（4）协助客人借还接线板、吹风机。

（5）随时接收、登记与包装遗留物品并每月清点上报客房经理。

（6）管理各种表格。

（7）向工程部提出维修请求，及时送交报修单。

（8）记录酒水使用情况，发放每日报纸。

（9）分派鲜花，报洗地毯。

（10）做好开门情况的记录。

（11）接听电话，完成上级交给的各项任务。

（12）负责服务中心的清洁工作。

（13）接待客人并尽可能满足客人的要求。

（14）做好各种交接及一切工作记录。

（二）房务中心的运转

房务中心 24 小时为客人提供服务。可设一名领班或主管负责日常事务。服务中心每天三班倒，根据酒店规模的大小和客房数量的多少，每班可设 2 位或 2 位以上接听电话及处理相应问题的服务员，另外，当然也要设相应的专职对客服务人员。

服务中心的理想位置是处于员工更衣室和员工电梯之间的同一平面上，其内部设计因条件而异。一般而言，它应具有同时接听两个以上电话的能力。最好有小型交换机的功能，以保证信息的畅通。在对内联络方面，要求有快速、灵便的传呼手段，因而，很多大中型酒店都建立有独立的BP机呼叫系统。有些酒店为方便正在楼层工作的领班和服务员，还设计了楼层走廊灯光信号系统与之配套，这对于楼层客房数较多的饭店来说较为理想。

另外，从某种意义上讲，客房服务中心的主要工作是接听客人有关客房服务需求的电话。因此，在客房服务中心工作的员工必须具备话务员的素质，能够用礼貌、悦耳的声音为接听客人电话，回答客人问讯。否则，必将影响服务质量，损坏酒店的形象。

经典案例

"你的声音听上去太硬……"

某年5月，身体原因我从楼层调到了房务中心工作。初来房务中心时，我想自己在楼层工作五六年了，而房务中心也是客房部的，应该没什么问题。谁知，没多久主管就找我谈话了，非常委婉地对我说："房务中心虽然只有简单的三部电话，但却像窗口一样反映了整个客房部的精神面貌，声音的把握和调节非常重要。你的声音听上去太硬，太直了。回去调整一下好吗？"

初听主管的话，我心里还挺疑惑，觉得不可能吧！因为自我感觉蛮好的。回到家以后，我利用手机的呼叫拨号功能，把声音录下来听了一下。天哪，竟有一些"大老爷们"的感觉。知道自己的问题后，我就在业余时间利用手机不停地练习与调整。慢慢地我竟从中总结出了一些心得：①如果音调过高，会给人不成熟及情绪冲动的印象；②声音太弱，会给人不肯定的感觉；③语速过快，会减低人们的重视程度；④发出呼吸声，会让人有不稳重的感觉；⑤粗声粗气，会给人粗俗之感；⑥语调末尾上升会给人信心不足、有恳求他人的感觉；⑦声音颤动（有时因呼吸不规律而造成）会让人误认为你紧张或害羞。

而要想克服以上的问题，就要注意：音调适中，不可过高或过低；声音浑厚，不要很轻弱；说话清晰，要毫不含糊；要有节奏感，不单调。

当把这些心得运用到工作中以后，我再去询问主管的意见时，我从主管的微笑中已知道了答案。（郑州市××饭店刘郑红）

三、房务中心与各部门的沟通

（一）沟通的原则

客房服务中心是客房部的"控制指挥中心"，很多工作内容需要与各部门的各个岗位进行沟通协调。房务中心与其他部门、岗位的沟通与协调应遵循以下原则：

（1）当与对方无法沟通、协调时，应向其上一级主管沟通。当沟通协调的对象无法沟通、协调，如：服务员通知不到、信息阻塞、中断时，应向上一级领班沟通协调，领班沟通不到时，再向更上一级主管沟通，以此类推，直到沟通有效为止，并说明向更上一级沟通的原因，以免双方误会（与其他部沟通也一样）。

（2）与对方沟通时，提供必要的帮助。沟通协调前，要尽量掌握对方的职责能力，并提供必要的帮助，以防对方事情处理不妥而引起麻烦。

（3）保持良好的沟通态度，心平气和，有耐心。无论任何情况，沟通的态度必须心平气和、有耐心，尽量多用“请”字、“谢”字和用商量的口吻，即使对方不耐烦，态度不好，也不要受其感染，仍然要保持冷静，以免事情向不好的一面发展。

（4）遇到沟通障碍时，先解决问题，不可推卸责任。遇到沟通协调的事情难以分清责任时，要先尽力解决，后报告上级进行区分，千万不要在有能力处理的情况下不处理或推卸责任。

（二）沟通的艺术

房务中心协调和沟通的对象很多，沟通讲究的是迅速、愉快。如何才能做到这两点呢？

（1）房务中心人员要把自己当作一名内务公关员来看待。面对各色各样的人物，为了达到沟通愉快、有效的目的，就得采取不同的应对手段。很多酒店的房务中心人员不要说有什么手段，自身的心理素质这道门槛还没有跨过，害怕、畏缩、妒忌、不服气、不愿受委屈、喜欢斗气、相互攻击、出言不逊、不耐烦、易受不良感染等心理不健康因素还未能解除，房务管理者应该鼓励房务中心员工平时多看一些自助、励志方面的书籍、资料，把沟通、协调的对象当客户看。

（2）要学习酒店的公关人员为了客户或相关人员的沟通畅顺、愉快，而采用了哪些基本、必要的公关手段，掌握这些手段，即便今后离开本职岗位，也会在自身的人际交往中受益匪浅。

（三）沟通的内容与方法

1. 房务中心与楼层的沟通、协调

客房服务中心与楼层同属客房部管理，相互之间沟通协调更是频繁、紧密。日常工作除了自身要提供直接信息给楼层，还要充当其他部门为楼层传递信息的“二传手”。具体而言，房务中心通常有以下事项需与楼层沟通协调。

（1）要获得楼层实际房态时：发现前厅与服务中心电脑房态有差异时可呼叫楼层领班或服务员亲临房间进行检查核实。

（2）客房维修、保养时：客房的工程维修事项、地毯清洗及各类坏房不能开出时，要详细记录，并通知相关人员前往处理（维修事宜下单通知工程部维修，地毯、沙发清洗通知 PA 部领班处理）。

（3）前厅报 C/I、C/O 时：此时要立即记下对方工号、房号、时间并立即通知楼层，不得延误。在 C/O 时要根据时间做相应的跟踪、跟催工作。

（4）客房有遗留物品，损坏事项时：如果客人未离开酒店，应立即通知前厅派人至楼层将物品拿到前厅交予客人，不可延误并做好记录。如果客人已离开酒店则应立即通知领班交到服务中心登记保管。有损坏事项时，需立即记录并通知领班前往处理。

（5）收到客人服务信息时：要问清客人地点房号、姓名、要求，并立即做好记录；马上通知该区域服务员提供服务；在规定的3～5分钟内需再确认一次此服务是否完成。

（6）接到会议订单时：要根据订单时间、级别、要求、人数等通知楼层领班作茶、饮具（茶杯、杯垫、纸杯、纸巾、茶叶、茶壶、托盘、电热壶）及派员准备，通知 PA 领班做卫生、台、椅、派员等准备，会议结束时，要提醒领班检查会场。

（7）接到 VIP 入住及特殊人员入住时：要通知楼层领班了解信息，按要求派发鲜花、水果、赠品并及时做检查、迎送、布置等工作。

（8）天气变化，大风、阴雨、潮湿、闷热时：大风及下雨要提醒楼层员工关窗，提醒领班到酒店外围观察、检查在住客人的窗户及外挂物，并及时做好相关布置工作。

（9）上级有关指令需通过客服中心传达到楼层时：应立即做好记录，通知到楼层员工和领班予以执行。

（10）为楼层发放酒水时：要下午 3 点准时通知一名楼层领班到前厅收银拿酒水消耗单，然后由两名楼层领班到楼层酒水仓按酒水单上所耗酒水领取、发放到各楼层，房务中心收回酒水单做当日酒水统计时，要进行核对。

2. 与前厅的沟通协调

（1）房务中心接到前厅各类订单时：预览订单、表格上各个项目是否填写完整，了解各类注意事项后，在订单、表格上签名，并写上签名时间，然后归类挂在信息板上，根据时间、日期对相关人员作提示、布置。

（2）前厅为客人查询遗留物品时：迅速查阅遗留物品登记本，根据客人反映的时间、品名、特征、检索登记本上的结果，如果检索到有此客人描述的物品，则按遗留物品处理程序进行处理；如果没有检索到此客人描述的物品，应请再稍等一下，向其他人员（如楼层领班、员工、主管）了解情况；如确实没有，则应向主管报告，同时请客人留下联系电话，待次日把主管的处理结果向客人反馈。

（3）接到前厅送来的报刊时：点清数量并检查是否分类，然后签上时间、名字以作签收；在规定的时间内、如没送来，应跟进并问明原因。

（4）收到前厅送来房务中心需中转给客人的物品时：检查“中转”单上的物品名称、数量、双方客人姓名、留言、资料是否齐全，与实物是否相符，核实无误后签收、暂存（不明物品及违禁物品一律不得转递、暂存），再根据“单上”资料、时间通知领班作相应的转递处理。如果在注明的时间内未能中转到指定的对方，则应立即反馈到前厅，由前厅联系客人请示意见。而房务中心对“中转”三天内无结果的，要暂存登记到客人的遗留物品簿，以便追溯并记下时间、工号、序号及有关内容。对VIP鲜花、水果、派送也属中转之例，应及时通知领班、主管跟进。

（5）前厅向房务中心报C/O、C/I时：要求重述房号、工号给对方，以免听错，然后迅速通知楼层，在规定的时间内（3分钟）如楼层没完成，则必须重催、跟进，以免延误客人时间而被投诉。

（6）接到入住紧张需要赶房的信息时：立即与楼层领班沟通，反馈房态情况供前厅参考，并通知主管，组织人力跟进。

3. 与PA部的沟通协调

（1）调拨、借送较多、较重物件时：呼叫PA领班提供协助，告知对方的沟通对象、地点、时间、所需人力等情况（此情况暂限于客房部本部）。其他部门有此现象需要协助时，可告知对方向本部门主管、经理沟通协调。

（2）楼层及其他部门报洗地毯、沙发时：做好专用记录、把地点、性质转告PA部领班，经PA部领班确认后，回复对方的处理时间和需要协助的有关事项。

（3）接到有关区域来电求清洁的信息时：了解对方人物、地点、事物性质做好记录，立即把详情通知PA领班做好准备派员前往处理。若中班无领班，先通知楼层领班跟进，再直接通知PA员到达现场。

（4）有会议或团体接待或团体用餐、上级来店检查、督导时：有会议接待时，提前通知PA领班按要求摆设台椅、借齐物件（如台布、围裙）备齐用品，搞好卫生间和会场卫生；团体用餐时则提醒餐厅洗手间岗位储水、重点清洁。上级或团队来店参观检查、督导等活动时，应提前提醒PA领班尽快搞好各岗位卫生，做好检查完善工作，做好重点岗位（大堂、外围、洗手间等）巡查保洁。

4. 与工程部的沟通协调

（1）有会议接待时：根据会议要求，检查灯光、电器设备，通知工程部调试音响、麦克风，调试视听设备、悬挂横幅，开启空调设备，以保会议召开期间设备运转正常。

（2）客房部维修项目：客房的维修项目，影响开房的要在当班时间内跟踪并提醒领班跟进后转 VC 房。叫工程部尽快搞好并报告主管，以免维修房过夜。在住房产生的维修，要第一时间通知楼层领班和工程部前往查看维修处理；不能在短时间内解决的，要征求客人意见与前厅协商是否换一个房间，尽力满足客人。其他公共区域的维修，要及时传达到工程部，做好记录和跟踪。

5. 与餐厅的沟通协调

（1）有会议接待时：有些会议安排餐厅服务员或大堂吧服务员，做茶水服务，借用围裙、台布等布置用品。房务中心要提前通知餐厅管理人员做好物品及派员准备。在会议召开期间该员工用餐及离岗时一定要通知楼层领班或主管调配人员顶替，方可让其离岗。

（2）接到客人要求送餐的电话时：在餐饮营业时间内先建议客人参考服务指南中的点餐单，如没有合意的餐式，则可了解客人房号、姓氏，请客人稍等，说明马上派人为其点餐，并做好记录。立即打电话到餐厅，由餐厅派部长或致电到房间为客人点餐。5 分钟内再致电餐厅咨询此事是否办妥，客人用餐后立即通知餐厅人员前去收餐（无餐厅人员时可叫楼层服务员收出餐具）。如果客人未通知收餐具，应在送餐进去的 1 小时左右，致电该客人，询问什么时候方便可以进来收餐具。尽量在客人用餐后收出餐具、残羹，以防食物异味在房间过夜而影响环境。

6. 与保安部的沟通协调

（1）接到楼层有醉酒客人的信息时：无论醉酒客人在通道上，还是在客房内，都应在接到此信息的第一时间把情况告诉保安部，由保安部派人上楼层协助楼层服务员和领班处理问题，保障员工的职业安全和客人安全。加强巡视以及预防破坏、消防事故发生。

（2）接到楼层有闲杂人员逗留或房间内有聚会，人员过多或嘈杂时：通知保安部派人至该区域了解情况，对闲杂人员或嘈杂声要及地制止；房内聚会、人员过多要重点巡视管理，了解情形，防止安全事故发生。

（3）深夜有客人叫女服务员进房服务时：在通知服务员的同时要通知保安部立即派人陪同服务员前去服务，服务员进房时，保安员可在门外一边观察，遇有客人关门而服务员仍在房内时，要婉言制止不让关门。服务员服务完毕后，方可让保安员离开。

7. 与财务部的沟通协调

（1）酒水统计报表与房态表：每日上午 10 点前房务中心核实此两项报表呈送财务部，对财务审计出的问题，要认真解答并找出原因给予修正。

（2）请购物件和领料时：下请购单要列明物品的规格、生产商、数量、使用部门，对可能混淆的物品要在备注栏内说明清楚，并与采购沟通讲明，对紧用物品在三天内未购回的，要询问采购原因并上报本部门经理，以免误事。

（3）物资、酒水报损事宜：食品酒水过期时提前一个月撤出，提醒楼层每月 1 号到 3 号做此项工作，过期未撤出报损的，由楼层负责按进货价认购。物资破旧不能用时，每月 5 号前集中写报损单经部门经理核实，签署后交副总认可，然后由财务派人鉴定，对报损后另作他用的应打上“已报损”标志，并与其他物资分开，以免混淆。报损后作废品处理的，在盘点报表相应栏作消数处理。

第二节　客房服务项目及其服务规程

一、客人住店期间的服务项目及服务规范

（一）客房小酒吧（Mini-bar）

为了方便客人，大部分酒店都在客房内安放了冰箱，一些高档酒店还在客房内设有小型吧台（图 13-1），向客人提供酒水、饮料和一些简单的食品。为了加强对这些食品和饮料的管理，饭店应设计一份记有冰箱内（或吧台）食品、饮料的种类、数量和价格的清单，并要求客人将自己每天饮（食）用的食品、饮料如数填写（表 13-1）。酒单一式三联，第一、二联交结账处作为发票和记账凭证，第三联作补充酒水食品的凭证。客房服务员每天早晨对其进行盘点，把客人实际饮用的数目通知前台收款（Cashier）处，随后，对冰箱中所缺饮料予以补充。

图13-1　客房小酒吧

提供客房小酒吧服务时，客房服务员应注意以下事项：

（1）如发现客人使用过小酒吧时，应核对客人新填的酒水耗用单。

（2）如客人填写有误，应注明检查时间，待客人回房时，主动向客人说明并更正；如客人没填写，应代客补填并签名和注明时间。

（3）如客人结账后使用了小酒吧，应礼貌地向客人收取现金，并将酒单的第一联作为发票交给客人，收取的现金连同酒单的第二联记账凭证及时交给结账处。

（4）领取和补充小酒吧的酒水和食品时，要检查酒水的质量和饮料、食品的有效保质期。

有些高级饭店对客房内的冰箱采用计算机管理，当客人从冰箱里取出一瓶饮料后，冰箱内的开关信号将指示机器驱动，结果将使总服务台收款处该客人账单上的账目自动增加。但这种装置也有缺点，譬如，客人取出一瓶啤酒后，发现商标不中意，便放回原处，但这时计算机已经记下了这瓶啤酒的账。

表 13–1 客房迷你吧酒水单

Mini Bar Voucher

Guest Name（姓名）： Room No.（房号）： Date（日期）：

STOCK 贮量	ITEM 品名		UNIT PRICE 价格 RMB	CONSUMED 消耗数量	AMOUNT 金额
2	Martell VSOP	金牌马爹利	28.00		
2	VSOP Remy Martin	VSOP 人头马	28.00		
2	JW Black Label	黑牌威士忌	38.00		
2	JW Red Label	红牌威士忌	38.00		
2	Gordon's Dry Gin	哥顿毡酒	28.00		
2	Grant's	格兰威士忌	38.00		
2	Imported Beer	进口啤酒	15.00		
2	Juices	各式果汁	8.00		
2	Coca Cola	可口可乐	8.00		
1	Sprite	雪碧	8.00		
2	Watson'	屈臣氏蒸馏水	8.00		
2	Chocolate	巧克力	20.00		
4	Mineral Water（Imported）	进口矿泉水	20.00		
1	Local Beer	本地啤酒	8.00		
2	Wine	葡萄酒	25.00		

第一联：客户（白）第二联：前厅（红）第三联：存根（黄）

Plase indicate daily the number of items you have consumed and kindly sign this form and leave it on your mini bar. The amount will be added to your room account.

请将您每天消费的饮料记入本账单并把账单放在吧台上，收费金额将记入贵账户。

Guest Signature Room Attendant

（二）房膳服务（Room Service）

房膳服务在欧美国家旅馆业中称为"Room Service"，它是指应客人的要求将客人所点之餐、饮送至客房的一种餐饮服务。常见的房内用餐有早餐、便饭、病号饭和夜餐等项目，其中以早餐最为常见。

提供房膳服务时，酒店要设计专门的房膳服务餐牌，摆放在床头柜或写字台上，上面标明房膳服务电话号码。另外，提供房膳服务，通常要收取 20% ~ 30%的服务费。

房膳服务的方式有好几种。在一些大饭店里，这项服务是由餐饮部负责的，餐饮部设有房膳服务组，由专职人员负责提供房膳服务。在另外一些饭店，房内用餐则是由餐厅服务员送到楼层，再由楼层服务员送进客房，采用这种服务方式的饭店，要求客房服务员必须熟悉菜单，并掌握一定的餐厅服务技能。

房内用餐可以用托盘提供，也可以用餐车送上（图 13–2），这要视所送餐食饮料的多少而定，如用餐车送餐，要小心谨慎，以免因地毯不平或松动而翻车。另外，送餐时，必须要使用保温、保暖、保凉和保持清洁卫生的用具。

图13–2　酒店为客人提供的房膳服务

提供房膳服务时，要注意及时将客人用过的餐具和剩物撤出（一般在 1 小时后，征得客人同意后撤出），以免影响房内卫生和丢失餐具，收东西时，要注意清点餐具并检查有无破损，同时还要注意随手更换烟灰缸、玻璃杯，擦净桌上的脏物，以保持房内清洁。用餐完毕，请客人在账单上签名。

（三）洗衣服务（Laundry Service）

大型酒店一般都设有自己的洗衣房。饭店向客人提供的洗衣服务，从洗涤方式上讲，有三种类型：干洗（Dry–cleaning）、水洗（Laundry Service）和烫洗（Pressing）。其中，干洗的一般是一些高档衣料以及毛织品、化学纤维衣物、绸缎真丝等。从洗涤速度上，可以分为“普通服务”（Regular Service）和“快洗服务”（Express Service）两种，每种服务都要在规定的时间内完成，普通服务一般在早上 9 点以前收取衣服，当天送回，快洗服务则要求收到客衣后 3 ~ 4 小时内洗完送回。由于快洗服务会为洗衣房的工作带来不便，因此，一般要加收一倍的服务费。

无论是干洗、水洗还是烫熨，也不管要求普通服务还是快洗服务，都要求客人预先填好洗衣登记表。这张表可置于写字台上或与洗衣袋一起放在壁橱里，客人有洗衣要求时，要在上面注明自己的姓名、房号、日期、所需洗涤各类服装的件数，并标明要求提供普通服务还是快洗服务。服务员进房收取衣服时，要仔细核对表中所填需洗涤衣服的数目是否与客人放进洗衣袋的衣物相符，同时检查一下口袋内有无物件、钮扣，有无脱落、严重污损、褪色、布质软弱不堪洗涤等情况，发现问题应向客人指明，并在登记表上注明。

为了避免一些不必要的麻烦，饭店方面还应在印制的洗衣登记表上注明在洗涤过程中出现某些情况时的处理方法，如关于洗涤时客衣缩水或褪色的责任问题以及如出现洗坏或丢失情况时的赔偿问题（按国际惯例，赔偿费一般不超过该件洗衣费的10倍）。鉴于很多客人待洗衣服的价值远远超过洗涤费的10倍，如衣服损坏或丢失，按洗涤费的10倍进行赔偿远远不能补偿客人的损失，酒店可考虑推出“保价洗涤收费方式”，即按客人对其所送洗衣物保价额的一定比例收取洗涤费。

洗烫干净平整的客衣送回时，应根据洗衣单存根联仔细核对清楚，比如衣物的件数、房号、客人姓名等。随后，将客衣送至客房，请客人查收，待客人点检清楚后再离房，并向客人道别。最后，在存根联上注明送衣日期、时间，并签上姓名。

（四）托婴服务（Baby-sitting）

住店客人外出旅游时，带小孩有时会感到很不方便，为了解决这个问题，很多饭店都为住店客人提供托婴服务，客人外出或有商务应酬时，可以把小孩交托给客房部，由客房部委派专人照管（或由客房女工兼管），并收取适量服务费。

照看婴儿（或小孩）时要注意按客人的要求进行，不要随便给小孩吃东西，尤其要注意小孩的安全。

（五）擦鞋及其他服务

高级酒店一般都为客人提供擦鞋、钉纽扣和缝补等服务。以此为客人提供方便，并提高服务质量。客人需要擦鞋服务时，会将鞋放在壁橱内的鞋筐内（或打电话到房务中心），服务员做房时，应将鞋筐里的鞋子收集起来，并在擦鞋服务单上写清房号。擦完后，要按房号将鞋子连同鞋筐放回客人房门口或壁橱内。另外，遇雨雪天气，客人外出归来，鞋子上易沾有泥泞，此时，服务员应主动要求帮客人擦鞋，这样做不仅会使客人满意，还可以避免弄脏酒店和房内地毯。

（六）手机充电服务

在当代社会，手机已经成为人们的生活必需品，酒店为客人提供手机充电服务已经成为酒店服务的必不可少的服务项目。酒店应该准备好各种常用手机的充电器或多功能充电器，满足客人的需要。为客人提供手机充电服务以及免费 Wi-Fi 服务，已经成为住店客人的基本需求。

（七）叫醒服务

叫醒服务通常由酒店总机房话务员（或房务中心文员）提供，但在很多情况下，当话务叫醒无效时，客房部应通知楼层服务员上门叫醒。

二、客人离店时的服务规程

（一）客人离开楼层前的准备工作

（1）确切了解客人离店的日期、时间以及乘坐的交通工具。

（2）检查客人有无委托代办事项，有无办妥，该送总台的账款单是否已结清，以免错漏。

（3）如有清早离店的客人，要问清是否要准备早餐，是否需要叫醒。

（4）如客人要求代叫行李员搬送行李，应问清何时搬送以及行李件数，并立即通知前厅行李组做好准备。

（二）客人离开楼层时的送别工作

（1）客人出房时，应向客人微笑道别，并提醒客人是否有遗忘物品。

（2）为客人按电梯铃，电梯到达楼面，应用手挡住电梯活动门，请客人先进入电梯并协助行李员将行李送入电梯内放好。

（3）当电梯门即将关闭时，要面向客人，微笑鞠躬告别，欢迎客人再次光临并祝旅途愉快。

（三）客人离开楼层后的检查工作

（1）客人离开楼层后，应迅速入房仔细检查。

（2）如发现客人离房前使用过小酒吧酒水，应立即告知结账处，并将酒水单送前台。

（3）同时检查房间物品有无丢失，设施设备有无损坏，如有应立即报告大堂副理，以便及时妥善处理。

（4）如发现客人有遗留物品，应立即追送，如来不及，应按有关程序处理。

（5）做好离店客人情况记录，送客房部存档备查。

三、遗留物品与租借物品管理

（一）遗留物品管理

客房部要负责登记客人遗留物品的拾获情况、处理情况、认领情况（图 13-3）。

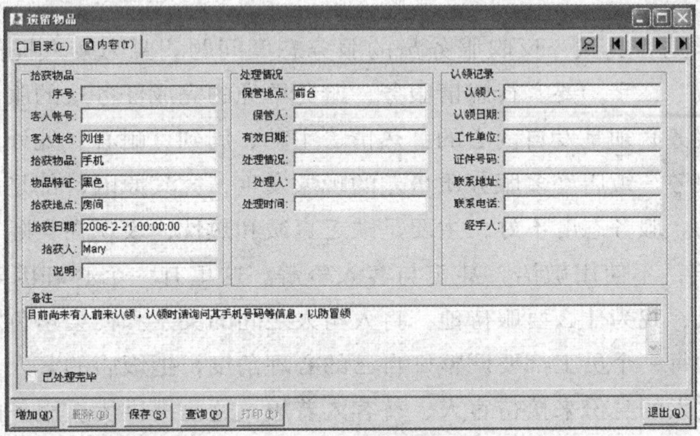

图13-3　遗留物品管理

（二）租借物品管理

除了遗留物品以外，客房部还要负责登记客人租借物品及归还情况（图 13-4）。

租借物品通常由客房服务中心统一管理，客房部为客人提供的租借物品通常包括有：

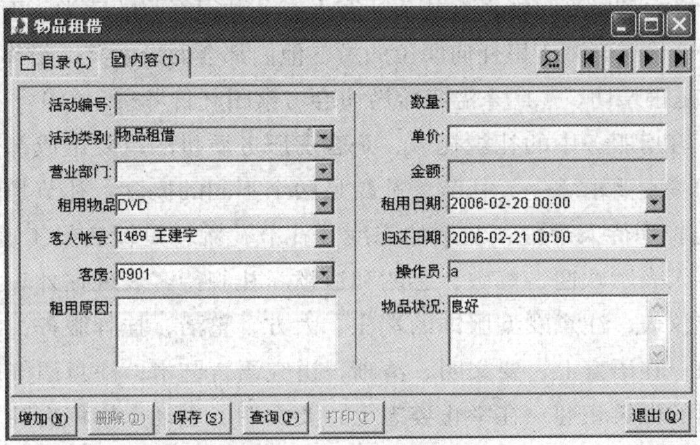

图13-4　租借物品管理

茶具、吹风机、电熨斗、剪刀、烫衣板、指甲刀、充电器、各类枕头（如软枕头、荞麦皮枕头等）、调压器、活动衣架、插线板、电脑音箱等。

第三节　提高客房服务质量的途径

一、客房服务质量的基本要求

（1）真诚。是否真诚，反映服务员的服务态度问题。要为客人提供最佳服务，首先要突出“真诚”二字，要实行感情服务，避免单纯的完成任务式的服务。客房服务员为客人提供的服务必须是发自内心的：热情、主动、周到、耐心、处处为客人着想，也就是“暖”字服务。饭店许多服务质量差的现象发生，究其原因，都是由于服务人员的态度不好造成的。服务态度不好，主要是缺乏真诚和热忱，表现在实际工作中，就是对待客人没有微笑，不使用敬语，甚至与客人争辩。这里有一个心理因素，认为客人是人，自己也是人，我为什么要服侍他，将人与人之间的关系和社会角色之间的关系混在一起。客房部的每一个员工都要调整好自己的心理角度，把饭店的客人当成自己请来的朋友一样，以主人的身份来接待客人，替客人着想，这是提供优质服务的保证。真诚服务，实际上也是感情服务，是在用“心”为客人提供服务，体现在细枝末节之处和服务过程的各个环节之中。

（2）“微笑”。微笑服务是客房员工为客人提供真诚服务的具体体现，是服务工作所要求的基本礼貌礼节，是优质服务的基本要求。微笑不仅是热情友好的表示，真诚欢迎的象征，而且是旅游者的感情需要，能给旅游者带来宾至如归的亲切感和安全感。“在日本的酒店，楼层很少能见到酒店员工，但有一点感受却很深，就是一旦有一位员工为你服务，肯定是始终面带微笑，彬彬有礼，让客人有一种很舒服的感觉。而且，无论你出现在酒店哪里，无论你遇到酒店里任何职位的员，他们都会面带微笑，给你让道并驻足向你点头打招呼，总是很亲切。”（广东温泉旅游协会考察团赴日考察印象）

（3）礼貌。客房服务中的礼貌礼节，是客房服务质量的重要组成部分，也是客人对客房服务人员的基本要求之一。礼节、礼貌是两个不同的概念。礼节是向他人表示敬意的某种仪式；礼貌是待人谦虚、恭敬的态度。礼节礼貌就是饭店员工通过一定的语言、行为和程式向客人表示欢迎、尊敬、感谢和道歉。礼貌待客表现在外表上，就是客房服务员要讲究仪容仪表，注意发型服饰的端庄、大方、整洁，挂牌服务，给客人一种乐意为其服务的形象；在语言上，要文明、清晰，讲究语言艺术，注意语气语调，服务中始终以从内心发出的微笑相迎；在举止姿态上，要文明、主动、彬彬有礼，坐、立、行和操作均有正确的姿势。

（4）高效。效率服务就是快速而准确的服务。在客房对客服务中的很多投诉都是由于缺乏效率而引起的。因此，国际上著名的酒店集团都对客房各项服务有明确的时间限制。例如，希尔顿饭店集团对客房服务员的要求是：在25分种内整理好一间符合饭店卫生标准的客房。

二、提高客房服务质量的基本途径

（一）培养员工的服务意识

员工的服务意识是员工的基本素质之一，也是提高服务质量的基本保证。很多情况下，客房部服务质量上不去，服务员遭到客人的投诉，并不是因为服务员的服务技能或操作技能不熟练，而是因为缺乏作为服务员所必需的服务意识，不懂得“服务”的真正含义和服务工作对服务人员的要求，这正是我国很多酒店员工所欠缺的。客房部很多工作是有规律性的，客房管理人员可以将这些有规律性的东西制定为服务程序和操作规范来保证服务质量，但也有很多问题或事件是随机的，正确处理这些问题，要求服务员必须具有服务意识，必须掌握服务工作的精髓。

经典案例

丽思卡尔顿酒店员工的服务意识

《世界酒店》杂志曾采访过丽思卡尔顿酒店集团区域副总裁兼上海浦东丽思卡尔顿酒店总经理Raniner J. Burkle先生，谈到丽思卡尔顿酒店员工的服务意识，他说道：“我常跟员工们分享的一个小故事：当有顾客推门进入酒店的瞬间，这个时候刚好我们酒店的工程人员爬上一个梯子准备换灯泡，而恰在此时门童因故不在。那么请问，这个工程人员是马上放下手中的工作，去接待进门的顾客，还是继续自己手头换灯泡的工作？我们想通过这个小故事教导员工，在此类情况下，我们首要任务是要照顾好我们的客人，换灯泡这些工作可以等服务完客人之后再进行……”

这就是倡导“以绅士淑女的态度为绅士淑女服务”的世界顶级酒店集团员工的服务意识。

（二）强化训练，掌握服务技能

客房服务员的服务技能和操作技能是提高客房服务质量和工作效率的重要保障，也是客房服务员必备的条件。客房管理者应通过加强训练，组织服务技能竞赛等手段，提高客房服务员的服务技能。

（三）为客人提供“微笑服务”

一位日本客人曾经说过：“论长相，中国的服务小姐比我们日本姑娘漂亮得多。论微笑，我们每位日本姑娘都比你们的小姐笑得好。”此话不假，正如一位酒店管理专家对我国酒店的评价：“多数员工的面部表情是‘冷冰冰、木呆呆、阴沉沉’。平时员工之间的交谈笑意盎然，一见到客人就立即板起面孔。”

要使客房员工为客人提供微笑服务，必须使员工认识到：

（1）微笑服务是客房服务质量的重要组成部分，是客人对酒店服务的基本要求。

（2）为客人提供微笑服务是对酒店员工的基本要求。

（3）笑脸常开会使您的服务生辉。

（4）微笑服务会讨得客人的欢心，使你工作愉快。

（5）是否为客人提供微笑服务，反映一个人的礼貌礼节和整体素质。

（6）微笑服务会使你保持良好的心态，使你永葆青春。

（7）面带微笑会帮助你建立良好的人际关系，助你事业成功。

（四）为客人提供“无 No”服务

服务要说“No”，很容易；要不说“No”，则非常不容易。但若能把“无 No”服务上升为一种企业文化，成为员工一种行为准则，那就是酒店在竞争中的一把利器。

经典案例

“无 No”服务

一天，上海某酒店一位客人着急地来到大堂，问是否可以提供苹果手机的充电服务。当时，苹果手机刚刚推出，酒店没有配备这种充电器。按照一般的服务原则，有则有，无则无，最多告诉客人附近哪里有可能买到这种充电器。但在大堂经理陈文盈眼中，这恰恰是“无 No”服务的好机会。那位商务客人如此着急，意味着手机电池耗完后无法与外界联系，也许会失去一笔大生意。陈文盈不仅一一致电工程部、IT 部寻求解决办法，而且还积极寻找有苹果手机的员工向其借用。当一名员工气喘吁吁地把自己的充电器送到大堂时，这位客人感动不已，在连声道谢的同时，也订下了下次入住酒店的日期。

“无 No”服务一旦成为每个员工的行动准则，那么就形成了酒店的核心竞争力。

一天，客房部接到一个客房送餐电话，若回拨过去，只要告诉客人再重拨一个电话，直接打到客服中心即可。但接电话的员工按照“首问责任制”，立即协调厨房等相关部门，卡着点儿把送餐车推进了客房，并在 1 小时后到客房收餐盘时才告诉客人，以后客房送餐可以直接拨 1，而不用拨 6 找客房部，这时客人才明白刚才的送餐是“分外服务”。

（五）为日常服务确立时间标准

服务质量是与一定的服务效率相联系的，服务效率是衡量服务质量的重要标准之一，客人所需要的服务，必须在最短的时间内为客人提供，尤其是商务客人，惜时如金，时间观念极强。因此，为了提高服务质量，客房部必须为各项日常服务确立时间标准，并以此作为对服务员进行监督、考核的标准。

以下某酒店客房服务项目及其时间标准可供参考（表 13–2）。

表 13–2　客房服务项目及其时间标准

服务内容	标准时间（分钟）
补充客房用品（如茶叶、开水、信纸等）	2 ~ 3
取冰粒	4
特别用品	5（如变压器等） 15（如 VCD 机等）
客房送餐服务	10
加床（含婴儿床）	8
请速打扫房（赶房）	30
领取客人遗留物品	15

（六）搞好与酒店其他部门的合作与协调

要提高客房服务质量，还应做好与酒店其他部门的合作与协调，特别是前厅部、工程部、餐饮部、保安部等部门。客房部与这些部门的联系密切，客房部的对客服务工作必须得到上述部门的理解和支持。同样，客房部也必须理解和支持上述部门的工作，同时，加强与这些部门的信息沟通。

（七）征求客人对服务质量的意见，重视与客人的沟通

客人是服务产品的消费者，对服务产品的质量最有发言权，最能发现客房服务中的薄弱环节，因此，征求客人意见，重视与客人的沟通，是提高客房服务质量的重要途径。征求客人意见，可通过以下两种途径进行：

（1）设置客人意见表。为了及时征求客人意见，让客人有机会对客房服务质量发表意见，客房部和酒店可在客房放置意见表。事实上，几乎每家酒店都在客房内设置有“客人意见表”，但对客人意见表的管理却大都存在问题，管理人员不够重视，服务员只对客人的表扬意见感兴趣（可以据此领取奖金，获得上级管理者的表扬和认可），而对

批评意见则置之不理，或随手扔掉，使客人意见表流于形式。对客人意见表的管理应注意以下几点：

①客人意见表的设计应简单易填。

②统一编号、月底收集汇总，禁止乱撕乱扔，并以此作为考核服务员工作好坏的重要依据。

③可将客人意见表设计成自带胶水、可由客人自行密封的折叠式信封状表格。由于客人意见涉及客房服务员的工作质量，因此，具有一定的保密性质，为了防止对不利于自己的意见进行“截流”，可将客人意见表设计成自带胶水、可由客人自行密封的折叠式信封状表格。不少酒店已将其设计成折叠式信封状表格，但是，表格并不自带胶水，酒店也不在客房内为客人提供糨糊或胶水，使得客人意见表失去了保密作用。

当然，为了提高客人意见表的回收率，酒店也可以请求客人直接将意见表交给大堂副理或客房管理人员。但这样做会给客人带来不便，一般客人不到万不得已，也不会这么做，而一旦到了“万不得已”，客人必须反映意见时，也不会采取填写“客人意见表”的方式，而会直接找客房管理人员或大堂副理口头投诉。

除了在客房设置客人意见表以外，为了激励员工为客人提供更加优质的超值服务（a service that is truly above and beyond the guest’s expectation），还可在客房放置一张针对服务员的“表扬卡”（Customer Delight Card），对于收到表扬卡的客房员工，管理方面应以某种特殊的方式给予表扬或奖励，成为其他员工学习的榜样（表 13–3）。

表 13–3　表扬卡（Customer Delight Cord）

尊敬的客人： 您好！ 感谢您下榻于大连香格里拉大饭店。我们很想知悉在您逗留本饭店期间，是否得到了超前服务。如果您能抽出时间填写此表扬卡，以帮助我们认可及鼓励为您提供超前服务、令您喜出望外的员工，我们将不胜感激。这对于被您提名表扬的员工有着极其重要的意义，谢谢！ 您得到的超前服务是＿＿＿＿＿＿＿＿＿＿＿＿＿＿＿＿ ＿＿＿＿＿＿＿＿＿＿＿＿＿＿＿＿＿＿＿＿ 为您提供该服务的员工是＿＿＿＿＿　提供该服务的日期是＿＿＿＿＿ 您的名字是＿＿＿＿＿＿＿＿＿　房间号或联系电话＿＿＿＿＿＿ 为您方便起见，您只需将此卡交给您下榻饭店的任何员工即可，他们会非常乐意为您将卡片投入指定的信箱。

（2）拜访客人。客房部经理定期或不定期地拜访住店客人，可以及时发现客房服务中存在的问题，了解客人的需求，便于进一步制定和修改有关清洁保养的标准和计划。同时，这种拜访也会增进与客人的感情交流，是客房部改善宾客关系，提高客人满意度的重要途径。

（八）重视细节服务，做好留言工作

酒店服务说到底都是细节服务，细节服务是客房服务质量的重要体现。其中，重视并做好对客人的留言工作，则是细节服务的重要内容。客房服务员要通过“客房留言条”，加强与客人的沟通。

经典案例

一张客房留言条

五楼514房间曾常住过一位姓王的客人。一次客人在留言条上告知，马桶坏了。清洁员小汪在整理房间时发现了该留言，马上报修，修好后，小汪在留言条的下方注明：“尊敬的王先生，您房间的马桶已修好。”语言不多，却一目了然地体现出一种有问必答、有难必帮的负责精神。就这样，清洁员小汪每次都按照客人出门时的留言，一一认真办理，同时每次都将办理结果回馈在客人的留言条上。一来二往，这种认真负责的细节服务令住客十分满意，临离宾馆时将一封热情洋溢的表扬信交到大堂副理处，一再表示自己的感激之情。

客房服务的特点是“暗服务”，与餐厅服务员面对面的服务不同，客房服务员通常不接触客人（客房清洁卫生工作要求服务员在客人外出时进行），这就减少了与客人沟通的机会。实践证明，通过在客房放置“客房留言条”这种书面形式，加强与客人的沟通，是一个非常行之有效、能够从内心感动客人的情感沟通方法，对于提高客人感觉中的服务质量，增强客人对酒店的好感，加深客人对酒店的良好印象，都具有重要的意义。国内很多酒店通过这种方法，鼓励客房服务员与客人进行沟通，都取得了良好的效果。心与心之间的沟通，拉近了客人与服务员之间的距离，使服务员的服务增加了感情色彩，也使她们的服务更加专注、用心和细微化。

（九）加强对员工在仪表仪容与礼貌礼节方面的培训

服务员的仪表仪容与礼貌礼节不仅体现员工的个人素质，而且反映酒店员工的精神面貌，是客房部对客服务质量的重要组成部分。管理人员必须加强对员工在这方面的培训。（相关内容可登录：刘伟酒店网（www.LiuweiHotel.com）—院校服务—视频—手语舞：广州从化碧水湾温泉度假村员工礼仪。）

（十）强调“隐形服务”

客房服务应以不打扰客人为原则，强调“隐形服务”和“暗服务”。里兹·卡尔顿酒店集团的创始人里兹常说：人们喜欢有人服务，但是要不露痕迹。

案　例

小木棍的妙用

泰国一些好一点的酒店都有一种跟踪服务，即客人入住后，楼层服务员会在客房门口底下立上一根火柴棍大小，与房门颜色接近的小木棍。巡查的服务员以小木棍立着还是倒了来判断客人是否在客房里，当小木棍立着的时候，服务员一般不去敲门整理客房，而只有当小木棍倒了，客人不在房间里，服务员才会进入客房整理房间。

此外，还应为客人提供针对性服务和个性化服务，相关内容可参见下一章。

本章小结

住店客人大部分时间是在客房度过的，因此客房服务质量是保障客人在酒店获得舒适、方便的住宿体验的重要因素，也是客房管理的主要任务之一。

在国外，酒店的客房服务工作主要是由客房服务中心组织和提供的，而在中国，传统上是由楼层服务台提供的，但近年来，这种状况正在改变。

客房服务项目主要包括：迎送服务、客房小酒吧服务、房内用餐服务、洗衣服务、托婴服务、茶水服务、擦鞋服务、遗留物品及租借物品管理以及其他委托代办服务等，客房管理人员要为每项服务确立程序和标准。

客房服务的基本要求是：真诚、高效、礼貌、微笑。

为了提高客房服务质量，必须加强对客房服务员的培训，确保员工具有良好的仪表仪容和礼貌礼节，同时，不断提高员工的服务意识和服务技能，为不同类型的客人提供针对性的个性化服务，另外，还要与前厅部、工程部、公关销售部等相关部门做好信息沟通。

课堂讨论

“请勿打扰”的麻烦

1809房客人Mr.Smith向值班经理投诉他在房门上挂了请勿打扰牌，服务员还是来打扰他。客人表示其最近在公司经常需要加班到深夜，为了白天能保障睡眠，这段时间房门上一直悬挂请勿打扰牌，但还是受到了打扰。一开始，是接到电话询问他清理房间的时间。然后是服务员来敲门，按门铃，没有应答就直接开门进入房间，看到他睡在床上，又什么也不说，关门走掉。之后又接到数次电话询问清洁房间的时间，他一气之下把电话拔掉后，几名工作人员又要进来检查房间……

讨论题

这家酒店的管理存在问题吗？

案例聚焦

叫醒失误的代价

小杨是刚从旅游院校毕业的大学生，分配到某酒店房务中心是为了让他从基层开始锻炼。今天是他到房务中心上班的第二天，轮到值大夜班。接班没多久，电话铃响了，小杨接起电话：“您好，房务中心，请讲。”

“明天早晨5点30分叫醒。”一位中年男子沙哑的声音。

“5点30分叫醒，是吗？好的，没问题。”小杨知道，叫醒虽然是总机的事，但一站式服务理念和首问负责制要求自己先接受客人要求，然后立即转告总机，于是他毫不犹豫地答应了。

当小杨接通总机电话后，才突然想起来，刚才竟忘了问清客人的房号！再看一下电话机键盘，把他吓出一身冷汗，这部电话机根本就没有号码显示屏！小杨顿时心慌，立即将此事向总机说明。总机告称也无法查到房号。于是小杨的领班马上报告值班经理。值班经理考虑到这时已是三更半夜，不好逐个房间查询。再根据客人要求一大早叫醒情况看，估计十有八九是明早赶飞机或火车的客人。现在只好把希望寄托在客人也许自己会将手机设置叫醒。否则，只有等待投诉了。

早晨7点30分，一位睡眼惺松的客人来到总台，投诉说酒店未按他的要求叫醒，使他误了飞机，其神态沮丧而气愤。早已在大堂等候的大堂副理见状立即上前将这位客人请到大堂咖啡厅接受投诉。

原来，该客人是从郊县先到省城过夜，准备一大早赶往机场，与一家旅行社组织的一个旅游团成员汇合后乘飞机出外旅游。没想到他在要求叫醒时，以为服务员可以从电话号码显示屏上知道自己的房号，就省略未报。

酒店方面立即与这家旅行社联系商量弥补办法。该旅行社答应让这位客人可以加入明天的另一个旅游团。不过今天这位客人在旅游目的地的客房预定金270元要由客人负责。接下来酒店的处理结果是：为客人支付这笔定金，同时免费让客人在本酒店再住一夜，而且免去客人昨晚的房费。这样算下来，因为一次叫醒失误，导致酒店经济损失共计790元。

【评析】

因为一次叫醒的失误，酒店竟为此付出790元的代价。可谓：花钱买教训！

由本案得出的教训和应采取的改进措施有三：一是缺乏岗前培训（或培训不到位）。所有新入职的员工，都应该接受部门安排的严格的入职培训，使其掌握部门服务程序、操作标准和规范。二是所有“新手”上岗，都应当有“老员工”或领班带班一段时间，关注他们的工作情况，包括哪怕接一次电话的全部过程。比如与客人对话是否得体、完整，是否复述、是否记录等等。必要时要做好“补位”工作。三是所有接受客人服务来电的电话机都必须有来电显示屏，并有记忆功能。这样既利于提高效率、方便客人，也可防止类似事件的发生。

任务拓展

我在丽嘉酒店提供房膳服务……

我上班不久，订单便接踵而至，今夜的任务似乎异常艰巨，尤其是因为一位服务生没有来电话解释一下就不来上班，这让我们有点措手不及。斯蒂芬和我开始为一位重要客人——本酒店的所有者之一——准备水果盘。这时，我们发现一位服务生在房间里检查煤气壁炉出现什么问题。当我们返回厨房时，我提醒斯蒂芬说应该找一位工程师进行检修，以确保壁炉安然无恙。对于自己能够想到这一点，我略感欣慰。不过，对于当晚稍后出现的一个问题，我未能做到尽心尽职。

其间，某位客人订购了一些开胃小吃、一碗汤、半瓶价格相对价廉的酒水。由于知道我曾有过的失败经历，斯蒂芬认为，这对于我而言是一个大好机会，我可以借此练习开启酒瓶。为保险起见，酒吧侍者建议我事先用一瓶自酿葡萄酒进行演练。当我成功地开启了酒瓶之后，斯蒂芬和我便朝客人房间走去。

“哈哈，两个人来就为送一碗汤！”客人说道。这是一位女士，也是本酒店的常客。

“坦率地说，我们中有一位正在接受培训，请您猜猜是哪一位。”我笑着说，揣摩着自己的诙谐能否恰如其分地体现出一种从容的热忱和优雅。随后，我边开启酒瓶边和她聊起她的孙子。她品了品酒，然后我为她倒了满满一杯，并向她介绍送来的各种餐饮。对自己所做的一切，我有些扬扬自得。就在这时，这位女士对我们说：“你们当中正在接受培训的这一位，盘子和银器不应该放在桌子中央，这样客人用餐时够不着。”她说得对，等我展开桌面拼板，她的晚餐就会距离其座椅超过一臂之遥了。我对此表示歉意，并迅速进行了相应的调整。

我的第一次独立送餐在不知不觉中到来，这是我一直期待的重要时刻。通常，新员工在独立送餐之前还应再接受好些天的培训。但由于订单堆积过多，而斯科特和迈克尔正在餐厅里负责为歌唱家艾尔萨·凯特（Eartha Kitt）举行75周岁生日宴会做准备，我必须独立为客人送餐。当然，对此我很乐意。仅仅是一份简单的汉堡包而已，我成功地将其送至一位身着牛仔服、赤着脚、非常和蔼的客人那里。这一次，我记得将他的餐盘放在适宜的位置。

下楼途中，我发现上面的大厅里有一位客人茫然地站在那里，便走上前询问："您好，请问能为您效劳吗？"

她用结结巴巴的英语问道："请问投币电话机在哪里？"幸好我非常清楚电话机的位置，便将其带到电话机旁，而不是仅仅为其指一指方向。她高兴地说："谢谢你！""别客气。"我回答道，一种为客人提供帮助的自豪感油然而生。这时，我突然想起，丽嘉酒店的首选回答方式是"愿意为您效劳。"看来，我还有许多东西要学。

随着订单像雪花一样纷纷而至，我正式开始独立承担送餐任务。其中大部分任务我都顺利地完成了。但是，当我为一位有些正统的年长绅士送餐时，我手忙脚乱，简直像围着客人跳了一圈舞。首先，我走到客人面前，以便为他让开床边的狭窄过道；他走到桌子旁边签单时我又绕到他身后；当我离开时，我意识到自己在给他单据时没有给他笔，他是用自己的笔签的名，而我现在正拿着他的笔离开房间，为此我又折回去，伸手将笔递给他。完成这场"双人舞"后，我微微地鞠了一躬。

斯蒂芬不在身边跟着，心里又异常兴奋，于是我接受了马利安的指示，独自送一份相对复杂一些的东西，其中包括半瓶Beaune红葡萄酒。当我到达客人房间时，面带倦意、身着西服、脚穿短袜的商人声称自己记得是订了一整瓶酒。我知道此时此刻惺惺作态地做过多解释无济于事，很明显他只想马上就着嗞嗞作响的热牛奶喝下第一口红葡萄酒。尽管他可以先吃色拉，但牛排很快就会凉了。

于是，我火速下楼取了一整瓶酒，并且途中一直在思考如何对客人加以补偿。是否应该为其免费提供这瓶酒？我觉得自己没有这个胆量。我在走廊内匆匆咨询了另一位服务生帕特里克·勒加尼厄（Patrick Legagneur）。我问道："我还能做些什么来弥补过错？"帕特里克认为，如果他没有订购甜点，可以免费送他一份。但是，他补充说："道歉就足够了。"

带着整瓶酒返回客人房间的途中，我遇到了斯蒂芬，他提议与我一同前往客人房间开启酒瓶。我婉言谢绝了，因为我想自始至终独立完成这项任务。返回客人房间时，我深表歉意，客人说"没关系"，并且他似乎的确并不在意。我提议开酒瓶，他婉言谢绝了。天哪，他是否了解我的开瓶经历？我想不太可能。他可能仅仅希望轻松一下，不希望有人打扰。毕竟，他的房间给人一种家的温馨感觉。

我为他留下了瓶塞钻。回到厨房后，我仔细检查酒水单，发现了混乱的原因：酒水单中半瓶酒的酒箱编号很容易与整瓶酒的酒箱编号混淆。之后的数天内，我一直想通过正规的质量事故报告单或是打电话告知迈克尔，以提醒同事们注意上述可能出现的混淆。遗憾的是，我始终无暇顾及这一点。

当夜的送餐工作渐近尾声，斯蒂芬和我开始准备早餐餐桌。之后，我们上楼去巡视走廊，一边清理散放的餐桌，一边闲聊着今夜发生的事情。

酒店经理人对“经理的困惑”的答复

Re：客人的要求合理吗？

Robert Zhou 香格里拉大酒店行政管家

仔细聆听，善意回应，表现出对客人的理解和真诚道歉，并解决问题。此事发生后，应陪同前台经理／驻店经理出面道歉解决。道歉并不是表示我们承认过错或赔偿，而是要表达出我们对客人的关心和关注。尽最大努力帮助客人解决问题——赶时间为重，当务之急在获得客人同意后替客人换机补救时间，及找到直达机场的专车，迅速将客人安全送达机场，解决问题获得客人的谅解。同时，车内递上一份刚打包好的营养热早餐赢得客人满意。

其实连客人自己都会知道他的要求赔偿无法实现。我们无法见到由于酒店造成客人实际的损失，我们切不能因为害怕客人投诉或要求赔偿损失而轻易承认错误和作出承诺，另外其实客房服务员的做法是不正确的。当他看到该房是DND时，他不应该一声不响地走了，而应报告上级去处理该事情，届时主管必定沟通前台及安全部紧急处理。同时房务文员也负有责任，应Call back一次。

姜东皓 北京中旅大厦客务部经理（北京客务经理协会理事）

这种情况明显属于酒店工作人员未按操作程序操作给客人造成麻烦的情况。首先高级管理人员应当马上出面直接向客人道歉，并且帮助客人马上改签机票，避免损失的扩大化。在对方情绪过了暴躁期后，安排免费膳食时借机再次向客人致歉，并说明酒店已经安排了叫醒服务，只是遇到了这种罕见的“叫而不醒”的极特殊情况，随后跟办的工作人员经验不足未敢违背客人的意愿导致延误了客人的行程。随后根据对方的身份、客户重要性、情绪和态度的具体情况向对方施以免费膳食、免费送车、免当日房费并扣减已经发生房费等安抚手段，佐以当班负责领班、主管和直接责任人直接当面向客人正式道歉，并许诺下次为客人做特殊礼遇安排等手段；如果不得不涉及赔偿金额的棘手问题，避免正面答复，应向对方说明按照酒店的规定这种情况是由服务员承担全部责任，希望客人能够接受酒店利用现有和未来资源来善后此事的方案；如果上述方法均无效没有商量的可能，向客人说明酒店已按客人需要多次实施叫醒服务，因客人悬挂免打扰提示故无法敲门及进入，属于客人自身原因造成行程延误，酒店不承担责任，酒店已经做好应诉的准备。

第十四章 客房贴身管家与个性化服务

客房贴身管家

规范化服务是保证客房服务质量的基本要求，但规范化服务只能满足客人的共性需求，而不能满足每位客人的特殊服务需求，因此，规范化服务只能维持客房部最基本的服务质量，要使客房服务质量上一个台阶，必须为客人提供个性化服务。

个性化服务是未来酒店服务的发展趋势，也是酒店业竞争的重要手段，而贴身管家服务则是高级酒店为VIP客人提供的重要服务项目，同时也是客房部个性化服务的重要形式。

学习目标

知识目标

1. 了解个性化服务与“贴身管家”的基本概念。
2. 认识客房部提供个性化服务与“贴身管家”的意义。
3. 了解“贴身管家”的服务内容和服务方式。

能力目标

1. 能够为客人提供高质量的管家服务。

关键词：个性化服务　“贴身管家”

经理的困惑

“一样的”个性化服务：怎么不见好评如潮？

我是一家酒店的客房部负责人，不久前，听一位酒店专家讲了这样一个服务案例：他有一天入住广州的一家酒店，台子上的一张手写便签引起了他的注意，上面写着“尊敬的★★★，我是本房间的服务员，如果您有什么需求的话可致电★★★，祝您住店愉快！ 服务员小张”，专家觉得非常温馨，对这个个性化服务予以了高度好评，多次在给酒店从业人员的上课中讲到。听了这个案例后，觉得这是一个可以实施的优质个性化服务，因此马上就在客房内开展了。为此，我们设计了一张打印有上述文字的卡片，取名“专职服务员联系卡”，还特意贴上了服务员照片，并进行了塑封，但是从宾客的反响来看却并没有出现好评如潮的现象，我有些困惑……

第一节 客房部个性化服务的实施

为客人提供个性化服务，不仅是提高客房服务质量的重要途径，而且是未来酒店管理的发展趋势。

要使顾客高兴而来，满意而归，光凭标准的、严格的、规范化服务是不够的，只有在规范化的基础上，逐渐开发和提供个性化服务，才能给客人以惊喜，才能让客人感觉到“宾至如归”，才能使客人“留连忘返”。

要为客人提供个性化服务，客房服务员必须在日常服务中，注意观察客人的需求特点，还应加强与前厅部的联系，建立并充分利用客历档案（内容包括客人的姓名、性别、年龄、出生日期、婚姻状况以及通讯地址、电话号码、公司名称、头衔等基本资料；客人旅行的目的、爱好、生活习惯；宗教信仰和禁忌；住店期间要求的额外服务等）。

一、称呼客人姓名

称呼客人姓名也是为客人提供个性化服务的一个重要方面。在国外，有一句谚语：“A guest’s name is music to his ears”（客人听到别人称呼他的姓名，就如同听到音乐一般美妙）。对客人以姓氏相称，是对客人的一种尊重，是承认客人的与众不同，表明酒店对客人的一种特殊关照。

经典案例

让客人热泪盈眶的个性化服务

企业家A先生到泰国出差，下榻于东方饭店，这是他第二次入住该饭店。次日早上，A先生走出房门准备去餐厅，楼层服务生恭敬地问道："A先生，您是要用早餐吗？"A先生很奇怪，反问："你怎么知道我姓A？"服务生回答："我们饭店规定，晚上要背熟所有客人的姓名。"这令A先生大吃一惊，尽管他频繁往返于世界各地，也入住过无数高级酒店，但这种情况还是第一次碰到。A先生愉快地乘电梯下至餐厅所在楼层，刚出电梯，餐厅服务生忙迎上前："A先生，里面请。"A先生十分疑惑，又问道："你怎知道我姓A？"服务生微笑答道："我刚接到楼层服务电话，说您已经下楼了。"A先生走进餐厅，服务小姐殷勤地问："A先生还要老位子吗？"A先生的惊诧再度升级，心中暗忖："上一次在这里吃饭已经是一年前的事了，难道这里的服务小姐依然记得？"服务小姐主动解释："我刚刚查过记录，您去年6月9日在靠近第二个窗口的位置上用过早餐。"A先生听后有些激动了，忙说："老位子！对，老位子！"于是服务小姐接着问："老菜单？一个三明治，一杯咖啡，一个鸡蛋？"此时，A先生已经极为感动了："老菜单，就要老菜单！"给A先生上菜时，服务生每次回话都退后两步，以免自己说话时唾沫不小心飞溅到客人的食物上，这在美国最好的饭店里A先生都没有见过。一顿早餐，就这样给A先生留下了终生难忘的印象。此后三年多，A先生因业务调整没再去泰国，可是在A先生生日的时候突然收到了一封东方饭店发来的生日贺卡：亲爱的A先生，您已经三年没有来过我们这里了，我们全体人员都非常想念您，希望能再次见到您。今天是您的生日，祝您生日愉快。A先生当时热泪盈眶，激动难已……

二、了解、识别和预测客人的需求

满足客人提出的需求，不足为奇，能捕捉到连客人自己都没想到而又确实需要的需求，才是服务的真功夫。了解、识别和预测客人的需求，这是为客人提供个性化服务的基础。"客人想到了，我们替客人做到；客人没想到的，我们要替客人想到而且做到。"只有这样的服务，才能使客人感到意外的惊喜，才能体现个性化服务。比如，发现客人走向电梯，服务员上前一步，为客人按亮电梯开关；看到客人买水果回来，主动送上水果刀；客人在会议室开会，钢笔突然没有墨水时，及时从身后递上一支笔……

经典案例

发现客人的需求之后……

这是我们酒店一个真实的个性化服务案例。

进入一间续住房，房间状态是这样的：有好多书籍堆放在写字台，桌面上有许多凌乱的文件，书桌下有一些卷成团的面巾纸；房间没有打开冷气；电视机上放着客人的身份证；茶几上有几瓶啤酒；床头柜上有一份精美的小礼物；行李柜面上有三个凌乱的塑料袋；一双皮鞋倒在房间正中的过道上；客人将放在迷你柜处的电热水壶拿到落地灯插座处使用…

客房服务员清理完房间后，让回房的客人看到了另一番情景，非常感动。

服务员做了如下判断和服务：

（1）书桌上的文件没有打乱顺序，而且依次适当整理好，还在此配放纸和笔，以便客人使用；

（2）将垃圾桶移动位置（视客人的生活习惯需求而灵活地变动）；

（3）客人有可能是感冒了，增配一盒纸巾；

（4）礼品和啤酒说明会有小聚会，刚好客人的身份证放在电视机上，一看果然是客人的生日，请示上级，赠送鲜花和生日蛋糕；

（5）增加配置一张棉被；

（6）将鞋子整齐地摆放到行李柜前面容易看到的位置；

（7）将塑料袋整齐折叠放好在行李柜面上；

（8）马上通知工程部师傅修复迷你柜处的插座，将电热水壶放回原来位置并烧一壶开水，之后还留言告诉客人该插座可以正常使用；

（9）对客人房间进行喜庆的布置，如用小花点缀及折叠不同的饰物摆放等；

（10）最后留下一张温馨的提示卡片，提醒客人注意休息，并建议客人感冒严重的话，可以到酒店医务室或附近的粤海医院就诊。

从以上打扫续住房提供的服务来看，只要服务员在“情”和“细”上多下功夫，充分理解客人的需求，学会观察客人和分析客人，了解客人的喜好，就能推动客房个性化服务的开展。（孙丽君）

由此可见，在饭店服务中，只要服务人员有心，就能发现客人的服务需求，进而为客人提供更加细致温馨的服务，使客人感受到酒店对他的特别关怀。

三、将自己的姓名留给客人

同样是为了增强个性化色彩和与客人之间的亲切感，客房部还可要求当天为客人提供客房服务的服务员将其姓名以某种方式告知本楼层客人，使客人真正感到宾至如归（表 14–1）。

表 14–1　欢迎卡

欢迎回家！ 尊敬的宾客，希望我为您整理的房间能使您在入住期间感到如在家般的舒适。为使您入住期间更加方便、愉快，欢迎您请随时使用房间电话拨打“3”——饭店宾客服务中心，告诉我您对房间服务和清洁方面的个人要求。 再次感谢您选择入住大连香格里拉大饭店！ 最美好的祝愿来自于您今天的房间服务员________ Welcome Home! While you are here as our guest, I have taken great pride in preparing your room. It is my wish that you feel as comfortable here as you do in your own home. Please let me know if there is anything I con do to make your stay more enjoyable. I con be reached through our Guest Service Center at extension 3. Thank you for choosing the Shangri-La Hotel, Dalian. Your room Attendant________

另外，服务员在服务过程中给客人的任何留言都应签上自己的姓名。

四、个性化服务的全面实施

（1）完善一套激励机制。保持个性化服务的持续性需要依赖于基层管理人员和员工高度敬业精神和良好的职业习惯。而高度敬业精神和良好的职业习惯需要酒店有一套行之有效的激励机制来保证。山东新闻大厦采取“用心做事报告会”的形式，让用心做事的员工把自己的个性化服务案例在报告会上宣讲，然后进行评比。这种形式的好处在于员工现身说法，用员工教育员工，同时，通过宣讲，让其他员工从中学到个性化服务的方法。作为宣讲的员工，本身就是一种自我精神激励。然后通过评选，酒店颁发物质奖励进行肯定。这种激励机制保证了个性化服务的持续性。

（2）实现两个转化。

①偶然性向必然性的转化。通过对于个性化服务案例的分析、推介，实现由个别员工出于“偶然性”的个性化服务，向全体员工有意识的“必然性”的个性化服务的转化。个性化的服务案例为岗位员工提供了个性化服务的方法和学习的榜样。

②个性化向规范化的转变。通过对于个性化服务案例的全面分析，对于其中反映客人普遍需求的服务，实现由“个性化”的服务向“规范化”服务的转化。往往一些客人

个性需求也许是客人的共性需求。客房管理人员应对个性化的服务案例进行认真分析，研究个性化服务是否是客人的普遍需求，衡量推广的难度和可行性。某酒店有一个客房部员工在清理房间时主动为客人脱落纽扣的衬衣缝补纽扣。客房部分析认为这是客人的共性需求，而且容易操作，随后作为规范化服务在部门中推广。总之，个性化服务转化为规范性服务是服务质量的一个飞跃。

（3）提倡“三全”，即：全员参与、全过程控制、全方位关注。提倡“三全”是做好个性化服务的必然要求。个性化服务不仅是对基层管理者和一线员工的要求，也是对酒店全体员工的要求。一线员工的对客个性化服务离不开二线员工甚至管理人员的帮助。没有部门与部门之间的合作，其他员工的参与，个性化服务也许只停留在员工的心里，很难实施。

（4）注重“三小”。“三小”即“生活小经验”、“宾客小动向”和“言谈小信息”。生活小经验是提供个性化服务的依据和源泉，掌握更多的生活小经验会采取正确有效的个性化服务。关注媒体小消息，会为个性化服务提供指导。“宾客小动向”和“言谈小信息”是提供个性化服务的线索，客人的一举一动和客人的谈话提供许多有价值的信息。

（5）强调“五个环节”。五个环节，即客历档案的建立和使用、宾客信息的快速反馈、创建优质的内部服务链、关注常住客人和续住客人的生活习惯、不断激励和培训，塑造员工的良好的职业习惯。

五、不断挖掘和发现个性化服务中的好人好事

酒店实施个性化服务是一项系统工程，酒店不但要倡导员工为客人提供个性化服务，还要采取措施，不断挖掘和发现个性化服务中的好人好事，予以激励。香格里拉集团在其管理的酒店内放置“我听说的好人好事”推荐表（表 14–2），是一种很好的做法。不仅对提供了个性化服务的员工是一种激励，可以使其提供的个性化服务长期保持下去，同时，通过这种活动，对部门和酒店其他员工也是一种很好的带动和示范作用，有利于创造良好的个性化服务氛围和企业文化。

六、谨防将“个性化”退化为“机械化”服务

提供个性化服务，还要注意与客人沟通，并根据实际情况进行调整。否则，不但打动不了客人，而且还有可能让宾客不满，甚至出现服务笑话。

表 14-2 “我听说的好人好事”推荐表

广州香格里拉大酒店

“GOOD THINGS I HEAR” NOMINATION FORM

“我听说的好人好事”推荐表

NAME OF NOMINEE

被推荐人姓名：

DEPARTMENT

部门：

DATE OF EVENT/INCIDENT

事情发生的时间：

GOOD THINGS THAT I HEAR

我听说的好事：

IF YOU NEED ASSISTANCE IN COMPLETING THIS FORM PLEASE CONTACT

HUMAN RESOURCES DEPARTMENT

如果您需要帮助，请到人力资源部

YOUR NAME

您的姓名：

DEPARTMENT

部门：

经典案例

每次都忍着喝白开水……

有一位客人住在某酒店，开会时感冒了，不想喝茶水，要一杯白开水。服务员将其记入客史，每次他来开会，服务员总是给他说：“李总，给您准备的白开水，请慢用。”看着员工用心的样子，这位客人不愿意打击员工，结果每次都忍着喝白开水……

> 某省领导是胶东人，喜欢吃虾酱玉米饼子，所以他每次到各市地调研，各市地的接待单位都把他的客史记得牢牢的，早餐上虾酱玉米饼子，午餐上虾酱玉米饼子，晚餐上虾酱玉米饼子；这个市地上吃虾酱玉米饼子，下个市地也上虾酱玉米饼子。每次不想吃，地市领导给帮忙加，服务员给帮忙分。让他见了虾酱玉米饼子都想吐，最后一站，一下车就给接待单位讲，今天能不能不上虾酱玉米饼子！

第二节　客房贴身管家

一位两次到苏州洽谈商务的外企老总住到了曾经下榻过的新城花园酒店。刚走进房间，他吃惊地发现，眼前的一切竟与上次自己提出过的要求完全吻合：桌上摆着他喜爱的康乃馨、床上特意放了两个枕头、电视设定的开机频道也是自己喜欢的CNN……事先秘书并未与酒店沟通，这些细节安排，酒店是如何预先做到的呢？

原来，这一切都是“贴身管家”的功劳。在欧美，很多大酒店都有贴身管家，为客人提供个性化服务。在中国，20世纪90年代初，“贴身管家”最早出现在北京、上海等中心城市，主要是为国外来的领导人配备的。当客人首次踏进酒店大堂，事先指派的贴身管家就会上前奉上名片……

一、贴身管家

贴身管家（Butler）服务源于欧洲贵族家庭的管家服务，演变到今天成为了一种专业化、私人化的一站式高档酒店服务。下榻酒店的贵宾将得到一位指定的专业管家专门为他（她）服务。训练有素的贴身管家将为客人提供体贴入微的个性化服务，无论是商旅事务还是娱乐休闲，都会为客人安排得尽善尽美，让客人居住愉快，体验现代商旅的舒适与便捷。简言之，酒店的贴身管家服务是一种高档酒店针对入住贵宾的更加个性化的服务方式，它通过为入住贵宾提供专业化、私人化的服务内容，极大地方便和满足了酒店贵宾的需求。

二、贴身管家的素质要求

贴身管家24小时为贵宾提供殷勤周到的服务，要求具备相当高的素质。

（1）流利的外语水平：很多贵宾来自国外，因此，贴身管家要能够用流利的英语与客人交流，为客人提供服务。特别是对一些西餐、酒水的翻译都达到相当标准。

（2）良好的沟通能力：良好的沟通能力和沟通语言是提高服务质量，使客人满意的前提条件。

（3）良好的礼仪、礼貌修养：这是贴身管家的必修课，为贵宾服务，必须要有良好的礼仪礼貌修养。

（4）良好的服务意识：为客人提供体贴、周到的服务，良好的服务意识是必不可少的。

（5）专业的服务技能：其中给客人沏茶、烫衣服也是非常必要的功课，甚至还要在短时间里了解客人的性格喜好。由于是24小时服务，贴身管家就住在离客人房间不远的套房里，听候客人随时通过电话提出的要求。

（6）宽广专业的知识面：包括了解各种洋酒的常识等。

三、贴身管家的服务内容

贴身管家主要负责客人在酒店的“生活起居”。诸如拆装行李、入住退房、客房服务、清晨叫早、订餐送餐、洗衣、订票、安排旅游和秘书服务等，都由贴身管家负责。曾经有位笃信伊斯兰教的中东老板入住某酒店，为了“做礼拜”，客人特别关注每日太阳升起的确切时间和方向。酒店的“贴身管家”便主动与气象局联系，查明每天日出的精确时间，还算出了“正东”的确切方位提供给客人，客人因此赞不绝口。

除了照顾客人的生活细节，“贴身管家”还要兼当客人的“业务助理”。特别是对于高档商务客人而言，初来乍到，可能不了解当地的情况，管家要替他们向工商、税务等部门沟通、咨询信息；推荐并预订地方特色餐厅以供客人商务洽谈。

总之，贴身管家要通过对客人体贴入微、周到、私密性的服务，使客人感受到生活起居的方便和酒店的特别关怀，从而使酒店的服务上一个档次。

经典案例

香格里拉“贴身管家”为世界拳王服务

世界拳王霍利菲尔德大连之行已经结束了。在此期间，大连市民的热情好客、整洁美丽的市容以及良好的组织接待工作，给他留下了深刻的印象，特别是大连香格里拉大饭店在其入住期间提供的“贴身管家服务”，让他感到十分满意。

为了更好地为霍利菲尔德提供个性化服务，饭店充分利用香格里拉集团的优势，首先从霍利菲尔德中国之行上一站的下榻酒店——哈尔滨香格里拉大饭店得到了拳王生活喜好的相关信息，并指定了一名经验丰富的员工担任其贴身管家，为其提供24小时的专业服务。当霍利菲尔德抵达大连香格里拉大饭店时，贴身管家已恭候在其下榻的总统套房门前热情地欢迎他，并安排了专业按摩师立即为其进行放松按摩。当拳王外出参加活动期间，管家又亲自去为霍利菲尔德购买其喜爱的麦当劳1号套餐和苹果派，回来放入保温箱以便客人随时食用。在服务过程中，这位贴身管家发现霍利菲尔德吃不惯中餐，就主动为他每餐都准备了他爱吃的全熟的牛排和牛肉汉堡，令这位世界拳王喜出望外。当霍利菲尔德有客人来访时，管家会在门外等候，以便随时提供帮助……

四、贴身管家的服务标准和工作流程

北京 R 酒店是亚太区首个提供全店式专职管家的高星级酒店，其历史可以追溯到 1904 年，在纽约成立的第一家 R 酒店就有标志性的管家服务。下面以 R 酒店的案例说明早班贴身管家的服务标准和工作流程。

（1）6:30 ~ 8:30：

①检查专职管家交接日志（主要是收集夜班管家的工作信息）。

②根据叫醒的工作单准备叫醒饮品并按时送到客人房间里提供服务。

③根据 Opera 系统信息，更新所管辖楼层的工作间的白板提示信息（主要供白天客房服务员清理房间时使用）。

④收客人的洗衣、熨衣和擦鞋。

⑤查看所在楼层的牛奶，各类糖、咖啡和茶的储备量是否足够，通知客房部及时补货。

（2）8:30 ~ 13:30：

①到客房办公室和管家办公室开晨会。

②向管辖范围内的楼层服务员告知特殊事宜（如早到的客人不要太早去打扰等）。

③查看楼层客梯间是否干净整洁，及时通知卫生清洁人员打扫。

④根据 Opera 系统查看当日预抵客人的信息（预抵时间、离店时间、是否会员、有无特殊喜好）。

⑤根据客史准备房间的设置。

⑥确保楼层服务员在规定的时间里清理干净 1 间客房。

⑦ 10:00 ~ 11:00 到所管辖的住客房间里检查是否有洗衣或熨衣，是否有需要擦的皮鞋，并把咖啡或茶的用具收回工作间等待清洗。

⑧在查看客房的同时留意客人屋内用品的放置，尽可能地收集客人的喜好。

⑨房间如果出现工程问题，及时通知工程部修理，确保每间房的设施都能正常使用。

⑩在客梯间欢迎每个入住酒店的客人，必要的时候去大堂迎接客人，并将客人引领到相应的房间，做相应的服务介绍。

（3）13:30 ~ 15:30：

到管家办公室开午会，简要汇报上午的工作情况，与下午班的同事交接班次。

①把特殊水果送至需要的客房内。

②保持对楼层工作白板的信息更新。

③追踪上午未能解决的工程问题，并适时敦促工程部解决。

④将工作间的饮品用具归位放好。

⑤和下午班的同事交接，把未完成的工作告知下一班次的同事。

⑥做好交接记录。

五、贴身管家的“88”字精髓

贴身管家的灵魂：容忍、含蓄、幽默。

贴身管家的“88”字精髓：个性服务，因人而异；预察主动，尽少骚扰；肢体语言，文雅得当；永不否定，给出选择；随机应变，处乱不惊；生活各行，熟练精通；随时记录，更新信息；他人财富，毫不动心；主人隐私，回避保密；意外惊喜，营造舒适；忠于职守，维护和谐。

六、贴身管家服务的组织模式

由于涉及服务成本问题，贴身管家服务一般只有高档酒店才提供，三星级以下的中低档酒店没有必要提供贴身管家服务。

贴身管家服务可以有两种组织模式：临时模式，即对于偶尔入住酒店的贵宾（如高级政府官员、体育明星、演艺界人士、企业高级行政人员以及其他社会名人等），临时抽调酒店精兵强将，充当客人的贴身管家角色。这种模式主要适用于接待贵宾数量不多的中小型高档酒店。所抽调的“临时贴身管家”，可以来自于客房部，也可以来自于酒店其他部门。固定模式，即在客房部（管家部）设立专职贴身管家岗位，为入住酒店的贵宾提供贴身管家服务。这种模式主要适用于经常有各类贵宾入住的大型高档酒店或各类高档精品酒店。

本章小结

为客人提供个性化服务是未来酒店服务和管理的发展方向和发展趋势。

称呼客人姓名、将服务者的姓名留给客人以及了解、识别和预测住店客人的需求，则是客房部常用的为客人提供个性化服务的方法。

客房部为贵宾提供的贴身管家服务将个性化服务发展到极致。通常，只有四星级以上的高星级酒店及精品酒店才为客人提供这种服务。

作为客房贴身管家，需要很好的服务意识、很高的服务技能和很强的沟通能力，可看作是酒店最高级别的“服务员”。

课堂讨论

服务员为客人洗内裤：应该吗？

某酒店在开展细微化和个性化服务时活动时，提倡“以情服务，用心做事”，并提出，要力所能及地为客人做一些事。比如为客人洗洗袜子，看见客人带的毛巾脏了，帮客人洗干净，等等。“别的酒店，提供这样的服务要收费，但我们不。我们只想让客人觉着在这里就像在家里一样，可以得到亲人般无微不至的照顾。虽然酒店不要求给客人洗内裤，但有的服务员也做了……”

讨论题

服务员为客人洗内裤，应该吗？

案例聚焦

将个性化服务推广成标准化服务：错了吗？

有客人提出了一个建议，说他喜欢自然醒，最好开夜床的时候窗帘能够留个缝，那样第二天早晨就会有光线从窗帘缝里照进来，就能自然醒过来了。本来如果将客人的这个建议登记进他的个人档案，下次等他入住的时候提供这种个性化的服务，绝对是一次成功的服务，但是这家酒店却修改了开夜床的服务规范，规定开夜床时窗帘都要留一条缝，结果还没实施多久就引起了多位客人的投诉，最后这个改动也只能草草夭折了。

【评析】

并非所有的个性需求都是客人的共性需求，因此，不能将针对某个客人的个性化服务都转化为酒店的标准化服务！这家酒店所犯的错误就是没有正确区分个性化服务和标准化服务，将个别客人的需求等同成了大众的需求，自然而然会导致失败的结果。

任务拓展

什么是“英式管家”？

“英式管家”是现代酒店贴身管家的前身。也就是说，现代酒店的贴身管家来源于有悠久历史的“英式管家”。

我们从好莱坞电影中形成有关英式管家的印象：一位身着白色西服、戴着白手套的男士站在宴会厅门口对进来的每一位客人颔首致意：“罗宾斯小姐，您今天的晚礼服真漂亮！”“啊，温杰森夫人，您总是这么神采奕奕！”他一边说一边帮绅士淑女们将外衣脱下，交给身边的佣人保管，之后他走到一位派头十足的男子身侧，低头耳语：“客人已经来齐，我们是不是开始？”……这样的镜头我们常在电影里看到，像这样温文尔雅的先生，就是我们印象中的管家。

“英式管家”在西方已经有六七百年的历史了。“英式管家”是世界上家政服务领域的经典名词。它起源于法国，但职业理念和职责范围的成熟是在英国完成的，并将其臻于艺术化。从过去到现在，英式管家在豪门中扮演的角色是相当多元化的，举凡购物、管理家庭财务、准备餐点、送孩子上学，洗熨衣物、招待客人、准备晚宴等，都由管家交代工人执行，最后监督验工。如果把一个豪门富户家的佣人们比作是一个团队的话，英式管家就是他们的CEO。

英式管家首先要具备从容应付主人晚宴的能力，而操办一次晚宴是极其烦琐的。布餐具之前，桌子上的东西全部清理掉，把刚熨过的台布铺上来，然后定椅子的位置，最靠边的椅子距离桌角的长度和椅子之间的长度要一致。椅子位置固定好了，接下来要放鲜花和烛台，一般放4个烛台，每个烛台上插5支蜡烛，这5支蜡烛要一般长，4个烛台上的蜡烛无论从哪个方向看都要成一条线。布好烛台就该放盘子了。盘子要放在每位用餐者的正前方，之后相应地摆上3套刀叉，4种杯子。还要根据上酒的顺序来调整杯子的位置。座椅、盘子、酒杯之间的距离都要用尺子量好，而不能以目代测。

上菜时，管家要带领下人进去，每个人的动作要协调一致，他们双手托盘，拇指指尖要在盘沿以外，走进餐厅先绕桌一周，停下来时要每人对应一位主人，并站在主人的侧后方，双脚呈丁字步。站好后抬眼看管家的暗示，大家左脚向前滑步，右手背后，同时放下托盘。再看管家施令，同时掀起盘盖，然后排队离开。上菜的方位也有讲究，比如上菜从左边上，饮料酒水从右边上。上酒水要说的话也是固定的，比如问主人要不要把酒杯中的陈酒倒掉，换新的酒，就说：“refresh？”问要不要再来点就说：“ tempt？”这个程序的要旨就是优雅，每个动作都要给人以美的享受。

熨报纸是一项历史悠久的管家服务，很早以前，管家就开始将熨过的报纸和早餐一起送到主人的卧室。熨报纸的目的是杀灭报纸上面的病菌，同时可以让未吃进纸张里的油墨充分干透，以防主人读报后弄一手黑。熨斗一定要是专门用来熨报纸的。“要不当天的头条新闻就会出现在主人的衬衫领子上了。”每天管家给主人送早餐时，要把熨过的报纸折成方块放在盛有早餐的银盘下（不过这种服务即使在英国的贵族家庭也很少有人用了，除非那种遗老遗少为了摆谱），进门后先把早餐放下，把报纸递给主人，然后径直走到窗前把窗帘拉开。

敲门是管家们在日常工作中经常会做的动作，管家如何敲主人的门也很有讲究。早上起来，管家进主人卧室要轻敲3下门，如果里面没有回应，心里默数到10再敲，如果还没有回应，就可以直接推门进去了。如果推门进去后主人不便见客，比如没穿好衣服，那就应该马上退出去。但如果发生了紧急情况，即使主人让管家出去，管家也要坚持告诉主人发生了什么事。

做管家最重要的是细致。主人要出游，管家事先得做出一个详尽的计划。路线的安排中一定要有医院，如果有突发情况比如小孩爬山受伤，马上就能想到去哪里就医。一般至少要设计两条路线，预防堵车或者说这家医院不行，要去另一家医院。虽说这些计划都是以防范为主，但一点都不能疏忽。

管家要时刻保持警觉，比如叫车。保护主人上车时，管家要面向车头，打开车门之前要左右环视一下，这样即使真有妄图行凶者也可以暗示他你是有防备的。打开车门后管家应该站在车门的后面，这样如果有紧急情况前面有车门挡着，后面有管家挡着，可确保主人的安全。

总之，英式管家需要极高的自身素质，一般的英式管家要求拥有丰富的生活知识与专业素养：熟知各种礼仪，佳肴名菜，名酒鉴赏，水晶银器的保养；更高档次的管家，甚至要上知天文、下通地理，才能为那些高档次的客户服务。贵族豪门家中的管家，他们不仅深得主人的信任与倚重，有时候主人更会将他们视为家庭中的一分子，事无巨细，都会交由管家打理。很多大家族的管家是世袭的，管家的后代通过耳濡目染对家族的情况非常了解，而家族也容易对老管家后代产生信任。

酒店经理人对“经理的困惑”的答复

Re:“一样的”个性化服务：怎么不见好评如潮?

张彦浩　广州从化碧水湾温泉度假村 副总经理

个人认为，您把这位酒店专家遇到的“个性化”服务做成了千篇一律、面向所有客人的“规范化”动作，这种统一动作客人是能够感觉到的。并且，您采用的这种形式也不如服务人员手写的形式更能体现真诚，更能表达态度，制式化的物品不能触动客人内心。真正的“个性化”服务是因人而异的，是有“针对性”的，比如《服务指南》中的“总经理致辞”与VIP接待时的“总经理欢迎信”的区别，哪一个更能让客人感觉到受欢迎和受重视，不言而喻。

视频观看广州从化碧水湾温泉度假村管理人员讨论：个性化服务如何打造?

方式一：请登录：刘伟酒店网（www.LiuweiHotel.com）—院校服务—视频—个性化服务如何打造?

方式二：扫描二维码

碧水湾度假村：个性化服务如何打造?

第十五章 客房卫生管理

客房卫生工作主要包括客房的日常清扫、客房计划卫生和酒店公共区域的清洁保养等几方面的内容。

卫生，是客人对酒店客房的最基本要求，也是客人决定是否选择某家酒店时首先要考虑的因素，因此，做好客房的卫生管理具有极其重要的意义。卫生管理是客房部管理工作的永恒主题，需要各级客房管理者常抓不懈。

学习目标

知识目标

1. 掌握客房清洁知识。
2. 了解客房清扫程序及其相关管理问题。

能力目标

1. 掌握对客房清洁质量进行控制的方法。
2. 能够对客房计划卫生进行组织和管理。

关键词： 客房清扫　公共区域　计划卫生

经理的困惑

要睁一只眼，闭一只眼，还是要严格管理？

酒店一般都要求客房服务员在做房时，要用不同的抹布擦拭不同的部位（浴缸、洗脸盒、马桶等），并禁止员工把刚从房间撤下的脏布草当抹布用，可实践中，据我所知，很多酒店（包括国外的酒店）的很多员工在搞房间卫生时，为了图方便、省事，在搞卫生时，并没有分开，而且总是喜欢用撤下的床单等来擦浴缸，甚至擦马桶，对此，总是屡禁不止。作为客房管理者，对此应该加以理解，睁一只眼闭一只眼呢，还是要严格管理？如何才能有效地防止这种情况的发生……

第一节　客房清扫作业管理

客房清扫是饭店每天要进行的工作。客房的清洁程度是客人入住酒店最关心的问题之一，同时也是客人选择酒店的标准之一。整洁的房间，幽雅的环境能使客人心情舒畅、轻松愉快，因此服务员必须按时、按服务规程和和标准的要求，认真、高效地清扫客房。

清扫客房时要注意有些项目是每天都要进行的工作，如床铺的整理、地毯的除尘、写字台的干擦等。而有些项目则是隔一段时间才进行的工作，如翻转褥垫、换床罩、除污、维修等。其间隔有的是周期性的，有的则是不定期的，视具体情况而定。

一、不同类型房间的清扫要求

客房状况不同，对其清扫的要求和程度也有所不同。一般来说，对于暂时没人居住，但随时可供出租的空房（vacant），服务员只需要进行简单清扫或小扫除；对于有客人住宿的住客房间（occupied）以及客人刚刚结账离店、尚未清扫的走客房间（check-out），需要进行一般性清扫或中扫除；而对于那些长住客人离店后的客房以及将有重要客人（VIP）光临的客房则要进行彻底清扫或大扫除。

（1）进行简单清扫，服务员只需要视具体情况每天擦擦灰尘；过几天吸一次地毯、检查一下设施设备是否管用，看看卫生间水龙头是否有锈水（如有黄色的锈水，则应打开水龙头 1 ~ 2 分钟，把它放掉）；如室内空气不新鲜，也应打开窗户换换空气；调节温度，使室温比较适宜。

（2）进行一般清扫，还需要整理床铺、撤换脏布草（床单、枕套、浴巾、毛巾等）、补充客房用品并较为全面地清扫客房（倒垃圾、倒烟灰缸、擦洗卫生间、整理衣物等）。

（3）长住客人离店后要进行彻底清扫，要仔细地进行地毯除污，认真擦洗客房内各个角落、设施设备的里里外外，如墙纸脱落或有污损还应更换墙纸，翻转褥垫甚至撤换窗帘。此外，接待重要客人的房间也应进行大扫除，除污、打蜡、抛光，做到窗明几净，没有尘埃，床也要铺得整齐、美观，没有褶皱，床单上不留任何污迹。

二、清扫作业的标准时间

清扫作业的标准时间是客房管理者确定服务员工作定额和进行客房定员的依据。一般而言，各种不同类型的客房所需要的清扫时间大致如下：双人房，25 ~ 30 分钟；单人房，20 ~ 25 分钟；套间，50 ~ 60 分钟。由此可见，清扫一间客房平均需要 25 ~ 30 分钟，按照这个标准，国际上，每个服务员每天清扫的房间数最少 14 ~ 16 间。

具体而言，服务员每天打扫客房的数量还取决于服务员体力的大小；工作经验的多少；劳动熟练程度；做床方法的科学与否；客房面积的大小；床的大小；客房状况的不同（空房、走客房、VIP 房等）；客房类型的不同（单人房、双人房还是套房）；住客素质的高低（外宾住过的房间易整理，而很多内宾住过的房间则需要较长时间去整理）等等因素。

三、不同类型房间清扫的先后顺序

为了提高客房利用率和服务质量，客房清扫要根据实际情况，按一定的先后次序进行。客房清扫顺序应根据酒店淡旺季的不同，而有所不同。

（1）淡季时的清扫顺序

①总台指示要尽快打扫的房间。

②门上挂有“请速打扫”（make up room immediately）牌的房间。

③走客房（check-out）。

④ VIP 房。

⑤其他住客房。

⑥空房。

（2）旺季时的清扫顺序

①空房。空房可以在几分钟内打扫完毕，以便尽快交由总台出租。

②总台指示要尽快打扫的房间。

③走客房间（check-out）。旺季时，应优先打扫，以便总服务台能及时出租，迎接下一个客人的到来。优先打扫走客房的意义还在于可以及时发现是否有丢失或损坏室内物品，如有，则可以及时报告客房部或前台结账处以便酌情处理。另外，这样做还可以

及时发现客房内是否有客人的遗忘物品以便及时送交客人。

④门上挂有“请速打扫”（make up room Immediately）牌的房间。

⑤重要客人（VIP）的房间。

⑥其他住客房间。

以上客房清扫顺序还应根据客人的活动规律加以调整。客房清扫应以不打扰客人或尽量少打扰客人为原则，因此，应尽量安排在客人外出时进行。

经典案例

牙签的妙用

今天是我值夜班。在交接班时，上一班服务员告诉我，208套房住的是VIP，需要做好跟踪服务。我记在了心上，不停地在楼层巡视，因为208房间一直有客人在谈话。

到了18:00，应该是客人用晚餐的时候了，如果VIP客人出去，我是要及时做房间小整理和开夜床的。所以这个时候，我就在楼层静候客人。这时手中的报话机响了，售房中心通知我去给310房间配备水果。我听到通知刚要走，可转念一想，如果我去准备水果，208房间客人是否出来我可怎么确定呢？可要去敲门询问，肯定又打扰了客人，我仔细想了想，对！就用这个办法。

我疾步走回服务室，找来一根牙签，悄悄地来到208房间门口并将其插到门缝里，然后就去准备310房间的水果了。

等我送过水果回到208房间门口，低下头仔细看了地面，果然有牙签在地上。我轻轻敲了门，房间无人应答。我以最快的速度整理了房间，并将晚安卡放置床头的明显处，然后退离房间。

做好这一切，我轻舒了一口气，既为没有打扰客人而高兴，更为自己能够在关键时刻想出的小小“妙计”而自豪。其实“用心服务”本应如此，只要我们一切本着“尽可能少打搅客人便是最好的服务”的原则，那么服务将会在规范化的基础上，更加富有创意，也会更加符合客人的心意！（山东香江曲阜国宾馆 田慧霞）

四、客房清扫的一般原则和卫生标准

（一）客房清扫的一般原则

①从上到下。例如，抹拭衣柜时应从衣柜上部抹起；

②从里到外。尤其是地毯吸尘，必须从里面吸起，后到外面。

③先铺后抹。房间清扫应先铺床，后抹家具物品。如果先抹尘，后铺床，铺床而扬起的灰尘就会重新落在家具物品上。

④环形清理。家具物品的摆设是沿房间四壁环形布置的，因此，在清洁房间时，亦应按顺时针或逆时针方向进行环形清扫，以求时效和避免遗漏。

⑤干湿分开。在抹拭家具物品时，干布和湿布要交替使用，针对不同性质的家具，使用不同的抹布。例如，房间的镜子、灯罩，卫生间的金属电镀器具等只能用干布擦拭。

（二）房间清洁卫生标准

①眼看到的地方无污迹。

②手摸到的地方无灰尘。

③设备用品无病毒。

④空气清新无异味。

⑤房间卫生达“十无”（天花墙角无蜘蛛网；地毯干净无杂物；楼面整洁无害虫；玻璃、灯具明亮无积尘；布草洁白无破烂；茶具、杯具消毒无痕迹；铜器、银器光亮无锈污；家具设备整洁无残缺；墙纸干净无污迹；卫生间清洁无异味）。

五、客房清洁剂的种类及使用范围

清洁剂是客房部服务员在进行客房清洁和保养工作时所必需的用具和物品，选择和使用合适的清洁剂不仅可以增强工作效果，提高工作效率，而且对于做好客房设施设备的保养工作具有重要意义。客房管理人员应该熟悉各种清洁剂的性能和使用范围。按照不用的划分方法，客房部使用的清洁剂可以划分为不同的类型。

（一）按清洁剂的化学性质划分

①酸性清洁剂。一般含有盐酸、磷酸、硫酸和醋酸等酸性化合物，可用于清洁茶渍、咖啡等碱性物质。另外，酸性清洁剂还可以用来还原氧化物，故常被用来去锈（将深咖啡色的高铁还原为浅绿色的亚铁离子），清洗冷气机的蒸发器及冷凝器（将氧化铝或结在钢管内的氧化物还原）。含浓硫酸的清洗剂，则主要是利用其脱水性。

②碱性清洁剂。含氢氧化钾、氢氧化钠或其他碱类，可以清洁一切酸性污渍。另外，碱性清洁剂还可以用来清洁一切油污，因为它可以将不溶于水的油脂变成半溶于水的物质。强碱（如氢氧化钠）非常活泼，故亦常被用作起蜡剂，因为它能将蜡水中的金属链切断，令“亚力加块”浮于水面，从而起到起蜡作用。通常，碱性清洁剂的应用最为广泛。

③中性清洁剂。含合成化合物，呈中性，其“清洁”能力不很显著，主要用于“保养”方面，一般不会损坏物体的表面。

（二）按用途划分

①多功能清洁剂。这种清洁剂呈中性，多用于去除家具表面的污垢、油渍、化妆品

渍，有防霉功效。原装的清洁剂为浓缩剂，使用前要根据使用说明进行稀释。此种清洁剂不能来洗涤地毯，对特殊污垢作用也不大。

②三缸清洁剂。马桶清洁剂属酸性清洁剂，能去除马桶、便池上的污垢，有较好的除臭、杀菌功效。使用时必须在马桶、便池有水的情况下倒入少许，稍过片刻用毛球轻轻刷洗，再用清水冲净。日常清洁三缸最好选用碱性剂，以利保养。

③玻璃清洁剂。客房内的玻璃和镜面，特别是卫生间内的镜面常有一些不易清除的污迹，像油渍、化妆品迹等。清除这类污迹使用装在高压喷罐内的玻璃清洁剂效果最好。使用时对准污迹喷洒少许，然后用干布擦拭便可光亮如新。

④金属抛光剂。客房内有很多金属制品，像门锁把手、水龙头、浴缸配件、扶手、卷纸箱、毛巾架、浴帘杆等，容易染上手印和锈蚀。这种抛光剂只对金属制品除锈去渍有效。使用时用抹布蘸上抛光剂或将抛光剂直接喷在物件上，用干布反复擦拭直至光亮为止。

⑤家具蜡（家具保养蜡）。为使家具保持光洁，服务员按计划卫生的要求定期对家具物品上蜡保养。客房部选用的家具蜡多为浓缩乳蜡，家具蜡能较好地为木质家具、皮革制品去污除尘，并能在家具表面上形成保护膜，防尘、防潮、防污。使用时只须在家具物品上均匀喷洒，再用柔软的干布来回擦拭，即能光亮如新。

⑥空气清新剂。空气清新剂含有香精和杀菌成分，喷洒在客房内或大厅中，有灭菌和清新空气的作用，且芳香四溢。但有些客人不喜欢空气清新剂的香味，因此，在住客房中要慎用。

⑦杀虫剂。杀虫剂含除虫菊脂，能杀灭像蟑螂、苍蝇、蚊子等害虫。客房区内一旦发现虫类，应立即施放杀虫剂。杀虫剂属于易燃品，所以要谨慎使用和妥善保管。

第二节　客房的计划卫生

客房的计划卫生是指在日常客房清洁的基础上，拟订一个周期性清洁计划，针对客房中平时不易或不必进行清洁的项目，采取定期循环的方式做彻底的清洁保养工作的客房卫生管理制度。

客房服务员每天的清洁整理工作的工作量一般都比较大。例如，一个卫生班的服务员平均每天要负责 14 ~ 16 间客房的清扫工作，到了旅游旺季，甚至更多，所以对客房的某些部位，如通风口、排气扇、天花板、门窗玻璃、窗帘、床罩等，不可能每天清扫或彻底清洁（有些项目也没有必要每天进行，如地毯的清洗等）。为了坚持清洁卫生的质量标准，使客人不仅对客房那些易接触部位的卫生感到满意，而且要对客房的每一处卫生都放心，同时又不致造成人力浪费或时间的紧张，客房部必须通过定期对清洁卫生的死角或容易忽视的部位进行彻底的清扫整理，以保证客房内外环境的卫生质量。

一、计划卫生的项目和清洁周期

针对不同的项目，客房的计划卫生应按不同的时间周期进行。下面是某酒店楼层计划卫生项目及清洁周期安排（表15–1）。

表15–1 楼层计划卫生项目及清洁周期安排

每 天	3天	5天
1. 清洁地毯、墙纸污迹 2. 清洁冰箱，扫灯罩尘 3.（空房）放水	1. 地漏喷药（长住逢五） 2. 用玻璃清洁剂清洁阳台，房间和卫生间镜子 3. 用鸡毛掸清洁壁画	1. 清洁卫生间抽风机（味）机罩 2. 清洁（水洗）吸尘机真空器保护罩 3. 职工卫生间虹吸水箱、磨洗地面
10天	**15天**	**20天**
1. 空房马桶水箱虹吸 2. 清洁走廊出风口 3. 清洁卫生间抽风主机网	1. 清洁热水器、洗杯机 2. 冰箱除霜 3. 酒精球清洁电话 4. 清洁空调出风口、百叶窗	1. 清洁房间回风过滤网 2. 用擦铜水擦铜家具、烟灰筒、房间指示牌
25天	**30天**	**一季度**
1. 清洁制冰机 2. 清洁阳台地板和阳台内侧喷塑面 3. 墙纸吸尘、遮光帘吸尘	1. 翻床垫 2. 抹拭消防水龙带和喷水枪及胶管 3. 清洁被套（12月至次年3月，每15天一次，4月到11月一季度一次）	1. 干洗地毯、沙发、床头板 2. 干（湿）洗毛毯 3. 吸尘机加油（保养班负责完成）
半 年	**一 年**	
清洁窗纱、灯罩、床罩△ 保护垫△	1. 清洁遮光布△ 2. 红木家具打蜡 3. 湿洗地毯（2、3项由保养班负责完成）	注：有△项目由财产主管具体计划，组织财管班完成，注意与楼层主管在实际工作中协调

二、计划卫生的组织

（1）要求客房清洁工每天大扫除一间客房。例如，要求客房清洁工在她所负责的14间客房中，每天彻底大扫除1间客房，14天即可对她所负责的所有客房做一次计划卫生。

（2）规定每天对客房的某一部位或区域进行彻底的大扫除。除日常的清扫整理工作外，可规定客房清洁工每天对客房的某一部位进行彻底清洁。这样，经过若干天对不同部位和区域的彻底清扫，也可以完成全部房间的大扫除。其日程安排可参考表15–2。

表 15–2 客房计划卫生安排

星期	一	二	三	四	五	六
项目	门窗玻璃	墙角	天花板	阳台	卫生间	其他

（3）季节性大扫除或年度大扫除。即集中在淡季对所有客房分楼层进行全面大扫除，一个楼层通常要进行一个星期，必要时，可请前厅部对该楼层实行封房，并与工程部联系，请维修人员利用此时对设备进行定期的检查和维修保养。

在实践中，以上三种计划卫生的组织方式可配合使用。

三、计划卫生的管理

（一）计划卫生的安排

客房管理人员可将客房的周期性清洁卫生计划表贴在楼层工作间的告示栏内或门背后。也可由楼层领班在服务员做房报告表上每天写上计划卫生的项目，督促服务员完成当天的计划卫生任务。

（二）计划卫生的检查

服务员每完成一个项目或房间后即填上完成的日期和本人的签名（表 15–3）。领班等根据此表予以检查，以保证计划的落实和卫生质量。

表 15–3 客房周期清洁

项目 / 姓名 / 日期 房号	地毯	墙面	卫生间	家具	窗户	小酒吧	备注

（三）计划卫生的安全问题

客房的计划卫生中，有不少是需要高空作业的，如通风口、玻璃窗、天花板等。因此，在做计划卫生时，一定要要求和提醒员工特别注意安全，防止出现各种工伤事故。清扫天花板、墙角、通风口、窗帘盒或其他高处物体时，要用脚手架或使用凳子；站在窗台上擦外层玻璃要系好安全带，等等。

此外，在做计划卫生时，还应注意选择合适的清洁剂和清洁工具，以便提高工作效率，确保清洁卫生质量，同时，防止因清洁剂和清洁工具的选择和使用不当而损坏家具设备。

第三节　公共区域的清洁卫生

公共区域清洁卫生工作的好坏，常常是客人评价一家酒店服务质量和酒店水准的一个重要因素，特别是公共洗手间，它不仅是反映酒店卫生状况的一面镜子，而且常常是一些专家评价一家酒店卫生状况和档次的重要指标。“要了解一家酒店的卫生状况和档次，看它的公共洗手间就行了！”酒店公共区域的清洁卫生工作通常由客房部的公卫班组负责，这样组织的好处在于能够使清扫工作专业化，提高劳动效率和工作质量。为了保持公共区域的清洁卫生，这项工作有时每天要进行数次，如厕所的冲洗、大堂的保洁以及烟灰缸的清洁、家具的复位等。

一、公共区域的范围

凡是酒店内公众共同享有的活动区域通称为公共区域。酒店的公共区域可划分为室内部分和室外部分。室外公共区域是指酒店的外围区域，包括酒店的外墙、花园、前后大门等。室内公共区域又划为前台区域和后台区域两部分。其中，前台部分通常指专供宾客活动的场所。如，大堂（Lobby）、总服务台（General Service Desk）、电梯（Elevator）、楼梯（Stair-way）、休息室（Lounge）、康乐中心（Entertainment Centre）、游泳池（Swimming pool）、餐厅（不包括厨房）（Dining Boom）、会议室（Meeting Room）、舞厅（Ball Room）、公共洗手间（WC）等。后台部分通常指为酒店员工设计的生活区域。如，员工休息室、员工更衣室、员工餐厅、员工娱乐室、员工公寓等。

二、公共区域清洁卫生工作的特点

首先，由于公共区域涉及的范围相当广，因此，其清洁卫生的优劣对酒店影响非常大。其次，公共区域的客流量非常大，客人活动频繁，这就给公共区域的清扫工作带来不便和困难。为了便于清洁，同时尽量减少对客人干扰，公共区域的清洁卫生工作应尽量安排在没有客人或客人活动较少的时间段进行。最后，公共区域的清洁工作繁琐复杂，工作时间不固定，人员分散，因此，造成其清洁卫生质量不易控制。这就要求公共区域服务员在日常工作中必须具有强烈的责任心，同时，管理人员要加强巡视和督促。

三、公共区域清洁保养的内容

（一）大堂的清洁

大堂是酒店客人来往最多的地方，是饭店的门面，往往会给客人留下第一印象。因此，这里的卫生工作显得非常重要。大堂的清洁卫生工作主要在清晨或深夜进行，白天进行维护和保持。

1. 大堂地面的清洁

（1）每天晚上应对大堂地面进行彻底清扫或抛光，并按计划定期打蜡。打蜡时应注意分区进行，打蜡区域应有标示牌，以防客人滑倒。

（2）白天用油拖把循环迂回拖擦，维护地面清洁，保持光亮。拖擦地面时应按一定的路线进行，不得遗漏。每到一个方向的尽头时，应将附着在拖把上的灰尘抖干净再继续拖擦。

（3）操作过程中应根据实际情况，适当避开客人或客人聚集区，待客人散开后，再进行补拖。遇到客人，要请客人原谅，说声“对不起”（Excuse me）。

（4）客人进出频繁的门口、梯口等容易脏的地面要重点拖，并适时增加拖擦次数，确保整个地面的清洁。

（5）如在拖擦过程中遇有纸屑杂物，应将其堆在角落集中，然后用清扫工具将其收集起来妥当处理。

（6）遇有雨雪天气，要在大堂入口处放置伞架和脚垫，并竖立防滑告示牌，同时注意增加拖擦次数，以防客人滑倒。此外，还要根据实际情况，适时更换脚踏垫。

2. 扶梯、电梯清洁

对大堂扶梯、电梯的清洁保养主要在夜间进行，白天只对其进行清洁维护，保持干净整洁。

（1）夜间对大堂内扶梯和电梯进行彻底清洁，如有观景电梯则应特别注意其玻璃厢的清洁，确保其光亮无指印、无污迹。

（2）夜间应注意更换电梯内的星期地毯，并对地毯或梯内地面进行彻底清洁。

（3）擦亮扶梯扶手、挡杆玻璃护挡，使其无尘、无手指印，如不是自动扶梯，还应对楼梯台阶上的地毯铜条进行擦抹，并使用铜油将其擦亮。

3. 大堂家具清洁

（1）夜间对大堂内所有家具、台面、烟具、灯具、标牌等进行清洁打扫，使之无尘无污渍，保持光亮，并对公用电话进行消毒、擦净，使之无异味。

（2）白天对家具等进行循环擦抹，确保干净无灰尘。

（3）及时倾倒并擦净立式烟筒，烟缸内的烟蒂不得超过 3 个。更换烟缸时，应先将干净的烟缸盖在脏的上面一起撤下，然后换上干净烟缸。

（4）随时注意茶几、地面上的纸屑杂物，一经发现，应及时清理。

4. 铜器上光

除了对大堂的上述区域和设施进行清洁以外，还应对大堂等公共区域的铜器进行上光保养。上光时，可准备好两块干净的软抹布及适量铜油，先用一块抹布抹去铜器上的灰尘和手印，然后将铜油滴在另外一块抹布上，接着用蘸有铜油的抹布轻轻地在铜器上反复擦拭，直至擦得又黄又亮即可。

（二）酒店门庭清洁

（1）夜间对饭店大门口庭院进行清扫冲洗，遇有雨雪天气应适时增加冲洗次数。

（2）夜间对停车场或地下停车场进行彻底清扫，对油迹、脏渍应及时清洁，并注意定期重新画清停车线及检查路标的清洁状况。

（3）夜间对门口之标牌、墙面、门窗及台阶进行全面清洁、擦洗，使其始终以光洁明亮的面貌迎接客人。

（4）白天对玻璃门窗的浮灰、指印和污渍进行抹擦，尤其是大门玻璃的清洁应经常进行。

（三）餐厅、酒吧、宴会厅的清洁

餐厅、酒吧和宴会厅是客人饮食场所，因此，卫生工作尤为重要。餐厅的清洁工作主要是在餐厅营业结束后，做好对地毯的吸尘和对家具、电话等的擦拭、除尘工作，对于地毯上的污迹应及时予以清洁。对于宴会厅而言，面积较大，一次就要接待数百人，人多步杂，每次使用后都要彻底清扫，主要进行以下工作：

（1）地毯吸尘。

（2）清扫板壁上的鞋印、指印及客人张贴的画和其他饰物。

（3）清扫大厅吊灯。这是一项需要定期进行的工作。这项工作花时费工，常常需要搭脚手架。要将每一拼件洗净抹干（灯泡坏了要更换）。因此，需要一定的耐心。

（4）每月一次的通风口除尘。

此外，餐厅、酒吧、宴会厅或其他饮食场所，常常会有苍蝇出现（尤其是在夏季），公卫服务员应随时或定期喷撒杀虫剂，防止蚊蝇滋生。

（四）公共洗手间的清洁

（1）按顺序擦净面盆、水龙头、台面、镜面，并擦亮所有金属镀件。
（2）用清洁剂清洁马桶及便池。
（3）擦座厕内的门、窗、隔档及瓷砖墙面。
（4）拖净地面、保持无水渍、无脏印。
（5）喷洒适量空气清新剂，保持室内清新，无异味。
（6）洗手台上摆放鲜花。
（7）按要求配备好卷筒纸、卫生袋、香皂、擦手纸、衣刷等用品。
（8）检查皂液器、自动烘手器等设备的完好状况。

（五）其他区域的清洁卫生

除了做好上述前台区域的清洁卫生工作以外，还应做好酒店后台区域的卫生工作，特别是员工食堂、服务通道等的卫生。这些场所的卫生状况对员工的思想和精神状况，乃至对酒店的服务质量有重要影响。有些酒店把卫生工作的重点放在接待顾客的餐厅里，而对员工食堂的卫生情况、饭菜质量不予以重视，结果在寄生虫容易滋生的夏季，同时也是旅游旺季，由于食堂卫生不过关，使很多员工病倒，致使酒店连正常的接待工作也难以进行，更不用说提高服务质量了，这种教训是应当吸取的。

员工通道的卫生也常常被忽视，饭店正门前客人进出的通道一般打扫得比较干净，而员工通道则是另一个天地。有的酒店通往酒店大楼的员工通道甚至连水泥地面都没铺，一遇到雨天，员工便不得不踩着泥泞的路，拖着沉重的步伐，走向酒店的各个岗位，致使楼道地毯上沾满泥巴，这样不但影响卫生，而且，会使地毯严重受损。

（六）绿化布置及清洁养护

1. 绿化布置

（1）对客人进出场所的绿化花草按要求进行布置，安排摆放位置。
（2）根据规定的调换时间，定期调换各种花卉盆景，给客人一种时看时新的感觉。
（3）重大任务前，如接待贵宾或举行圣诞晚会，则要根据酒店的通知进行重点绿化布置。
（4）接到贵宾入住通知单，应根据客人等级和布置要求，准备好摆放鲜花，按房号送至楼面交服务员，切记客人所忌讳的花卉。

2. 清洁养护程序

（1）每天从指定的地点开始，按顺序检查、清洁、养护全部花卉盆景。

（2）拣去花盆内的烟蒂杂物，擦净叶面枝干上的浮灰，保持叶色翠绿、花卉鲜艳。

（3）对喷水池内的假山、花草进行清洁养护，对池内水中的杂物要及时清除并定期换水。

（4）发现花草有枯萎现象，应及时剪除，调换，并修理整齐。

（5）定时给花卉盆景浇水，操作时溅出的水滴及弄脏的地面应用随身携带的抹布擦干净。

（6）对于庭院内的树木花草，应定期进行修剪整理和喷药灭虫，花卉盆景应按时调换。

（7）养护和清洁绿化区时，应注意不影响客人的正常活动，遇到客人礼貌问好。

第四节　客房设施设备的清洁保养

对酒店客房的设施设备保养不善是我国酒店业的一大问题，很多酒店设施设备很豪华，但因为缺乏保养，很难正常运转。对设施设备保养不善不仅会缩短设备的使用周期，还会直接影响对客服务质量，引起客人投诉。因此，客房员工必须掌握各种设施设备的保养知识，养成良好的使用和保养习惯，做好对各类家具、设备的保养工作。

客房设施设备的保养主要在于平时的清洁和计划保养工作能够按规定的操作程序和有关要求顺利进行。

一、保养的意义

做好客房前期保养和设备前期保养工作，日常维修和紧急维修将会明显减少。我们面临的问题是：怎样从无休止的维修和紧急维修中摆脱出来，有步骤地实施保养计划。

做好客房设施设备的保养工作，不仅能够延长使用寿命，降低经营成本，维持酒店档次，提高客房利用率，增加酒店利润，还可以提高客房服务质量，减少客人投诉，增加客人的满意度。

二、保养的方法

（一）门窗的保养

在开、关门窗时，平时应养成轻开轻关的习惯，这样不仅可以延长门窗的使用寿命，还能减少干扰，保持客房及楼层的清静。此外，雷雨天以及刮大风时，应关好客房窗户，以免雨水溅入客房，或被大风摔坏窗玻璃。

（二）墙面的保养

酒店客房的墙面大都使用墙纸，对墙面经常进行吸尘，可以减少大清洗的次数。对于墙纸的清洁，应用比较干的软布拭抹，如有油污，可用汽油、松节油或不易燃的干洗液去擦，而小块油迹则可用白色吸墨水纸压住，用熨斗熨烫几分钟就能去除。如果需要对墙面进行清洗，则在清洗前要用湿布在小块墙纸上擦一下，查看墙面是否掉色或渗色。若掉色或渗色就表明该墙纸不能水洗，在这种情况下，可试用膏型去污剂清洗。如果墙纸耐水性能好，可用海绵纤维物和不加漂白剂的中性合成清洁剂去污，方法是将湿海绵绞一下，使它含有适当水分，擦洗时，随时挤去海绵上的污垢，保持海绵干净，然后再用清洁的水和干净的海绵把墙纸冲洗干净。另外，如发现墙壁潮湿、天花板漏水的现象，应及时报工程部维修，以免墙壁发霉，墙皮脱落，房间漫水。

（三）地毯的清洁与保养

地毯是房间的装饰品。由于客人使用卫生间后，容易将卫生间的水迹带进客房，造成对房内（特别是卫生间门口）地毯的损坏，为了便于对房内地毯的保养，降低客房经营成本，除个别有特殊需要的酒店以外，包括五星级酒店在内的大部分酒店都应考虑只在卧室保留地毯，而在客房卫生间门口用大理石等高级石质装修材料取代地毯。

客房内地毯一般有两种类型：一种是羊毛地毯；另一种是化纤地毯。羊毛地毯高雅华贵，但造价很高，故一般只铺设在豪华客房。而化纤地毯则有易洗涤、色彩丰富和价格低廉的特点，为我国大多数酒店所欢迎。无论哪种地毯，服务员都应采用科学的方法使用和保养，要坚持每天吸尘一次，并对地毯进行定期清洗。地毯上如出现污迹应及时除去，否则，时间一长将很难去除。除污时，要先了解地毯中化学纤维的成分和污渍的性质，然后选用合适的清洁剂清除污迹。

一般说来，酒店应每年清洗一次地毯，清洗地毯的方法有两种，即干洗和湿洗。干洗的方法是将清洁剂均匀地洒在地毯上，然后用长柄刷将清洁剂刷进地毯里，过一小时后，用吸尘器彻底吸尘，地毯即被清洗干净。干洗的优点是：不影响使用；地毯不变形，不缩水；简单易行，不费时。

除过干洗以外的另一种方法就是水洗（湿洗）。水洗时先将清洁剂溶于水中，然后使用喷水器均匀地将溶液喷洒于地毯表面，再用毛刷刷洗，用抽水机吸去水分。最后，等地毯完全干了以后，再彻底吸尘，这种清洗方法的优点是洗得干净、彻底，缺点是工序复杂、费时。一般来说，比较脏的羊毛地毯采用这种方法清洗比较好，但要注意，无论哪种方法，都要选用不损坏地毯纤维的清洁剂。

另外，要注意在一些重要通道，如建筑物入口、近楼梯的地方以及客房卫生间门口等放置尘垫，防止污物进入地毯组织；同时，要注意经常将地毯使用的位置转移，使磨损的地方变得均匀。

（四）空调设备的保养

客房使用的空调一般分为室内小型空调和集中送气的中央空调两种。小型空调在使用时要注意不能让水溅到开关上，以免发生漏电，造成触电事故。在使用中如发出异常声音，应关闭电源，通知工程部进行检查修理。中央空调由专人负责管理操作，集中供应，按季节供应冷、热风，各房间有送风口，设有“强、中、弱、停”4个档次，可按需要调节，要定期对鼓风机和导管进行清扫，此外，每隔2～3个月清洗一次进风过滤网，以保证通风流畅，电机轴承传动部分要定期加注润滑油。

（五）电器设备的保养

（1）电梯。电梯内外应经常擦洗，梯内地毯要每天吸尘清洁。此外，还要防止服务员、不良客人或小孩用刀具等在电梯内乱划、乱画。

（2）电冰箱。电冰箱应放在通风干燥、温度适中的地方。一般来说，其背面和侧面应距离墙壁100毫米以上，以保证空气自然对流，并使电冰箱能够更好地散热。要切忌将电冰箱放在靠近暖气管、干燥箱，有热源或阳光直射，或易受水浸、发潮的地方。冰箱背面机械部分，温度较高，切勿将电源线贴近，同时，电源线应避免卷束使用。电冰箱的门封胶边，尤其是门下面的胶边是容易弄脏的部位，要注意经常清洗干净，保持清洁，当冰箱门溅到水或弄污时，应及时用干布抹干，以免金属件生锈。冰箱在使用一段时间后，要注意定期清理内部，以免积存污物，滋生细菌。

（3）电视。清扫客房时，每天应用干布擦去电视机外壳上的灰尘，并定期用软毛刷清除机内灰尘。电视机要避免安放在光线直射的位置，切忌曝晒，否则会使显像管加速老化，机壳开裂。此外电视机也不能放在潮湿的地方，要防止酸、碱气体侵蚀，引起金属件生锈和元件断脚，产生接触不良等毛病，因此，在雨季，除应注意放置以外，最好每天通电使用一段时间，利用工作时机器自身散发的热量驱潮。

（4）照明设备。照明设备主要指门灯、顶灯、台灯、吊灯、床头灯等。这些设备的保养，首先是电源，周围要防潮，插座要牢固，以防跑电漏电；擦拭灯罩，尤其是灯泡、灯管时要断电，且只能用干布擦，绝不能用湿布擦。

（5）电话。每天用干布擦净电话机表面的灰尘，话筒每周用酒精消毒一次。

（6）电线。客房内电线主要是电视机线、电话线和落地灯线。电线应保持表面无破损，此外，电线的安装要相对隐蔽，要整理好，否则容易把人绊倒，甚至损坏电器。

（六）卫生设施及设备的保养

1. 卫生设施的保养

卫生设施要勤擦洗，对于洗脸盆、浴缸、马桶等设施，在擦洗时既要使其清洁，又要防止破坏其表面光泽，因此，一般选用中性清洁剂。切记不能用强酸或强碱。强酸或强碱性质的清洁剂不但会破坏磁面光泽，对釉质造成损伤，还会腐蚀下水管道。

对浴缸、洗脸盆、马桶等卫生设施的保养，还应特别注意要防止水龙头或淋浴喷头滴、漏水，如发生类似现象，应及时报工程部维修，否则，久而久之，会使卫生洁具发黄，难以清洁。

2. 客房清洁设备的保养

对客房清洁设备的保养要做好以下工作：

（1）使用人员必须了解和掌握客房清洁设备的操作要求，并严格按操作要求使用。

（2）所有客房清洁设备在使用后都应进行全面的清洁和必要的养护。

（3）客房清洁设备使用前后都应检查其完好状况，发现问题要及时处理。

（4）要有良好的存放条件，并按要求摆放。此外，还要有供存放所有附件的柜子、抽屉、架子和挂钩等。

3. 吸尘器的保养

吸尘器的使用和保养要注意以下要点：

（1）检查各部件的连接是否严密，如有漏风的地方要及时修理。

（2）检查有无漏电现象，防止发生危险。

（3）吸尘器在使用时，要避免吸入硬物或尖锐的东西，以免蓄尘袋破裂，喉管堵塞或机件失灵。另外，也要防止吸入大片纸张、布片、棉花团等物，以防堵塞吸管和吸头。

（4）将电源插头拔下前，要先把吸尘器开关关掉。

（5）避免让吸尘器在电线上辗过。

（6）吸尘器使用完毕后要定期清理蓄尘袋。弄干净刷子和吸尘器的外壳。否则，不仅不卫生，还会影响吸尘器正常工作，严重的还会使吸尘器停止工作，甚至会烧掉电源。

（七）木器家具的保养

木器家具的保养，除要经常除尘，保持表面清洁以外，还要注意“四防”，即：防潮、防水、防热和防蛀。

（1）防潮。木器家具受潮容易变形、开胶、腐朽，因此房间应保持干燥，要经常打开门窗进行通风。潮气较重的房间，家具放置一般不要紧挨墙壁，以保持空气流通。平时擦洗时，也不能使用带水的抹布，而要用绞干的抹布，然后用软质干布擦干。

（2）防水。防水与防潮的道理是一样的，此外，油漆家具如溅上水珠，家具表面的油漆还会起泡、发霉，使油漆面失去光泽，因此，如不慎将水溅到家具上，应立即用干抹布擦净，对于铺有玻璃的桌子、茶几及床头柜等家具，要注意不要让水浸入玻璃下面，如不小心被水浸入时，应及时掀开玻璃擦干家具，以免被水浸泡而破坏桌、柜面油漆。

（3）防热。油漆家具一般不要放在阳光直射的地方，如有阳光照射，应拉下窗帘，以防色泽减退。此外，一般家具的油漆表面怕烫，因而在放开水杯时，应使用垫盘（如不慎烫出白痕，可用酒精擦拭，即可消失）。在有暖气设备的房间里，家具的放置应远离水、汽散热片，以防家具被烘干变形而破裂。

（4）防蛀。为了防止蛀虫繁殖，在橱柜抽屉层一般应放置一些樟脑丸或喷洒杀虫剂。

除过上述要点以外，还要经常检查家具榫头、螺丝是否松动，五金零件有无丢失等，发现这些问题应及时报修，否则，时间一长往往会使损坏程度扩大，甚至无法维修而报废，因此，对于木器家具来说，及时维修也是日常保养的重要一环。

（八）织物的保养

客房部的织物包括：客房枕巾、面巾、脚巾、手巾、浴巾、澡巾以及床单等各类布草。布草的保养要注意以下几点。

（1）要教育客房服务员严格按操作规程办事，现代化酒店一般要求服务员在清扫客房及卫生间设施时使用专用的清扫用具。以卫生间为例，马桶、面池及浴缸都有各自的专用抹布，但为了方便起见，在一些管理不善的饭店里，有些服务员常常使用客房内撤下的毛巾甚至床单来擦洗卫生设施、设备。他们以为反正这些布草都要送洗衣房洗涤，所以有一种“不擦白不擦”的思想，有的甚至使用床单擦皮鞋。岂不知这样做危害极大，首先，减少了布草正常的使用年限；其次，使布草沾上各种不同性质、不同颜色的污迹，不易或根本无法洗涤干净，因而也就不能再次投入使用。

（2）换下来的脏布草最好要用专用的袋子装好送洗，不要乱堆乱放，或在脚下踩来踩去，更不要用床单包起来在地板上或水泥地上牵拖送洗。否则，不但会磨损床单，而且布草织物还会与水泥磨擦起反应，所生成的碳酸物无法清除。

（3）撤换下来的棉织品，干燥的与潮湿的最好能分开放置，潮湿的应及时洗涤，否则容易生霉变质，不但影响使用期限，而且洗出来的效果也不好。

除上述要求以外，棉织品在使用和保管时应注意防潮、防闷热、防虫蛀、防日晒、防灰尘和防酸碱，它们都会在不同程度上影响织物的寿命与质量。

第五节　客房清洁质量的控制

整洁、卫生的酒店客房可以给客人一种安全感和舒适感，因此，搞好卫生管理对于提高客房产品质量、满足客人需要具有头等重要的意义。搞好客房清洁质量的控制要从以下几个方面入手：

一、强化员工的卫生意识

首先，要求服务员及管理人员要有卫生意识，对于卫生工作的重要性要有足够的认识，为此必须经常强调、考核。此外，还要求管理人员及服务人员注意个人卫生，可以想象一位不修边幅、不洗衬衣的领班要求服务员搞好卫生，只能成为天方夜谭。同样，对于一位不勤剪指甲常洗澡的服务员来说，要他搞好客房卫生也是不可能的。其次，强化员工的卫生意识还要求客房员工要对涉外星级酒店的卫生标准有足够的认识，不能以自己日常的卫生标准作为酒店的卫生标准，酒店的卫生标准要与国际标准接轨，否则，很可能将国际旅游者正常的卫生要求视为“洁癖”。

二、制定卫生工作的操作程序和卫生标准

要搞好客房卫生还应制订一些服务规程、操作程序和卫生标准，这是确保客房清洁卫生的基础，也是对客房清扫员的工作进行考核、监督的依据。

在制定操作程序和卫生标准时，要注意体现两个原则：一是要依据酒店的档次确定。酒店的档次不同，其清扫标准和服务规格应当有所区别。二是“双方便”原则，即：方便客人和方便操作。

三、严格检查制度

酒店应建立完善的客房检查体系，应严格检查制度，这是搞好客房卫生，确保客房产品质量的关键。

（一）建立客房的逐级检查制度

检查客房又称查房，客房的逐级检查制度主要是指对客房的清洁卫生质量检查实行领班、主管及部门经理三级责任制，也包括服务员的自查和上级的抽查。实行严格的逐级检查制度，是确保清洁质量的有效方法。

1. 服务员自查

要求服务员每整理完一间客房，要对客房的清洁卫生状况、物品的摆放和设备家具是否需要维修等进行检查。通过服务员自查不仅可以提高客房的合格率，还可以加强服务员的责任心和检查意识，同时，减轻领班查房的工作量。不过，服务员自查的重点是客房设施设备是否好用、正常，客用品是否按规定的标准、数量摆放。自查的方式是边擦拭灰尘边检查。此外，在清扫完房间，准备关门前，还应对整个房间进行一次回顾式检查。

2. 领班普查

领班检查是服务员自查之后的第一关，常常也是最后一道关。因为领班负责 OK 房的报告，总台据此就可以将该客房向客人出租，客房部必须加强领班的监督职能，让其从事专职的客房某楼面的检查和协调工作。有的酒店既让楼层领班担负客房清扫的检查工作，又给规定一定数量的客房清扫任务，这是不合理、不科学的（个别情况，如用房紧张或人手不够时，领班帮忙清扫客房则另当别论），会影响其检查职能的发挥。

（1）领班查房的作用。领班查房不仅可以拾遗补漏，控制客房卫生质量，确保每间客房都属于可供出租的合格产品，还可以起到现场监督作用和对服务员（特别是新员工）的在职培训作用。领班查房时，对服务员清扫客房的漏项、错误和卫生不达标情况，应出返工单，令其返工。

（2）领班查房的数量。领班查房数量因酒店建筑结构（每层楼客房数的多少）、客房检查项目的多少以及酒店规定的领班职责的多少的不同而有所不同。一般而言，日班领班应负责约 80 个房间左右的工作区域的房间检查工作（负责带 5 ~ 7 个服务员）。而夜班领班的查房数量一般为日班领班数量的两倍，要负责约 160 间客房的工作区域。需要说明的是，上述工作量标准基本上是满负荷的，比较偏大，酒店对领班的工作定额一般不应超过上述标准。日班领班原则上应对其所负责的全部房间进行普查，但对优秀员工所负责清扫的房间可以只进行抽查，甚至“免检”，以示鞭策、鼓励和信任。

（3）领班查房的顺序。一般情况下，领班查房时应按环形路线顺序查房，发现问题及时记录和解决。但对下列房间应优先检查：检查那些已列入预订出租的房间；尽快对每一间整理完毕的走人房进行检查，合格后尽快向总台报告；检查每一间空房和 VIP 房；检查维修房，了解维修进度和家具设备状况；检查每一间外宿房并报告总台。

附：楼层领班查房表（表 15-4）

表 15-4　楼层领班查房表

（DAILY FLOOR SUPERVISOR REPORT）

FLOOR：________　SUPERVISOR：________　DATE：________

ROOM. NO.	STATUS	TIME		REMARKS
		CHECKED	RELEASED	
01				
02				
…				

STATUS：O=OCCUPIED　V=VACANT　OOO=OUT OF ORDER　X=RELEASED　SO=SLEEP OUT　DL=DOUBLE LOCKED　LB=LIGHT BAGGAGE　NB=NO BAGGAGE　HL=HIGHLIGHTED（EXPECTED DEPARTURE）

VIP IN HOUSE（已入住贵宾）：________

EXPECTED VIP（将入住贵宾）：________

GROUP ARRIVING（将入住团房）：________

LOAN ITEMS（借物）：________

JOBS TODAY（特别工作）：________

LOST AND FOUND（遗留物品）：________

HAND OVER（交班注意事项）：________

3. 主管抽查

楼层主管是客房清洁卫生任务的主要指挥者。加强服务现场的督导和检查，是楼层主管的主要职责之一。主管检查的方式是抽查，其好处在于事先并未通知，是一种突然袭击，所以检查的结果往往比较真实。主管抽查的意义在于：检查督促领班工作，促使领班扎扎实实地做好工作；进一步保证客房卫生质量；确保客房部经理管理方案的落实；为客房部管理收集信息。楼层主管对客房清洁卫生质量进行抽查的数量一般可控制在 20 个房间左右。

（1）检查的内容。主管主要检查领班实际完成的查房数量和质量，抽查领班查过的房间，以观察其是否贯彻了上级的管理意图、以及领班掌握检查标准和项目的宽严尺度是否得当。主管在抽查客房卫生的同时，还应对客房楼层公共区域的清洁状况、员工的劳动纪律、礼节礼貌、服务规范等进行检查，确保所管辖区域的正常运转。

（2）检查的重点。主管检查的重点是：每一间 VIP 房；每一间维修房，促使其尽快投入使用；常住房、住人房和计划卫生的大清洁房。

4. 经理抽查

楼层清洁卫生工作是客房部工作的主体。客房部经理也应拿出 1/ 2 以上时间到楼面巡视和抽查客房的清洁卫生质量。这对于掌握员工的工作状况，改进管理方法，修订操作标准，更多地了解客人意见，具有十分重要的意义。经理抽查房间应每天保持一定的数量，应特别注意对 VIP 客房的检查。

客房的逐级检查制度应一级比一级严，所以，经理的查房要高标准，严要求，亦即被称为“白手套”式的检查。经理的检查宜不定期不定时，检查的重点是房间清洁卫生的整体效果、服务员工作的整体水平如何，以及是否体现了自己的管理意图。

5. 总经理抽查

酒店总经理要控制客房的卫生和服务质量，也必须充分运用检查这一手段。检查的方式为不定期、不定时，或亲自抽查，或委派大堂副理或值班经理代表自己进行抽查，以获得客房部管理水平和服务质量信息，激励客房部经理的工作。除上述方式以外，酒店还可以组织其他方式的检查，包括：

（1）定期检查。定期检查是一种有计划的公开检查，一般事先有布置，有明确的检查时间和检查内容。目的是制造声势，创造气氛，促进工作。饭店对客房的定期检查，一般采取由总经理办公室主任、质检部经理、工程部经理、客房部经理、前厅部经理及大堂副理组成检查小组，由总经理或住店经理带领，每月定期对客房清洁卫生进行检查，或选择重要任务来临前进行检查。

（2）邀请第三者检查。可聘请店外专家、同行、住店客人等，检查客房的清洁卫生质量乃至整个饭店的服务质量。这种检查看问题比较客观，能发现一些酒店管理者自己不易觉察的问题，有利于找到问题的症结。

（二）客房检查的内容和标准

检查房间时，除了检查房间整理、擦洗是否干净、合乎要求，用品配备是否齐全等卫生情况以外，还要检查客房设施设备及各类机器的完好情况，具体检查项目和内容如下：

表 15–5　客房检查的内容和标准

项　目	内容和标准
（一）卧室	
门	是否擦洗干净，把手上有无污迹 门转动是否灵活，有无吱呀声 房间号码是否清楚，窥镜、安全链是否好用、安全 门锁后是否挂有“请勿打扰”（请速打扫）牌 门后磁吸是否起作用
壁　柜	有无灰尘，衣架及衣架杆是否有积尘 门轨有无损坏，柜门是否好开 衣架、衣刷、鞋刷以及洗衣袋、洗衣清单是否配备齐全 柜内的自动开关电灯是否正常

续表

项　目	内容和标准
天花板	有无蜘蛛网 有无裂纹和小水泡（如有说明天花板漏水，应及时报修）
墙　壁	墙纸有无不洁或脱落之处 墙上挂的画是否摆正，有无灰尘
窗　户	窗框、窗台有无灰尘，窗玻璃是否已擦干净 窗帘有无破损，是否干净，窗帘轨、钩是否完好
灯	天花板灯、台灯及壁灯等灯具有无落灰 开关是否完好
空　调	运转是否正常 开关上有无污迹
床	床铺得是否匀称、平展 床罩、床单、毛毯、枕套、床头板及床架是否干净 床脚是否稳固
床头柜	有无灰尘 音响、灯光以及电视等的开关是否灵用 叫醒钟是否准时，电话机是否正常、干净 台面上有无放置禁止在床上吸烟的卡片"Please refrain from smoking in bed"
茶几	茶几部位是否擦净，烟灰缸有无清洁 火柴、茶叶有无配备，茶杯是否干净、足数 冷热水有无备好
写字台	桌椅及沙发各部位有无灰尘，抽屉内外是否干净 文件夹内的欢迎词、征求意见表、电报纸、饭店简介、疏散图、明信片、信封、信纸、圆珠笔等是否配齐 电话号码簿以及电视节目单等是否按规定放置
电视机	荧光屏、外壳及电视机架是否干净 音响是否良好，图象是否清晰、稳定
电冰箱	内外是否干净，工作是否正常 饮料是否按规定配齐，是否已备好饮料签单及开瓶器
行李架	是否干净、稳固
垃圾桶	垃圾有无处理，桶内外是否已清洗干净
地毯	是否干净，有无污迹或破损
（二）卫生间	
门	门锁是否清洁，正常
灯	天花板灯、镜灯有无落灰 开关、插头是否灵用，有无损坏
地板	是否清洁，有无打蜡
墙壁	瓷砖是否干净，有无破损
浴缸	缸内是否擦洗干净，有无污迹或毛发 冷、热水龙头及浴缸放水用塞子是否正常（由服务员检查）

续表

项　目	内容和标准
淋浴帘	是否干净，有无异味 杆、钩是否好用
毛巾架	是否牢固、干净
抽水马桶	有无消毒、有无封条、有无异味 马桶盖、坐圈及桶内外是否刷洗干净
垃圾桶	垃圾有无处理，桶内外是否已清洗干净
洗面池	内、外侧有无污迹、水珠
化妆台	台面有无落灰，镜面有无污迹或水珠
排风口	是否干净
用品配备	手巾、脸巾、脚巾、浴巾、洗澡巾、香皂、卫生纸、卫生帽、浴帽、牙刷、牙膏、漱口杯、刀片盒等卫生用品是否配备齐全，并按规定位置放置

以上是房间检查时的内容和项目。特别对于楼层领班而言，一定要严格检查制度，把好卫生工作的最后一关，卫生不合格的客房要重做，对此，不能心慈手软、“下不为例”。

本章小结

干净卫生，是住店客人对酒店客房的最基本要求，因而，也是酒店客房管理的三大主要任务之一，无论是五星级的豪华酒店，还是经济型酒店，都应做好客房的卫生管理。

客房部的卫生工作主要是按照酒店的要求和标准，做好楼层客房及卫生间的清洁整理工作，确保出租给客人的客房、床铺、卫生间保持干净、整洁的状态。

房间清洁的具体卫生标准是：眼看到的地方无污迹；手摸到的地方无灰尘；设备用品无病毒；空气清新无异味；房间卫生达“十无”。

为了确保楼层客房的卫生标准，除了做好日常清洁卫生工作以外，客房管理者还应组织和安排好客房的计划卫生工作，定期对一些卫生死角、难清洁的部位以及常住客人离开后的客房，进行彻底清洁。

除了做好楼层客房的卫生工作以外，客房部还要负责整个酒店公共区域的卫生工作。包括酒店大堂的日常保洁，电梯、门窗的清洁，以及酒店外墙的清洁等，甚至还要负责餐厅、厨房的除污工作。

为了确保客房的卫生质量，必须建立严格的卫生检查制度。包括楼层领班的全面检查、主管及客房管家的每日抽查以及酒店质管部门的不定期检查等。

做好对客房设施设备的清洁保养工作。

课堂讨论

酒店一般都要求客房服务员在做房时要把房门打开，可是世界顶级的“四季”（Four Seasons）酒店集团却要求服务员清洁客房及工程部员工维修客房设施时都必须关上房门，说“这是出于酒店及员工的安全和客人的隐私考虑的”。打扫房间时，员工会门外挂上牌：我们正在为阁下打扫房间。

讨论题

到底怎么做才对啊？是关上房门打扫房间安全呢？还是开着房门安全？

视频欣赏

扫描以下二维码，观看北京人民大会堂“中国服务”金字招牌获得者——广州从化碧水湾温泉度假村员工“蒙眼铺床”绝技。

案例聚焦

当 DND 灯亮着的时候

按照香格里拉的标准，每间客房每天至少要进入一次，以确保客房内的状况，而 DND 灯（请勿打扰）是无论房间内是否取电都可以亮的，而且 DND 灯亮的时候，门铃是不响的。在楼层服务员做房时，每天都会遇到有客房打 DND 灯的，这有可能是客人在里面确实不想被打扰，也有可能是客人不在房内，而是之前打的 DND 灯忘记取消。对于这情况，香格里拉的标准程序是要到下午 4 点，如果还是打 DND 灯的话，由客房部打电话到客房，确定是属于哪种情况，如果是客人不在忘记取消的话，还是要进入打扫清洁的，同时必须要有主管或以上级别的人员一同进入。

在广交会期间，楼层服务员的工作量大，有时会遇上自己负责的客房有多间打 DND 灯的情况。在他们已经完成其他客房，但又没到处理打 DND 灯的客房时候，为了能早点完成工作任务，他们会自己打电话到客房，以确定客人是否在里面。如果客人在里面，他们会问有没有洗衣之类的话来混过去，有时是预退的房间，还会直接问客人什么时候走。对于那些还不能进入的房间，到了下午4点，客房部又会打电话到房内，这样就会很容易造成客人的不满，甚至投诉。

思考题

1. 面对这种情况，该如何解决？

2. 客房主管人员能否及时了解各服务员工作的进度，对于有多间DND房的，可否做出必要的调整，以便减少上述不良状况的出现？

任务拓展

客房清扫时的注意事项

（1）以不打扰客人为原则。做客房卫生时，应选择客人不在房间时进行，以免打扰客人工作或休息。此时，应正确判断客人是否在房间。假如敲开门后，发现客人在房间，需要问明客人现在是否可以整理房间，征得客人同意后，方可开始做房。

（2）敲门时，应报明身份。进入房间做卫生时，要报称："Housekeeping"，同时要注意敲门的声音大小适中，不可过急，力度过大，否则，不仅是没有礼貌的表现，而且还会使房内客人受到惊吓，或给客人带来不便。有些性急的服务员往往敲一下门进房，还有些往往从门缝里瞅，这些都是缺乏礼貌和修养的表现。

（3）不得在客房内做清扫之外的其他事情。不得在客房内吸烟、吃东西、看报纸杂志（特别是客人的书刊）。

（4）不得使用客房内设施。服务员不得使用房内厕所；不得接听客人电话，也不得使用客房内电话与外界通话。除维修、检查外，不得收听、收看客房内录音机、电视机。也不许躺或坐在床上休息。

（5）清理卫生间时，应专备一条脚垫。服务员清理卫生间时，进出频繁，卫生间门前的地毯特别容易潮湿、沾污、发霉，日久天长，这一部位较之室内其他部位会提前损坏，破坏客房地毯的整体美观。因此，服务员在清扫客房时，应随车带上一小块踏脚垫，工作时，将其铺在卫生间门前，工作后收起带出客房，以保护房内地毯。

（6）清洁客房用的抹布应分开使用。客房清扫使用的抹布必须是专用的。一般应配备6块抹布，其中：房间2块（湿、干各1块）；卫生间4块（擦马桶1块，擦浴缸、面盆1块，擦地面1块，镜布1块）。房间抹布及擦拭镜子的抹布应用平布，其余用毛巾。另外，根据不同的用途，应选用不同颜色、规格的抹布，以便区分，防止交叉使用。用过后的抹布最好由洗衣房洗涤消毒，以保证清洁的高质量。

（7）注意做好房间检查工作。服务员在做客房卫生时，特别要做好房间的检查工作。除了在抹尘时要检查房内电器设施设备以外，还要检查一下淋浴器、抽水马桶等设施是否好用。发现问题应记入“客房服务员工作日报表”里“备注”一栏。必要时，还要填写“维修通知单”。并及时通知工程部进行维修（紧急维修可先用电话报修后再补开报修单）。由客人造成的设施设备的机械损伤，还要由客人负责赔偿。如果是走客房间，服务员还应检查一下床上、枕头下、桌面上、抽屉里是否有客人的遗留物品。如钱、手表、录音机、戒指、书、衣物等。如果发现有客人遗留的物品，则应在“工作日报表”上注明遗留物品的名称、发现地点以及发现时遗留物品的状况等事项，并立即上交客房部经理室或总服务台（视酒店不同规定而定）。同时由接收遗留物品的有关人员填写客房“遗留物品登记卡”，然后将遗留物品加以妥善保管。

（8）不能随便处理房内“垃圾”。清理房内垃圾时，要注意扔掉的瓶、罐必须是空的，而且要确认所扔掉的报纸、杂志一定是客人废弃不用的。否则，不可将这些报纸、杂志随便扔掉或擅自留归己有。有些东西，如一份画报，服务员很难判断到底是客人遗忘在房内的，还是废弃不要的，这时也应上缴或请示楼层领班加以处理。

（9）浴帘要通风透气。我们常常发现浴帘易长霉斑点，给人一种不洁之感。即使服务员擦干了清洗后的浴帘，但不可能十分干燥，此时若将浴帘束成条状拢在浴缸尾部，就会造成浴帘产生霉斑点的情况。因此，应适当地展开浴帘，让其通风透气。方法是将浴帘朝浴缸尾部方向较松散地展开（与卫生间门的宽度相当）。

（10）电镀部位要完全擦干。在打扫卫生间时，服务员必须要用干抹布（绝不能用湿布）将卫生间洁具上，特别是电镀部位的水迹擦干，否则，电镀部位很快就会失去光泽，甚至留下深色的斑块，严重的还会生锈。

（11）不得将撤换下来的脏布草当抹布使用。清扫卫生间时一定要注意卫生，绝对不能为了方便而把毛巾、脚巾、浴巾或枕巾、床单等撤换下来的脏布草当抹布使用，擦拭浴缸、马桶、洗脸池甚至客房内的水杯。也不能把擦洗浴缸马桶或洗脸池的不同抹布混用。

（12）拖鞋应摆放在床头柜下。国外的酒店一般在客房不提供拖鞋，但国内酒店通常都将拖鞋作为客房低值易耗品为客人提供。有的酒店将其摆放在床前；有的摆放在沙发前；有的摆放在写字台下；还有的则摆放在壁柜里。实际上，将拖鞋摆放在上述地方都不合适，因为，摆放在壁柜里或写字台下不容易被客人发现，失去了摆放的意义；放在床前或茶几（沙发）前，虽然容易被发现，但不雅观。那么，到底应将拖鞋置于何处呢？我们认为，将其放在床头柜下比较合适，既方便客人，也不影响房内整洁。

（13）房内物品的摆放，要注意将商标面对客人。房间物品的补充要按照酒店规定的品种、数量及摆放要求补足、放好，并注意商标面对客人。

（14）损坏客人的物品时。进行住房清扫卫生工作时应该小心谨慎，不要随意移动客人的物品，必要时应轻拿轻放，清扫完毕要放回原位。如万一不小心损坏客人的物品，应如实向主管反映，并主动向客人赔礼道歉，如属贵重物品，应有主管陪同前往，并征求意见，若对方要求赔偿时，应根据具体情况，由客房部出面给予赔偿。

（15）离开房间时，应要求服务员打开房内照明灯。服务员打扫完房间离开时，应打开房内台灯、落地灯、床头灯等主要照明用灯，这样，客人进房后，只要插上钥匙卡（牌），灯就会自动亮起，以免客人进房后在黑暗中摸索，给客人带来不便。

（16）不能在下午2点以前打电话进房要求清扫房间。房间的清扫，原则上要在不打扰客人的前提下进行，特别是不能在客人午休时间（下午2点以前）打电话进房，以免影响客人休息。酒店管理人员和服务人员要清楚：对于客人而言，午休比清扫房间重要得多！

酒店经理人对“经理的困惑”的答复

Re：要睁一只眼，闭一只眼呢，还是要严格管理？

王琳钧　广东河源巴伐利亚庄园酒店群　前厅部经理

在我看来我们在工作中一定是要严格管理的，原因有如下几点：

1. 我们睁一只眼闭一只眼，有可能会给酒店带来严重的后果；我们一定是要清楚我们睁一只眼闭一只眼的可能带来的“成本”是什么，如困惑中的情形，一旦这个事情暴露，那将是对酒店致命的打击。

2. 我们睁一只眼闭一只眼，有可能是员工养成不端正的工作态度的原因；睁一只眼，闭一只眼对我们员工的影响不单单是你所宽容的一件事，我们这样的管理态度终会让员工对他所操作的每一件事情都马虎了事，因为他们知道他们的领导对于他们发生错误的态度是默许宽容的。

刘江：浙江海德华美达酒店　行政管家

从职业道德来说我们应该严格管理，从方便员工操作，提高做房速度来说，我们应该睁一只眼，闭一只眼。但从以往酒店管理中和客人反映中，我认为还是应该严格管理，杜绝此类不当操作。不要说把撤下的床单、被套拿来擦浴缸、马桶，就是有员工把撤下的床单、被套扔在地毯上，如果被客人看见，不但客人要投诉，而且还会有损酒店形象。另外如果这样操作对棉织品的损耗也是相当大。原本客房内配备毛巾、浴巾是给客人擦身体的，现在拿来擦马桶、地面，会有很多难以去除的污迹，在与马桶、地面摩擦过程中也差少了棉织品的使用寿命。

如何防止此类事情发生：

1. 加强员工思想的培训

告诉员工酒店是我们的“家”，到酒店的每一位客人是家里来的“客人”，如果真的在我们家里来了客人，我们会拿一条擦过马桶的毛巾给客人使用吗？

2. 酒店应给员工配足抹布

酒店给员工配足抹布，而且抹布要用颜色来区分，哪些抹布是擦杯子，哪些是擦马桶，哪些是擦地面。这样员工手中有足够的用具，也就不会再使用棉织品了。

3. 加强巡查

楼层领班、主管要加强巡查力度，发现有员工在使用棉织品做卫生要及时纠正。如多次违反规定，可采取一些处罚手段，让员工慢慢形成一种习惯。

第十六章 棉织品与洗衣房管理

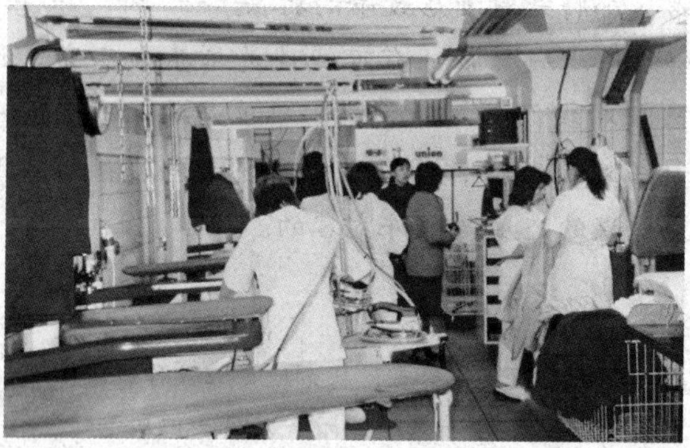

瑞士洛桑某五星级酒店洗衣房（刘伟/摄）

棉织品（又称“布草”）是对酒店经营所需床单、台布等各类布草的总称。棉织品管理主要包括对这类物品的采购、保管和发放等工作。目的是减少浪费，降低酒店经营的成本费用。对棉织品的管理还包括对员工制服的定做、采购、保管、发放和更新补充等项工作。此外，大型酒店一般都设有洗衣房，承担着对客衣、布草及员工制服的洗涤任务。洗衣房不仅要按质保量地完成各项洗涤任务，保证酒店经营活动的顺利进行，减少客人投诉，还要厉行节约，降低洗涤费用，实现绿色环保型经营，为社区及旅游业的可持续发展做出贡献。

学习目标

知识目标

1. 了解洗衣房的组织机构及员工的岗位职责。
2. 熟悉洗衣房工作程序及质量标准。

能力目标

1. 学会对洗衣房进行管理。
2. 掌握客衣纠纷的预防与处理技术。

关键词： 棉织品　布草房　洗衣房

经理的困惑

酒店洗衣服务对客人的赔偿是无底洞吗?

为客人提供洗衣服务是酒店洗衣房的主要任务之一，在此过程中经常会发生客房纠纷问题，主要是在洗涤过程发生客衣损坏时的赔偿问题。按照行业的惯例，赔偿额不超过该客衣洗涤费用的10倍，这一点在客衣洗涤单中都有明示。可一旦发生纠纷，很多客人对此并不理会，声称自己的衣服价值昂贵，要求“照价赔偿”，否则，就要“向法院起诉”“向媒体曝光”，对此，我们应该怎么办？曾有一次，我们也应诉过，决定与客人奉陪到底，但令人遗憾的是：地方法院并不承认“赔偿额不超过该客衣洗涤费用的10倍”这一国际惯例，认为没有法律依据，属于“店堂告示”，以违反“消费者权益保护法”为由，判我们败诉……难道，我们只能任“消费者”宰割吗?

第一节　棉织品管理

做好对棉织品的控制和管理，是酒店客房管理的主要任务之一。做好对酒店棉织品的管理，对于降低客房经营的成本和费用，具有重要的意义。遗憾的是，很多酒店往往在付出昂贵的代价之后才会意识到这一点。

一、布草房管理

（一）布草房的职能

酒店对棉织品的管理，主要由布草房负责。布草房发挥以下职能：

（1）发放客房供应物品。

（2）处理洗衣业务：发出棉织品的计数，送洗棉织品的清点检查。

（3）分发餐饮部棉织品。

（4）分发酒店员工制服（以脏换净）。

（二）棉织品的储备标准

客房部棉织品的储备标准从3 ~ 5套不等，取决于营业状况、客房出租率、洗衣房运转状况、部门预算等因素。一般最低的标准是3套：一套在客房使用；一套在洗衣房洗涤；另一套则储存在棉织品仓库备用。但如果预算不是很紧的情况下，更现实一点的需要量则是5套：一套在客房内使用；一套在楼层储物室或工作车上；一套在中心棉织品仓库；一套已经脏了正送往洗衣房；另一套则正在洗衣房处理之中。

（三）棉织品的储存与保养

对于棉织品的储存与保养应注意以下要点：

（1）棉织品必须避潮储存，如果棉织品仓库与洗衣房相连，那么相连处的门就必须具有较强的密封性能，而且应尽可能地少打开。

（2）棉织品仓库必须保持良好的通风。

（3）棉织品仓库的搁板、搁架边沿应光滑，不能锋利突出。

（4）棉织品（尤其是混纺床单）在洗涤完并经过烘干机烘干以后，应放在储存架上"休息"一下，而不要直接拿去使用，这样可以延长棉织品的使用寿命。

（5）不能将棉织品堆放在混凝土地面上（可放在乙烯基石棉地面上）。

（6）撤下的脏布草应得到及时洗涤。

（7）破损的床单等应得到及时缝补。

（四）棉织品更新

酒店在经营过程中，会使很多布草因使用时间过长而改变颜色，破旧，甚至破损。还有些布草由于管理不善，操作不当而出现斑斑点点的污迹，如黄色锈斑、黑色油污等。对于这类布草，饭店应及时更换，使其退出服务过程，而不应凑合着用，否则会严重形响服务质量，使饭店的利益遭受损害。通常，各类棉织品使用到八成左右陈旧程度时就需要更换新棉织品。这时，棉织品的洗涤次数大约为：床单、枕套 130 ~ 150 次；毛巾类 100 ~ 110 次；台布口布 120 ~ 130 次。布草的退换应由饭店布草使用单位与布草房（洗衣房）共同把关，对于退下来的旧布草、脏布草，饭店采购部门应及时如数予以补充，保证一定的周转量。

（五）棉织品的盘点

布草房对棉织的管理，还应做好盘点工作。对棉织品盘点工作，每月进行一次（表 16–1）。

表 16–1　楼层布草每月盘点表

年　月

名　称	结存	进入	总数	房间	工作间	仓库	布草房	报损	遗失	合计	单价	金额	备注
特大床单													
中床单													
小床单													
枕　套													

续表

名　称	结存	进入	总数	房间	工作间	仓库	布草房	报损	遗失	合计	单价	金额	备注
浴　巾													
面　巾													
脚　巾													
……													

二、缝纫室

对于酒店来说，织物的修补总是一项合算的投资，因此，缝纫室的工作对于酒店节约成本费用而言，是相当重要的。酒店可以根据需要，聘用一名非全日制的缝纫女工，负责改制制服或缝补棉织品织物，也可以设立缝纫班组，拥有一班缝纫班组。缝纫室的主要工作包括：改做制服；修补台布、床单等；缝补窗帘、床罩、沙发套以及任何价格较高而又仅需稍作修补就能重新使用的物品；用报废的餐巾等制作厨师用工作布。

三、制服的管理

（1）制服的设计和选购。制服是员工工作时穿着的服装，包括：套装、衬衫、领带（结）、厨师制服、厨师帽等。设计良好的制服不仅可以方便员工的工作，而且能够体现酒店的个性、风格和经营特色，因此，员工的制服之于酒店的形象、员工的士气及工作效率具有重要意义。制服设计差会有损于酒店的形象，制服不讲究则会损伤员工的工作干劲，影响员工士气，并最终危及酒店的服务标准。设计和选购制服时应考虑：舒适、实用、美观、耐用、易保养等因素。其中，“舒适”“实用”是设计和选购制服时应考虑的首要因素。酒店应根据各部门、各岗位的工作性质和特点来选购和设计员工制服，使员工便于操作。例如，客房服务员要经常弯腰搞清洁工作，因此，其工作服的设计就应宽松一些，不能太紧、太短，以免弯腰时露出身体的某一部分。除了舒适和实用以外，员工的制服还应美观、耐用和易保养。此外，最好的设计还应使员工不会在家穿着，不应鼓励员工穿着制服从事酒店以外的工作，以减少对制服的过度损耗。

（2）制服的订购量。一般来说，每位员工 3 套制服是最起码的订购量，但明智一点的酒店经理会要求额外再加一些，以备更换之用。

（3）制服的日常送领、制服的收取和发放均在布草房的专用窗口进行。员工每天上、下班前，将制服送到布草房，制服管理员收取后，将干净的制服发放给员工（制服管理员在收取制服时，必须检查制服上的编号或姓名有无脱落，以免混淆）。

制服管理员在将收取的脏制服送洗衣房洗涤前要进行登记，洗净后再由制服管理员验收入库。

（4）制服的入库保管。

①分类保管。制服应按质料、使用部门等进行分类保管。例如，厨师制服为棉织品，洗涤频率高，应将它们放在最容易拿取的地方；而全毛套服保管要求高，换洗频率则较低，可悬挂在高处，既干燥又不易污染。

②制服上架。洗净后的制服经检查和修补后，要用衣架挂起，衣架杆上最好有固定挂钩并标有员工工号或姓名，制服对号入座。工号和姓名可按姓氏的第一个字母顺序排列，以方便存取。

③统一修补。制服如出现破损，如开裂、绽线、脱扣等，由缝纫工统一修补。对于无法修补的制服，由主管检查确认后签字，从后备制服中补发。

（5）制服的更新和补充。

①建立制服消耗记录卡。对各部门的员工制服做好消耗记录，定期汇总。对于制服的非正常损坏、遗失等，应要求员工适当赔偿。因破损、丢失而补发的制服，要按部门登记入账，定期将账单交财务部。

②制服的更新、补充。对于因洗涤、磨损等自然原因造成的更新需求，要按有关规定和程序，办理有关更新手续。对于损坏、丢失等原因而需要补充的，由部门主管查明原因，由员工本人填写“制服审领单”，经部门经理签字后，由布草房负责报销和补充新制服。

第二节　洗衣房管理

一、洗衣房的任务

酒店洗衣房的第一大任务是负责洗涤、熨烫酒店客房部、餐饮部（厨房、餐厅、酒吧等）的布草，保证客房、餐饮部门的清洁卫生，从而确保酒店经营活动的正常进行。就客房布草而言，对于高档饭店来说，一般每天要清洗一次，也就是说，如果一家酒店有1000间客房，共计2000张床位，按每个床上2条床单计算，那么，在客满的情况下，该酒店洗衣房每天就担负着洗涤4000条床单，4000只枕套，2000条洗脸巾、1000条脚巾和2000条浴巾的繁重任务，再加上餐饮部撤下的台布、餐巾等，其工作量之大是不言而喻的。不仅如此，洗衣房还要对这些布草进行整理和分类。第二大任务是负责提供客衣的洗涤、熨烫服务。这既是酒店为客人提供的一项服务内容，同时，也是酒店取得经济收入的一个重要途径。第三大任务是负责酒店员工制服的洗涤工作。

除了上述三大任务以外，一些大型酒店的洗衣房还对社会开放，接受市民的衣物以及其他小型酒店布草的洗涤要求，从而使洗衣房不仅是酒店的后勤保障部门，而且成为酒店重要的赢利部门。

二、洗衣房的组织机构及岗位职责

（一）洗衣房的组织结构

洗衣房的组织结构如图 16–1 所示。还有一些酒店的洗衣房分为水洗组、大烫组、干洗熨烫组、工服组、客衣组、布巾组等。其中：水洗组主要负责酒店各类布草以及适合水洗的客衣及员工制服的洗涤工作；干洗熨烫组完成客衣和工服的干洗和熨烫；大烫组负责经水洗后布草的烫平、烫干工作；客衣组负责客衣的核对、打号、包装和收发业务；布巾组负责布草的收发、分拣工作；工服组负责工服的收发业务。

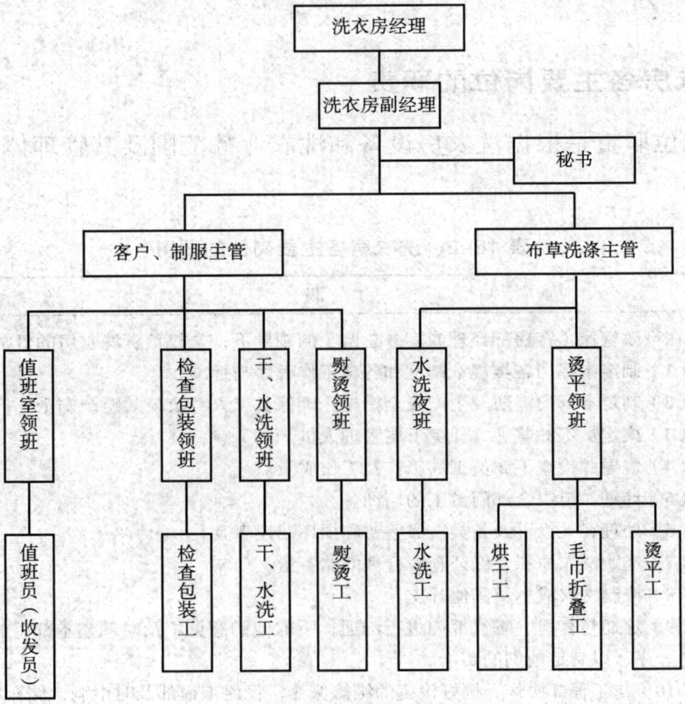

图16–1　洗衣房的组织结构

（二）洗衣房员工的配备标准

洗衣房的工作是比较繁重的，因而需要配备足够的人员。如果酒店洗衣房不对社会开放，则酒店客房数与洗衣房所需人员之间客观上存在着一定的比例关系，一般来说，这一比例为 1：0.12 左右，也就是说，拥有 1000 间客房的饭店，洗衣房所需人员为 120 人左右。而如果酒店洗衣房同时对外开放，则要根据洗衣房的大小和实际业务量的多少适当增加人员。

（三）洗衣房员工的基本素质要求

（1）有一定的工作经验。

（2）身体健康，能吃苦耐劳。相对于酒店其他部门而言，洗衣房的工作比较辛苦，劳动强度较大，工作环境则较差（温度高、噪音大），因此，要求员工必须具有健康的体魄和能够吃苦耐劳的精神。

（3）有强烈的工作责任心，工作耐心细致。

（4）熟悉洗涤设备的使用和保养，熟悉各种布料的洗涤要求和标准，熟悉各种洗涤化学药品的用途。

（四）洗衣房各主要岗位的职责

洗衣房的岗位职责是根据洗衣房设备和洗衣业务范围及其管理体制来制定的（表 16–2）。

表 16–2　洗衣房各主要岗位的职责

岗　位	职　　责
洗衣房经理	在行政管家（客房部经理或客务总监）的领导下，全权负责洗衣房的日常运行和管理工作。 （1）制定本部门各类规章制度和各项工作程序与标准。 （2）制定本部门消防及生产安全措施，确保员工人身及公共财产安全。 （3）决定员工的奖惩，任免下层管理人员。 （4）督导并检查下属员工的工作及工作质量。 （5）计划并组织全部门员工的培训。 （6）处理客人投诉及各类洗涤差错和损坏赔偿事宜。 （7）选购洗衣原料，保证仓库合理的储备量。 （8）控制洗衣成本及其他开支。 （9）定期与客房、餐饮部门进行沟通，听取他们意见。及时调整本部门的工作安排和工作程序，以满足他们的要求。 （10）与工程部协作，搞好设备的维修保养，督促工程部及时申购，储存易损设备部件。 （11）定期召开员工会议，做好与员工的沟通工作。 （12）负责做好员工的思想教育工作。

续表

岗　位	职　　　　责
	（13）不断地学习和研究国际有关纺织品及时装的洗涤知识，加强与国际上有关行业组织和协会的信息、工艺交流。 （14）根据酒店当年营销计划制定本部门经营指标，在保证酒店任务完成的同时，开拓市场，面向社会为酒店创收。
洗衣房主管（领班）	（1）督促下属员工遵守店规店纪及部门规章制度（包括安全操作制度、机器保养制度、清洁卫生制度等）。 （2）负责本组内员工考勤和工作分配。 （3）督促所属员工安全生产，按时、保质、保量完成当日任务。 （4）指导下属对机器设备的使用，控制原料成本。 （5）填报生产记录。 （6）向经理负责，按时向上报告洗涤用品及消耗量。按月制作各类用品报表交有关部门、定期领取工作用品。 （7）对所属员工进行培训。 （8）对员工工作表现进行定期评估，向经理提出奖惩意见。 （9）与有关班组沟通，搞好工作协作。 （10）下班前检查洗涤熨烫设备，工作场地的环境卫生和安全情况。
洗衣房文员	（1）记录员工每日出勤情况，做好每日生产统计（包括每日客衣收入统计与入账）及其他固定性记录工作，制作月经营报告等各类固定性报表。 （2）负责办公室各类文件的整理及存档。 （3）负责办公室的内务工作，如卫生、接听电话、接待来访客人等。 （4）管理部门财务及日常用品储存库。 （5）完成经理交给的其他工作。
客衣收发员	（1）接听房务中心或楼区电话，迅捷收取客衣。 （2）按时与楼区服务员清点客衣，检查待洗客衣情况，按《清点交接单》内容签收。 （3）整理衣物并在所收衣物上打码编号。 （4）衣物洗熨后，在装袋前检查质量、核对件数。洗烫不合格的退回有关组复洗或复烫。 （5）及时将装袋或上架衣物分送楼区服务员签收。 （6）完成上级管理员指派的其他工作。
洗涤工（干洗、水洗）	（1）清点收洗的客衣、布草，分类整理，洗前去污等，并做好洗涤记录。 （2）按程序和注意事项进行干、湿洗涤，并自查质量。 （3）搞好机件保养工作及环境卫生。
熨烫工	（1）鉴定各类不同织物的质地，将未洗净衣物退洗涤组返工，并做好记录。 （2）按规定的工作程序与标准熨烫各类衣物。 （3）做好清洁卫生。
织补工	负责拆、缝衣扣、织补客衣和缝补员工制服。

三、洗衣房的工作标准

（一）棉织品洗涤质量标准

①毛巾类。洗后的毛巾洁净、蓬松、柔软。

②床单枕套类。洗后的床单做到清洁、柔软、洁白。

③台布口布类。洗后的台布、口布做到清洁、柔顺、有挺括感，无任何油迹、污迹。

（二）客衣洗涤质量标准

①干洗。洗涤后的客衣清净，无任何污迹、汗渍、掉色、脱扣等现象发生。

②湿洗。湿洗后的客衣干净、完好、不褪色、不染色，无任何污迹。

③熨烫。整个客衣洗涤做到衣物洁净无污迹、无异味，平整、挺括。折线清晰，裤线无双线。

（三）工服洗涤质量标准

洗衣房将不同种类和布料的工作服分类洗涤。洗后的工作服，做到清洁、美观，无污迹、开线等现象发生。需要补修的工作服，交工服房补好。

四、客衣纠纷的预防与处理

（一）客衣纠纷的预防

对客人衣物的洗涤要求做到干净、整洁、送准、及时、不丢失、无损坏，否则，将可能引发客衣纠纷。为了预防客衣纠纷的发生，洗衣房管理人员应从以下几方面入手，加强对客衣流通及洗涤各环节的管理：

①收取客衣时，认真细致地检查客人待洗衣物，发现可能洗不净的严重污迹、衣服破旧可能洗坏、口袋内有物品等事先告知客人。

②分类处理。打号时要将客衣按干洗、水洗、熨烫和手洗等几种类型进行分类、登记，同时要严格检查，需要去扣、装袋洗涤、先去油污、机洗、手洗的客衣，严格分开。

③客衣洗涤、熨烫要严格按照操作规程办事。对不同质料的衣服采用不同的洗涤方法，选用不同的洗涤剂，确保一定的洗涤时间，这样，既可以保证洗净衣服，又可以避免损坏衣物。

④将洗好的衣物按不同的楼层、客房进行分拣。

⑤工作细致，质量检查、分号装袋不发生差错。

⑥为了防止丢失衣物或出现其他差错，明确洗涤责任，客衣在流通过程中要做好交接记录，检查客衣的数量与质量。

⑦客衣在洗涤速度上可分为快洗和普通洗涤两种类型，无论是哪种类型，都要求洗衣房按时洗涤完毕，及时送还客人。

（二）客衣纠纷处理标准

①纠纷原因分析。当客人提出投诉，引起客衣纠纷时，主管首先要认真听取客人意见，态度要诚恳、耐心，接着迅速分析和查明具体原因，以便有针对性地处理。容易引起客衣纠纷的原因主要有：客衣丢失，衣物破损，污迹未洗净，纽扣丢失，客衣染色褪色等。

②客衣纠纷的处理。对于客衣纠纷，要在查清原因、掌握事实的基础上区别不同情况进行处理。凡属客衣洗涤过程中由酒店方面的原因引起的客衣丢失、洗坏、染色及熨烫质量差等客衣纠纷，应主动承担责任，该赔偿的赔偿，该修补的修补，该回收的回收，该回烫的回烫。若需赔偿，赔偿费最高不超过洗衣费的10倍，具体数量双方根据具体情况协商解决。凡属客人或客人衣物本身原因引起的洗坏、口袋物品丢失、污迹洗不掉等客衣纠纷，酒店不负赔偿责任，但应耐心解释。整个客衣纠纷处理过程中做到友好协商，事实清楚，原因明确，处理得当，让客人满意。

五、洗衣房与楼层职责的协调

为了保证能将客房布草，尤其是客衣按质保量，及时洗涤，并及时准确地送交客人，必须协调好楼层与洗衣房的职责。一般来说，客房部可设两名或若干名（依据酒店客房数量的多少而定）专职布草取送员，负责取、送客房布草，将当日换下的旧床单、毛巾等布草，及时送交洗衣房洗涤，由洗衣房负责签收，同时，领回相同数量的干净布草，并将其分送各楼层，由楼层当值服务员负责签收。在从洗衣房领取布草时，布草取送员要检查布草是否洗涤干净，无论是床单、枕套还是脸巾、浴巾，有黄色锈斑或其他污迹的一律不得上楼。

除上述两名客房服务员外，洗衣房还应委派一专职服务员取送客衣。客人的待洗衣物由客房服务员取出送交楼层服务台（或置于楼层储物室或房务中心），再由洗衣房专职服务员来各楼层服务台（或房务中心）收取，并签收，待衣物洗好后，再由该洗衣房服务员送回楼层服务台，楼层服务员则根据洗衣登记表一一核实、签收，填写楼层“客衣洗涤控制表”（表16–3）。

表 16–3　楼层客衣洗涤控制表

日期：

编　号	房　号	客人姓名	件　数	收客衣经手人	洗衣房送回点数人	送房人	备　注

客房部收到洗好的客衣后应立即送还客人，为了便于客人查收，一般应将洗净的衣物置于该客人的床上，切忌将衣物直接放于衣柜内，以免引起不必要的误会与麻烦。如果服务员送还客衣时，发现客房门上挂有“请勿打扰”牌，应将特制的说明字条，从门下空隙处塞进客房，告诉客人“衣服已洗好，需要时通知楼层服务员”，或为客人电话留言。

本章小结

酒店棉织品的管理主要是做好各类布草、员工制服等的采购、保管、洗涤和发放工作。此外，住店客人衣物的收取、洗涤和发放也是棉织品管理工作的重要内容。

棉织品储备的最低标准是 3 套：一套在客房使用；一套在洗衣房洗涤；另一套则储存在棉织品仓库备用。但如果预算不是很紧的情况下，更现实一点的需要量则是 5 套：一套在客房内使用；一套在楼层储物室或工作车上；一套在中心棉织品仓库；一套已经脏了正送往洗衣房；另一套则正在洗衣房处理之中。

一般大型酒店都设有自己独立的洗衣房，负责酒店各类布草、员工制服、客衣等的洗涤工作。如果条件允许，还可以对社区开放，为社区提供洗衣服务，从而成为酒店另一赢利点。

根据洗衣房的大小，可以将其划归客房部管理，也可以将其视为独立的经营部门。但无论如何，洗衣房要确保对布草，尤其是客衣的洗涤质量，尽量避免或减少客人的投诉。为此，要求洗衣房除了要与楼层做好客衣的交接工作以外，还应严格按照操作规程，认真、负责地做好客衣的洗涤工作。

课堂讨论

“城市客栈”（City Inn）酒店是一家准四星级酒店，为了方便客人，该酒店创新性地在其楼层为客人提供自助洗衣服务，客人只需交 15 元钱，就可在酒店楼层自助（也可交由服务员洗涤）洗衣一次，每次可装满一桶衣物。

讨论题

对于这种经营手法和服务项目，如何评价？

课堂训练

由两位同学分别扮演需要洗外套的房客和客房服务员，服务员手持洗衣清单，当着客人面检查客人待洗衣物的数量和状况，看看有无破损或难以清洗的污迹。

案例聚焦

棉织品管理不善造成的后果……

表 16–4 所列是一家拥有 800 间客房的酒店在 6 年内对客房床单盘存数字的真实记录。

表 16–4 拥有 800 间客房的 ×× 酒店客房床单盘存清单（2008 ~ 2013 年）

项 目	2008 年	2009 年	2010 年	2011 年	2012 年	2013 年
现有床单	10500	12159	15176	16006	16497	18193
新 采 购	3600	3600	3600	3600	4000	4000
	14100	15759	18776	19606	20497	22193
损 失	–1941	–583	–2770	–3109	–2304	–1890
	12159	15176	16006	16497	18193	20303

2008 年该酒店开业之初共有 10500 条床单。在 800 间客房里，有床位 1200 张，外加存放在楼层棉织品储存室的 75 张折叠单人床，共有床位 1275 张。该酒店每个床位床单的配备标准是 5 套，即 6375 条床单（1275 床 ×5）已从储存室拿出来投入使用，剩下的 4125 条储存在仓库里。

酒店开业第一年，棉织品的丢失数字高得惊人（1941 条），这主要是由于酒店在开业前招收了许多临时工，而在正常运营前还没有制定管理措施，加上那种蓝色床单质地很好，所以偷窃现象非常严重。除了偷窃现象以外，棉织品的损坏现象也很普遍，而且常常难以预料，因为管理阶层和部门负责人根本未料想到天气如此反常地潮湿，不知该如何处理。此外，新的棉织品推车边沿锋利，极易钩破床单。加上缝纫室忙于制作桌布和赶制成百上千套制服，因此那些破床单要等很长时间才能得到缝补。再者，洗衣房棉织品滑槽底下堆放脏棉织品的混凝土地面在人们发现它有碍存放并铺上乙烯基石棉以前，已经使上百条床单遭到腐蚀沾染而过早地报废。加上服务员有时候把垃圾槽与棉织品滑槽搞混了，污染了许多彩色床单，使床单沾上各色斑点而无法处理。另外，储存室的一角过于潮湿，当发现时，已经有上百条床单发霉。

第二年，酒店采取并加强了许多管理和控制措施，情形大为改观，原先存在的大部分问题得到了解决。缝纫室也赶上来进行缝补。因此这一年的损失减少了一大半，不过也采购了同样数量的新床单。

2010 年，常规的报损因素开始显露出来；大部分每天使用的床单预计仅可坚持 2 至 3 年。酒店客房出租率上升了近 23%，达到 90% 以上，使棉织品得到了最大限度的使用。但由于新来的员工不能正确使用棉织品，使损失又上升到了 2770 条。

2011 年，第一批使用的 6375 条床单全部报废，而酒店客房出租率仍然很高。到了 2012 年，高出租率持久不降，由此造成了饭店对 2013 年形势的乐观估计，客房管理人员唯恐床单不足，又订购了 4000 条。

2013 年，缝纫室负责人辞职，酒店一直找不到像她那样能干的人来接替这一职位，导致破损床单不能及时得到缝补。加上对接待会议业务的乐观估计以及预测棉布和合成纤维织物将出现短缺从而有可能极大地影响床单的供应，客房管理人员又要求酒店有关方面订购了 4000 条床单。

以上因素使这家酒店的棉织品严重供过于求，虽然，它远比供不应求要好，但在那种潮湿的季节，供应过剩就将导致极大的浪费。

任务拓展

布草的二次污染与预防

一、二次污染产生的原因

酒店布草管理中较为普遍的问题，是对布草的管理不善，造成布草损坏严重，洗涤成本增加。

二次污染是指布草及毛巾从客房、餐厅撤换下来之后，在收集、送洗过程中形成的新污染。这种污染主要表现在以下几个方面：

（1）布草随意乱扔，服务员不经意地在布草上踩踏，在布草上留下黑鞋印。

（2）用面巾或者浴巾擦卫生间的台面，用口布、面巾擦玻璃转台，擦水龙头上的锈垢，在毛巾上留下黑色污垢和黄色锈渍。

（3）客房服务员在收集布草时，用床单打包，在地上拖，布草与地面摩擦，造成污垢；餐厅服务员用口布、毛巾擦玻璃转台、托盘等。

（4）布草在装卸、运送过程中，随意乱扔乱踩，形成新的脏痕。

（5）布草在运到洗衣房后，不按规定分类堆放，造成客房布草与餐饮桌布交叉污染，或洗涤不及时，产生霉变现象。

二次污染的根本原因是洗衣房缺少严格的管理制度，同时还有员工存在着不正确的认识，认为布草反正是送到洗衣房去洗的，弄脏一点无所谓。因而，造成了二次污染的普遍性，形成了见脏不怪的现象。

二、二次污染的危害

二次污染给布草带来的损害是很大的。布草从客房撤出时，一般来说，床上用品实行的是一客一换，常住客一周至少换一次，污痕是不明显的。布草基本上不脏，只需轻柔洗就可以达到清洁的要求。但二次污染就不同了，二次污染的污垢都是不容易清洗的顽渍，如锈渍附着在布草上，不容易除去，必须用专用的去锈渍剂才能洗掉。又如布草在地上的拖拉过程中，纤维与地面强力摩擦，污垢已深深嵌入纤维之中，普通的洗涤方法很难洗掉，必须经特殊处理才能洗净。据一些酒店洗衣房的统计，因顽渍没洗净返工重洗的布草中，有近80%是二次污染造成的。洗净二次污染的顽渍，不仅加大了洗衣房人员的工作量，而且由于过多使用去渍剂，容易造成对布草纤维的损伤，增加布草破损报废率，加大客房用品消耗和酒店成本。

三、二次污染的预防

必须完善布草管理制度以防二次污染。具体可采取以下措施：

（1）加强对员工的职业道德教育，增强客房、餐厅和洗衣房员工的工作责任心，使他们尽心尽责，爱惜布草。

（2）制定严格详细的操作规程，每一步操作都有规可循，避免操作中的不文明现象。

（3）加强日常管理中的检查力度。洗衣部经理要经常对布草情况进行检查，与客房、餐厅、使用部门主动沟通协调布草的洗涤质量问题，保证对客营运服务。

（4）加大处罚力度，建立二次污染赔偿制度。各部门对造成二次污染的当事人，令其负赔偿的责任。

（5）改善工作环境与条件。改善工作环境，增加布草车，楼层二级库的布草摆放货架，餐厅和客房增设布草存放容器、布草袋等，尽可能地配齐设备，解决布草存放、搬运中的具体困难，减少二次污染发生的可能性。

酒店经理人对“经理的困惑”的答复

Re：酒店洗衣服务对客人的赔偿是无底洞吗？

姜东皓　北京中旅大厦客务部经理（北京客务经理协会理事）

按照国际惯例，酒店因提供洗衣服务对客人衣物赞成的损害，其赔偿限额一般不超过该件衣物洗涤费的10倍，如果客人不接受酒店提出的解决方案，酒店就要做好应诉的准备，所以酒店最好有专职的律师或法律顾问、至少具有相对稳定的法律咨询渠道。

民事赔偿的原则之一是：谁主张，谁举证。因此客人主张的赔偿额度是要以购置原始发票、专业机构对使用损耗的权威评估作为依据的，不妨在与客人的交涉中提及这些客观事实，把对方拉回到友好协商、协调解决的桌边。无论怎样不能让客人或者消协误认为只要酒店有了过错就可以任人宰割了。

Robert Zhou　香格里拉大酒店行政管家

（1）首先要求工作人员具备专业的酒店客衣洗涤经验，能及早在洗前判断出洗涤过程中可能发生的洗衣问题。将问题解决在事故前。

（2）本人提供一个较好的方法。因为洗涤行业是再加工行业，不像餐饮业，如果不满意就可以免单。而这是不满意就赔偿。所以要有健全的风险意识——购买保险。

（3）让客人尽可能出示购买凭证及购买公司，许多时候是制造商的责任，不具备所建议的洗涤方式而损坏衣服。

第十七章

客房部预算与成本控制

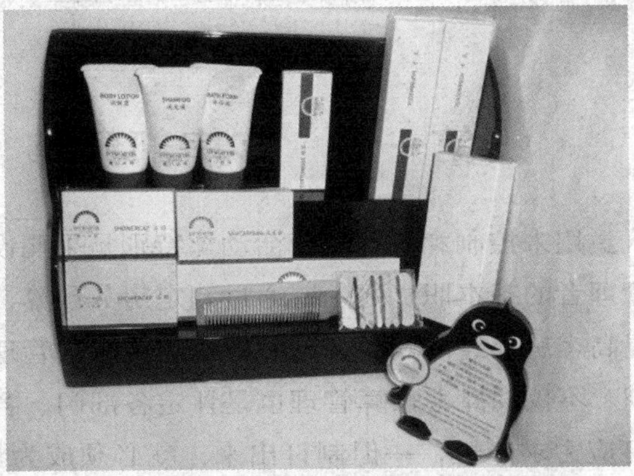

客用品的管理是客房成本控制的重要内容

预算是管理人员用来控制和指导经营活动（特别是采购设备、用品）的依据。制定房务预算是客房管理者的基本职责之一。通过制定房务预算，可以有效地控制客房部各项成本、费用，提高客房部经济效益。

客房成本控制主要是在严格执行客房预算的基础上，做好客房设备用品的采购、保养和管理工作。客房成本控制是客房管理主要任务之一。

学习目标

知识目标

1. 了解和掌握客房物品与设备管理的任务和方法。
2. 掌握对客用品进行控制的方法。

能力目标

1. 学会制订客房部预算。
2. 能够对客房成本进行控制。

关键词：客房设备　客房用品

经理的困惑

如何控制客房经营成本?

李伟是某酒店客房管家，今天早上，总经理找他谈话，要求他控制客房经营的成本和费用。他想来想去，除了加强管理，防止客房低值易耗品的流失以外，不知道还有哪些方面、采取什么方法，可以节约成本和费用？而要控制客房低值易耗品就要加强客房低值易耗品领用的管理，要求服务员根据每日实际需要的数量领用，并在做房时填写客用品配备清单，而说实在的，李经理认为这也没必要：他相信服务员不会贪污或偷拿这些小东西，再者说了，即使想拿也带不出酒店啊……他开始考虑是否应该要求酒店采购部采购便宜一点的牙刷、牙膏、拖鞋等客房用品……

第一节　客房部预算

预算是管理人员用来控制和指导经营活动（特别是采购设备、用品）的依据。制定房务预算是客房管理者的基本职责之一。通过制定房务预算，可以有效地控制客房部各项成本、费用，提高客房部经济效益。同时，也能使客房管理人员为今后一段时间的工作做好详细的规划。不仅如此，预算管理也是评定各部门、各职工工作绩效的一个重要准绳。预算的制订应力求谨慎，一但制订出来，就必须成为指导开支的纲领。可以说，预算是整个客房经营管理工作的基础。

一、制订预算的原则

（1）轻重缓急原则。制订预算时，所有预算项目必须分清轻重缓急，按以下先后次序排列：来年绝对必须购置的项目—增加享乐程度和外观的新项目—未来两年内需要添置的项目。酒店在开业三年以后，总有必要对某些设施进行更新、改造和重新装饰，这些更新项目往往占了预算开支的一大部分，但是如果能将过去所购物品的购买和使用时间记录在案，那就会给客房管理人员的年度资金预算计划提供方便。

（2）实事求是原则。预算必须实事求是，按照客房部的实际状况和经营需要确定，否则，如果客房管理人员为了得到预期的金额而在预算上报了多出两倍的金额，那么，将来的实际开支就将是实际预算的两倍。事实上，如果按轻重缓急序列制订预算，也没有必要做这种“预算外的预算”。

（3）充分沟通原则。在绝大多数酒店，客房部门要负责整个酒店的家具配备工作，因此，客房管理人员必须与其他部门负责人（特别是工程维修部）保持联系，以便协商确定客房部与这些部门预算有关的统一开支款项。

二、预算编制的程序与时间

（1）预算编制的程序。与其他部门一样，客房部管理人员首先自行编制部门的预算，然后由财务部门会同各部门反复研究、协商、修订和平衡，再送总经理审查，最后送交饭店董事会审核批准。这种从基层开始，广泛吸收各部门管理人员（预算的执行者）亲自参加编制的预算比由上级编好再交由下级强制执行的预算容易得到贯彻。而且，负责成本控制的基层生管人员与业务直接接触，他们编制的预算往往比较切合实际，经过努力可以达到。总之，这种预算编制程序能较好地得到广大预算执行者的支持，提高他们完成预算所确定的目标和任务的自觉性与积极性，从而最终使预算充分发挥其应有的作用。

（2）预算编制的时间。预算编制的时间应与饭店其他部门预算同步进行，具体可根据每个饭店的具体安排而定，但宜早不宜晚。常见有些饭店在年度开始以后好几个月，预算指标才下来，这样就影响了预算的作用。一般来讲，应从本年度下半年开始，就看手准备下年度的预算编制工作。全年各项预算一般在上年的 11 月份便全部编制完成。这样做既不影响年终结算又不妨碍年度开始后预算指标的执行，从而在时间上保证预算管理能够真正发挥作用。

三、制订预算的依据

（1）酒店在计划期内的经营预测。（重点考虑市场的变化情况，包括：国家公布的当地游客人数、新建饭店的数量及原有饭店的改造等情况）

（2）酒店经营的历史资料（表 17–1）。

（3）客房部设施设备及人员现状。

（4）计划期内物价及劳动力成本水平。

在分析了以上情况之后，便可大致确定每月客房出租率是多少。然后根据本饭店客源结构分别来制定平均房价，进一步分解计算出各类客源的住房率，最后确定整个饭店的收入预算指标。

客房部其他部门，如洗衣房、康乐中心的收入预算指标的编制，可根据以往的历史资料来确定占客房收入的比例，在考虑了价格指数变动以后，就可以确立其收入的预算指标。

客房费用预算的编制是在出租率和收入预算的基础上进行的。但在饭店经营的实际工作中由于市场形势的变化或季节性等原因，往往会使各月份的实际销售量水平起伏波动，致使实际的月份费用开支与原预算的每月费用开支不能互相比较。为了解决可比性的问题，客房费用的预算可采用弹性预算。所谓弹性预算就是在编制费用预算时，考虑到计划期间销售量（出租率）可能发生的变动，编制出一套能适应多种销售量的费用预算，以便分别反映在各该销售量情况下所应开支的费用水平。由于这种预算是随着销售量的变化作机动调整，本身具有弹性，故称为弹性预算。

有了费用的弹性预算就可以根据实际的客房出租率，选用相应的费用预算数与实际支付进行对比，这样便于管理人员在事前据以严格控制费用开支，也有利于在事后细致分析各项费用节约或超支的原因。

表 17–1　一家有 120 间客房的美国酒店的客房部收支情况一览

	美元	百分比（%）
客房销售收入（Room sales）	2555110	100.0
部门费用（Departmental expenses）		
工资	355160	13.9
员工用餐	10220	0.4
工资税与员工福利	76653	3.0
洗涤费用	38327	1.5
瓷器、杯具、银器、布草等	25551	1.0
佣金	38316	1.5
预订费	17886	0.7
其他支出	84312	3.3
客房部总支出（Total rooms expenses）	646.425	25.3
客房部利润（Rooms–departmental income）	1908685	74.7

注：以上费用项目中不包括：行政管理费用、酒店营销费用、资产经营费用、维修和能源费用等酒店未分配的经营费用以及折旧和摊提费用、利息等资本成本。

四、预算的编制

（一）客房部预算总表

客房部预算所包含的项目及预算表的格式如表 17–2 所示。

表 17-2　2014 年客房部预算

单位：元

项　目	上年实际	上年预算	本年预算	备注（原因）
第一优先项目				预计今年出租率上升 9%，补齐缺编 10 名员工
工资	338400	340000	430560	增加物价上涨因素（按 15% 计）
工作服	16920	17000	26000	增加员工；今年需发皮鞋每人一双（70 元 / 双）
医药费	25560	23560	27960	240 元 / 人 · 年 ×104 人 +3000 元重病超支保险费
床单			57600	补充两套，30 元 / 床，急需补，否则会影响周转
洗衣房洗涤剂	36000	35000	45000	业务量增加，洗涤剂价格上调 15%（已接到通知）
客房、PA 洗涤用品	15000	18000	9600	部分改用国内产品替代合资、进口产品
客房易耗品	245000	230000	226000	去年还有一部分。3.3 元 / 间 ×240 间 ×82% 出租率 ×365 天 ×95% 消耗率
维修保养费	70000	75000	38000	去年增加烘干机一共 4 万元
第二优先项目				
清扫工具等	9000	15000	11000	考虑上涨因素
临时工工资	12000	10000	6000	去年人手不足用得多，今年旺季用些临时工（5 ~ 10 月）
差旅、培训费	4800	5000	4500	去年批量实习，今年少数骨干学习培训
邮电通信费	2100	2000	2100	
第三优先项目				
办公用品及印刷吕	4000	5000	3000	有些报表已够用
员工生日及生病等	2700	3000	2800	每个员工生日及病假达 3 天者的探望
奖金	293280	280000	330000	增加员工，业务增加，争取增长 10%
劳保用品	16920	18000	18720	101 人 ×15 元 / 人 · 月 ×12 个月
		累计	1238840	

说明：第一优先中，床单须在旺季之前（3 月底之前）解决；工作服中夏季服装及皮鞋在 5 月前解决，冬季服装在 9 月底前解决。共需资金壹佰贰拾叁万捌仟捌佰肆拾元，当否，请审批。

（二）预算总表的分解

为了做好预算的控制，还应对预算的有关项目按月进行分解（表 17-3）。

表 17-3　月度预算

项　目	1 月		2 月		3 月		……		12 月	
	本年	去年	本年	去年	本年	去年	本年	去年	本年	去年
工　资										
客房用品										
清洁用品										
……										

五、预算的执行与控制

客房部年度预算一经批准，客房管理人员应严格执行，将经营活动控制在预算范围之内。为此，客房管理人员必须对预算执行情况进行检查，一般每年检查不得少于2次，最好是每月都检查一次，并填写预算执行情况控制表（表17–4）。

表17–4　预算执行情况控制

项　目	本月实际		本年累计		
	本　年	去　年	本　年	预　算	去　年
工　资					
客房用品					
清洁用品					
……					
直接开支合计					

由于预测不可能准确无误，所以预算指标与实际业务运行发生较大误差是不足为奇的，可以通过修订预算进行弥补。在预算与实际状况发生较大误差时，客房部负责人应立即召集所有管理人员通报情况，寻找现实可行的办法来消除因开支过大造成的赤字；或是寻找利用剩余资金提高效益的其他途径。

第二节　客房物品与设备管理

一、客房物品与设备

客房物品与设备管理是客房成本控制的重要环节。

客房物品与设备主要包括以下内容：

（1）电器和机械设备。包括空调、音响、电视、电冰箱、传真机等。

（2）家具设备。如床、写字台、沙发、衣柜等。

（3）清洁设备。如吸尘器、吸水机、洗衣机、烘干机等。

（4）房内客用品。客房免费赠品、客房用品（包括床单等布草、衣架、烟茶具等）以及宾客租借用品（吹风机、熨斗、熨衣板等）等。

（5）建筑修饰品。如地毯、墙纸、地面材料等。

以上内容基本上可以分为两大类：客房设备和清洁设备。加强对客房设施设备的管理工作，对于提高客房服务质量，降低客房经营成本和费用具有重要意义。

二、客房物品与设备管理的任务

（1）编制客房物品与设备采购计划。
（2）制定客房物品与设备管理制度。
（3）做好物品与设备日常管理和使用。
（4）对现有设备进行更新和改造。

三、客房物品与设备管理的方法

（一）编制客房物品与设备采购计划

客房部要根据实际工作需要，及时做好要求增加物品与设备的计划，报酒店采购部门及时采购所需的各种物品与设备，以保证客房经营活动的正常进行。

酒店客房设备及清洁设备一般在开业之初就已准备就绪，但作为客房管理人员，如果在酒店开业之初就参与管理，就要提出客房设备及清洁设备的采购计划。或者，你虽然是在酒店开业后才介入酒店客房管理工作的，那么，当客房更新改造计划需要制定与实施之际，你也必须要参与其中。

客房设备的选择，要遵循协调性（设备的大小、造型、色彩、格调、档次等必须与客房相协调和酒店档次相协调）、实用性、安全性、经济性等基本原则。另外，在选择清洁设备时，还应考虑安全可靠（电压是否相符，绝缘性如何）、操作方便、易于保养、使用寿命长、噪音小等因素。

（二）做好设施设备的审查、领用和登记编号工作

设施设备购进以后，客房管理人员必须严格审查。同时，设立物品与设备保管员，具体负责物品与设备的分配、领用和保管工作。保管员应建立设备登记簿，将领用的设备按进货时的发票编号分类注册，记下品种、规格、型号、数量、价值以及分配到哪个部门、班组。低值易耗品也要分类注册，凡来库房领取物品都要登记，每个使用单位一本账，以便控制物品的使用情况。

（三）分级归口管理

客房物品与设备应实行分级归口管理，专人负责，将物品与设备管理同部门、班组的岗位职责结合起来，在确保服务质量和合理限度的情况下，实行增收节支有奖、浪费受罚的奖惩措施。

客房设备的日常管理和使用是由客房管理系统各部门、各班组共同完成的，各部门、班组既有使用这些设备的权利，也有管好、使用好这些物品与设备的责任。因此，必须实行分级归口管理。分级就是根据客房部门管理制度，分清这些设备是由部门、班组或个人中的哪一级负责管理。归口是按业务性质，将物品与设备归其使用部门管理。分级归口管理使客房设备的管理有专门的部门和个人负责，从而使客房设备的管理落到实处。

对客房设备分级归口管理的关键是：一要账面落实，各级各口管理的物品与设备数量、品种、价值量要一清二楚，有案可查；二要完善岗位责任制、维修保养制和完全技术操作制等规章制度；三是要和经济利益挂起钩来。

（四）做好客房物品与设备的日常保管和使用

客房物品与设备分级归口以后，班组和部门要设立物品与设备管理员，他们在客房部领导下，与服务员一起共同负责本班组或部门的物品与设备的日常管理和使用。班组管理员一般由班组长兼任，在物品与设备的使用过程中，班组管理员要定期和客房物品与设备保管员核对，发现问题，及时解决。

客房物品与设备在日常使用中，要特别注意严格遵守维修保养制度。

客房设备在使用中要努力防止事故发生，一旦发生事故，要立即通知工程部及时修理或采取措施，使设备尽快恢复其使用价值。事故的发生，如果是由于个别员工玩忽职守，要严肃处理。如果是由于客人的原因造成的，必要时，应要求客人赔偿。

（五）建立设备档案

设备档案主要有客房装修资料（记录客房家具、地毯、建筑装饰和卫生间材料等）和机器设备档案。内容包括设施设备的名称、购买日期、生产厂家、价格、维修记录（时间、项目、费用等）。这是对设施设备进行采购和管理的依据。

（六）及时做好客房物品与设备的补充和更新工作

酒店是高消费场所，客人对酒店及客房物品与设备的要求很高，不仅要干净卫生，而且要常变常新，从而使客房物品与设备具有折旧快、更新期短的特点。因此，要求客房管理者必须事先做好计划，根据物品与设备的品种、规格、质量等规定各种物品与设备的使用周期，并定期检查设备性能和使用效果，提出设备更新计划，报酒店批准，及时做好物品与设备的补充和更新工作。

客房设备的更新，依据其类型的不同而具有不同的特点和要求。清洁设备的更新往往要根据其质量、使用和保养情况决定。通常，只要机器不出现明显问题，如老化、严重磨损、清洁效果不佳和维修费用过高等，就可以照常使用，而不实行强制性淘汰。而其他设施设备，特别是各类家具及装修设施则有所不同，为了酒店的规格、档次，保持并扩大对客源市场的吸引力，酒店一般都要对客房进行计划中的更新改造，并对一些设备用品实行强制性淘汰。这种更新按其更新周期的不同，分为部分更新和全面更新两种情况（表 17–5）。

表 17–5　客房设备的更新周期

部分更新（5 年左右）	全面更新（10 年左右）
● 更换地毯 ● 更换墙纸 ● 更换沙发布、靠垫等装饰品 ● 更换窗帘 ● 更换床罩	● 衣柜、写字台的更新 ● 床垫和床架的更新 ● 椅子、床头板的更新 ● 灯具、镜子、画框等装饰品的更新 ● 地毯的更新 ● 墙纸和油漆的更新 ● 卫生间设施设备的更新（包括墙面和地面材料、灯具和水暖器件等）

以上更新计划应根据各酒店的具体情况提前或到期进行，如果延期，则应警惕可能出现补漏洞式的跑马工程和饭店规格水准的下降或不稳定。

第三节　客用品的管理

客用品指客房各类客用低值易耗品。客用品的使用和消耗量伸缩性比较大，因此，做好对客用品的控制是客房成本控制的重要环节。

一、客用品的选择

酒店客用品的选择必须慎重，酒店要么不提供客用品（俗称“六小件”），要提供就必须保证客用品的质量。客用品的选择应遵循以下因素：

（1）质量。酒店没有义务为客人免费提供“六小件”（国外的酒店大都不提供），但为了方便客人，也为了竞争的需要，如果选择提供，就要确保客用品的质量，以免给客人造成伤害，引起客人的投诉，甚至法律纠纷。

（2）实用。客用品是为方便客人的住店生活而提供的，因此，必须符合方便、实用的原则，所选购的客用品必须是客人所真正需要的，同时，要方便使用。一些酒店提供给客人的洗发液、淋浴液等卫生用品装在玻璃瓶或硬质塑料瓶内，客人使用时，半天倒不出来，也无法挤压，结果，不仅给客人造成极大的不便，也造成了很大浪费。而有的酒店考虑到客人对卫生的重视和防止各种传染病对客人造成的威胁，则在卫生间内为客人提供一次性塑料浴缸罩，受到客人的欢迎。

（3）美观。客用品应该精致、美观，避免给客人以粗糙、贬值之感。

（4）适度。选择客用品的适度原则是指客用品质量和种类必须与酒店的档次相适应，此外，客用品的量也应与客人的实际需要量相适应，避免造成不必要的浪费。

（5）价廉。客用品的选择除了要实用、美观、适度以外，还要考虑价格问题，这是客用品成本控制的关键因素之一。

二、客用品的控制

（一）确定消耗定额

客房管理人员应按照客房总数、客房类型及年均开房率，确定各类客用品的年均消耗定额，并以此为依据，对各班组、个人的客用品控制情况进行考核。由于团体客人和散客对客用品的消耗量有所不同，所以，也可以根据酒店每年接待的团体客人和散客的比例和数量，分别计算团客和散客的消耗定额，然后加总，即为客房部客用品总的消耗定额。

（二）确定储备定额

这是实施客用品控制的基础之一。应将其列成书面材料，以供日常发放、检查及培训之用。

（1）中心库房储备定额。客房部应设立一个客房用品中心库房，其存量应能满足客房 1 个月以上的需求。

（2）楼层布草房储备定额。往往需要备有 1 周的用品。储备量应列出明确的标准贴在布草房的门后或墙上，以供领料对照。

（3）工作车配备标准。工作车上的配备往往以一个班次的耗用量为基准。

（三）做好客用品的日常管理工作

1. 客用品发放的控制

客房用品的发放应根据楼层布草房的配备定额明确一个周期和时间。这不仅可方便中心库房的工作，也是促使楼层日常工作有条理、少漏洞的一项有效措施。

在发放日期之前，楼层领班应将其所辖楼层的库存情况了解清楚，并填写领料单。凭领料单领取货物之后，即将此单留在中心库房，以便统计。

2. 做好客用品的统计分析工作

（1）每日统计。服务员在做房时，应填写“客房服务员工作日报表”（表 17–6），并在做完房后，对主要客用品的耗用情况加以统计。最后，由房务中心文员对整个客房部所有楼层的客用品耗用量作汇总，填写“每日楼层消耗品汇总表”（表 17–7）。

表 17–6　客房服务员工作日报表

房号	状况	时间		人数	补充用品																			备注
		入	出		肥皂（大）	肥皂（小）	卷纸	浴帽	洗发液	淋浴液	牙具	梳子	剃须刀	指甲刀	卫生袋	圆珠笔	拖鞋	购物袋	火柴	针线包	擦鞋纸			
01																								
02																								
03																								
合计																								

表 17–7　每日楼层消耗品汇总表

文员________　　　　　　　　　　　　　　日期________

楼层 / 项目	卷纸	洗发液	淋浴剂	擦鞋纸	圆珠笔	小铅笔	明信片	箱贴	梳子	牙具	针线包	香皂
餐饮层												
四　层												
五　层												
……												
合　计												
金　额												

备注:________　　　　　　　　　　　　　当日做房数________

（2）定期分析。一般情况下，客房部应每月对客房客用品的耗用情况做一次定期分析。其内容有：

①根据每日耗量汇总表制订出月度各楼层耗量汇总表。

②结合住客率及上月情况，制作每月客用品及物资消耗分析对照表。

③制定每月客用品盘点及消耗报告。除了对客用品的消耗情况进行理论上的统计以外，还要在月末对客用品进行盘点，如两者不符且差距较大，要分析原因，找出对策。

④结合年初预算情况，制作月度预算执行情况对照表。

（四）控制流失现象

客用品的“流失”是造成客用品失控的重要原因，有两种情况：一种是一些客人在服务员做房时从工作车上“顺手牵羊”，拿走部分客用品；第二种情况，也是更普遍、更严重的现象，则是服务员利用工作之便，经常且大量拿走客用品以自用或提供给他人使用，在管理不善的酒店，甚至常常被大量带出酒店，形成客用品流失的“无底洞”。针对上述情况，客房部可采取以下措施：

（1）要求服务员在做房间卫生时，将工作车紧靠在房门口停放，以便监督。

（2）加强对服务员的职业道德教育和纪律教育。

（3）要求服务员做好客用品的领取和使用记录，以便考核。

（4）与保安部配合，做好对员工上、下班及员工更衣柜的检查工作。

（五）落实奖惩政策

年末要根据消耗定额、年初预算及其执行情况，落实奖惩政策。通过奖惩，严格管理制度，强化服务员对客用品的节约意识。

除过上述客用品的控制方法以外，还应努力做好客用品的节约工作。一方面，对于住客房内客人没有用过的客用品应继续使用，不应随手扔掉；另一方面，客房管理工作应紧随“绿色潮流”，尽量使用固定的罐装容器盛放的卫生用品，以减少不必要的浪费和对环境造成的污染。

本章小结

预算管理是客房管理人员应该掌握的一项技能。制定预算的原则是分轻重缓急，讲究实事求是，进行充分沟通。

客房部制定预算的依据是：酒店在计划期内的经营预测；酒店经营的历史资料；客房部设施设备及人员现状；计划期内物价及劳动力成本水平。

预算一经批准，客房管理人员应严格执行，将经营活动控制在预算范围之内。为此，客房管理人员必须对预算执行情况进行检查，并填写预算执行情况控制表。

客房成本控制是提高酒店经济效益的重要途径和客房管理的主要任务之一，客房成本控制的主要途径是做好客房预算及客房设备用品的采购和管理工作。做好客房设备用品管理不仅可以降低客房经营成本，还可以保障客房服务质量。

客房设备用品管理的主要任务是：编制客房物品与设备采购计划；制定客房物品与设备管理制度；做好物品与设备日常管理和使用；对现有设备进行更新和改造；做好对酒店“六小件”等客用品的控制工作。

酒店“六小件”的配备在为客人提供方便的同时，也造成了大量浪费和环境污染，同时为管理工作增加了难度。一些酒店为了节约成本，为客人配备的低质伪劣客用品还常常对客人造成伤害，引起客人投诉甚至法律诉讼。从发展的趋势看，这种“中国式传统”做法将逐步被淘汰，取而代之的是不在客房摆放，而是在客人提出要求时，由客房服务中心随时为客人提供。

课堂讨论

讨论题

参照以下“案例聚焦”，讨论：总经理要求将客房中的“财产清单”撤下，这种做法妥当吗？

案例聚焦

总经理要求将客房中的“财产清单”全部撤下

安徽淮南市某一酒店总经理在一次向客人索赔之后，引起了对客房放置“财产清单”的思考并作出一个决定：撤走放在《服务指南》里的那份“财产清单”。为什么会作出如此决定呢？还得从一次索赔事件说起。

一天，一位客人在床上一边看电视一边喝着茶，不小心将茶水洒到了床单上。这位客人立即将床单受污部分自行洗涤，但就是洗不干净。客人主动找到客房服务员说明情况并表示愿意赔偿。赔偿多少钱，服务员做不了主，于是请来大堂副理处理。大堂副理找出放置于客房的《服务指南》中的“财产清单”，对客人说：“就按照清单标的价格吧。一条床单 120 元。”话音一落，就引起了客人的不良反映：“那么贵！宰人呢？就是一条新的床单也不值这么多钱嘛。再说，这床单也用旧了，是不是赔 20 元做个意思吧？”大堂副理拿不定主意，只好将此事直接向总经理做了汇报。

总经理接到报告后陷入了沉思：若按规定，要收客人 120 元，但客人无法接受。勉强索赔，有可能因此断了与这位常客的关系，而稳住老客户比发展新客户更重要；其次，现在使用的这种规格的床单确实不必花 120 元就能买到，清单中的定价无形中给客人的印象是带有处罚性质。再细看财产清单中其他物品价格也普遍高于实际价格。很显然，清单中“照价赔偿”的规定不合理，有损客人对酒店的感情，必须改正；再者，客人说得不无道理，床单折旧后的价值肯定低于原价格，况且受污床单还可以改作他用。即便向客人收取一定的补偿费用也算合理，但酒店未免显得小气。于是该酒店总经理除了就这一事件指示大堂副理免予向客人索赔外，同时通知客房部：将《服务指南》中的“财产清单”全部撤下！

任务拓展

客房部每月客用品盘点及消耗报告

项目 ITEM	单位	上月库存	本月领货	本月消耗	本月盘点	与统计结果差额	备　注
厕纸 （TOILET ROLL）							
面纸 （TISSUE）							
浴帽（SHOWER CAP）							
洗发液 （SHAMPOO）							
沐浴液 （BATH FOAM）							
擦鞋纸 （SHOE SHINE PAPER）							
卫生袋 （SANITARY BAG）							
香皂 （SOAP）							
洗衣袋 （LAUNDRY BAG）							
杯纸 (GLASS WRAPPER)							
茶叶袋 （TEA–BAG）							
烟灰碟 （ASH TRAY）							
火柴 （MATCHES）							
门卡 （DOOR CARD）							
拖鞋 （SLIPPER）							
文件夹 （FOLIO）							
圆珠笔（PEN）							
信纸 （LETTER HEAD（L））							
信纸（航空） （LETTER HEAD（A））							

续表

项目 ITEM	单位	上月库存	本月领货	本月消耗	本月盘点	与统计结果差额	备　注
记事纸（MEMO PAD）							
针线包（SEWING KIT）							
衣架（女）（HANGER（L））							
衣架（男）（HANGER（G））							
购物袋（SHOPPING BAG）							
水壶（FLASK）							
信封（航空）（ENVELOPE（A））							
信封（ENVELOPE（L））							
杯（GLASSES）							
水洗衣单（LAUNDRY LIST）							
干洗衣单（VALET LIST）							
牙刷（TOOTH-BRUSH）							
小梳子（COMB）							

酒店经理人对“经理的困惑”的答复

Re：如何控制客房经营成本？

James Kong　**上海锦江汤臣洲际大酒店行政管家**

（1）人力成本：合理安排，减少加班，浪费和超编雇用。

（2）运作物品控制：如布草、玻璃器皿等，每月有消耗的分析报表，了解数字变化的原因。

（3）客用消耗品控制：加强数据分析，与住房率和不同客源关系的分析比较，找出变化原因，决定取舍。

（4）清洁用品控制：加强数据分析，与住房率、活动及计划清洁相联系。

（5）采购需求分析：购买必需的而非想要的。

（6）办公用品控制：我想不用多说了。

（7）设施保养：这是很大一块，只是通常较少注意到。保养工作做好了，就不需要购买新的或延长了替换时间，间接地减少了成本。

（8）还有能源节约等。

采购廉价便宜用品不能同时降低了产品的品质和质量，否则就会降低酒店的档次，那是对酒店客人的一种欺骗，不可采用。

刘江　浙江海德华美达酒店行政管家

员工在做房时填写《客房物品配备清单》是必要的，因为填写物品配备清单不仅是为了防止服务员贪污或偷拿，最主要的目的是方便我们的仓库管理员每天统计我们客房用品的使用量及月底的客房成本的计算。另外采购便宜的牙刷、牙膏、拖鞋等客房用品不是很可取，因为如果采购了便宜的客房用品，那么就会影响酒店客房档次及客人住宿的舒适度，可能还会引起客人的投诉。即使采购了便宜的客房用品，如不严格控制，成本一样降不下来。

客房节约成本及费用的建议：

（1）使用环保卡，提示客人如无须更换毛巾、床单可告知服务员。

（2）将客房马桶水箱内放入一块砖头或一个加满水的矿泉水瓶，以抬高水位，降低用水量。

（3）回收可回收的易耗品，拿回厂家重新消毒包装后再使用。

（4）将客房节能开关更换为只有本酒店房卡插入才能取电成功，其他任何卡都无效。

（5）客房空调可采用分层控制，无客人楼层空调可关闭，也可采用集中排房方法。

第十八章

客房部安全管理

安全，是住宿业的大前提，也是客人对酒店的最基本要求。而客房是酒店建筑的主体，酒店的安全问题也主要发生在客房部，因此，做好客房的安全管理对于保护客人生命财产的安全及酒店财产的安全具有极其重要的意义。安全管理是客房管理的主要任务之一。同时，酒店及客房管理人员还应了解酒店对顾客人身和财物安全问题的责任问题，以及酒店与此相关的权利和义务。

学习目标

知识目标

1. 了解客房部主要安全问题及其防范措施。
2. 掌握火灾预防、通报和扑救的方法。

能力目标

1. 能够使用各种灭火器材和设备。
2. 能够培训员工做好对客房各类安全事故的防范工作。

关键词： 安全　偷盗　火灾　权利　义务

经理的困惑

有人冒充“房客”盗窃怎么办？

住在我们酒店302房的刘小姐，见到隔壁304房间的客人衣着光鲜穿戴时尚，遂起歹意。当她看到并确认该房客人离开房间、房内无人后，就佯装成304的客人，站在304门口给服务中心打电话，要求楼层服务员送一瓶开水到304房。

服务员很快将水送到304房，见该小姐站在门口，就将水瓶递给她，刘小姐谎称，房卡忘带出来，请服务员开一下门。该服务员见状，立即为该小姐微笑着打开304房间的房门，然后离去。刘小姐进房后，立即将房内客人携带的贵重物品拿走，并马上到总台办理了退房手续。

304房客人回来后，发现自己的贵重物品不见了，便打电话问服务中心，是否有人进他房间。服务中心告知，曾有一位小姐说304房要开水，该客人立即明白他的东西已经被该小姐偷走，严厉要求酒店承担责任。

面对这样的问题，我该如何处理？还有，作为客房管家，我应该采取哪些措施，防止类似事件的发生？

第一节　客房部主要安全问题及其防范

客人对酒店的要求是：提供热情周到的服务，舒适优雅、干净卫生的客房。但这些都是以安全为前提的，安全需要是客人的第一需要。发生在客房部的安全问题，主要有以下几种类型：

一、各类事故

客房部所发生的各类事故通常因客房设施设备安装或使用不当而引起，经常发生的事故有：

（1）浴室冷、热水供应不正常，烫伤客人。

（2）设施设备年久失修或发生故障而引起的各种伤害事故，如天花板等建筑物掉落、倒塌，砸伤客人。

（3）地板太滑，楼梯地毯安置不当以及由于走廊、通道照明不良而使客人摔伤。

对于以上事故，饭店应给予足够的重视，要采取措施，确保浴室冷、热水供应正常，同时经常检查维修饭店的设施设备，消除隐患，如地板太滑可铺设地毯，照明不良可更换灯泡。如由于地毯铺设不当，经常绊倒或摔伤客人，就应考虑对其重新安置、调整。此外，客房部员工在工作时，还要严格按照操作程序和操作规程进行操作，防止出现各种工伤事故。

二、传染病

客房部应从以下方面着手搞好环境卫生，防止传染病的发生和传播。

（1）按预定的清扫频率，组织正常的清扫工作。如果饭店所在地气温较高就应注意潮湿问题，应对潮湿的角落经常检查，并定期或不定期地喷撒杀虫剂。另外，要避免灰尘的堆积，角落、家具的底部时间一长就会成为灰尘集聚的场所，因而要组织系统有效的行动来清除灰尘。

（2）布草的清洁。无论是客人使用的布草还是员工使用的布草都应保持清洁卫生，对于那些可能感染上病菌的布草应尽可能放在沸水里去煮。

（3）卫生间设施的特别清扫。浴缸、淋浴器、便器以及洗脸池是客人身体直接接触的物体，病菌容易通过这些设施传染给随后租房的其他客人，因此搞卫生时应特别予以关注，尤其是那些患有传染病的客人使用过的客房，客人离店之后，要对其卫生间设施使用消毒剂，进行彻底的清扫。

（4）消灭害虫。老鼠是饭店的第一大害虫。饭店经常会收到来自客人在这方面的投诉，他们气愤地说："我不能与老鼠同住一屋！"事实上，像蟑螂、蚊子、苍蝇以及老鼠、蚂蚁、蜘蛛、跳蚤等害虫，不但影响环境卫生，而且往往也是各种病毒的传播者，因此，稍一露头就要进行控制，在害虫容易出没的地方经常喷撒杀虫剂和毒药。做好客房的计划卫生显然具有重要意义。

此外，为了防止传染病的蔓延，保障住店客人的安全与健康，饭店方面也有权拒绝患有传染病的顾客留宿。

三、偷盗及其他刑事案件

（一）偷盗类型

发生在酒店的偷盗现象一般有以下四种类型：

（1）外部偷盗。即社会上的不法分子混进酒店进行盗窃，这些人往往装扮成顾客蒙骗店方，盗取住店客人及饭店的财物，防止这种类型的盗窃行为发生，饭店只有靠加强管理，提高警惕性。

（2）内部偷盗。指酒店职工利用工作之便盗取客人及饭店的财物，这种类型的偷盗在整个偷盗事件中占很大比例，由于他们对于饭店内部的管理情况、活动规律以及地理位置都了如指掌，因此，作案也最容易，一般来说，饭店如发生失窃现象应先从内部入手进行侦破查找。

（3）内外勾结。这种类型的盗窃，一般是由酒店内部的员工向社会上的同伙提供

"情报"及各种方便，由其同伙作案、销赃，这种作案方式手段"高明"，容易成功，给酒店造成较大的威胁。

（4）旅客自盗。这种方式是指相识或不相识的旅客同住一屋或住在相近的房间，其中一位旅客利用这种"地利"与"人和"的方便，伺机窃取另一位旅客的财物，这种方法虽然少见，但也时有发生。

（二）偷盗及其他刑事案件的防范

客房部有时还会发生以谋财害命为主要特征的抢劫、凶杀案件。有效地防止盗窃及其他刑事案件的发生，是客房安全管理的主要任务。

（1）提高员工的安全意识，不能用"服务意识"代替安全意识。客房安全管理中的一个常见问题是服务员经常会用服务意识代替安全意识，从而给高智能犯罪分子以可乘之机。

在某星级酒店，一天早上8时30分客房服务员正在做房，有两个男子嘱咐其给1303房加两条浴巾，这两人并未进房，而是告知服务员他们要去餐厅用早餐了，从服务员身边擦身而过。服务员则遵照其指示，到1303房为其增配两条浴巾，并顺手清理床上零乱的东西。此时这两位男子又忽然返回，看见服务员正在清理，忙对服务员说："不用麻烦你了，我们自己整理就行了。"这时候，服务员看他们已在收拾他们的物品了，就暂时退出。这两个男子3分钟后从房间走出，刚离去不到一会儿，又来了两位男子，自己持IC卡进入房间后，即发现房间被盗，他们损失了相当财物，原来前两个是小偷，后两位才是其正的客人。这是一种相对高智能性质的犯罪，犯罪分子相当熟悉和了解酒店的运作流程，他们知道，如果直接要求服务员为其打开房门，服务员势必要求他们出示房卡，并会询问他们的姓名，以便和总台核对，故而采用这种方式进入房间，使服务员失去判别的警惕性，从而达到偷盗的目的。

作为服务员来讲，对于一般的犯罪行为都较为警惕，但如果犯罪分子利用服务人员的服务意识，采用一些常规的行为，服务员就很难判别了。犯罪分子利用心理上这种"合乎常理"的惯性思维，使服务员产生误导，并认为对方就是此房的客人，没有对其进行身份核实，失去了判断力，从而给了犯罪分子入室盗窃的机会。碰到此情况，服务员理应礼貌地请客人出示证件，不能想当然地认为他们就是客人。

（2）严格核对客人身份。以上案例告诉我们，小疏忽也会酿成大错。作为服务员，首先是要记住每一位住客的外貌和房号。其次，在遇到类似情况时，不能放松警惕，要多记忆、多思考、多观察、多置疑，一定要先委婉地核对客人的身份，验证房卡或请其出示有效证件，切忌过于主观，盲目判断。

（3）加强对员工的职业道德教育。针对内部偷盗现象，客房部首先应对员工进行职业道德教育。其次，还应采取各种有效的办法、手段（如合理排班、加强员工出入的管制检查以及设置检举控告箱等）堵绝管理漏洞，严格管理制度，不给作案者以可乘之机。同时，一旦发现有人偷窃，应予以严厉打击，严肃处理，轻则留店察看，重则开除，直至诉诸法律。

（4）做好客房钥匙管理。酒店的钥匙通常有以下几种：

①住客用钥匙（Guest Key）。只能开启该号房门，供客人使用。

②通用钥匙（Pass Key）。供客房服务员打扫房间使用，可开启十几个房门。

③楼层总钥匙（Floor Master Key）。供楼层领班使用，可开启该楼层所有房间。

④总钥匙（Housekeeper Master Key）。可开启各楼层及公共区所有房门，专供客房部及工程部经理使用。

⑤紧急万能钥匙（House Emergency Key Or Great Grand Master Key）。只供总经理使用，也称饭店总钥匙。

⑥楼层储藏室钥匙（Floor Pantry Key）。供楼层服务员使用。

⑦公共区总钥匙（Cleaning Master Key）。供公共区领班使用。

酒店的钥匙是关系到客人生命财产以及酒店本身安全的一个重要因素。钥匙管理是楼层安全管理的一个重要环节。一般应采取以下几个措施：第一，做好钥匙的交接记录。第二，因公需用钥匙时必须随身携带，不得随处摆放。第三，禁止随便为陌生人开启房门，其他部门员工如需要进入房间工作（例如行李员收取行李，餐饮服务员收集餐具，工程部员工维修房间设施设备等），均须客房服务员开启房间。第四，勿将房号印在门卡上。一些酒店为了方便客人，而将房间号码印在门卡上，殊不知，与此同时，也为小偷作案提供了“方便”。

（5）从来访客人和住店客人身上发现疑点。在日常工作中，应注意从来访客人和住店客人的证件审查、言谈举止中注意发现疑点。

（6）抓好“三个重点、三个控制、六个落实”。除在日常服务中对住店客人进行以上观察外，客房保安管理和内部防范还要抓好三个重点（重点部位、重点时间、重点对象）、三个控制（楼面的控制、电梯的控制、通道的控制）、六个落实（开房验证；住宿登记；来访登记；跟房——客人退房离去或来访者走后要入房进行安全检查；掌握客情；行李保管）。此外，还要加强对门卫及大堂保卫工作的管理，保卫人员应密切注意大堂内客人的动态，发现可疑的人或事应主动上前盘问、处理，及时消除各种隐患。

（7）其他防范措施。某些客人可能对应其要求进入房间为其提供服务的服务员进行非礼或性侵。对此，酒店管理者也要做好防范工作。比如，可要求服务员为客人提供服务时，把房门开着；深夜应客人要求进入房间为其提供服务时，最好安排男性服务员，如为女服务员，则最好安排两个人，其中一个人（最好为保安人员）在房外等候，以防不测。另外，还可以采取其他防范措施。比如，国际货币基金组织前总裁卡恩在纽约酒店性侵女服务员案件发生后，纽约一些大酒店陆续为进入客人房间服务的服务员设置紧急报警按钮，以方便他们在遇到紧急状况时呼救。

酒店一旦发生不安全事件，作为客房员工，要在报告领导及保卫部门的同时，注意保护好现场，不准无关人员无故进入现场，更不许触动任何物件。这对调查分析、追踪破案极为重要。此外，发案后，在真相未明的情况下，不能向外人传播，如有宾客打听，应有礼貌地说："对不起，我不清楚。"

四、发生偷盗现象时的处理程序

经典案例

客人自诉丢失钱财的处理

一天，在长富宫饭店，两位美国人找到大堂经理，满脸怒气地说："我放在房间茶几上的300美元不见了，请立即给我查清，赔还给我。"大堂经理向客人表示："此事我们要先调查一下，进出客房是两位服务员同进同出，并有时间记录。"同时他委婉地提醒客人再仔细查找一下，并且考虑是否需要报案。

发生任何偷盗现象均需首先报酒店保卫部。接到通知后，同保安人员赶到现场，若发生在房间，则同时通知客房部的管理人员一同前往，请保卫部通知监控室注意店内有关区域是否有可疑人员。查询被盗物品的客人是否有客人来访的有关资料，并做记录。询问专业问题最好由保卫人员询问，大堂经理做好翻译。要视客人要求由客人决定是否向公安机关报案。

发生偷盗事件后，最好由保卫部与大堂经理同时出面与客人交涉。

基于酒店作业规则，若客人有物品遗失，酒店不应轻言赔偿，在饭店的住房手册及客人签字确认的登记卡上，都有明确说明："请将您的贵重物品保存在房间或前台的保险箱内，否则遗失饭店恕不赔偿。"

通常情况下，酒店不开具遗失证明。若客人信用卡遗失，可由大堂经理代为联络银行支付。

第二节　火灾的预防、通报及扑救

“我带队在验收优秀旅游城市时，去饭店重点检查了安全，总共查了几十家饭店，80% 的泡沫灭火器都是过期的；接着问员工怎么使用，员工说不上来；我们在房间里对着报警器吹烟，把它吹亮了，但是没有一个消防员工能够按时到达；有的响了十来分钟了还没有人来，或者是赤手空拳地上来了，惊慌得不知道是怎么回事……”

火灾是客房部的头号安全问题。客房部员工应该具有火灾的防范意识，掌握火灾的预防、通报和扑救知识。

一、火灾的危害

现代旅游酒店设备先进、设施豪华，小的投资上千万元，大的往往上亿元，一场大火旦夕之间就会使这些巨额财产化为灰烬。无情的大火不但会烧毁饭店建筑物，而且还直接威胁着人们的生命。

2000 年，12 月 25 日，河南洛阳市东都商厦因违章电焊引起火灾，造成 309 人死亡；2003 年 2 月 2 日，黑龙江哈尔滨天潭酒店因服务员违规使用煤油炉发生火灾，导致 33 人死亡…… 一位饭店总经理曾经深有感触地说：“作为饭店老总，我最为关心的，而且常常使我坐卧不宁的就是‘防火’，客人的财物丢失，我可以经营利润照价赔偿，可是一旦发生火灾，建筑物付之一炬，客人被烧死，那么，我坐监狱是小事，国家将遭受难以估量的巨大损失。”

二、火灾发生的原因

火灾发生的直接原因很多，据美国有关方面对 487 起饭店的火灾原因分析：因吸烟点火不慎占 33%，因电器事故占 21%，因取暖、炊事用具占 10%，因火炉上的食物和烟道的油占 6%，因碎屑类着火占 3%，自燃占 2%，煤气泄气占 1%，纵火占 17%，锅炉爆炸等其他原因占 7%。由此可见，饭店火灾主要发生在客房。其中，吸烟和电器事故不仅是引起客房部火灾的主要原因，而且也是整个饭店火灾事故的主要诱因。国外火灾多发生在深夜到黎明这一段时间，其原因就是国外旅客大都习惯夜生活，在酒醉和疲劳时卧床吸烟，容易引燃被褥、床单等物，或者乱扔烟头火柴，使地毯、纸篓等起火。北京有一家饭店，一位日本外宾因饮酒过量，又有睡觉前躺着吸烟的习惯，结果，人睡着了，小小的烟蒂致使这位客人丧生。

三、火灾的预防

除了在酒店的设计建设中安装必要的防火设施与设备（如自动喷水灭火装置及排烟设备等）外，火灾的预防还要从以下几方面入手：

（1）搞好职工培训，增强防火意识。酒店建成开业后，要对新上岗的员工进行安全培训，增强他们的防火意识，教会他们如何使用消防设施与设备，并使他们懂得在火灾发生的非常时刻，自己的职责是什么，同时，组织消防知识竞赛，必要时，还可利用淡季组织消防演习。

（2）在日常经营中采取必要的管理措施。

①针对客人躺在床上吸烟这一习惯，应在床头柜上放置“请勿在床上吸烟”的卡片，提醒客人务必将未熄的火柴或烟头扔进烟灰缸。

②对于因酗酒过度而醉的客人以及烟瘾大的客人所住房间要经常检查。

③注意观察客人所携带的行李物品，如发现有易燃易爆等危险品，要立即向上级或总服务台报告。

④服务员打扫房间时，注意不要把未熄灭的烟头扔进纸篓。

⑤统计资料表明，饭店火灾多发生在夜间，因此，夜间值班员应切实负起责任，加强夜间巡逻。

⑥对维修人员因工带进的喷灯、焊接灯、汽油以及作业产生的火花等要充分注意。并要对工作人员加以提醒。

⑦发现客人在房内使用电热器时，要及时向总服务台报告。

⑧太平门不能加锁，如发现太平门、急用电梯等处堆有障碍物，应及时排除。

以上是关于火灾的预防。为了把火灾所造成的伤亡降到最低限度，客房部还应利用时机，通过适当的方式向客人宣传安全常识，并向他们指出在非常情况下紧急疏散的路线等（一般饭店都将印制好的紧急疏散图贴在客房门内侧，见图 18-1）。

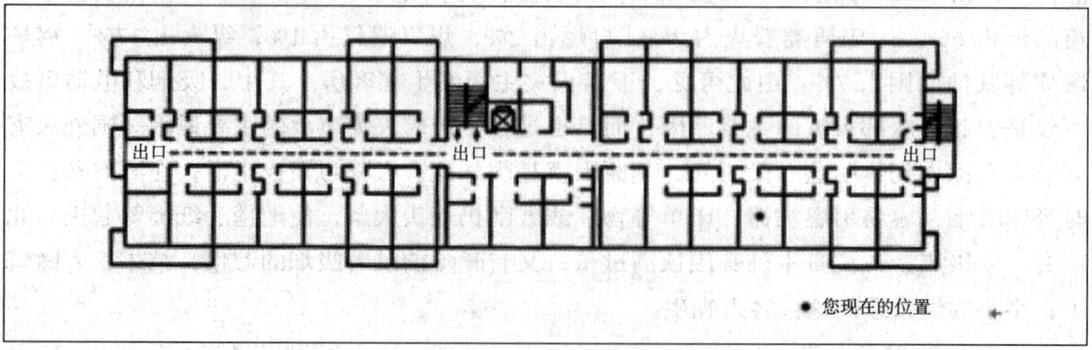

紧急疏散方案

您的安全对我们是很重要的，请花 1 分钟时间读完下面的安全建议：

1. 请您一定要熟悉放置在写字台的《旅客须知》内的紧急疏散方案。
2. 熟悉您客房内的窗户。
3. 请将您的钥匙放置在您容易找到的位置，离开房间时要随身携带，因为烟火阻碍您的出口时，您可能需要您的钥匙回到您的房间。
4. 当起火或有紧急情况时请按下面进行。

- 找到您房间的钥匙并随身携带。
- 在开门前试一试客房门是否烫手。
- 到达最近的可用的出口楼梯，并立即下到底楼。（注意：不要使用电梯）
- 如您不能平安到达出口楼梯口，应回到您的房间，立即拨“0”通知电话员。
- 在等待援助时，按您的最佳判断来操作窗户。
- 放置一块湿毛巾在客房门底部。
- 设法吸引楼房外面人们的注意。

图18–1 紧急疏散图路线与方案

四、火灾发生时客房员工的职责

（1）向酒店防灾中心报警（如火势大，应同时向消防部门报警）。

（2）按次序向客人发出通报。

（3）提醒客人有关注意事项，包括：

①要求客人保持镇定，防止火未烧身人已跳楼身亡，或由于恐慌、拥挤而造成其他意外伤亡事故。

②提醒客人穿好衣服或睡袍，勿将身体直接暴露在火焰之中，以免烧伤。

③提醒客人随身携带房门钥匙，以便在无法从安全通道出去时返回房间，等待救援或采取其他措施。

④最好能将一件针织衫用水浸湿，蒙在头上，当作“防毒面具”使用。

⑤如整个通道已被浓烟迷漫，可提醒客人匍匐前进，在火灾中，浓烟比烈火往往更危险，而浓烟较轻，所以一般先上升后下降，因而，爬行有可能逃生。

⑥提醒客人不要乘坐电梯，以免突然停电、电梯失控而被堵在电梯内。

（4）向客人指示安全通道，疏散客人，引导客人迅速撤离现场。

（5）协助消防人员进行灭火，力争将酒店财产损失降到最低限度。

五、灭火的方法

（1）火灾的种类。依照国家标准，火灾分为四大类：

①普通物品火灾（A类）。由木材、纸张、棉布、塑胶等固体所引起的火灾。

②易燃液体火灾（B类）。由汽油、酒精等引起的火灾。

③可燃气体火灾（C类）。如由液化石油气、煤气、乙炔等引起的火灾。

④金属火灾（D类）。由钾、钠、镁、锂等物质引起的火灾。

以上不同类型的火灾应用不同类型的灭火方法和灭火器材进行灭火。客房部的火灾通常属于A类，即普通物品火灾。

（2）常用的灭火方法。

①冷却法。即通过使用灭火剂吸收燃烧物的热量，使其降到燃点以下，达到灭火的目的，常用的这类灭火剂是水和二氧化碳。

②窒息法。即通过阻止空气与可燃物接触，使燃烧因缺氧而窒息，常用的这类灭火剂有泡沫和二氧化碳等，也可采用石棉布、浸水棉被来覆盖燃烧物。

③化学法。即通过使灭火剂参与燃烧过程而起到灭火的作用，这类灭火剂有二氟二溴甲烷（1202）、一氟一氯一溴甲烷（1211）、三氟一溴甲烷（1301）及干粉等。其中，1211和1301灭火器统称为“哈龙”（Halon）灭火器，由于哈龙化合物中的氯、溴原子对大气臭氧层的破坏能力大，且持续时间长，因此，哈龙已被列为禁用物质。目前，市场上已推出了很多替代型灭火剂，包括易安龙灭火剂、惰性气体灭火剂等。

④隔离法。即将火源附近的可燃物隔离或移开，以此中断燃烧。

灭火的方法很多，但具体采用的哪种方法，要视当时的实际情况、条件而论。

本章小结

客房部的安全问题主要涉及因客房设施设备的安装和使用而引起的各类工伤事故和对客人造成的伤害、各类传染病、偷盗及其他刑事案件、火灾等。

客房员工要有安全意识，针对不同的安全问题，采取不同的防范措施。客房管理人员不仅要教育员工洁身自好，还要防止店外犯罪分子入室盗窃和伺机作案，要教育员工做好客房钥匙的保管和管理工作，制定客房安全管理制度，并教育员工严格执行。对重点区域重点防范，对可疑人员严格盘查和重点关注，不给其造成可乘之机。

火灾是饭店最严重的安全问题，直接危及客人的生命和财产，因而也是客房管理人员最需要重视的。客房员工不仅要在平时做好火灾的防范工作，而且要在火灾的消防方面训练有素，一旦火灾发生，能够正确履行自己的职责，迅速灭火。

课堂讨论

针对下面“案例聚焦”中的情况，讨论“小潘”该如何向客人解释？

案例聚焦

房门卡上要写上房间号码吗？

神情沮丧的客人白先生找到大堂副理小潘诉称：今天上街购物时，放在上衣口袋的钱、身份证、寄存单以及酒店房间的门卡（钥匙）统统被小偷“扒”走，不知如何是好。小潘向总台查实白先生是住本酒店809房的客人后，即安慰他道：“你还有寄存在总台保险柜的钱，可以经我们酒店有关人员确认，你报出密码后即可领走。房间门卡丢失不碍事，可以重新制作一张供你使用，请你不要太难过。”虽然客人一时得到安慰，但令这位客人难过的事情还没完。原来，当重新制作的门卡打开房门后发现，原先放在房间里的旅行袋被打开，一套崭新的西服不见踪影，昨天刚购买的三条本地产香烟也一起消失。

问题出在哪里呢？接到白先生报案后小潘陷入了沉思。小潘在保安部经理的建议下，查看了从白先生上午约9点离开酒店到下午约2点回到酒店这一段时间里八楼过道电子探头的录像，发现在中午12点左右，有一个男青年（不是酒店员工）进入过白先生的房间，不一会儿又拎了两个酒店的礼品袋离开。小潘询问白先生：“你有没有叫一个男青年到你房间取东西？”“没有啊！”白先生睁大眼睛大声回答。“那你发现上衣口袋东西丢失是什么时间呢？”小潘心里似乎已有了答案，仔细地查询白先生发现失窃的具体时间。白先生不假思索地回答道：“在我到一家小餐馆想吃当地风味小吃时发现的，那已是中午时间，大概是下午1点了吧。不瞒你说，由于我身上没钱了，不但吃不上东西，而且我还是走回酒店的哩！”小潘立即带领白先生到咖啡厅用餐，然后说道：“回头我把分析的情况告诉你。”

准备怎么将分析情况告诉白先生呢？小潘感到左右为难。她知道，丢失门卡的责任固然在于白先生，但酒店对失窃事件是否一点责任都没有呢？答案是否定的。因为酒店提供的门卡上不但有酒店标志，而且还明白无误地标有房号！显然，当白先生发现钱、门卡等丢失时，小偷已经按门卡上的酒店名称和房号“光顾”了白先生的房间。平常头脑还算活络的小潘，这时真不知道该怎么向白先生解释了。

任务拓展

客房安全管理：来自客人的疑点

以下疑点需要引起员工的注意：

（1）证件上照片与面貌不符。

（2）印章模糊不清或有涂改迹象。

（3）证件已过时失效。

（4）交谈中神态不正常，吞吞吐吐，含糊其词。

（5）谈话内容、方式与身份不相符合。

（6）口音与籍贯不一致。

（7）说话自相矛盾，或说东道西，夸夸其谈。

（8）进出频繁，神情异常，行动鬼祟。

（9）服装式样、质量与职业身份不符。

（10）用小恩小惠拉拢腐蚀服务员。

（11）经常走串其他客人房间。

（12）打探馆内其他客人情况。

（13）住宿旅客客房内有凶器或麻醉剂之类的物品。

（14）只登记一人住宿的房间住了两个人。

（15）住宿中的旅客没有行李或行李极少时。

（16）外来客人进出过多的客房。

（17）在走廊或其他地方发现可疑的人或物（如行李）时。

（18）与不相识的人乱拉关系。

（19）用钱挥霍。

（20）起居不正常。

（21）终日闭门不出，神态不自然。

（22）匆匆离馆，原因不明。

遇有上述情况，服务员应向管理人员报告。但以上仅是可疑之点，客房服务及管理人员只能对有以上特征的人提高警惕，注意观察，而不能主观臆断，以此定罪，以免得罪、冤枉好人，而给坏人造成可乘之机，使我们的工作处于被动状态。

酒店经理人对“经理的困惑”的答复

Re：有人冒充“房客”盗窃怎么办？

Grace Yu　大连香格里拉大酒店前厅部经理

以上案例完全是员工没有接受到酒店正规的培训，抑或是部门管理程序不严谨。作为客房管家面对此类问题首先应冷静配合保安部或公安机关调查，尽快破案，以减少客人损失；其次了解此事为员工个人失误还是部门管理、培训的问题，相信酒店对于给客人开门一定有相关严谨的程序（在任何情况下都必须核对清楚客人身份才可以开门）；今后应针对此事加强对员工的培训，加强内部检查管理力度。

姜东皓　北京中旅大厦客务部经理（北京客务经理协会理事）

毫无疑问，遇到这种情况要马上报警，即以酒店的名义要求警方介入调查，因为这种情况已经属于刑事犯罪，酒店要从入住登记资料、客史档案、监控录像留存、前台接待员和当事客房服务员口供等方面配合警方的侦查。酒店的客房房门开启程序有问题，主要是核查申请开房门人身份的步骤没有做好，给犯罪分子留下了可乘之机，建议程序制度要严格明确核查身份的职责由前台人员履行，前台人员在核查时应采取多重手段，比如：核对登记人居住地址、开房人生日、联系电话等，客房服务人员要加强培训，尤其是涉及客人生命、财产安全方面的安保制度，要严格执行不打折扣。对于受损失的客人在警方没有破案以前主要以沟通、安抚为主，如果对方有意协调解决并且所开具的赔偿额度酒店方能够接受，可以考虑协商解决，但是要出具书面证据留存，书面证据上建议不要出现赔付、赔偿等字句，以安慰、慰问、感谢等字语出现比较稳妥。

第十九章 客房部人力资源管理

提高服务质量首先要提高员工的素质，包括服务意识的培养、职业道德教育、企业文化的熏陶、管理制度的灌输、专业知识以及技能技巧的培训等。客房部管理人员必须对员工进行多种形式的、长期的、系统的培训。对员工进行培训，不仅是管理人员实现管理目标的重要手段，同时，也是帮助员工获得发展的重要途径，是管理者应尽的义务。客房部管理人员不仅要配合酒店人力资源部做好员工的培训工作，而且要善于发现问题，发现各种培训需求，针对部门中存在的各种服务和管理问题，及时提供各种针对性培训。

员工激励也是客房人力资源管理的重要内容。做好员工激励工作能够提高员工的积极性，发挥员工潜能，改善工作态度，增强工作热情，提高工作数量和工作质量。

学习目标

知识目标

1. 了解客房员工的素质要求。
2. 了解培训的内容和类型。
3. 学会制订培训计划。

能力目标

1. 学会对员工进行培训和入职指导。
2. 能够对员工进行有效的激励。
3. 能够对员工进行科学的评估。

关键词：培训　考核　工作评估　激励

经理的困惑

让员工轮休错了吗？

佳节刚过，我们宾馆步入小淡季，宾客稀少。我开始考虑着节后的工作安排。突然，我喜上眉梢：何不趁此机会安排员工休息？可又一想：刚休了七天，再连着休息，会不会太接近，而以后的二十几天没休息日了，员工会不会太辛苦？不过，再想想，反正现在客源少，闲着也是闲着了。于是，就着手安排各楼层员工轮休。

刚到中旬，轮休的员工陆续到岗，紧接着客源激增，会议一个接着一个，整个楼又恢复了昔日的热闹，员工们忙个不亦乐乎。

紧张的工作日以继夜地度过了十几天，我正为自己的“英明决策”感到沾沾自喜时，下午4点服务员小陈突然胃痛；晚上交接班时，小李的母亲心绞痛住院；小黄的腿在灌开水时不慎烫伤。面对接二连三突然出现的问题，我有点乱了方寸。怎么办？最后，我以这个月的休息日已全部休息完毕为由，家中有事、生病者，要休息就请假。而请一天的病事假，所扣的工资、奖金是一笔可观的数目，面对这样的决定，小黄请了病假，小陈、小李只好克服各自的困难，仍然坚持上班。

第二天中午，楼层主管接到客人的口头投诉：被投诉的是三楼的小李及四楼的小陈，原因是：丢三拉四，所答非所问，面无笑容，对客不热情，服务出差错……难道是我错了吗？我听后，陷入深思……

第一节　客房员工的素质要求

一天晚上，住在某酒店的一位美国老太太觉得房间内温度太低，有些冷，就叫来客房服务员，希望能给她加一条“Blanket”（毛毯）。“OK，OK！”服务员连声说。过了一会儿，这位服务员拿了一瓶法国“白兰地”（Brandy）进房来。客人一见，哭笑不得，只好说：“OK，‘白兰地’能解决我一时的温暖问题，可不能解决我一晚上的温暖问题啊！”

一、客房服务员的素质要求

（1）身体健康，没有腰部疾病。客房部的工作大都属于体力活，因此，员工必须具有健康的体魄，无论是站立值台服务还是弯腰搞卫生，都要求服务员不能有腰部疾病。

（2）不怕脏，不怕累，能吃苦耐劳。客房部的工作主要是清洁卫生工作，包括客房卫生、公共卫生以及洗衣房客衣、布草的洗涤等，因此，要求在客房部工作的员工必须具有不怕脏、不怕累、能吃苦耐劳的精神。

（3）有较强的卫生意识和服务意识。如前所述，客房部的工作主要是搞清洁卫生，要做好这项工作，服务员必须具有强烈的卫生意识和服务意识。否则，就不可能做好客房部的工作。

（4）有良好的职业道德和思想品质。良好的职业道德是员工做好本职工作的必要条件。要求员工有职业道德，就是要求员工以饱满的工作热情，积极的工作态度，一丝不苟，认真做好本职工作。职业道德并非枯燥的说教，而是有血有肉、实实在在地贯穿于员工整个工作过程之中。另外，要求员工有良好的职业道德和思想品质，还要求员工做到洁身自好。因工作需要，客房部服务员，特别是楼层服务员每天都要进出客房，因而有机会接触客人的行李物品，特别是贵重物品和钱物等，因此，客房部服务员必须做到洁身自好，以免发生利用工作之便偷盗客人钱物等事件。

（5）掌握基本的设施设备维修保养知识。酒店客房内有很多设施设备，如各种灯具、空调、电视、音响、窗帘、地毯、写字台等，这些设施设备的维修通常由酒店的工程人员负责，但对其保养则由客房部负责，客房服务员要利用每天进房搞卫生的机会，做好对这些设施设备的保养工作。另外，一些小项目的“维修”，诸如换灯泡、插电源插座、换保险丝等，也应该由客房部负责，因此，客房部服务员必须有基本的设施设备的维修常识。

（6）有一定的外语水平。能够用英语接待客人，为客人提供服务。有人认为，酒店的前台员工需要学英语，餐厅员工需要学英语，而客房员工不必要学英语。其实不然，客房部的员工有时也需要面对面为客人提供服务，因此，作为涉外星级饭店的客房服务员，也必须有一定的外语水平，能够用英语为客人提供服务；否则，不仅会影响服务质量，还可能闹出很多笑话。

二、客房服务员行为规范

（1）上、下班及工作时，只能乘员工专用电梯，不得乘客用电梯。

（2）注意服务的礼貌、礼节，遇客要微笑致意。客房管理人员要使服务员意识到服务的礼貌、礼节是客房服务质量的重要组成部分，为客人提供礼貌的服务属于自己的本职工作，而非分外之事。

（3）接听电话时，先通报“Housekeeping，Can I help you？”（这里是客房服务，可以帮您吗？）与客人通话时，要注意措辞、语气。如有要事，应适当记录，并复述一遍。

（4）因工作需要进入客房时，必须先敲门，得到许可后方可进入。敲门时，还应通报自己是客房服务员“Housekeeping”，如果三次以后仍没有回答，方可用钥匙轻轻地打开房门。

（5）退出房间时，要站在门边向客人微笑点头致意，出房后轻轻把门关上。

（6）尊重客人的隐私权（Privacy）。与客人私生活有关的事情（包括客人的姓名），不得向外人透露，尤其是不能泄露男、女演员，财、政界要人等易于成为评论对象的客人的秘密。另外，不得随意打听客人的年龄、职务、工资等私事，也不要轻易询问宾客所带物品，如服装及金银饰品的价格、产地等，以免引起误会。

（7）要与客人保持应有的距离，不可过分随便。不得与客人开过分的玩笑，不要表示过分亲热，严格掌握好分寸，尤其是对于常住客人，绝不能因为熟悉而过分亲热、随便。

（8）在客房内，即使客人让坐也不能坐下。

（9）应保持楼层的绝对安静。不可在楼层或其他工作场所大声喧哗，聚众开玩笑，哼歌曲。应客人招呼时不要高声回答，如距离较远，可点头或打手势示意领会意思；如逢宾客开会、座谈、会见时须接听电话，应到客人身边轻声呼叫或请其出场，伸手指示电话所在处。

（10）在岗位工作时，不准吃口香糖，也不允许因工作劳累而靠墙休息。

（11）不许在饭店和客房内与亲友会面交谈。

（12）注意保管好客房钥匙。客房钥匙要随身携带，切勿随处摆放，领取或交钥匙时，要作好交接记录。

（13）不能随便接受客人的礼品。假如收到客人礼品，而又无法拒绝，必须附有客人留言来证明是客人送的，客人礼品留言要有他的姓名和房间号码，没有上述证明，服务员不准将礼品带出饭店。

（14）掌握说“不”的艺术。在客房服务工作中，很多情况下，需要对客人说“NO”，但客房服务员不能简单地对客人说“NO”，生硬地将客人回绝，而应根据实际情况，用委婉的语言进行表达，必要时，要向客人解释，取得客人的谅解。

（15）在工作中不能失态。要有涵养，有耐心，善于控制自己，决不能随客人情绪的波动而波动，不能与客人争吵。

相关链接　搜索

Ritz-Carlton 从招聘开始确保员工的素质

Ritz-Carlton 对员工的重视从招聘就开始了。Ritz-Carlton 相信成功的酒店始于对人才的挑选，每一名成功录取的应聘者都要经过大约七次面试。与其他酒店挑选员工的方式不同之处是，面试者不仅要通过人力资源部筛选、部门经理、部门总监、人力资源部总监、总经理的面试，还要通过专业公司为选拔优质人才为酒店集团特别设计的质量选材测试。通过该测试，可以了解到每一位面试者的天赋及其价值取向。只有那些具有与 Ritz-Carlton 最优秀员工相同或相近的天赋的应聘者才会通过质量选材测试而被成功录用。在长期实践中，他们构建了一个由54套面试题构成的科学题库。这些问题与酒店专业和学历都无关，关键是选拔素质和发展潜力，看是否能适应服务工作，能否融人团队。譬如学历并不高，但忠诚、热情，就可取。凡初步入选者，人人必须经过由各部门总监以上管理高层组成的面试小组的面试，无一遗漏。由于每个考题是由表及里、循序渐进的，所被招聘的人无法作假。譬如说，考官会问你，你会微笑吗？如果你答“会”，那么接下来就会继续问你：“你最近一次微笑在何时？对谁微笑？效果如何？”以下是某应聘者的面试经历。

【问题1】“请你举一次你在团队中调动气氛，让其他人很开心跟着你做一件事的最成功的例子。”由于她尚未就业，就讲述了一个在学校里的例子。考官要求她详细地讲述这个故事。考官自始至终认真倾听。这中间既有对她逻辑思维的判断，也有对她团队组织能力和号召力的评估。

【问题2】你个性最擅长是干什么事情？在回答后，考官会连续发问：举例说说具体怎么干的？你对完成这件事情的自我评价如何？这道题一方面是了解她的个性特长，有利于安排恰当的工作岗位。另一方面，则是对她工作能力和自信心的了解。

【问题3】你平时的兴趣爱好是什么？当她回答喜欢看书、写写东西。考官就接着问：你最近看的是什么？有什么体会何感想？你对现实生活有什么启发？她娓娓道来，考官侧耳聆听。她事后告诉我，讲完后心情好极了，仿佛是在进行一次真诚的互动交流。

第二节　员工服务意识的培养

服务意识是指能够正确把握服务工作的内涵，时刻准备为客人提供主动、热情、周到、耐心、细致的服务的一系列思想和行为方式。有服务意识的酒店员工一进入工作状态，便能自然地产生一种强烈的为客人提供优质服务的欲望，并能主动为客人提供各种恰到好处的服务。就客房部员工而言，每当踏入工作区域的时候，就像走上了舞台，客人是主角，而自己则是配角，时刻关注客人的需求，以满足客人的需要为自己神圣的职责和最大的快乐。

很多酒店服务质量差，在很大程度上就是由于员工素质差，缺乏服务意识造成的。因此，要提高服务质量，必须首先培养员工的服务意识。

（1）正确理解“服务”概念的内涵。服务的英文是“SERVICE”。其中的S、E、R、V、I、C、E，可以分别理解为英文的“Smile”（微笑）、“Efficiency”（效率）、“Receptiveness”（诚恳）、“Vitality”（活力）、“Interest”（兴趣）、“Courtesy”（礼貌）和“Equality”（平等）。

（2）树立“客人总是对的”的思想。要求员工具有服务意识，首先就是要求员工牢牢树立“客人总是对的”的思想，并能在实际工作中积极地贯彻这一思想，将其作为指导自己实际工作，处理与宾客关系的基本准则。“客人总是对的。”这句话对服务业产生了巨大的影响，对服务质量的提高起到了不可估量的促进作用。但在酒店中，下至普通服务员，上至总经理，很多人并不真正理解这句话：难道客人偷东西也是对的？客人打人也是对的？客人逃账也是对的？对这句话，如果管理人员不理解，就无法说服服务员；服务员不理解，就无法以此指导自己的工作，于是便出现了与客人论“是”与“非”，争“对”与“错”，甚至打架的现象。

（3）要有全心全意为客人服务的意识。要求员工具有服务意识，就是要求员工无条件地、全心全意地为客人提供主动、热情、周到、耐心、细致、礼貌的服务。

①主动。就是要求服务员对客人的服务要积极、主动，见到客人要主动打招呼，主动问候；想客人之所想，急客人之所急，甚至想客人之未想。客人想到的早已想到，客人还没有考虑到的，服务人员也替他考虑到，做到在客人未提出服务要求之前就服务到位。

②热情。就是服务要发自内心，要真心诚意，面带笑容，并注意礼貌用语。

③周到。就是全面、体贴，要能够满足客人的一切合理要求，并力图把工作做到前面。

④耐心。即不厌其烦，要求服务人员在服务过程中要善于控制自己的情绪，站在客人的角度，理解客人，主动为客人解答各种疑问。

⑤细致。就是要求服务工作一丝不苟，尽善尽美。

⑥礼貌。要求服务员把为客人提供热情、礼貌的服务，当作自己工作的一部分和自己应尽的职责，而非分外之事。服务工作必须热情礼貌，否则，就是半成品，而不是完整的服务产品。有些客房服务员错误地认为，自己的工作是清扫和整理客房，而不是为客人提供服务，所以，见到客人不理不睬，缺乏基本的礼貌礼节，这是缺乏服务意识的表现。

经典案例

某年，我去内蒙古出差，住在海拉尔的贝尔饭店。午休时，服务员小伊看我开着房门便进来问候：“您今天太累了吧，岁数大了还要多注意休息。”一回头，她看到我放在电视机上的冠心病药山海丹，马上说：“您该吃药了吧？”我说：“不忙。”她说：“我把水给您凉上吧！”我说：“不用，一会儿自己来。”就在这个时候，我看到服务员转过身去，手拿两个茶杯，把其中一个倒上半杯开水，用两只手轻轻给我折，水从左手杯倒到右手杯，再从右手杯折到左手杯。我看着看着，视线不禁模糊了。心想：我有两个女儿，我吃了五年药，孩子们从来都没给我折过水，但服务员小伊却做到了，真比自己的女儿还亲哪！我眼里充满了泪水……后来，我暗暗地下定决心，无论走到什么地方，都要把贝尔饭店的深情厚谊介绍给大家。

第三节　客房部员工的培训

“这两天我们有一批新加入的员工正在接受培训，在这两天的培训中，我们并不是教他们需要在工作中具体做些什么，而是去跟他们解释酒店的信条、理念、哲理；我们的目的是要他们明白他们为什么在这里从事这份工作，同时也让他们知道公司对他们的期望。员工上岗之后我们也会不定时地给他们提供学习的机会。为此，我们酒店还专门设置了培训总监一职，专门负责帮助员工安排学习课程。除此之外，每个部门的主管也要担负起本部门员工的日常工作学习，并列入考评。而且我们还设有质量总监—职，他会将客人的反馈告诉我们运营部门的同事，将客人提出的意见汇总，并加入员工培训的课程之中，及时准确地告诉员工什么才是正确的服务方法。”

——丽思·卡尔顿酒店

一、培训的意义与原则

（一）培训的意义

①能够提高员工的个人素质。培训是员工获得发展的重要途径，通过培训，可以使员工增强服务意识，提高外语水平，获得专业知识，掌握服务技能和技巧，从而使员工的个人素质得到全面提高。

②提高服务质量，减少出错率。酒店员工，尤其是新员工，在工作中经常出错，这就是缺乏培训的表现。没人告诉员工该怎么做？服务质量的标准是什么？遇到一些特殊情况应该怎样处理？因而“错误”百出，客人投诉不断。

③提高工作效率。培训中所讲授或示范的工作方法和要领，都是经过多次的实践总结出来的，通过培训，掌握服务的技能技巧和科学的工作程序，不但能够提高服务质量，还可以节省时间和体力，提高工作效率，起到事半功倍的作用。

④降低营业成本。员工掌握正确的工作方法，能够减少用品的浪费，降低物件磨损，从而降低营业费用和成本支出。

⑤提供安全保障。培训可以提高员工的安全意识，掌握正确的操作方法，从而减少各种工伤等安全事故。

⑥减少管理人员的工作量。如果员工素质低下，工作中将不断出错，管理人员将被迫“四处灭火”，永无宁日。通过培训，将使员工素质得以提高，使客房部的工作有条不紊地进行，从而可以大大减少管理人员的工作量，也使管理者的管理工作变得轻松、愉快。

⑦改善人际关系。通过培训，使员工和管理层之间能够相互了解，建立起良好的人

际关系。

⑧使酒店管理工作走向正规化。一家酒店设不设培训部，或一个部门是否组织培训工作，在很大程度上反映了该酒店或部门的管理工作是否正规。通过培训，可以使客房部的工作走向正规化、规范化，也可以增强客房部员工的服务质量意识。

值得说明的是，培训的作用是潜移默化的，它对员工和酒店的影响是长期的，可谓“润物细无声”，那种鼠目寸光，急功近利，要求培训取得立竿见影的效果的思想是不对的，也是不现实的。

（二）培训的原则

①长期性。酒店业员工的流动性比较大，再加上酒店业也是在不断发展的，客人对酒店的要求也越来越高，科学技术在酒店的应用也层出不穷，因此，对员工的培训不是一朝一夕的事，必须长期坚持。

②系统性。培训工作的系统性表现在以下几个方面：培训组织的系统性。培训参加者的全员性。培训内容的系统性。

③层次性。虽然客房部所有员工都必须参加培训，但由于岗位不同、级别不同、工作内容和要求不同，因此，培训工作要分层次进行。比如，服务员培训，督导人员培训，经理培训等，以便取得良好的培训效果。

④实效性。培训工作是提高员工素质和服务质量的重要保障，酒店为此需要投入可观的人力、物力、财力，因此，培训工作不能走形式，必须注重培训效果，客房部管理者必须认真组织，严格训练，严格考核。对于考核不合格的员工不允许上岗，不达要求决不放行。培训的内容要针对部门服务和管理中存在的问题和薄弱环节加以确定，达到缺啥补啥的目的。

⑤科学性。要按照制定的岗位责任书的内容，利用科学的方法、手段进行培训，不能图省事，采取“师傅带徒弟”的简单、陈旧的方式。

二、培训的内容与类型

（一）培训的内容

培训内容包括：酒店及部门规章制度；服务意识；职业道德；仪表仪容与礼貌礼节；服务程序、规范与技能技巧；英语；安全知识；管理人员的管理技能。

（二）培训的类型

培训的类型如下（表 19–1）。

表 19–1 培训的类型

类型	主要内容
岗前培训	包括对新员工的入职指导（Job Orientation）和岗位工作所需要的操作程序、服务规范以及基本的服务技能技巧的训练。 客房部必须贯彻“先培训，后上岗”的原则。
日常训练	即针对工作中发现的问题随时进行培训。它可以在不影响日常工作的情况下，穿插进行一些个别指导或训示，也可利用各种机会对一定范围内的员工进行培训。其目的在于逐步强化员工良好的工作习惯，提高其工作水准，使部门工作趋向规范化和协调化。客房部的日常训练是一项长期的、无休止的工作，班前班后的会议、部门例会和工作检查等都应与此联系起来。
下岗培训	对于上岗后，在业务、技术、职业道德等方面不称职的员工，要撤下岗位进行培训，直至经严格考核合格后方能上岗。对于经二次下岗培训后，考核达不到要求的，则应考虑调离其岗位。
专题培训	是对员工就某个专项课题进行的培训。随着工作要求的逐步提高，有必要对员工进行有计划的单项训练，以扩大员工的知识面，进一步提高员工的专业素质。 （1）业务竞赛。可以是知识性的，也可以是操作性的。业务竞赛是激发员工自觉学习、训练和交流的好方法。 （2）专题讲座。可根据工作需要，选一个主题，由本部门员工或聘请其他专业人员来讲授或示范，如：接听电话的技巧、处理客人投诉的方法、督导人员管理技巧等。 （3）系列教程。如通过举办初、中、高级英语学习班，来满足不同员工学习英语的需求，提高员工的外语水平。
管理培训（Management Trainee）	又称为“晋升培训”或“发展培训”。是一种针对有潜力的服务员和管理人员在晋升高一级的管理职位之前所设计的培训项目。以便使其能够有机会了解其他部门或岗位的工作内容、性质、特点，掌握必要的管理技能、技巧，以适应未来管理工作的需要。 管理培训实际上是员工在晋升前的热身运动。

三、新员工的入职指导

对新员工的入职指导（Job Orientation）是新员工岗前培训的重要组成部分。新员工在刚步入单位或岗位时，总会有一种紧张和焦躁不安的感觉。因为对他而言，新单位在很多地方是个充满未知数的“黑箱”：这家酒店有发展前途吗？酒店的福利待遇如何？经理和督导人员很凶吗？我的工作职责是什么？我能和其他员工友好相处吗？……这种感觉必定会影响到新员工对付新工作的能力，妨碍他有效地投入工作，尤其是不能和周围的同事、管理人员，甚至顾客打成一片。在这种情况下，对工作很难具有信心，而没有信心是不大可能把工作干得出色的。此时，管理人员的职责就是向新员工表示欢迎，帮助他们了解酒店、所在的部门、工作岗位及所要从事的工作，使他们消除疑虑，树立信心。

新员工的入职指导通常包括两方面的内容：酒店介绍（General Property Orientation）和具体工作指导（Specific Job Orientation）。

（一）酒店介绍

“酒店介绍”帮助新员工了解整个酒店的管理机构，并为树立酒店的价值观和经营哲学打下良好的基础。同时，它也帮助新员工了解他所从事的工作对整个酒店的重要性，使员工热爱自己的工作。这部分工作是由酒店人力资源部组织实施的，他们会召集一次新员工会议。通常包括如下内容：

①酒店总经理（或副总经理）致欢迎词。

②有关部门经理致欢迎词。

③播放有关酒店的录像或幻灯，发放有关酒店管理哲学的资料。帮助员工了解他们所扮演的角色对实现酒店管理任务和目标的重要性。

④发放员工手册和其他有关资料。

⑤讲述酒店有关方针政策和规章制度。

⑥讨论酒店工作的好处。

⑦讨论客人与员工的关系。

⑧填写有关个人表格。

⑨参观酒店。

（二）具体工作指导

具体工作指导是由员工所在部门的督导人员执行的。作为前台及客房督导人员，应该认真做好具体工作指导的准备工作，为新员工提供充分的资料和信息，使他们对自己的工作充满信心，并让他们知道，您欢迎他们加入您所在的班组或部门。具体工作指导的内容通常包括：

①与新员工讨论员工手册的有关内容（包括奖励制度、酒店政策、工作程序以及何时休息、何时拿到工资单、当班时应该穿什么样的衣服等）。

②让新员工了解他在酒店及客房部组织机构中扮演的角色。

③向新员工发放一本有关他所从事工作的“工作说明书”（Job description），并与他一起讨论有关内容。

④强调新员工将要从事的工作对整个酒店的重要性。

⑤讨论新员工将要接受的培训。

⑥向新员工发放“工作评估表”（Performance Evaluation Form ）。

⑦向新员工介绍酒店晋升机会（举在酒店内得到晋升的成功者的例子）。

⑧带领新员工参观本部门（切记，在新员工参观的前一天，要通知老员工新员工何时

将开始上班。在参观过程中，要向新员工介绍所有工作区和即将与他们一起工作的员工）。

（三）入职指导日程安排

对新员工的入职指导，一般可在 4 天内完成。4 天的时间在整个新员工的职业生涯中只是短暂的片刻，但起到的作用可能会影响员工的终身。入职培训的总的目标是使新员工有家的感觉。有家的感觉的员工，会在日后的岗位工作中，通过他们的工作，为来自四方的顾客，营造家的感觉。能够在酒店这个家得到关心和爱的员工，一定能给予顾客所有的关心和爱。下表是某国际酒店集团对新员工入职指导的日程安排（表 19–2）。

表 19–2　新员工入职指导的日程安排（General Property Orientation）

日期	培 训 内 容	培训工具（方式）	培训目的（标）
第一天	1. 总经理向新员工致欢迎词； 2. 介绍集团（酒店）的发展历史； 3. 介绍集团（酒店）的管理领导； 4. 介绍集团（酒店）的经营之道、待客原则、企业文化； 5. 介绍酒店的组织结构图； 6. 介绍酒店的远景和战略规划； 7. 大的部门的总监或经理到场，向新员工讲话，并介绍本部门职能。	播放集团资料片	1. 使员工有受欢迎的感觉； 2. 培训员工的自豪感； 3. 让员工了解酒店的历史、企业文化、价值观以及发展前景等； 4. 使新员工了解酒店主要的管理人员
第二天	1. 向新员工介绍酒店知识； 2. 讲授酒店服务意识； 3. 带领新员工参观整个酒店。	讲授、参观	1. 使新员工对酒店产品及酒店行业有全面的了解； 2. 使员工对本酒店有直观的认识
第三天	1. 向新员工介绍酒店各项规章制度（包括安全程序、防火措施、个人的仪表卫生等）； 2. 向新员工发放员工手册。	讲　授	使新员工了解酒店各项规章制度
第四天	1. 介绍酒店接电话的统一标准和技巧。 2. 安排对新员工的酒店知识和服务意识测试。 3. 把各自部门的培训者介绍给新员工。 4. 各部门的新员工由各部门的培训者带入各自的部门。	模拟、测试	1. 掌握酒店接听电话的标准和技巧； 2. 掌握培训内容，确保培训效果； 3. 做好部门培训的准备

四、培训计划的制定

（一）发现培训需求

前台与客房管理人员通过分析工作中带有普遍性的问题和根据酒店或部门制定的工

作目标与现状之间的差距来确定是否需要培训、何时实施培训和怎样进行培训。在下列情况下通常需要培训：

①酒店开业时。

②新的设备、工作程序和管理制度投入使用时。

③当员工从事一项新工作时（无论是新员工，还是老员工改变工作）。

④当管理者想帮助员工在事业上得到发展时。

⑤工作效率降低。

⑥工作中不断出现差错。

⑦各岗位之间经常产生磨擦。

⑧顾客投诉较多，或员工工作不符合酒店的质量和数量要求时。

⑨酒店或部门制定的工作目标与现状之间有较大的差距。

（二）制定培训计划

确定培训需求以后，就要制定培训计划。一个完整的培训计划应该包括培训目标、培训时间、培训地点、培训内容、接受培训者及对受训者的要求、培训者、培训方式、培训所需要的设备、器材、培训组织等内容。

五、增强培训效果

培训计划制定好以后，就要按计划的内容和要求，用选定的培训方式来组织实施。培训计划的实施关键是要提高培训效果。培训工作能否取得成效，取决于酒店领导及有关方面和人员的大力支持，取决于培训组织者的精心策划，取决于培训者的业务水平和培训艺术，同时也取决于受训者的合作。要使培训工作卓有成效，必须做到以下几点：

（1）有关人员能够正确认识培训的重要意义。要搞好培训，有关人员（包括部门管理人员、酒店领导及接受培训的员工）必须对培训的重要性和重要意义有充分的认识。这是做好培训工作的思想基础。

（2）部门及酒店领导重视培训，并能给予大力支持。部门及酒店领导不但要认识到培训的重要性，而且必须在人、财、物、时间、道义等方面给予大力支持。这是培训工作得以顺利进行的前提条件和物质保障。在很多情况下，需要部门及酒店领导亲自抓培训。

（3）要使培训工作长期化、制度化。培训工作要长期化、制度化，长年坚持不懈，将其作为酒店发展战略之一。不能随心所欲，想培训了就培训，不想培训就不培训，上面抓了，就应付一下，上面不抓，就放一边。其结果，势必造成员工对培训工作的偏见，使培训的组织更难，培训也起不到应有的效果。

（4）要做好本部门的年度、季度和月度培训计划。各部门要做好培训的计划、组织和管理工作。要根据本部门的工作内容、工作特点，员工的实际情况，配合酒店人力资源部，制定本部门的年度、季度和月度培训工作计划。培训的组织和管理者要切实负起责任，认真制定培训计划，选择不受干扰的地点、最佳的培训时间，挑选高素质的、合格的培训者，确定恰当的培训方式和能够满足实际需要的培训内容。这是使培训取得实效的有力保证。

（5）运用培训的艺术。要使培训取得良好的效果，培训者必须具有较高的专业素质和培训技能。除了认真准备和讲授以外，还要讲究培训的艺术性。

附：有效的培训者（表 19–3）

表 19–3　有效的培训者

● 有自信心； ● 向员工表示自己喜欢培训工作； ● 鼓励员工思考如何将培训内容运用于其工作之中； ● 鼓励员工为自己树立培训目标（set goals in training）； ● 鼓励员工提问题； ● 鼓励员工寻找完成工作的更好的方法； ● 认真听取员工的意见； ● 对员工所取得的即使是很小的进步都予以赞扬； ● 把自己所取得的经验，甚至犯过的错误都拿来与员工交流； ● 要有幽默感，并将幽默作为一种培训工具。

（6）做好培训的考核和评估。培训结束后，还应通过笔试、口试或实际操作测试等方式对受训者进行考核，以确定是否达到了培训的目标，同时征求参加培训员工的意见，收集他们对培训的看法，并从培训的内容、方式、组织管理和培训效果等方面进行评估，总结经验和教训。

（7）做好培训的激励。为了提高培训效果，还应做好培训的激励工作。

①做好培训的考勤工作。对于出勤情况好，听课认真的员工予以表扬，而对于迟到、早退，甚至无故不参加培训者，予以批评或惩罚。

②将培训同使用相结合。根据每个员工的具体条件、个人愿望和工作需要，实行定向培养，定向使用，并把培训成绩作为使用的依据之一。

③将培训同晋升相结合。对于积极参加培训，且培训成绩优异的员工，在晋升时，优先予以考虑。

第四节　客房部员工激励

客房有些员工具有较高的文化水平和外语水平，掌握较好的服务技能和技巧，但在工作中就是不表现出来，工作缺乏积极性、主动性，服从性、合作性差，工作质量低，这就是缺少激励的表现。为了充分发挥员工的潜能，调动员工的积极性，客房管理人员必须学会激励员工，掌握有效激励员工的方法。

一、客房部员工激励的方法

（1）实行有激励性质的工资奖励制度。

①计件工资制。即按照楼层服务员每日打扫的客房数量计发工资。客房产品比较单一，适宜于采用计件工资制计发工资。如果客房部员工缺乏工作积极性，可以按照多劳多得的分配原则，采用这一激励方案。

②等级工资制。打破工资一成不变的状况，启用工资等级制度，将员工按工作技能、知识及工作表现分为初、中、高级，通过考核拉开员工工资差距，从而激励员工不断进步。

③高质奖励方案。具体做法如下：通过领班每天查房，当场视员工所清洁的房间状况，根据评定标准评出 A/ 优、B/ 良、C/ 中、D/ 差。登录在黑板上以直观的形式告知员工当天的工作情况；并且当月统计，与员工的出勤天数以及每天平均的做房量相结合，在当月住房不低于 80% 的基础上对于符合做房总量在前 10 位，优良率在 85% 以上，平均每天做房在 10 间以上的员工，分别给予一定的的奖励，对于当月做房效率最低的给予处罚。

④争取酒店对月度超额住房率给予单项奖励。客房部应根据部门运作的实际情况，制定“月度超额住房率奖励方案”供酒店管理当局批准实施。每家酒店的年度预算指标是经业主或董事会批准执行的，但每月住房率一般不会均等。而在业务高峰入住率超出年度平均住房率的月份，员工都会付出超常的劳动。客房部为完成工作任务相对来说是被动性地运作，没有主动调整工作的权限空间。如果考虑到客房部员工的劳动强度和劳动特点，酒店管理当局给予月度超平均住房率的相应奖励。

（2）实行免检制度。这是一种角色激励法，即通过给予表现较好的员工及具有一定资质的员工自做、自查、自检、自报完成一间客房的清洁、查房的权利，来达到节约人力成本、激励员工的目的。实施免检激励制度时，酒店要注意为具有“免检房资格”的员工合理地规划好未来的职业发展。这也是企业培养员工、为员工职业生涯做一个长远规划的负责任的行为。被评为“免检服务员”的员工应享有与众不同的荣誉、薪资、福利、地位、奖励和优先的晋级机会。另外，员工获得免检资格，并不代表永久性地拥有免检资格和待遇优先资格。主管、经理要不定期、不定时地对其清洁后的合格房进行抽查，并设定免检率的底限，发现有超过一定百分比的房达不到免检标准时，应取消服务员的免检房资格和待遇，以保证服务员“免检资格”真实有效的“圣洁”性。

（3）评选“先进班组”。评选“先进班组”是一种集体激励方案。通过对班组的出勤率、仪容仪表、卫生质量、服务质量、班组纪律、成本控制、培训学习等内容的评定，员工当月的表现及班组的整体表现既作为评选先进班组唯一条件，又作为对员工及领班半年的评定参考条件。这样将各区域的员工与领班有效捆绑起来，荣辱与共，共同品尝成功的喜悦、失败的苦恼。

（4）实施“好人好事举荐制度”。一些著名酒店实施好人好事举荐制度，对于被举荐者和举荐者本人都不失为一种很好的激励手段和制度。

（5）竞争激励。竞争激励实际上也是荣誉激励。得到他人承认、荣誉感、成就感、受到别人尊重，是著名心理学家马斯洛需求层次中的高级需求。客房部服务人员中主要是青年人，他们争强好胜，上进心强，对荣誉有强烈的需求，这是开展竞赛活动的心理基础。根据客房部的特点，可以开展一些英语口语竞赛、服务知识竞赛、服务态度竞赛和服务技能技巧竞赛等。通过组织这些竞赛，不仅可以调动员工的积极，而且，还可以提高员工的素质。

（6）情感激励。在一个部门里，如果大家情投意合，互相关心，互相爱护，互相帮助，就一定会形成一个强有力的战斗集体，从而为客人提供良好的服务。因此，客房管理人员必须重视“感情投资”。在运用情感激励这一规律时，管理人员要注意做好以下两方面的工作：

①注意启发和诱导职工创造一个互相团结、互相帮助的环境。

②以身作则，对员工热情关怀、信任、体贴。对他们做出的成绩，要及时给予肯定；对他们的缺点，诚恳地帮助改正；对他们工作中遇到的困难，要尽力帮助解决。特别是当员工家庭或个人生活遇到什么不幸或困难时，要给予同情、关怀，以至于在经济上予以支持和帮助，员工对此会铭记在心，感恩戴德，从而起到极大的激励作用。在关键时刻，对员工伸出同情与援助之手，比平时说上一千句、一万句激励的话要管用得多!

（7）晋升与调职激励。利用人们的上进心理，给予员工职位的晋升，无疑是一种极为有效的激励方法。此外，还可以通过在部门内部调换员工的工作岗位来激励员工。通常有两种情况：一是个别管理者与职工之间由于下意识的偏见、古怪习性或意外事故的发生而引起尖锐的矛盾，如通过协调或其他方式仍无法解决，可将该职工调离本班组（岗位），以调动矛盾双方的工作积极性；二是员工与管理者之间虽然不存在矛盾，但目前的工作岗位不适合他本人，不能充分发挥其个人专长和才干，通过调换工作岗位，不仅可以充分利用人力资源，还可以激励员工，极大地调动员工的工作积极性。

（8）示范激励。“没有良将就没有精兵”，客房部管理人员要以身作则，以自己的工作热情、干劲去影响和激励下属员工。“榜样的作用是无穷的”，一个组织的士气和精神面貌很大程度上取决于其领导成员。有什么样的管理者，就有什么样的下属员工。没有一流的管理人员，就不可能有一流的酒店和一流的服务员，因此要造就一流的员工，客房管理人员首先应该从各方面严格要求和提高自己，把自己塑造成为一流的管理者。

（9）换位激励法。换位激励法是一种通过临时调换工作岗位，使员工有机会了解不同岗位的工作内容、特点，体会与自己原有工作岗位联系密切的岗位及人的难处，进而激励员工在以后的工作中相互理解、相互支持的一种员工激励方法。

经典案例

我当一天领班

在杭州开元之江度假村，一个名为“我当一天领班”的活动正在如火如荼地开展着。从行李房到总机，从主二楼到闻涛阁，活动共分为三个阶段：首先，整个房务部对员工进行为期一周的领班培训；其次，各个部门每天安排一位员工当临时领班，处理领班事务和突发事件；最后，在活动快结束期间，开展评估活动，谈谈心得体会，选出最好的“临时领班”。在短短两个月的“我当一天领班”活动中，度假村的员工和领班都学到了很多。许多员工在这次“我当一天领班”活动中都认识到了领班工作的重要性和不易性，原本轻视领班工作，认为领班工作“不过如此”的想法也都渐渐不翼而飞了。

在谈到本次“我当一天领班”的活动初衷时，度假村房务部总监说：“这次举办‘我当一天领班’活动，一来是为了让一些老员工能参与管理，在完成本职工作的同时，提高一些管理能力。在轮番当领班的同时，有意识地让他们进行良性竞争，比比到底谁做得最好，此外还能杜绝一些老员工平时对领班工作抱着一种‘不过如此’的不良情绪。二来，通过‘我当一天领班’，让一些新员工能认识到与老员工之间的差距，促使他学习老员工的工作经验和管理方法。在当领班的整个过程中，也能自觉查找工作上的错误，再犯的概率就会大大降低。”

不同职务不同感受

近两个月的“我当一天领班”活动即将落下帷幕，在大家的相互交流上，员工们都说出了自己心中不同的感受。

（1）来自员工：“以前我总以为当领班是一件轻松容易的差事，但一天的领班工作下来，我才发现领班的工作其实很烦琐，有些细节我们以前都没有注意到。以后我一定要配合领班的工作。”一位员工这样说道，“‘我当一天领班’的开展，无形之中改变了我原有的工作习惯，领班比一般工作更需要耐心、细心、责任心，从中我学到了很多，也让自己在处理问题上更加成熟了。”“做员工只要每天按照领班分配好的计划做好事就行了，而领班就不同了，不仅要分清事情的主次，还要考虑到每个员工的工作性质和能力来分配当天的工作，真的很不容易。”

（2）来自领班：“之前有些员工对我们的工作内容不了解，有时候觉得我们很空，工作的时候还不配合，自从这个活动办了以后，我和员工之间的交流沟通多了，在工作配合上也更默契了，有时候他们在工作之余还会来协助我们的工作，对今后的工作方便了许多。”“是的，以前有些员工的工作比较马虎，经赏会出点小差错，他们自从当过一天临时领班后，工作明显比以前认真了，在客房卫生上也注意了许多。”几位领班凑在一起，也表达了自己的感受和看法。

（3）来自房务总监；“活动虽然只办了两个月，效果却比较显著，很多员工把平时自己忽略的部分都注意了起来，对自己工作也更加认真仔细了，同时领班在给员工讲解领班工作和职责时，也很好地对自己以前的工作内容进行梳理，更杜绝了一些领班混沌度日的不良作风。可以说，这次活动既给了普通员工一次展示自身能力、锻炼自己的机会，也给了领班们一些自我督促。”

换位思考共同进步

两个月的“我当一天领班”活动时间虽然不长，但大家都从中收获了许多宝贵的经验。从员工到领班，再从领班到员工，时间虽然只有短短的一天，但这一天比听一次培训课，开一次部门会议要有用得多。正是这样的换位思考让员工能从领班的角度去好好审视自己的工作，继而认识到自身的不足和马虎，在以后的工作中不会单单只考虑自身因素，更会从领班的角度去想事情、做事情，把一些自己平时遗忘、疏忽的地方统统补上。

二、员工激励应注意的问题

（1）要尊重、理解和关心职工。对员工在工作上要严格要求，但在生活上则要关心员工、尊重员工，以“情”动人。所谓尊重员工，就是要尊重员工在酒店的主人翁地位；理解员工，就是要理解职工的精神追求和物质追求；关心员工，就是要心系员工，尽可能解决员工的实际困难。只有员工真正意识到自己受到了尊重，真正是酒店的主人，他们才会以主人翁的精神积极工作。

（2）要经常为职工“理气”，使职工“气顺”。有些员工之所以缺乏工作热情，主要是因为“气不顺”：一怨分配不公；二怨有些管理者搞特殊化；三怨官僚主义令干群关系疏远。对此，管理者应根据实际情况，认真分析，采取改进措施，为职工“理气”。

（3）多一些培训、指导与实干，少一些指责、惩罚与埋怨。常常听到一些客房管理者埋怨服务员没有清理好房间，引起客人的投诉；埋怨设备维修差，以致经常出现问题；埋怨某处卫生差，从而影响了酒店形象；埋怨服务员素质不高，从而使酒店软件管理跟不上。如此种种，好像我们的管理人员有许多理由“横挑鼻子竖挑眼”，于是，埋怨、指责与惩罚便成了家常便饭。殊不知苦口并非都是良药，埋怨、指责与惩罚只能在管理者与员工之间竖起一道墙壁。劈头盖脸地埋怨、指责，岂不使其乱了方寸，增加精神包袱，产生逆反心理？因此，工作中出现问题，客房部管理者首先应进行自查、自纠，对自己的管理工作进行反省，问问自己到底给予员工多少培训、多少指导？管理中还有哪些失误？哪些漏洞？而不是一味地去埋怨、指责与惩罚员工。虽说惩罚是一种“负强化”激励手段，在一定条件下能够起到一定的积极作用，但管理者要记住：惩罚只是一种手段，而非目的，不能滥用，否则，不仅起不到激励作用，反而会引起对抗情绪，不利于团队精神的形成。有些客房管理人员工作方法简单粗暴，不管三七二十一，动不动就使用手中“惩罚”的大棒，结果使部门（班组）内一片怨声载道。因此，管理者在管理实践中应该遵循的原则是：在正强化能解决问题的情况下，尽量少用或不用惩罚手段。

（4）激励要遵循公平性原则。客房部管理人员在对员工进行物质激励时，一定要注意公平原则，否则，不但起不到激励作用，反而会挫伤员工的积极性，甚至造成矛盾，影响团结。事实证明，下属对领导者的能力和工作水平低大都可以原谅，而对领导者不能一视同仁，处理问题不公平，则往往表现出不能容忍的态度。

（5）激励要有针对性。员工激励要有针对性，即针对不同的情况，采取不用的激励方法。如：有些员工原本确有认真努力去工作的想法，但由于工作在一种松散的环境氛围之中，久而久之形成了懒散的工作习惯，管理者一旦发现这种趋势，就必须加强劳动纪律，严格工作制度。又如，有的员工原本工作热情很高，但因承受不了同事的冷眼与讥笑，工作热情渐渐冷却。这时，管理者就要考虑通过各种方法，营造良好的、积极向上的企业文化氛围。

（6）表扬和肯定是激励员工最好而且有效的办法之一。大多数经理人认为金钱是最能激励人的要素，事实却不尽然。员工最想要的，其实是在他们圆满完成任务的时候，被他们认为重要的人所重视。激励员工最好的办法就是老式的肯定和表扬。对大多数的员工来说，几句表扬的话就可以激起一股满足的暖流，点燃工作的激情。

第五节　客房部员工的考核与评估

为了提高服务质量和工作质量，必须实施并加强对员工的日常考核和定期评估工作。否则，将会出现有令不行、工作涣散、服务质量恶化的状况。

一、日常考核

前厅部和客房部各级管理人员平时应做好对属下员工工作表现的观察与考核记录。这不仅是提高服务质量和工作质量的重要手段和途径，也是对员工进行客观、公正评估的基础。

考核应该逐级进行，涉及部门内包括管理人员在内的每一位员工。领班对服务员进行考核，主管对领班进行考核，而部门经理则对主管进行考核。如果服务员工作质量出现问题，领班没有发现，或没有处理，或没有在考评表中予以反映，就是领班的失职，主管发现后就要对领班进行扣分；而如果主管没有发现，或没有处理，则部门经理发现后，要对主管扣分和处理，其结果除了对当事人进行批评教育以外，还将在每月业绩奖中予以体现。当然，管理者任何时候都应明白，考核、评估只是手段而已，提高服务质量和工作质量才是最终目的。

考核的内容可以因考核对象的不同而不同，对服务员的考核包括员工的出勤情况、仪容仪表、服务态度、客人投诉情况、工作差错情况、违反店规店纪情况、与其他员工的合作程度、对管理人员的服从性以及工作的责任心与自觉性等。而对管理人员的考核则还应增加现场督导和管理情况、财产管理情况及考评工作执行情况等。

为了增强考核工作的客观、公正性，考评员还应在考评表的背面写出扣分的理由和出现的问题，使被考评者心服口服，而且，也是日后对员工工作进行评估的客观依据。

二、工作评估

对员工的工作评估，就是按照一定的程序和方法，根据管理者预先确定的内容和标准，对员工的德、才表现和工作业绩进行的考察和评价。客房部员工的工作评估可以定期进行，也可以不定期进行。

（一）评估的作用

（1）能够激励员工更好地工作。通过工作表现评估，能充分肯定员工的工作成绩及良好表现，这是对员工所做工作的肯定，能够激发员工的进取心。

（2）有助于发现员工工作中的缺点和不足，以便采取相应的管理措施。如果属于员工工作态度不端正、努力程度不够，应分析原因，解决问题，帮助员工端正态度，改进工作。如属于缺乏专业知识或技能技巧不熟练的问题，则应确定进一步培训的需要，并纳入下一步的培训计划。

（3）为今后员工的使用安排提供依据。评估可发现各方面表现突出，并有发展潜力的员工。可对这类员工制定发展计划，提出更高的要求，为今后提升职务或担任更多更重要岗位的工作打好基础。通过评估，也可发现不称职、不合格的员工，为保证工作质量和服务质量，应调动其工作或解聘其职务。

（4）有助于改善员工和管理人员的关系。评估能够加强员工与管理者之间的双向沟通，促进他们的相互了解。认真、客观、公正的评估，能够对员工起到激励作用。但上级管理人员对下属带有偏见的、不够客观公正的评估，也会恶化员工和其上级管理者之间的关系，对于日后工作的开展造成不利的影响。

（二）评估的依据和内容

对员工评估的依据是酒店"岗位责任制"或"工作说明书"中对该岗位员工的基本要求（包括工作职责、标准、任务等）以及员工对岗位职责的履行情况。评估的内容包括被评估者的基本素质、工作业绩、工作态度等：

- 专业知识
- 理解能力
- 语言能力
- 进取精神
- 责任感
- 合作性
- 服从性
- 工作能力
- 其他
- 工作的自觉性
- 工作数量
- 服务态度（有无微笑服务）
- 仪容仪表
- 与同事的关系
- 考勤及守时
- 工作质量
- 礼节礼貌
- 与上司的关系
- 个人品德

对于上述内容，在考核时，可以根据其重要性的不同，给予不同的权数，进行打分，以全面、客观地反映该员工的整体素质。

（三）评估的程序和方法

（1）填写评估表。对员工的评估通常为每年一次，评估的表格一般由酒店统一设计和印制（参见表 19-4）。为了为年度评估提供依据，使年度评估更为准确，同时也为了进一步激励员工努力工作，客房部也可以对员工进行月度评估。月度评估的形式和内容以简单为宜。

表 19-4 员工工作表现评估

To be completed two months after the employee's starting date,transfer date or promotion date. 由部门经理在员工上任、调转或升职两个月后完成 Name of Employee 员工姓名： Employee Number 员工号： Position 职位： Department 部门： Hire Date（New Employee）聘用日期（新员工）： Promotion/Transfer Date 提升 / 调转日期：

1. INDUCTION AND TRAINING 入职培训

1.1 Outline the efforts which have been made to induet and train the employee in this new position. 简述对新员工入职所做的引导及培训	
1.2 Outline the employee's response to the training given. 简述员工对所做培训的反应。	

2. WORK PERFORMANCE 工作表现

2.1 Job Knowledge 业务知识 Does this employee understand and recognize the specific duties 该员工是否懂得工作的具体任务和责任？	
2.2 Job Interests 工作兴趣 How much enthusiasm has this employee shown in the job？ 该员工对工作表现出多少热情？	
2.3 Job Performance 工作表现 Is the quality and quantity of work up to the standard expected 该员工的工作质量和数量是否达到所期望的标准？	
2.4 Job Attitude 工作态度 Is this employee responsive to suggestions and instructions？ Does he/she cooperate willingly and work well with others as a team？ 该员工对建议和指示是否作出反应？是否愿意同别人在工作中合作？	
2.5 Ability To Learn 学习能力 How fast does this employee understand and follow instructions within a given time period？在指定的时间里，该员工理解和执行指示有多快？	
2.6 Adaptability 适应能力 Is this employee able to meet changed conditions with ease and accept them willingly？ 该员工是否能轻松地适应变化了的情况并愿意接受变动？	
2.7 Personal Grooming/Appearance 仪容和仪表	
2.8 Attepdance & Punctuality 考勤及守时	
2.9 Conduct 品行	

3. SUITABILITY 适用度

3.1 Comment on the suitability of the employee for this job and for the Department. 对员工是否胜任工作及所在部门进行评估。	
3.2 If you consider the employee suitable for passing probation explain why. 如果您认为此员工可以通过试用期，请阐明原因。	
3.3 If you consider the employee unsuitable for the position what. 对您认为不称职的员工您如何打算？	

4. GENERAL COMMENTS 全面评估

4. 1 In addition to the remarks you have made, list areas for performance improvement which have been discussed with and agreed to by the employee. 请您在对员工所做评估之外，通过与员工讨论并争得员工同意，列出该员工需要在哪些方面进行改进。	

5. PROBATION RECOMMENDATION–New Employee Only 试用期意见——只用于新员工

I recommend that this employee's employment, as discussed above;

☐ be terminated prior to the expiry of the probationary period as he/she does not meet our minimum requirements;

☐ be extended for a further______days to allow us to more full evaluate him/her;

☐ be ratified, and he/she be confirmed as a permanent employee of the Shangri–la;

如上述，我建议对此员工的聘用

☐ 由于其不符合我们的最低要求，应在试用期满之前终止合同。

☐ 再延期　　　　再做评估

☐ 批准正式为香格里拉的雇员。

6. THE EMPLOYEE'S COMMENTS：员工意见

____

Signature 员工签字

7. AUTHORIZATION 批准

Immediate Sqpervisor's signature______________　Division Head Approval______________

直属督导签字______________　部门经理批准______________

Date______________　Date______________

日期______________　日期______________

Please return to the Human Resources Department no later than 14 days before the expiry of a new employee's Probationary period.

请在新员工试用期满前 14 天将此表交还人力资源部

为了使评估更加客观、准确，可以采用定性和定量相结合的方法。比如，可对上述评估表中的每个项目确定权重，对A、B、C、D、E不同档次，确定不同的分值，最后加总，就可得到该员工的整体评估分。再按照总评分的多少划分为不同的档次，作为月度或年度奖励的依据。

（2）评估面谈。评估表填写好以后，评估者（部门经理或主管）要与被评估者进行见面，就评分表上的各个项目及评分情况逐条向被评估的员工解释说明。被评估者可以在面谈时对他的评估意见提出不同的看法，并与评估者进行深入的讨论。如不能取得一致意见时，可由人事部约见该员工，听取其意见，并做适当的处理。

（四）评估注意事项

（1）评估必须客观、公正。评估者对评估工作必须严肃认真、客观公正，以日常考核和员工的工作表现为依据，决不能主观臆断，凭印象或个人好恶进行。

（2）注意选择面谈地点。与被评估者进行面谈时，选择的地点要安静，不受其他人或各种噪声的干扰。

（3）鼓励对话。评估过程本身就是为酒店经营管理活动提供反馈信息的途径和上、下级之间的沟通渠道。单向性的评估容易引起职工的不满，最终使员工的工作情绪与评估的宗旨背道而驰。因此，与被评估者面谈时，应当鼓励被评估者提不同意见或看法，而不能压制。

（4）不能有报复思想。评估的目的是向被评估者实事求是地指出缺点，提出改进的方法和努力的方向，热情地肯定优点，提出发展要求和希望。切忌将评估当成整人的“秋后算账”。有些管理者平时对员工工作中出现的缺点和毛病，不及时指出和提出善意的批评，而是积累起来，在评估时进行“秋后算总账”，这样做是极其错误的，难以实现评估的目的，无法对员工起激励作用。

本章小结

客房部人力资源管理的主要内容包括员工的招聘、培训、使用、激励、考核和评估。其中，做好员工培训具有重要意义。

为了使培训工作取得成效，客房部培训工作应该遵循长期性、系统性、层次性、实效性和科学性的原则，同时要做好培训的考核和评估工作。

客房员工的培训还应包括对新员工的入职指导（New Employee Orientation）。这是一项非常重要而又常常被管理者所忽视的管理工作。入职培训通常包括两方面的内容，即：酒店介绍（General Property Orientation）和具体工作指导（Specific Job Orientation）。

客房部管理人员还必须实施并加强对员工的日常考核和定期评估工作。否则，将会出现有令不行、工作涣散、服务质量恶化的状况。

员工激励是提高客房工作数量和工作质量的重要手段。客房员工的激励与其他部门员工的激励有共性，也有其特殊性，客房管理人员应该探索有效的客房员工的激励方法。

课堂讨论

这样的激励方法，管用吗？

上海一家酒店，为了激励员工，决定"把每天的入住率通报都贴在员工食堂门口，让全饭店人都关注饭店的营收。甚至连员工食堂的阿姨也知道，需要让每一名宾客满意，酒店才会有回头客，才会有较高入住率，大家才会有奖金发"。

对张榜公布入住率，管理层也曾犹豫过。有人担心说，若入住率只有30%，贴出来有点儿难看，不利鼓励士气。但酒店高层态度非常明确——当全体员工都有忧患意识之时，就是饭店勇往直前之时，正是人人关注饭店营收，每位员工也就成为了关注宾客满意度的"大堂经理"。

讨论题

你认为酒店这种激励方法管用吗？

案例聚焦

上海华亭宾馆客房清扫员的入职培训

上海华亭宾馆原为"喜来登"集团管理，近十年来由锦江管理集团接管，但目前还能够看到"喜来登"的影子。

1. 华亭宾馆的清扫员由指定的主管进行专职培训，一般培训时间为一周或10天，然后直接单独上岗，不再安排其和老师傅跟班学习，这样可以确保各项操作的标准。

2. 新人第一天单独上岗的工作量为4间，然后每3天递增1间，直到达到15间量为止。

3. 由于新人在短时间内上岗会出现各种各样问题，所以华亭各级管理人员和职能部门都能用宽容的态度，用教育和提醒的方式不断督促新人适应各项管理要求。在没能胜任15间的工作量之前，只是对领班提要求，并没有将员工出现的问题责任归咎到管理不到位的问题上来，所以在相对"宽松"的环境下，更有利于新人达到一定的培训效果，也能够留得住新人。

4. 华亭宾馆客房部每天都有15分钟的培训，也是按以上培训的方式拟定出来的，培训内容主要围绕基础性的、务实性的业务技能确定。

5. 华亭宾馆客房部清扫员同样存在大批实习生的问题。虽然按照正式职工的要求必须达到15间的工作量，实习生的工资也不高，但是实习生的队伍还比较稳定，其原因是华亭宾馆人事部与学校配合非常默契，如果实习生不能够按照饭店的要求工作，学校则不发给学生相应的毕业证书，这就给部门在实习生的管理上带来方便。

任务拓展

客房部员工的过失行为与纪律处分

针对员工工作中的过失，给予一定的纪律处分，也是员工激励的方法和组成部分。一方面，客房部员工应该按照酒店的规定，严格要求自己，避免工作中出现过失。另一方面，客房部管理人员也可以运用酒店赋予的管理权限，根据酒店的规定，给予过失员工一定的纪律处分，对员工进行"负激励"，以消除或减少工作中的各种过失。

客房部员工在工作中的过失，根据其严重程度的不同和所造成危害的大小，分为"轻微过失""严重过失""极端过失"，可分别给予"口头警告""书面警告""辞退或开除"等不同的纪律处分。

客房部员工列入"轻微过失""严重过失""极端过失"的过失行为可参见表 19–5。

表 19–5　客房部员工的过失行为与纪律处分

轻微过失：口头警告	当值时，不保持仪表的整洁及制服整齐。 当班期间聚堆聊天、打闹、高声喧哗或发出不必要的声响。 工作时间听收音机、录音机，看报纸，吸烟。 在员工食堂以外进餐。 不使用酒店指定的员工通道。 搭乘客用电梯。 下班后，无故逗留在酒店内。 不遵守更衣室或值班宿舍的规定。 当班时吃东西。 工作散慢，粗心大意。 当班时，办理私人事务，打私人电话。 随地吐痰或乱丢杂物。 对客人无礼（视严重程度可列为严重过失）。 迟到或早退。 未按规定佩戴员工证。
轻微过失：口头警告	上下班不打卡。 违反规定携带私人物品上岗。 偷带酒店物品出店。 拒绝酒店授权的有关人员检查手袋等。 在酒店范围内粗言秽语。 因疏忽或过失损坏酒店财物程度较轻。 违反酒店有关制服管理的规定，穿酒店制服上街或回家。 挑拨打架事件情节较轻。 提供假情报、假资料或隐瞒事实，情节较轻。 擅自标贴、涂改酒店各类通告及指示。 未经许可，擅自将酒店物品搬往别处。 酒后当班，带有醉态。 散布虚假或诽谤言论，影响酒店、客人或其他员工声誉。 擅取酒店物品自用。

续表

严重过失：书面警告	旷工。 擅自脱岗。 当班时打瞌睡。 对上司不礼貌，违背或不服从主管或上司合理的工作安排或指令。 因疏忽搞坏酒店或客人财物，罚款 1 ~ 10 倍。 擅自使用专供客人使用的设备及物品。 对客人粗暴或不礼貌，与客人争辩。 向客人索取小费或其他报酬。 偷食酒店及客人的食物。 委托他人或代他人打钟卡。 拾遗不报。 在酒店内赌博或变相赌博。
极端过失：即时辞退或开除	贪污、盗窃、索贿、受贿、行贿。 侮辱、谩骂、恐吓、威胁他人，与客人吵架。 私换外汇。 利用或参加黑社会组织。 组织、参加或煽动罢工、斗殴聚众闹事。 使用毒品、麻醉剂或兴奋剂。 蓄意损坏酒店及客人财物。 玩忽职守，违反操作规程，造成严重损失。 经常违反酒店规定，屡教不改。 连续旷工三天或一个月内累计旷工两次。 触犯国家法律，造成刑事责任。

对于犯有“轻微过失”的员工，可给予口头警告。员工若第二次出现轻微过失，则应由部门主管或领班向过失员工签发“过失单”，并记录在案。

对于犯有严重过失者，可由客房部经理向过失员工签发“警告通知书”，如再次出现严重过失，则向其发出“最后警告”。对于犯有严重过失的员工（三次以上的轻微过失，将被视作严重过失），可视情节轻重分别给予临时停职、降职、降薪、记过、留店察看、劝退或辞退处理。客房部员工的严重过失由部门经理签批后，报酒店人事部备案。

客房部员工如犯有极端过失，将被酒店立即辞退或开除。另外，如员工被“最后警告”后，再次出现严重过失，也将视为极端过失。对员工的辞退、除名由酒店人事部签批后，报总经理批准；开除则由总经理批准后报职代会通过。

酒店经理人对“经理的困惑”的答复

Re：让员工轮休错了吗？

雷　州　广州大厦总经理

我赞成这种提前轮休的安排，这实际上也是许多酒店在实际运营当中的做法。作为管理人员，应该具备这样的主动意识。因为，酒店服务的特殊性决定其工作安排的灵活性。一是酒店人力成本

所占酒店费用的比重较大，应想方设法降低；二是酒店客房的配员是以年平均客房出租率为依据，而不是按100%的客房出租率来配员，必然会存在忙闲不均的情形。即便是典型的季节型度假酒店，如一些国家专为冬季滑雪才开放经营的酒店，每年只有半年的经营期，其用人安排亦是一样。

酒店的管理有其复杂性，在酒店特定的规章条例下，不但要求规范化、标准化、程序化，还要求管理人员本着“兵无常势，水无常态”的原则，及时恰当地处理日常发生的一些特殊事务。在该案例中，如果事先做好三个方面的工作，就能较好地避免后来面临的难题。一是对即将出现的经营高峰期有预见性，及早做好应对的计划安排；二是避免连续长时间、高强度安排加班，这不仅会因为员工过度疲劳而无法保证服务质量，而且对员工的健康也是一种损害，对于酒店的长远发展也是不利；三是人性化地灵活处理员工的一些实际问题。

至于此案例中几乎是在同一时间内出现多种问题的情形，应该说是偶然因素所致。所以，如何在工作中做好协调与平衡工作，就考验着基层管理人员的技巧和智慧。

邹逢春　山西天贵国际酒店房务经理

一个管理者合理安排员工的休息是必要的，从全局进行考虑问题就更有必要。不能因为暂时的淡季而连续的安排员工休息，也不能因为工作繁忙而临时停止员工的休息，更不能以本月的休息已经全部完毕为借口而不解决员工产生的突发事件。

（1）应该合理有序地安排员工休息，最好相隔一周左右休息一次，避免员工身心的过度疲劳，不利于工作开展。

（2）员工在休息期间应事先请其保持通信工具的畅通，以便临时应急安排工作。

（3）对于员工的健康或者家人出现健康等突发事件，应主动关心或给予假期。

（4）人性化的管理方式会让员工对工作更加热情和有信心，要告诉大家他们因病或有事休假是无法克服的困难，同事之间要相互关心，共同协作。

（5）在心理上要多关心员工，使其在愉快的氛围里工作，可以提高工作效率和减少疾病的发生。

（6）对于休息日的安排要体现公平合理，前期已休息的以后不再补休，对于没有休完假期的员工在忙碌的时期结束后要补假期。

第二十章

前厅与客房管理的发展趋势

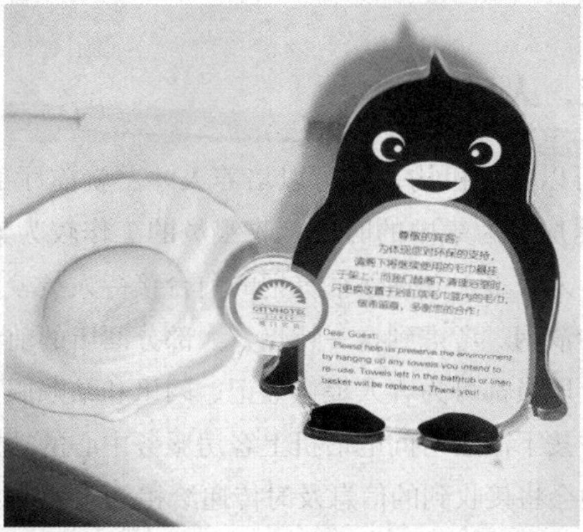

温馨、亲情和环保：未来客房服务和管理发展趋势

（图为厦门会展中心酒店的祝福型环保提示卡　刘伟 / 摄）

随着社会的发展和科学技术的进步，21 世纪酒店前厅与客房部服务和管理模式将发生一些重大的变化，及时准确地预测和把握这些变化趋势，对于指导并搞好酒店前厅与客房部的经营管理工作具有重要意义。

学习目标

知识目标

1. 把握 21 世纪前厅部服务的发展趋势。
2. 了解 21 世纪前厅部经营管理的发展趋势。
3. 把握客房服务与管理的发展趋势。
4. 了解酒店客房绿色经营管理的趋势和内容。

关键词：前厅服务　客房服务　经营管理　发展趋势　绿色管理

经理的困惑

手机移动端的使用对酒店客房管理会产生哪些影响？

移动互联网的发展对酒店业产生了越来越大的影响，我们是即将开业的高星级酒店，想知道我们是否有必要采用手机移动端进行管理，手机移动端的使用对酒店客房管理会产生哪些影响？还有，目前酒店行业有哪些好的手机移动端管理系统？

第一节　前厅服务的发展趋势

一、一职多能，人尽其才

一职多能既可以精简机构，也可以培养人才。就前厅部而言，根据客人的活动规律，上午是客人退房较为集中的时段，收银员的工作较为繁忙，接待员则没有多少事干，而下午入住客人较多，办理住宿登记的前台接待人员较为繁忙，而办理结账退房手续的收银员则较为清闲。考虑到这一特点，大部分酒店的前台都会将接待与收银的工作合并，前台每一位职员都可为客人提供登记、问讯和结账服务。此外，总机接线员也将承担起多项职能。按下酒店房间电话机上客房服务中心的功能键，你会发现接听电话的是总机话务员，她会将接收到的信息及时传递给相关部门跟办。

对员工进行一职多能的培训，可让他们掌握更全面的业务技能，成为出色的服务从业员，为客人提供全方位的服务。能拥有这样的员工队伍，不仅为酒店节约了人力成本，更可提高酒店的整体服务水平。

二、“一站式”服务

前厅部任何一位员工都必须为有需要的客人提供服务及帮助，不会由于部门的不同而怠慢客人，客人只需要将其问题向一位员工提出就可得到解决，不会遇到将同一个问题向不同的员工复述或被推过来推过去的现象。

三、“一条龙”服务

越来越多的酒店将为客人提供一条龙服务：酒店代表在机场接到客人后会致电有关

部门，接待组就会准备客人的入住资料、钥匙等，司机在快到达酒店时会再致电回馆，金钥匙或行李员会在门口迎候客人，客人一下车会称呼其姓名并带客人往接待处登记，取钥匙上房，整个过程一气呵成。为客人提供一条龙服务，要求部门和岗位之间有良好的沟通和衔接。

四、商务中心的职能退化

由于信息技术的飞速发展，越来越多的客人拥有自己的手机和电脑，也可以通过互联网直接订票，发送、接收电子邮件和传真，对酒店商务中心的依赖程度将大大减少，酒店商务中心的职能将弱化，直至消失或发生转换。

五、总台接待将发生一些重大变化

（1）总台接待由站式改为坐式。传统的酒店是由客人站立办理住宿登记手续，进入 21 世纪，将有越来越多的酒店，特别是度假式酒店，将改站式接待为坐式接待（图 20–1）。主要基于以下几方面的原因：一是能够使经过长途旅行的客人彻底放松。客人经过旅途劳顿，到达酒店后，都比较疲劳，改坐式后，可以使客人彻底放松，不必站立登记。二是能够增加酒店的亲和力。坐式登记能够拉近酒店与客人之间的距离，使客人有回到家里的感觉。

图20–1　请客人坐下来办理入住登记手续将成为未来酒店前厅服务发展趋势之一

（本图片由珠海御温泉度假村提供）

（2）入住登记（check-in）模式多样化。有的在酒店外完成；有的在客房内完成；有的则采用 DIY 模式，由客人自助完成。在北美，一些酒店集团开始在机场取行李的地方，为客人办理入住手续。很多客人非常喜欢这种方式，反正在等行李，20 分钟的时间也没事干，客人可以 check-in 这些酒店，可以选择住哪个楼层，选择什么样的床，所有的相关事务都可以在这里处理完成，客人到酒店后只要提着箱子直接入住就行了。在美国的迈阿密，有一家酒店，根本看不到总服务台，客人的住宿登记工作都在由机场开往酒店的专车上完成。尊重隐私是迪拜七星级“帆船”酒店的制胜法宝，朱美拉广州大酒店也不例外，宾客开车过来后可以直接将车停放在地下停车场，然后乘坐专用电梯直接到房间，再由前台服务人员直接到房间里为客人办理入住手续。还有一些酒店，正在研究可以在家里 check-in 所预订的酒店。另外，很多连锁酒店集团则采用了 DIY（DoIt Yourself）的自助入住登记模式，与现在电子机票在机场值机柜前自助提取登机牌类似。当客人到达酒店时，不需要去前台办理入住手续，而是到类似机场值机柜的一个信息处理终端机上去输入个人信息（主要是身份证和信用卡），就可直接选择客房及所需要的服务，然后取出房卡，就可乘电梯直接去自己选定的客房下榻。这种 DIY 模式在美国特别多见，要比欧洲酒店中应用得普遍。DIY 入住方式的出现，是 IT 技术进步的必然趋势，是电子技术在酒店业应用趋于成熟的不可阻挡的潮流。在美国有一百多个凯悦酒店推出了酒店客人在入住时只需要在服务站上进行登记，并且通过无现金交易的触摸屏幕的菜单来选择客房服务类别的入住登记模式。更多的酒店则正在考虑用手机作为终端，由客人自主办理入住登记手续，并用手机作为房卡开启房门直接入住。

（3）结账退房在客人用早餐时完成。假日酒店推出了早餐同时办理退房结账手续的服务项目，这样客人可以在餐厅里吃完早餐就马上离店，既提供了方便，又大大节省了客人的时间。

六、酒店门口设置出租车需求指示灯

更多的酒店将在其门口设置出租车需求指示灯，既方便了员工，也提升了酒店的档次。一般恶劣天气下，泊车员跑到酒店外为客人叫出租车是常见的事。出租车指示灯的设置，也为客人节省了时间，路面上来来往往的出租车司机看见酒店需要出租车，会很主动地把车开进来。酒店将根据实际情况，专门设置出租车等候站台，客人有秩序地在门口排队，迎宾员只要按下泊车台内的按钮，大门外的出租车需求指示灯就会亮起，出租车看到就会开来，从而减少了门口叫车的麻烦。

第二节　前厅经营管理的发展趋势

一、“收益管理”普及化

收益管理能够使酒店的客房等资料得到最有效的利用，使酒店管理从经验管理上升为科学管理，从而较大程度地提高酒店的经济效益。因此，越来越多的酒店及酒店集团将日益重视并实施收益管理。

从发展的现状和趋势而言，收益管理已经从一种管理思想转化为一种先进的计算机管理系统，好的酒店计算机管理系统都会有收益管理的内容。

二、定价策略灵活化

与收益管理理念相适应，酒店的定价策略将更加灵活。前台接待人员将得到更大的授权，根据客人及酒店的实际情况，灵活定价。越来越多的酒店将没有固定的房价，而是根据当天的开房率来定价，以创造最大的利润（但也有些酒店为了维持其档次及其在消费者中的信誉，会保持其相对固定的价格水平，不会轻易降低价格或提高价格）。

与灵活化的价格策略相适应，“今夜酒店物价”将成为一种新的发展趋势。晚上 6 点还空闲着的酒店客房、9 点后的餐馆座位，这些是被业内人称之为“易腐”的产品。经常入住酒店的人都知道，预订的酒店通常会被保留到晚上 6 点，而 6 点之后仍未入住，则被视为预订失效。这也就意味着，酒店在这个时间段后将产生一定量的剩余“库存”。“今夜酒店特价”正是为这些“尾房”，搭建一个销售平台。每晚 6 点，酒店会检查自己的空房数量，同时减去 6 点后到店的需求量，然后就可以将剩余的“库存”放在“今夜酒店特价”平台上，以平时 2 ~ 7 折的价格进行售卖。

三、酒店预订网络化

进入 21 世纪，酒店为了提高客房利用率和市场占有率，将利用包括价格在内的各种手段鼓励客人提前预订客房，客人将根据其提前预订期的长短，在房价上得到不同程度的优惠（提前期越长，优惠程度越大）。而且，信息技术的发展也极大地方便了客人的预订，绝大部分客人在来酒店前将通过电话和互联网预订客房，没有预订而住店的“散客”（Walk-in Guest）将越来越少。其中网上客房预订将成为一种新的发展趋势。

目前有这样一种趋势，即低价、批发性质的客房预订正在主导网上销售。对于饭店来说，为了抵消这种趋势的不利影响，最主要的解决方法就是认真管理批发商列表。如果可能，尽可能地向客人提供各种能够支持和区分不同产品和品牌的信息。通过这些方法，客人能够根据他们不同的喜好和要求区分各种不同的服务，而不再只是根据价格来决定，饭店必须重新考虑他们只为了增加入住率的简单想法，当饭店只是一个劲地涌向在线批发商以‘填满客房’时，他们或许正在减少饭店的长期收益率，侵蚀自己的品牌价值。

保持对客房销售渠道的控制是一个复杂的挑战。现在有太多的第三方中介网站提供客房销售，从实际操作的角度来看，饭店业者常常不得不通过第三方，使用一些折扣销售来减少未预订客房的库存量，关键的问题是饭店业者必须战略性地管理这些销售渠道。

四、客房分配“自主化”

客人可以在预订时或 check-in 时，通过安放在总服务台的电脑终端显示器，查看各楼层的电脑平面图和客房使用情况来进行选择，根据自己的喜好自主“点房”，就像现在选择飞机座位或在电影院买票看电影一样简单。

五、大堂环境温馨化

越来越多的酒店将在其大堂等公共场所以及楼层客房通过摆放鲜花等手段，努力营造温馨、芳香的环境氛围。不同的酒店将有自己特有的香味，像威斯汀的白茶花香，香格里拉的“芬芳香格里拉”芳香，令人心旷神怡。正如香格里拉集团一位运营总裁所说:“我们希望客人在步入酒店的那一刻起，就能感受到香格里拉的温馨和舒适。为了实现这一目标，我们不会忽略任何一个细节。‘芬芳香格里拉’为客人带来了更加愉悦的感官享受，令他们在香格里拉的体验更加难忘。”酒店的香味不宜过浓（特别是人造香精的使用），应达到若有似无的效果，能让顾客注意到，闻起来很棒或者很清新就好。威斯汀酒店为了避免香味引起过敏反应，刻意不用花香或柑橘香，而采用淡雅的白茶花香。总之，调动感官的体验可以更好地塑造品牌，对品牌来说，消费者的记忆就是最宝贵的财富。

六、个性服务“规范化”

在以人为本的社会，人性化、个性化服务是各行各业的一种普遍理念。酒店开展个性化、人性化服务通常是针对性地提供各种“物有所值”或“物超所值”的服务功能。

这些“个性化服务”的实践，大多数酒店都是以“案例”形式加以归纳、汇集和总结，以作为员工，特别是新入职员工为客人提供“个性化”服务的参考和借鉴。

将个性服务的案例变为系统性的“个性服务工作手册”，也就完成了“个性服务”向“共性规范”的转变过程，这一系统工程的产生和完成，将对酒店的个性化服务普及和实施提供可持续运作的范本。

第三节　客房经营管理的发展趋势

一、服务和管理的高科技化

进入 21 世纪，高科技在酒店客房服务与管理中将得到广泛的应用。

（1）客房内将为客人提供免费无线 Wi-Fi 服务。免费 Wi-Fi 已不成问题，宽带和上网速度将成为酒店竞争的焦点。

（2）客房管理将完全实现电脑化、自动化。“入住酒店的客人在打开电视时，首先映入眼帘的是写有其名字的酒店真诚、热情的欢迎词，可以看到酒店特制的开机欢迎画面，酒店服务、设施和信息化服务内容可一览无遗。”客人所需要的一切服务只要在电脑或电视屏幕上按键选择即可（如点播电影、查询留言、账单等），更可坐在屏幕前与异地商家进行可视的面对面会议或洽谈，从而可真正使客人“运筹帷幄之中，决胜千里之外”；房内拥有可视电话，电动按摩床、椅，使客人真正体会到方便和舒适。客房内的设施设备也将完全由电脑控制，出现智能型客房：客人在客房内可以随心所欲地变换四季景色，也可以将“窗户”按照自己的意愿通过遥控器转变为美丽的沙滩，或是绿色的草原；客房叫醒钟将由叫醒光代替；甚至连席梦思床都可以由客人遥控弹性和硬度……

（3）客房空调将由总台控制。当客人办好入住手续后，总台可通过电子遥控开启客房内的空调，以方便客人入住，为客人带来舒适的入住体验。

（4）酒店客房将采用智能门锁。就门锁系统而言，将发生很多革命性的变化，“会说话的门锁”、视网膜门锁等很多新概念门锁将相继出台。我国一家公司推出一种“会说话的门锁”，不仅完全保留了传统 IC 卡门锁所有的保安和管理功能，而且增加了服务的功能：可以针对不同的情形用中英文进行提示和问候：当客人初次开门时，会向客人表示“欢迎光临”；当客人插卡方向错误时，提示“您插入卡片的方向错误”；当客人在晚上 7:00 ~ 12:00 开锁进房，会提示“请您反锁房门”；当房门虚掩时，提示“请关好门”……

（5）客房内将安装电子识别器，并在服务台安装电子屏幕，当客人外出时，信息可及时传达至服务台电子屏幕上。如何判断客人是否在客房，以便在不打扰客人的情况下，提供客房清扫服务，一直是困扰很多酒店的难题。未来，越来越多的酒店将在客房内安装电子识别器，并在服务台安装电子屏幕。这样，当客人外出时，信息可及时传达至服务台电子屏幕上，从而大大方便服务员的整理打扫，同时也避免了打扰客人休息的情况。客房清扫员不用去推敲客人是否出门，现在打扫是否合适，也不用因进入时间不当而受到客人抱怨，让客人在不知不觉中体会到酒店无微不至的服务。除了自动显示客人进出客房外，酒店还可运用这套系统通过与住宿单的对比，控制排房错误的情况发生。

（6）房间音响个性化。能够将客人自带的手机等电子设备与房内音响系统相连，为客人提供个性化的音响娱乐体验服务。

相关链接 搜索

21 世纪的酒店客房

根据世界最负盛名的旅游院校之一，美国休斯顿大学酒店和餐饮管理学院的专家们的研究成果，“21 世纪的酒店客房”将具有如下特征：

（1）光线唤醒。由于许多人习惯根据光线而不是闹钟来调整起床时间，新的唤醒系统将会在客人设定的唤醒时间前半小时逐渐增强房间内的灯光，直到唤醒时刻时灯光亮得如同白昼。

（2）无匙门锁系统。客房将以指纹或视网膜鉴定客人身份。

（3）虚拟现实的窗户。提供由客人自己选择的窗外风景：他看到的将不再是千篇一律的停车场或是没有任何特色的城市街道，而可能是自家的小院，森林草地，绿色的田野，迷人的沙滩或其他任何能够使他感到宁静舒适、赏心悦目的风景。

（4）自动感应系统。光线、声音和温度都可以根据每个客人的喜好来自动调节。

（5）“白色噪音”。客人可选择能使自己感到最舒服的背景音响。

（6）客房内虚拟娱乐中心。客人可在房间内参加高尔夫球、篮球等任何自己喜爱的娱乐活动。

（7）客房内健身设备。供喜爱单独锻炼的客人使用。

（8）电子控制的床垫。客人可根据自己的喜好随意调整床垫的硬度。

二、更加突出人情味和个性化

客人的需求是千差万别的，既有共性的部分又有个性化的部分，因此要使服务质量上一个台阶，不仅要为客人提供标准化服务，满足客人的共性需求，还必须为客人提供个性化服务（Personalized Service OR Individualized Service），满足客人的个性化需求。如果说服务的标准化、规范化是保障酒店服务质量的基础，那么，“个性化”服务就是服务质量的灵魂，是服务质量的最高境界，而管家式服务是个性化服务的极致，是未来酒店服务的发展趋势。不管是从东京到纽约，还是从北京到上海，采用管家服务的顶级酒店都呈现上升趋势，酒店培训机构也正在为酒店培训出越来越多的优秀管家，管家的服务内容也更加全面，包括商务型专职管家服务、生活型专职管家服务等。

三、客房的设计经营和服务将走向无障碍化

21 世纪，人类社会将进入老龄化社会。日本社会超过 65 岁的公民已占全国总人口的 20%；超过 65 岁以上的老年人已占美国总人口的一半以上。中国是世界上老龄化人口最多的国家，中国 60 岁以上的老年人口已超过 1.4 亿，在总人口中的比例突破 10%，按照联合国的划分标准，我国已进入老龄化社会。事实上，截至 2011 年年底，我国上海 60 岁及以上老年人口已占总人口的 24.5%。另据预测，到 21 世纪中叶，中国的老年人口将超过 4 亿，占全国总人口的 1/4 左右。因此，21 世纪的酒店客房在其建设、经营、管理和服务等方面必须考虑老年人的需求，除了为残疾人提供无障碍服务以外，将充分考虑老年人的需求特点，向他们提供能够满足其特殊需要的服务设施和服务项目，同时调整客房部的服务内容和服务方式。

四、行政楼层（EFL）将在未来酒店中大行其道

行政楼层也叫“商务楼层”，是专门接待酒店商务客人及公司高级行政管理人员，并为他们提供特殊服务的楼层。

一般来说，商务客人希望所住客房内的设施、物品等适合办公及洽谈。虽然各酒店都为商务客人设有商务中心，但是这些人为了有效利用时间，希望在离客房较近的地方办公。并且也很想避开那些混乱的观光旅游客，寻找幽静而舒适的环境，并且想从内心感觉一下自己与普通游客不一样的心理。为满足他们的要求，酒店要努力做好以下几方面的工作：第一，为 EFL 客人提供与众不同的特殊服务（如为客人提供受过专门训练的秘书服务、私人管家服务、委托代办服务以及免费早餐、下午茶、健身等）；第二，为他们提供更好、更便利的生活以及办公用设施设备和物品等。

五、更加注重客人的人身安全和健康问题

在 21 世纪，旅游者将更加注重自身的安全与健康，因此，客房服务和管理中将充

分考虑客人的这一需求，采取各种有效的措施和手段，防止恐怖活动、各类犯罪分子、艾滋病以及各种新、旧类型传染病等对客人的袭击，确保客人在酒店住宿期间的安全与健康。

为了确保楼层的安全，防止闲杂人员进入客房楼层，越来越多的酒店，将采用电脑控制的客房电梯自动识别系统。只有持房卡的客人才能开启通往住客楼层的电梯。

六、客房的装修和布置将更加注重文化品位

21 世纪，世界范围内（包括中国在内）市场经济将日趋成熟，竞争也将更加激烈，但竞争的层次将不断提高，酒店的竞争将从低层次的价格竞争逐渐转向高层次的文化和品牌竞争。有文化品位、有鲜明的个性和特色的酒店将受到顾客的青睐，因此，酒店客房在装修、布置和服务方面，将注重文化、艺术品位，追求个性和特色。与此相适应，客房的结构、家具的设计和摆设、色彩和灯光的运用等将突破传统，更为大胆。那种千篇一律的、毫无个性和特色的酒店客房将被市场所抛弃。

七、“绿色客房”将大行其道

“可持续发展”是未来人类所追求的自然、社会、经济、文化等的发展模式和发展目标，社会进入 21 世纪，符合可持续发展思想的绿色酒店、绿色客房将受到酒店经营者及顾客的普遍推崇和欢迎。绿色客房主要表现在以下几个方面：

（1）选择那些同意将其产品废弃物减少到最低限度的供应商，或者坚持生产厂商将非必要的包装减少到最少或重新利用；

（2）注意回收旧报纸、易拉罐和玻璃瓶等，并将有机物垃圾专门堆放在一起；

（3）合理安装各种设施设备，减少能源浪费现象；

（4）在客房中注意使用各种节能设施设备及节能新技术。如节能灯以及各种自动化控制的节能设施和技术。

（5）节约用水。严格控制客房淋浴喷头、洗脸盆龙头以及马桶抽水每分钟的出水量。在酒店建设、客房装修和改造时，注意选用节水型卫生洁具。

（6）鼓励住宿超过一天的客人，继续使用原有的毛巾，或不更换床单，以减少清洗所需的水和洗涤剂用量。为此，可向旅游者推出“能源节约卡”，告诉客人：“本酒店是世界环保计划的支持者。为响应‘节约能源，保护环境’之倡导，我们希望尽可能减少床上卧具的洗涤次数，以节约水电消耗和减少排污量。如果您认为您床上卧具无须更

换，请于早上将此卡置于枕头上。对此，我们酒店全体员工将十分感激您的举动。”

（7）减少客房整理次数。国内一些酒店为了体现档次和“服务质量”，盲目地要求服务员每日多次进房进行无谓的整理，结果不仅增加了服务成本，造成资源的浪费，而且还常常引起客人投诉（妨碍和影响了客人的工作和休息）。

（8）减少使用含氯氟烃的产品、含氯漂白剂和漂白过的布草。

（9）尽可能使用有利于环境保护的商品和可再生利用的产品。如将客房放置的洗衣袋从塑料制品改为纸制品，或用可多次使用的竹篮或布袋代替。

（10）改变客房卫生用品的供应方式。传统酒店的卫生间每天都要为客人配备肥皂、罐装浴液、洗发液等卫生清洁用品，凡客人用剩的都要扔掉，既浪费了资源，又污染了环境。未来酒店应将客房内惯用的肥皂和沐浴液小罐子，改为可添加的固定容器，既可减少浪费，也能避免丢弃用剩的肥皂，以减少资源浪费。

八、客房市场将进一步走向细分化

21世纪，客人对酒店服务的要求将越来越高，这将迫使酒店市场细分化，以最大程度地满足不同类型客人的不同需求。传统的一家饭店以一种模式接待所有客人的时代将一去不复返，酒店市场将被分割为商务酒店、旅游观光酒店、度假酒店、青年旅馆、经济型酒店、豪华酒店、精品酒店、特色酒店等多种类型，不仅如此，同一家酒店和客房还会被划分为商务楼层、行政楼层、女性楼层以及儿童客房、长者客房等。不仅客房的硬件会发生变化，而且服务的内容和方式也会发生重大变化。

九、客房越来越追求舒适感

为此，很多酒店开始在床上做文章，先是将毛毯改为棉被（这当然无可厚非），床也随之变得越来越宽（无疑给服务员做房增加了难度），接着开始在床垫上做文章，床垫变得越来越厚，越来越松软（一些酒店的床看上去像只大面包），床上枕头的数量也变得越来多，一些豪华酒店一张床上甚至放了多达8只枕头。床的厚度和松软度、床上摆放的枕头数量似乎已经成为当今豪华酒店和豪华客房的标志。其实，床并非越松软越好，这种床可能对欧美客人比较适用，但包括政府官员、领导以及企业老板在内的很多国内客人并不喜欢（在这样的床上，他们会失眠的），他们更习惯于睡硬一点的床，有的甚至要求酒店更换硬板床。至于枕头，不知道哪位客人晚上睡觉需要8只？这不仅给服务增加了很多工作量（意味着劳动成本以及酒店经营成本的增加），也给客人带来很多麻烦——他们在睡觉之前必须先把多余的枕头扔掉！而且还不知道往哪里扔！

因此，酒店追求舒适感本无可厚非，但具体做法则要适可而止，那些华而不实的一时“时尚”，最终会被市场和消费者所淘汰，就像当年所有星级酒店要求用毛毯铺床被当今的棉被铺床所取代一样。

本章小结

21世纪，前厅服务的发展趋势是：一职多能，人尽其才；为客人提供“一步到位服务”和“一条龙服务”；总台接待方式也将发生一些革命性的变化，越来越多的酒店将从站式接待改为坐式接待，入住手续的办理也将从店内转向店外。

前厅经营管理的发展趋势是：机构精简；灵活定价；预订的网络化；实施收益管理。

客房经营管理的发展趋势是：服务和管理智能化和高科技化；客房服务个性化；商务楼层在酒店设计和经营中将更为普遍；客房装修和布置将更加突出特色，注重文化品位。

未来酒店将实施绿色管理，与可持续发展和节约型社会相适应的“绿色客房”将大受欢迎。

课堂讨论

讨论题

酒店总台的坐式接待会成为一种发展趋势吗？

案例聚焦

凯悦酒店集团实现“在线”办理入住和结账离店

当今，对于那些事务繁多的旅客来说，时间就是金钱。为了帮助旅客提高效率，凯悦酒店集团（Hyatt Hotels & Resorts）创办了方便快捷的“在线入住”和“在线离店”系统，北美已有一百多家凯悦酒店可以通过Hyatt.com网站来使用在线入住和离店结账系统。

这种公司范围内的服务对于所有凯悦的顾客都是有效的，无论是在特性方面还是服务方面在业内当属第一。“在线离店”服务还推出了一套优惠措施，而“在线入住”服务以前仅仅针对凯悦金护照会员使用。

程序使用非常友好。在Hyatt.com网站的主页上面有一个标有“Check-In”的按钮，客人可以通过互联网在到达当天下午1点以后办理手续。客房钥匙可以存放在酒店大堂小卖部，每个客人到达时可以方便领取。凯悦的“在线离店”手续则是通过电子邮件来完成的。在计划离店的当天早晨，顾客可以收到一封邮件，包括他们的账单以及办理离店的程序，顾客可以通过PDA或者笔记本电脑办理离店手续。离店手续一旦办理完成，顾客就会收到一封电子邮件，包括一份结余为“0”的Folio系统账单的副件。这对于那些商务旅客十分重要，特别是对于费用明细的需求。

“这些新的优惠举措都是凯悦为了方便顾客而不断努力所提供的一部分，也反映了我们正致力于提高这个行业标准，”运营高级副总裁Gary Dollens表示，“凯悦正努力将顾客第一的精神转化为创新的解决方案，并且顾客的便捷是至高无上的。我们希望这些服务能够为我们的顾客在旅行中提供非常有效的选择。”

金护照会员在使用Hyatt.com网站时还可以享受额外的优惠，例如来自电子礼宾服务发送的预订确认信息，7日提醒信息和当日达到电子邮件（其中包括一个办理“在线入住”手续的直接网站连接。在线办理入住的钻石级会员还可以提前在上午9点办理手续。

任务拓展

未来酒店的数字化客房

不论是商务旅行还是旅游度假，越来越多的顾客都希望在酒店也能像在办公室或家里一样工作和娱乐，享受个性化和信息化的服务，因此中国酒店行业迫切需要能满足数字时代全新舒适要求的酒店客房视听解决方案来创新管理，上海某公司开发的酒店客房数字化系统就是其中的解决方案之一。

数字酒店客房系统由客房中的智能网络电视（见图20-2）和后台的软件平台及服务器群组成，可以通过酒店的运营管理系统与客房的空调、门锁、窗帘等自动控制装置集成起来，形成一个完整的智能化饭店网络系统，为客人提供舒适而富有未来感的环境体验。酒店客人只需轻松操作遥控器、无线键盘与鼠标，就能与作为酒店客房内液晶多媒体终端的电视电脑一体机进行互动交流，享受全方位的酒店数字智能化服务体系。

数字酒店客房系统具有哪些功能呢？

电视功能。数字酒店客房里不再需要传统的电视机，网络电视将为顾客提供更加贴心周到的服务和高效的信息沟通，同时为饭店经营者创造更多的商机。可以根据酒店的需求，在传统的模拟电视和数字电视中进行选择。如果酒店选择数字电视方式，一体机将直接支持数字信号，不再需要机顶盒进行数模转换。

电脑功能。在数字酒店客房里，新型的智能网络电视也可以是一台电脑，客人面对超大的屏幕轻松惬意地使用 Office 软件办公、浏览网页、聊天、收发 e-mail，体验文件打印和网络传真的同时，惊喜地发现客房已和自己的办公室别无二致！酒店数字客房系统中安装了 Microsoft Windows 操作系统，同时支持多达 33 种语言，满足世界各地不同客人入住酒店后的电脑操作。

VOD 功能。智能网络电视还可以是一个娱乐中心，除了点播传统的电视节目，还可以在丰富的影片库里点播视频，或体验精彩刺激的网络游戏。高画质的 VOD 功能，配合 1366×768 的高分辨率屏幕，完全兼容高清（1080i 和 720p）节目源，支持 MPEGl/MPEG2/MPEG4/RM 等主流媒体格式，支持 AC-3 音频解码。同时内置多部影片，并保证每季度的影片更新。

客房服务功能。当然，“电视”还一定是客人与饭店各服务部门沟通的便捷渠道。例如：你在前台登记入住后，进入客房就会在屏幕上看到饭店专门向你发出的问候信息。如果你不是第一次入住这个饭店集团旗下的饭店客房，问候信息还会伴随着你最喜欢的音乐；在房间里，你随时都可以查询当地餐饮娱乐信息、出行指南，并且可以通过系统预订餐厅、机票、演唱会门票以及在网上购物等；如果你是来参加某个会议或者某个旅行团，客房智能电视就可以在适当的时间提醒你去某个会议室开会，或者去某个停车场搭乘游览车，当然也会附带显示出从你房间通往这些场所的路线图；你要离开饭店，只要在房间里点选“快速结账”，确认账单明细无误，并按系统要求输入公司名称，来到前台立刻就可以拿到自己的账单和发票，再也不需要像以前那样，要排队等候办理离店手续了。

图20-2　数字客房中的智能网络电视

（图为国内某公司开发的“全模电视电脑酒店专用机”，它兼容模拟、数字高清信号，支特 IPTV，兼具 PC 功能。客人只需一个遥控器，按下 1、2、EXIT 等键，就能在数字电视、计算机应用、互联网测览、酒店客房服务、视频点播等多项功能中自由切换，配上无线鼠标和无线键盘，就可以给客人带来办公和娱乐体验）

酒店经理人对“经理的困惑”的答复

Re：手机移动端的使用对酒店客房管理会产生哪些影响？

朱 靓 南沙大酒店总经理助理

客房部的工作主要由客房清洁、周期计划工作、对客服务和一些临时的工作任务组成。传统的客房管理中主要通过对讲机、电话或者是微信等工具来沟通联系，员工总是需要通过电话询问来了解和传达信息，这种口头沟通的方式，既耗时耗力，降低效率，又无证可寻，稍有不慎就会导致信息传达有误，甚至引来客人投诉。同时通过手工分配工作任务和填写纸质报表，人工追踪每一项任务落实，既繁琐又消耗大量时间、人力，且难以统计分析。没有客观数据的支撑，淡旺季明显的酒店，更是难以实现最优人力配置。

因此，传统的客房管理模式让我们的管理人员总是纠结于工作效率低，客房质量难以监控，周期卫生由于责任不清、问责困难，难以完全落实，影响房间清洁质量、客人投诉以及人工成本上升等几大问题。

随着互联网技术在客房管理的全面应用，借助手机移动终端的新型客房管理方法使我们以往的这些困惑终于得以一一解开。

首先从清洁房间来说，客房管理系统最大的特点是智能做房。

（1）做房任务自动统计，便捷分配，可以有效平衡员工工作量 。

（2）面对做房任务，员工可抢房，多劳多得，员工每一步的清洁状态均可同步显示（如清洁中、待检查、已完成等）。

（3）做房任务自动分配。

其次，在酒水管理方面，员工在做房过程中可在手机端录入酒水消耗，查询酒水消耗历史记录及数量统计，避免酒水漏入账；

同时，发现客房有工程问题时，手机端同步每间客房的报修历史以及便捷报修 ，避免重复报修或者漏报；

除客房清洁外，周期卫生也是客房管理中很重要的一项工作，但是客房的点对点任务繁多，如果通过纸质记录很容易遗留。客房管家可将周期卫生任务一次性录入系统，按周期自动提醒执行，所有执行对象均可便捷分配，每一项的进度可视化 ，员工通过手机接收任务，按照清单逐项处理 。

而作为客房的管理人员，我们的经理主管也可以直接通过手机管理房务工作，房间清洁完成后，自动提醒主管检查，如检查不通过，录入原因通知服务员重新处理，检查通过则直接通过手机放房。同时管理层可用手机查询部门工单状态、房态、进行任务调度等，实时处理房态，合理分配人力。每一间客房的历史记录均永久保存，可随时查询客房历史住客，客房清洁记录，客房报修记录，计划卫生执行记录等等。

在对客服务方面，客人需求可通过酒店微信公众号自助下单，系统自动匹配跟进人员，员工在手机上接收任务，完成后即时回复，节省转接环节，前台/总机的话务量减少45%以上，且准确率大大提高。系统会自动记录客人的每一次服务需求和投诉事件，并生成客史档案，管理者可以实时了解每一宗投诉的内容和相应的处理情况，投诉处理责任落实到人，保证处理高质高效，从而有效防止客人流失。

同时，移动客房管家支持多种场景下的工单，保证服务质量的同时，提高服务效率。

客房管理系统另一大特色是报表功能，统计分析数据可多维度评估客房工作，将关键指标生成日报、周报，有效实现员工工作量、工作效率统计，部门任务执行情况统计，布草、酒水等物料消耗统计。

当然除了我以上介绍的蓝豆云移动客房管家以外，现在PMS厂商像绿云、西软、千里马、捷信达都陆续推出手机版PMS。总而言之，客房管家系统不仅能帮助酒店快速处理客房的日常性任务，全面落实周期卫生，同时实现对人力和物料的系统管理，高效落实酒店客房事务的每一个细节，从而保证客房设施完善、卫生达标及顾客体验完美。

视频观看南沙大酒店总经理助理朱靓谈：手机移动端的使用对酒店客房管理会产生哪些影响？

方式一：请登录：刘伟酒店网（www.LiuweiHotel.com）—院校服务—视频—手机移动端的使用对酒店客房管理会产生哪些影响？

方式二：扫描二维码

参考文献和网站

一、参考文献

[1] Bardi J. A. Hotel Front Office Management [M]. 3rd ed. New York：John Wiley & Sons，Inc.，2003

[2] Powers T. Introduction to Management in the Hospitality Industry [M]. New York: John Wiley & Son，Inc.

[3] Kasavana M. L.，Brooks R. M. Managing Front Office Operations [M]. 7th ed. The Educational Institute of the American Hotel & Lodging Association，2005.

[4] 刘伟. 酒店管理 [M]. 北京：中国人民大学出版社，2014.

[5] 刘伟. 现代饭店前厅运营与管理 [M]. 北京：中国旅游出版社，2009.

[6] 刘伟. 现代饭店房务运营与管理 [M]. 北京：中国旅游出版社，2009.

[7] 刘伟. 前厅管理 [M]. 北京：高等教育出版社，2012.

[8] 刘伟. 客房管理 [M]. 北京：高等教育出版社，2012.

[9] 刘伟. 前厅与客房管理 [M]. 3 版. 北京：高等教育出版社，2012.

[10] Kasavana M. L，Brooks R. M.，前厅部的运转与管理 [M]. 6 版. 包伟英，译 . 北京：中国旅游出版社，2002.

[11] 王更力. 客房实务 [M]. 广州：中山大学出版社，1996.

[12] 国家旅游局人教司. 饭店客房部的运行与管理 [M]. 北京：旅游教育出版社，1991.

[13] Tucker G. 旅游饭店客房管理 [M]. 杭州：浙江摄影出版社，1992.

[14] 余炳炎. 现代饭店房务管理 [M]. 上海：上海人民出版社，1998.

[15] 陈雪羽. 劳务的社会化使用 [N]. 中国旅游报，2005-06-29.

[16] 余塔山. 谈谈领班的语言艺术 [J]. 饭店世界，2007 (3).

[17] 俞劼. 大堂宾客征访的技巧 [J]. 饭店世界，2008 (3).

[18] 中国旅游饭店协会. 中国饭店行业服务礼仪规范 [R]. 2007.

[19] 白羽. 大堂副理处理宾客投诉的若干认识 [J]. 饭店世界，2009 (3).

[20] 冯少辉. 酒店客房如何实现平稳提价 [J]. 酒店培训与服务，2010 (6)

[21] 全明. 重房情景及预防方法 [J]. 饭店世界，2011（5）.

二、参考网站

[1] http://www.LiuweiHotel.com/ 刘伟酒店网

[2] http://www.ei-ahla.org/ 美国饭店协会教育学院

附录

酒店常用英语

（一）酒店各部门、各岗位名称英汉对照

董事总经理 Managing Director
总经理 General Manager
副总经理 Deputy General Manager
驻店经理 Resident Manager
总经理行政助理 Executive Assistant Manager
总经理秘书 Executive Secretary
总经理室 Executive Office
机要秘书 Secretary
接待文员 Clerk
人力资源开发部 Human Resources Division
人事部 Personnel Department
培训部 Training Department
督导部 Quality Inspection Department
财务部 Finance and Accounting Division
成本部 Cost-control Department
采购部 Purchasing Department
电脑部 E.D.P.
市场营销部 Sales & Marketing Division
销售部 Sales Department
公关部 Public Relation Department
预订部 Reservation Department
客务部 Rooms Division
前厅部 Front Office Department
管家部 Housekeeping Department
餐饮部 Food & Beverage Department
康乐部 Recreation and Entertainment Department
工程部 Engineering Department
保安部 Security Department
行政部 Rear-Service Department
商场部 Shopping Arcade
人力资源开发总监 Director of Human Resources v
人事部经理 Personnel Manager
培训部经理 Training Manager
督导部经理 Quality Inspector
人事主任 Personnel Officer
培训主任 Training Officer
财务总监 Financial Controller
财务部经理 Chief Accountant
成本部经理 Cost Controller
采购部经理 Purchasing Manager

采购部主管 Purchasing Officer
电脑部经理 EDP Manager
总出纳 Chief Cashier
市场营销总监 Director of Sales and Marketing
销售部经理 Director of Sales
宴会销售经理 Banquet Sales Manager
销售经理 Sales Manager
宴会销售主任 Banquet Sales Officer
销售主任 Sales Officer
客务总监 Rooms Division Director
前厅部经理 Front Office Manager
前厅部副经理 Asst. Front Office Manager
大堂副理 Assistant Manager
礼宾主管 Chief Concierge
客务主任 Guest Relation Officer
接待主管 Chief Receptionist
接待员 Receptionist
车队主管 Chief Driver
出租车订车员 Taxi Service Clerk
行政管家 Executive Housekeeper
行政副管家 Assistant Executive Housekeeper
办公室文员 Order Taker
客房高级主管 Senior Supervisor
楼层主管 Floor Supervisor
楼层领班 Floor Captain
客房服务员 Room Attendant
洗衣房经理 Laundry Manager
餐饮总监 F & B Director
餐饮部经理 F & B Manager
西餐厅经理 Western Restaurant Manager
中餐厅经理 Chinese Restaurant Manager
咖啡厅经理 Coffee Shop Manager
餐饮部秘书 F&B Secretary
领班 Captain
迎宾员 Hostess
服务员 Waiter，waitress
传菜 Bus Boy，Bus Girl
行政总厨 Executive chef
中厨师长 Sous Chef（Chinese Kitchen）
西厨师长 Sous Chef（Western Kitchen）
西饼主管 Chief Baker
工程总监 Chief Engineer
工程部经理 Engineering Manager
值班工程师 Duty Engineer
保安部经理 Security Manager
保安部副经理 Asst. Security Manager
保安部主任 Security Officer
保安员 Security Guard
商场部经理 Shop Manager
商场营业员 Shop Assistant

（二）客房部常用术语

A

adjoining room 相邻房
adapter 插座
advanced deposit 预付定金
all-purpose cleaner 多功能清洁剂
arrival time 抵达时间
air conditioner 空调
ash tray 烟灰缸
attendant 客房服务员
average room rate 平均房价

B

baby sitting service 照看婴儿服务
bath tub 浴缸
bath mat 脚巾
bath robe 浴袍
bath room 卫生间
basin 洗脸盆
bed board 床头板
bed pad 床褥
bedstead 床架
bedspread 床罩
bed-side table 床头柜
bed-side lamp 床头灯
bell boy 行李员
black tea 红茶
blackout drapes 厚窗帘
blanket 毛毯
booking 预定
brochure 小册子
bulb 灯泡
business center 商务中心

C

cancellation 取消预订
captain 领班
carpet 地毯
cashier 收银员
check-in 入住登记
check-out 结账离店
chemical fabrics 化纤服装
cleaning bucket 清洁桶
cloak room 衣帽间
clothes hangers 衣架
comb 梳子
complain 投诉
commercial rate 商务房价
connecting room 连通房
confirmed reservation 确认类预定
cotton cloth 棉布服装
coupon 票证

D

day use 非全天用房
DDD（Domestic Direct Dial）国内直拨电话
departure time 离店时间
dining room 餐厅
DND（Do Not Disturb）请勿打扰
double room 双人房
double-double room 两张双人床的房间
deluxe suite 豪华套房
double locked（DL）双锁房
door bell 门铃
door lock 门锁
dry cleaning 干洗
desk lamp 台灯

E

electric shaver 电动剃须刀
executive floor 行政（商务）楼层
eiderdown 鸭绒被

F

fadeless 不褪色的
FIT 散客
Front Office 前厅部
Front Desk 总台
full house 房间客满

G

group 团队
guaranteed reservation 保证类预订
guest history record 客历档案

H

hair dryer 吹风机
handkerchief 手绢
house credit limit 赊账限额
house use 酒店内部用房

I

IDD（International Direct Dial）国际直拨电话
iron 熨斗
ironing board 熨衣板

J

jasmine tea 茉莉花茶
job description 工作说明书

L

lamp shade 灯罩
laundry service 洗衣服务
laundry bag 洗衣袋
laundry list 洗衣单
late check-out 逾时离店
lobby 大堂
log book 工作日记
long staying guest（LSG）常住客
lounge 休息室

M

maid's cart 客房清扫工作车
MUR（make up room）请速打扫房
message 留言
mop 拖把
mattress 床垫

N

night audit 夜核
night table 床头柜
no show 没有预先取消又无预期抵店的订房

O

occupied（Occ.）住客房
Out of Order（OOO）待维修房
over-booked 超额预订

P

package 包价服务
pick up service 接车服务
pillow case 枕套
plug 插头
presidential suite 总统间
pressing 熨烫

Q

quilt 被子

R

rack rate 客房牌价
razor 剃刀
registration 住店登记
room forecast 住房预测
rooming list 团体分房名单
rollaway bed 折叠床
room attendant 客房服务员
room status 房间状态
room change 换房
room number sign 门牌
room power socket card 取电卡
rotary floor scrubber 洗地机
rubber glovers 防护手套

S

Safty chain 安全链
sewing kit 针线包
service directory 服务指南
sheer curtain 纱窗帘
sheet 床单
shirt 衬衫
shoe shine paper 擦鞋纸
shoe polishing 擦鞋服务
shower curtain 淋浴帘
shower head 淋浴喷头
shrinkable 缩水的
silk fabrics 丝绸织品
skipper 逃账者
skirts 裙子
sleep out 外宿客人
slippers 拖鞋
single room 单人间
socks 袜子
socket 插座
soiled linen 脏布草
sprinkler 花洒
spy hole 门镜
stain 污迹
stationery folder 文具夹
suit 西服
supervisor 主管
sweater 毛衣
switch 开关

T

tap 水龙头
tariff 房价单
tea table 茶几
tie 领带
towel rail 毛巾架
twin room 双张单人床的双人房
transformer 变压器
triple room 三人房

U

unshrinkable 不缩水的
underpants 内裤

V

vacant dirty 未清扫的空房

vacuums 吸尘器

VIP（very important person）贵宾

W

wake-up call 叫醒电话

wall lamp 壁灯

wet vacuums 吸水机

woolen fabrics 毛料织品

water heater/kettle 热水器

策划编辑：段向民
责任编辑：张芸艳
责任印制：冯冬青
封面设计：何　杰

图书在版编目（CIP）数据

酒店前厅与客房部运行与管理 / 刘伟主编 . -- 北京：中国旅游出版社，2017.2（2024.7 重印）

"十二五"职业教育国家规划教材

ISBN 978-7-5032-5682-0

Ⅰ. ①酒…　Ⅱ. ①刘…　Ⅲ. ①饭店－商业管理－高等职业教育－教材　②客房－商业管理－高等职业教育－教材　Ⅳ. ① F719.2

中国版本图书馆 CIP 数据核字（2016）第 234384 号

书　　名：酒店前厅与客房部运行与管理

作　　者：刘　伟　主编
出版发行：中国旅游出版社
（北京静安东里 6 号　邮编：100028）
https://www.cttp.net.cn　E-mail:cttp@mct.gov.cn
营销中心电话：010-57377103，010-57377106
读者服务部电话：010-57377107
排　　版：北京中文天地文化艺术有限公司
经　　销：全国各地新华书店
印　　刷：北京工商事务印刷有限公司
版　　次：2017 年 2 月第 1 版　2024 年 7 月第 7 次印刷
开　　本：787 毫米 ×1092 毫米　1/16
印　　张：25
字　　数：450 千字
定　　价：49.80 元
I S B N　978-7-5032-5682-0